Hadoop 에코시스템

Hadoop 에코시스템

맵리듀스 프로그래밍과 하둡 클러스터 운영 실습

게리 터킹튼 지음 | 송영탁·김현준 옮김

지은이 소개

게리 터킹튼 Garry Turkington

14년의 경험 대부분을 대규모 분산 시스템 설계와 개발에 몰두했다. 임프로브 디지털Improve Digital 사의 데이터 엔지니어 총괄 책임자와 리드 아키텍트로서 회사에서 생산되는 대규모 데이터를 보관, 처리, 추출하는 시스템 개발의 책임자이다. 임프로브 디지털 사에 오기 전엔 영국 아마존(Amazon.co.uk)에서 아마존의 전세계 모든 제품 카탈로그 정보를 처리하는 시스템을 개발하는 대다수의 소프트웨어 개발팀을 이끌었다. 이전에는 영국과 미국의 공공 기관에서 종사했다.

북아일랜드의 벨페스트 퀸즈 대학에서 자연과학 학사 학위와 박사 학위를 받았고, 미국 스티븐스 공과 대학에서 공학 석사 학위를 받았다.

이 책을 쓰면서 깊은 인내심으로 도움과 응원을 준 나의 아내에게 감사함을 표하고 내 딸 마야의 에너지와 호기심은 그녀가 생각하는 이상으로 큰 영감을 주었다.

기술 감수자 소개

데이비드 그러즈맨 David Gruzman

실무 경험이 18년 이상되는 하둡과 빅데이터 아키텍트이며, 높은 확장성과 성능을 가진 분산 시스템의 설계와 계발 전문가이다. 특히 OOA/OOD와 (R)DBMS 기술에 전문성을 지닌다. 애자일 방법론을 지향하며 일별 코딩 절차는 능력있는 소프트웨어 아케텍트로 성장하게 해준다고 믿는다. 대규모 데이터 기반 실시간 분석과 머신러닝 애플리케이션의 문제해결을 즐긴다.

작은 빅데이터 컨설팅 회사인 BigDataCraft.com을 설립하고 현재까지 해당 회사에 종사하고 있다. 홈페이지는 www.bigdatacraft.com이며 david@bigdatacraft.com을 통해 데이비드와 연락할 수 있다. 그가 보유한 기술과 경험은 http://www.linkedin.com/in/davidgruzman에서 볼 수 있다.

무투사미 마니간단 Muthusamy Manigandan

스타트업 회사의 시스템 아키텍트이다. 이전에는 VMWare의 선임 엔지니어로 오라클 사에서는 수석 엔지니어로 있었다. 14년의 대규모 분산 컴퓨팅 애플리케이션 개발 경험이 있고, 주요 관심분야는 머신러닝과 알고리즘이다.

비디아사가르 N V Vidyasagar N V

어린 나이부터 컴퓨터 과학에 대한 관심이 많았고, 본격적인 컴퓨터와 네트워크 관련 작업은 고등학교 때부터 시작했다. 인도의 명문 바나라스 힌두 공과 대학에서 기술 학사를 취득했다. 소프트웨어 개발과 데이터 전문가, 확장 가능한 시스템 개발과 구축 업무에 종사해왔다. 1세대, 2세대, 3세대, 4세대의 프로그래밍 언어를 경험해왔다. 일반 형태의 파일, 인덱스 파일, 계층형 데이터베이스, 네트워크 데이터베이스, 관계형 데이터베이스, NoSQL 데이터베이스, 하둡 등의 기술을 사용해왔다. 지금은 Collective Inc. 사의 책임 개발자로 일하고 있으며, 웹과 로컬 정보로부터 빅데이터 구조의 데이터 추출 기술을 개발하고 있다. 고품질 소프트웨어와 웹기반 솔루션, 안전하고 확장 가능한 데이터 시스템 설계와 개발을 즐긴다. vidyasagar1729@gmail.com으로 연락할 수 있다.

나의 부모님 스리니바사 라오와 라다 라오, 항상 뒤에서 응원해준 가족에게 감사의 마음을 전달하고 싶다. 좋은 친구로 남아주고 오픈소스 소프트웨어 프로젝트에 시간과 노력, 전문성을 제공해준 친구들에도 감사한다. 이 책의 기술 감수자로 선택해준 팩트 출판사에도 감사의 뜻을 전한다. 출간에 기여하게 된 것을 영광으로 여긴다.

옮긴이 소개

송영탁(ytsong2048@gmail.com)

일리노이 공대에서 컴퓨터 과학 석사 학위를 받고, 클라우드 컴퓨팅과 대용량 데이터 처리/분석 관련 업무를 해 왔다. 지금은 다음카카오에서 대용량 데이터 분석 업무를 하고 있다.

김현준(benkim05@gmail.com)

텍사스 오스틴 주립대학의 컴퓨터과학 학사 학위를 이수하고, 지금까지 하둡 파일 시스템과 맵리듀스 분석 프레임워크 최적화와 빅데이터 웨어하우스 구축, 데이터 엔지니어링 등의 다양한 빅데이터 업무를 경험했다. 현재는 텍사스 오스틴에 위치한 삼성 반도체에서 빅데이터 시스템 엔지니어로 종사하고 있다. 에이콘출판사에서 출간한 『하둡 맵리듀스 최적화와 튜닝』(2014)을 번역했다.

옮긴이의 말

프로그래머들 사이에서는 '백문이 불여일견'을 살짝 바꾼 '백문이 불여일타'라는 말이 유명하다. '백 번 듣는 것보다 한번 쳐보는 것이 낫다'라는 의미다. 특히 언어나 프레임워크를 익힐 때에 마음에 와 닿는 말이다. 깊이 있게 활용하려면 물론 기반이 되는 이론이나 내부 구조를 도구를 잘 알아야 한다. 하지만, 도구를 처음 익힐 땐 직접 몸으로 부딪혀 보고 손으로 실습하며 문제를 풀어보아야 이 도구가 어떤 문제를 푸는 데 유용하고, 어떤 식으로 활용하는가 하는 점을 배울 수 있다. 그런 점에서 이 책은 굉장히 실용적인 접근을 한다. 각 장마다 제일 먼저 필수적인 개념을 설명하고, 이해하기 쉬운 예제, 실습을 통해 설명한 개념을 활용하는 방법을 익힐 수 있게 한다. 그 이후에 예제와 실습에 관한 내용을 상세하게 설명하고, 도전 과제를 제시한다. 얇고 쉬운 책이지만, 빅데이터의 개념과 하둡 파일시스템, 맵리듀스 프로그래밍, 하둡 클러스터 설치와 운용에 관한 내용이 모두 담겨 있다.

그뿐만이 아니라, 데이터 수집이나 기존 시스템과의 연계를 위한 하둡 생태계의 주요 오픈소스에 관한 설명도 빠뜨리지 않았다. 아마존의 클라우드 서비스를 이용하는 실습도 있으니, 클라우드에 관심 있는 독자들은 더 재미있게 공부할 수 있다.

이 책은 혼자 공부하는 자습서로 쓸 수도 있고, 분산 시스템 수업의 실습 교재로 활용해도 좋다. 막연하게 이름만 들어봤던 빅데이터 분석 시스템이 무엇인지 궁금하다면 이 책으로 직접 몸으로 부딪혀가며 익혀보기를 추천한다.

송영탁

이따금 팀에 신입사원이 들어오면 500~600페이지의 자동차 매뉴얼과 같이 두꺼운 이론 위주 하둡 기술 서적을 읽으며 끙끙 앓는다. 심지어 두꺼운 책이 부담스러운지 책의 중간 중간 깊은 내용부터 읽기 시작하며 서서히 길을 잃기 시작한다. 자동차를 운전하는 데 자동차 매뉴얼을 정독할 필요는 없다. 첫 운전 경험을 기억해보자. 일단 핸들부터 잡고 액셀을 서서히 밟기 시작하면 차는 자연스럽게 앞으로 나간다. 나는 이러한 신입사원들에게 항상 이렇게 권한다, "이론 위주의 기술 서적은 쳐다보지도 말고, 실습 위주의 실용서적을 따라가며 하둡을 설치해보고 맵리듀스 구현부터 해보세요." 이 책을 따라가다 보면 하둡을 어떻게 활용할 수 있는지 학습할 수 있으며, 자세한 하둡 동작방식은 자연스럽게 습득하게 된다. 그다음에 기술 서적을 읽어도 늦지 않다. 만약 하둡 기술 서적을 정독했는데, 막상 읽고 보니 내가 필요한 기술이 아니면 얼마나 억울하지 않겠는가? 이런 면에서 이 책은 하둡을 직접 설치하는 방법부터 시작해 다양한 데이터 처리 방법 및 실습, 심지어 저자의 비밀 노하우까지 활용사례 위주로 읽기 쉽게 작성됐다.

하둡의 활용사례는 사그라들 줄을 모른다. 앞으로 세계의 데이터양이 줄어들지 않는 한, 빅데이터 기술은 하둡을 위주로 공전할 것이다. 많은 빅데이터 소프트웨어와 기술, 프로젝트가 하둡을 기준으로 진화 또는 변화를 거듭하고 있다. 하둡을 막 시작해 빠르게 빅데이터 활용 궤도에 오르거나 활용범위를 더욱 넓히고자 하는 이들에게 꼭 추천하고 싶은 도서다.

김현준

목차

3장 맵리듀스의 이해   91

들어가며

이 책은 하둡에 빠르게 익숙해지는 데 도움을 주며, 이를 바탕으로 빅데이터 문제 해결을 가능하게 해줄 것이다. 오늘날은 하둡과 같은 데이터 처리 업무를 하기에 매우 흥미진진한 시기가 아닐까 한다. 한때는 대기업이나 국가 기관에서만 가능했던 다차원 분석과 대규모 데이터의 접목이 오픈소스 소프트웨어를 통해 가능해졌기 때문이다.

하지만 종잡을 수 없는 기술의 복잡성과 트렌드의 빠른 변화로, 어디서부터 시작해야 할지 망설이는 사람이 많으리라 생각한다. 이 책은 현재 어려움을 겪고 있는 입문자에게 하둡의 시작부터, 작동 원리, 실제 운영 상황에서의 활용 방법까지 친절하게 설명했다.

전체적인 하둡의 핵심 사항에 대한 리뷰와 더불어, 하둡을 활용하거나 접목된 부가 기술에는 무엇이 있는지 살펴본다. 즉 단순한 하둡에 대한 이해뿐만 아니라, 여러분이 구상하고자 하는 기술에 어떻게 활용할지 실질적인 팁을 주고자 한다.

빅데이터 하둡에 있어 필요한 부가 기술은 아마존 웹 서비스와 같은 클라우드 컴퓨팅이다. 클라우드 컴퓨팅과 같은 서비스를 통해 하둡 워크로드를 보관하면서 대규모 데이터 처리뿐만 아니라 물리적 장비를 추가로 구입할 필요가 없음을 시연할 계획이다.

이 책의 구성

이 책은 크게 세 부분으로 나뉜다. 1장부터 5장은 하둡의 핵심 작동방식을, 6장과 7장은 운영 측면에서의 하둡을, 8장부터 11장은 하둡의 활용과 여타 관련 제품과 기술을 설명한다.

1장, 무엇을 이야기할 것인가 하둡과 클라우드 컴퓨팅이 어떻게 최신 코어 기술 중 하나로 자리 매김 했는지 설명한다.

2장, 하둡의 설정과 실행 기본 로컬 하둡 클러스터 설정과 데모 잡job의 실행에 대해 설명한다. 비교 차원에서, 같은 잡을 아마존 하둡 서비스에서 시행해본다.

3장, 맵리듀스의 이해 하둡 내부를 조금 더 파헤치며 맵리듀스MapReudce 잡이 어떤 방식으로 실행되는지 설명한다. 또한 자바 API를 사용한 맵리듀스 애플리케이션 작성법을 설명한다.

4장, 맵리듀스 프로그램 개발 새로운 데이터 소스를 분석 처리시 빠른 의사결정을 돕기 위해 중간 크기의 데이터를 사용한 사례연구를 설명한다.

5장, 고급 맵리듀스 기술 쉽게 다가가기 힘든 하둡 처리 모델에 맵리듀스를 응용하는 몇 가지 예제를 살펴본다.

6장, 하둡의 내구성 하둡의 장점으로 알려진 고가용성high availability과 내고장성fault tolerance을 자세히 알아보며, 임의적으로 데이터를 더럽히거나 프로세스를 죽이는 등의 테스트를 통해 하둡의 두 장점을 얼마나 신뢰할 수 있는지 알아 본다.

7장, 클러스터 운영 운영측면에서의 하둡을 살펴보는 시간을 가지며 하둡 클러스터 운영 및 관리자에게 가장 중요한 단원이 될 것이다. 몇 가지 핵심 사례를 통해 최악의 운영순간에도 대처하고 준비할 수 있도록 도움으로써 담당자가 마음 편히 잠자리에 들 수 있게 해준다.

8장, 하이브를 써서 관계형 관점으로 데이터 바라보기 SQL 류의 언어를 사용해 하둡에 내장되어 있는 데이터를 쿼리할 수 있게 해주는 아파치 하이브Apache Hive를 소개한다.

9장, 관계형 데이터베이스와 연동 데이터베이스에 하둡이 어떻게 접목되는지 살펴보며, 어떻게 데이터를 대상으로 상호관계를 이루는지 살펴본다.

10장, 플룸을 이용한 데이터 수집 아파치 플룸Apache Flume을 이용해 다수의 소스로부터 데이터를 취합해 하둡과 같은 특정 목적지에 전달하는지 살펴본다.

11장, 다음 선행지 하둡을 정리하며, 하둡과 관련된 미래 잠재적인 다른 제품과 기술을 다루는 하둡 에코시스템을 살펴본다. 마지막으로 하둡 커뮤니티에 참여하고 도움을 받는 법을 설명한다.

준비 사항

이 책을 읽다 보면 여러 종류의 하둡 관련 소프트웨어를 경험해 볼 수 있는데 해당 소프트웨어를 실행하기 위한 준비물은 각 과정에서 설명된다. 시작하기 전에 하둡 클러스터 하나를 준비하자.

단일 리눅스 서버로도 이 책의 거의 모든 예제를 수행할 수 있다. 우분투 배포판을 사용하도록 권장하지만 최신 리눅스 계열의 운영체제면 된다.

이 책의 후반부에 접어들면 다중 서버 클러스터가 필요한 예제들이 있는데, 최소 네 대의 호스트를 사용하기를 권장한다. 가상머신을 이용해도 되지만 학습용으로만 사용하되 정식 서비스에는 사용하지 않는다.

마침 이 책에서 아마존 웹 서비스를 활용하니 모든 예제는 EC2 인스턴스에서 실행 가능하도록 구성됐다. 예제뿐만 아니라 그 외의 하둡기반 AWS 활용법도 살펴보자. 추가로 AWS는 누구에게나 오픈되어 있지만 해외 결제가 가능한 신용카드가 필수임을 알아두자!

이 책의 대상 독자

여러분은 하둡을 자유자재로 다루기 위해 이 책을 선택했을 것이다. 이 책은 소프트웨어 개발 경험은 있지만 하둡 및 빅데이터 기술을 접해보지 못한 개발자와 운영자를 대상으로 하고 있다.

먼저 맵리듀스 애플리케이션을 개발하고자 하는 개발자는 자바와 유닉스 계열 운영체제의 명령어에 익숙해야 한다. 가끔 루비 예제도 볼 수 있지만 하둡의 개발 언어 독립성을 보여주기 위해 사용됐으므로 루비 전문가일 필요는 없다.

하둡 아키텍트와 시스템 운영자가 되고자 하는 독자에게는 하둡 작동원리와 전체적인 아키텍처, 운영 측면에서 많은 도움을 얻을 수 있다. 아키텍트와 운영자에게 4장, '맵리듀스 프로그램 개발'와 5장 '고급 맵리듀스 기술'은 꼭 필요하지 않을 수도 있다.

이 책의 편집 규약

이 책에서는 다음과 같은 말머리를 자주 보게 될 것이다.

다음은 예제를 설명할 때 사용하는 멀머리다.

실습 예제 | 제목

1. 1번 항목

2. 2번 항목

3. 3번 항목

이해를 돕기 위해 추가적인 설명이 뒤따르기도 한다. 이 경우 다음과 같은 말머리가 사용된다.

이 말머리는 예제를 완성하고 보충 설명할 때 사용한다.

이 외에도 학습에 도움을 주기 위해 다음과 같은 규칙이 이 책에 사용된다.

여러분이 충분히 이해했는지를 테스트할 간단한 질문들이다.

여기서는 실질적인 도전 과제가 제시되고, 앞에서 배운 내용을 실험할 수 있도록 아이디어를 제공한다.

한편, 정보의 유형에 따라 텍스트의 스타일도 바뀐다. 각 스타일은 다음과 같은 의미를 지닌다.

문장 속에서 코드는 다음과 같이 표기된다.

"Drush 디렉터리를 삭제할 때 del 명령어보다는 rm 명령어를 주로 사용한 것을 볼 수 있다."

코드 블록은 다음과 같이 표기한다.

```
# * Fine Tuning
#
key_buffer = 16M
key_buffer_size = 32M
max_allowed_packet = 16M
thread_stack = 512K
thread_cache_size = 8
max_connections = 300
```

코드 블록 중 특정 부분을 강조할 때, 해당 라인이나 항목은 굵은 글꼴로 나타냈다.

```
# * Fine Tuning
#
```

```
key_buffer = 16M
key_buffer_size = 32M
max_allowed_packet = 16M
thread_stack = 512K
thread_cache_size = 8
max_connections = 300
```

콘솔 창에서의 입력과 출력은 다음과 같이 표기한다.

```
cd /ProgramData/Propeople
rm -r Drush
git clone --branch master http://git.drupal.org/project/drush.git
```

메뉴나 대화상자처럼 컴퓨터 화면에 표시되는 단어는 다음과 같이 고딕체로 표기한다.

"맵리듀스 작업을 구현한 하둡 코드를 제공하고, 가상의 go 버튼을 누르면 된다."

 경고나 중요한 알림은 이와 같은 상자로 표시한다.

 팁이나 멋진 비법은 이렇게 표시한다.

독자 의견

독자의 의견은 언제나 환영이다. 이 책에 대한 여러분의 생각 (좋은 점이든 나쁜 점이든)을 알려주기 바란다. 더 유익한 책을 만들기 위해 독자의 의견은 무엇보다 중요하다.

일반적인 의견은 이 책의 제목을 메일 제목으로 해서 feedback@packtpub.com으로 메일을 보내면 된다.

특정 분야의 책을 쓰거나 기여하는 데 관심이 있다면 www.packtpub.com/authors에 있는 저자 가이드를 참조하기 바란다.

고객 지원

팩트 출판사의 구매자가 된 독자에게 도움이 되는 몇 가지를 제공하고자 한다.

이 책에 사용된 예제 코드 내려받기

http://www.packtpub.com에 등록된 계정으로 로그인한 다음에 구입한 모든 팩트 책의 예제 코드 파일을 내려받을 수 있다. 다른 곳에서 이 책을 구입한 경우에는 http://www.packtpub.com/support를 방문해 이메일 주소를 등록하면 예제 코드 파일을 내려받을 수 있는 링크를 받을 수 있다. 에이콘출판사의 도서정보 페이지 http://www.acornpub.co.kr/book/hadoop-beginner에서도 예제 코드를 내려받을 수 있다.

오탈자

내용을 정확하게 전달하려고 온 힘을 다했지만, 실수가 있을 수 있다. 팩트 출판사의 책에서 텍스트나 코드상의 문제를 발견해서 알려준다면, 매우 감사하게 생각할 것이다. 그러한 참여를 통해 다른 독자에게 도움을 주고, 다음 버전에서 책을 더 완성도 있게 만들 수 있다. 오자를 발견한다면 http://www.packtpub.com/submit-errata에서 errata submission form 링크를 통해 구체적인 내용을 알려주기 바란다. 보내준 내용이 확인되면 웹사이트에 그 내용이 올라가거나, 해당 서적의 정오표 섹션에 그 내용이 추가될 것이다. http://www.packtpub.com/support에서 해당 타이틀을 선택하면 지금까지의 정오표를 확인할 수 있다. 한국어판은 에이콘출판사의 도서정보 페이지 http://www.acornpub.co.kr/book/hadoop-beginner에서 찾아볼 수 있다.

저작권 침해

인터넷에서의 저작권 침해는 모든 매체에서 벌어지고 있는 심각한 문제다. 팩트 출판사에서는 저작권과 사용권 문제를 아주 심각하게 인식하고 있다. 어떤 형태로

든 팩트 출판사 서적의 불법 복제물을 인터넷에서 발견한다면 적절한 조치를 취할 수 있게 해당 주소나 사이트명을 알려주길 부탁한다.

의심되는 불법 복제물의 링크를 copyright@packtpub.com으로 보내주기 바란다.

저자와 더 좋은 책을 위한 팩트 출판사의 노력을 배려하는 마음에 깊은 감사의 마음을 전한다.

질문

이 책에 관련된 질문이 있다면 questions@packtpub.com으로 문의하기 바란다. 온 힘을 다해 질문에 답해드리겠다. 한국어판에 관한 질문은 이 책의 옮긴이나 에이콘출판사 편집팀(editor@acornpub.co.kr)으로 문의할 수 있다.

1 무엇을 이야기할 것인가

이 책은 대용량 데이터 처리를 위한 오픈소스 프레임워크인 하둡에 관한 책이다. 자세한 내용을 다루기 전에, 우선 하둡(Hadoop)의 탄생 배경과 탄생 후 엄청난 성공을 거두기까지 기술적 트렌드가 어떻게 변화해왔으며 또 어떤 영향을 미쳤는지 살펴보겠다.

하둡은 어느 날 갑자기 개발된 프레임워크가 아니다. 근래에 들어서면서, 다국적 대기업은 물론이요 소규모의 신생 기업까지 모두 엄청난 양의 데이터를 생성하고 소비하는 추세다. 또한 전통적인 인프라 환경을 통한 소프트웨어와 시스템 배포보다는, 클라우드 리소스를 활용하는 방식을 더 선호하는 쪽으로 변화하는 중이다.

1장에서는 지금까지 이야기한 세계의 기술적 경향을 간략히 설명한 뒤, 이런 환경에서 하둡이 처리할 수 있는 일은 무엇인지 알아보겠다. 더불어, 하둡의 설계에 영향을 미친 특징은 무엇인지도 함께 살펴보자.

1장에서 다루는 내용은 다음과 같다.

- 빅데이터 혁명
- 하둡의 기능과 하둡을 이용해 데이터의 가치를 찾아내는 방법
- 클라우드 컴퓨팅과 아마존 웹 서비스

- 빅데이터 처리와 클라우드 컴퓨팅의 결합이 낼 수 있는 강력한 효과,
- 이 책의 구성과 개요

자 시작해보자!

빅데이터 처리

요즘 나오는 기술을 보면 거의 대부분 데이터를 다루는 기술이라는 사실을 알 수 있다. 사람들은 영화를 보고 사진을 찍고 비디오를 만들고 업로드하며 점점 더 다양하고 풍부한 미디어 데이터를 소비한다. 또한, 종종 인지하지도 못한 채(일상 생활처럼) 웹 사용 데이터들을 남긴다.

데이터 자체만 증가하는 게 아니라, 증가하는 속도도 계속 빨라지는 중이다.

이메일, 페이스북에 쓴 글, 구매 기록, 웹 링크까지 엄청난 양의 데이터가 증가하는 추세다. 우리가 할 일은 이런 데이터에서 가치 있는 측면을 찾아내는 일이다. 때로는 데이터의 특정 요소를 찾아야 하기도 하고, 데이터의 각 부분들간의 관계와 경향을 찾아내야 할 때도 있다.

암암리에 데이터를 더욱더 의미 있게 활용하기 위한 변화들이 일어났다. 큰 회사들은 데이터의 가치가 소비자들에게 더 나은 서비스를 제공하기 위한 점에 있다는 사실을 깨달았다. 구글의 사용자 웹 서핑 내용과 관련된 광고 노출 전략이라든지, 아마존이나 넷픽스의 소비자 입맛에 맞는 새 상품 추천을 생각해보라.

데이터의 가치

위에서 언급한 회사들은 투자대비 효용이나 경쟁우위를 얻을 수 없었다면, 대용량 데이터 분석에 투자하지 않았으리라고 본다.

빅데이터로부터 얻는 몇 가지 이점은 다음과 같다.

- 충분히 많은 데이터를 활용해야 쓸 만한 답을 찾을 수 있는 질문들도 있다. 단순히 한 사람이 선호하는 영화를 다른 사람에게 추천하면 엉터리가 되기 쉽다. 100명의 선호도에 근거해서 추천하면 결과는 좀 더 나아진다. 천만 명의 기록에서 패턴을 찾아내면 훨씬 더 적절한 추천이 가능하다.

- 빅데이터 도구들을 이용해서 옛날 기술들보다 저렴하게 대형 클러스터에서 데이터 처리를 할 수 있다. 따라서, 예전에는 너무 비용이 많이 들어서 엄두도 못냈던 데이터 처리가 이제는 가능한 경우가 많다.

- 대용량 데이터 처리 비용에서는 구축/운영 비용뿐 아니라 지연율latency 또한 중요한 요소이다. 데이터를 받는 대로 용량과 상관없이 처리할 수 있는 시스템이라고 하더라도 평균 처리시간이 수 주일씩 걸린다면 그다지 유용하다고 말할 수 없다.

- 엄청나게 많은 데이터 처리를 위해서는 데이터베이스와 데이터의 구성에 대해 가지고 있던 관념들을 다시 생각해보아야 한다.

- 위에서 지적한 점과 더불어 대용량 데이터와 유연한 도구들로 예전에는 상상도 못했던 질문들에 대한 답을 찾을 수 있다.

다수가 아닌, 소수만을 위했던 과거

이전의 빅데이터 활용 사례들은 대형 검색엔진이나 온라인 회사들의 혁신사례로만 여겨졌다. 으레 대용량 데이터 처리는 중소기업에서 하기 힘든 복잡하고 비용이 많이 드는 일이라고 치부했던 습관의 연장선이다.

비슷한 예로, 오랜 기간 동안 다양한 데이터 마이닝 기법들이 나왔지만 정말 큰 회사나 정부기관을 제외하고는 별로 실용적인 도구로 활용되지 못했다.

대부분의 작은 조직에서는, 별도의 투자비용 때문에 대용량의 데이터접근을 하지 못한다는 사실이 아쉽기는 하지만 큰 불이익으로 여겨지지는 않았다.

하지만, 데이터 용량 증가는 더 이상 큰 조직만의 이야기가 아니다. 많은 중소기업들(소수의 개인들은 이야기하지 않더라도) 은 점점 더 많은 데이터를 보유하고, 그 데이터에서 여러 가지 가치를 찾으려 한다.

어떻게 이 목표를 이룰지 이해하기 전에, 하둡 같은 오늘날 시스템의 토대를 이뤄온 기술 경향을 이해하자.

전통적인 데이터 처리 시스템

근본적으로 데이터 처리를 위한 시스템의 확장이 매우 어려웠기 때문에, 대용량데이터 마이닝 시스템은 비용이 비싸고 찾아 보기도 힘들었다. 뒤에 이야기하겠지만, 전통적인 방식에서는 한 대의 컴퓨터의 처리 능력에 제한되어 있었다.

데이터 증가에 따른 시스템 확장을 위해서 사용하는 두 가지 접근 방식이 있는데일반적으로 스케일 업scale-up과 스케일 아웃scale-out이라고 부른다.

스케일 업

대부분의 기업에서 데이터 처리는 엄청나게 비싼 대형 컴퓨터들이 수행했다. 데이터의 양이 늘어나면 더 비싼 대형 서버와 스토리지 장비를 도입하는 방식이다. 이런 아키텍처도 사용할 수는 있지만(심지어 요즈음에도 이런 방식을 쓴다), 이런 류의 하드웨어는 수십만 달러에서 수백만 달러까지 비용이 올라가기 쉽다.

단순한 스케일 업 방식의 장점은 시스템을 확장할 때 그 구조를 크게 바꿀 필요가없다는 사실이다. 대형 장비로 교체하더라도 구성 요소들간의 관계(예를 들어, 데이터베이스 서버와 스토리지 장비들)는 여전히 똑같다. 상업용 데이터베이스 엔진 같은애플리케이션에서는 소프트웨어가 하드웨어의 활용도를 높이기 위한 복잡한 처리를 하긴 하지만(적어도 이론적으로는), 대부분은 소프트웨어를 고사양의 서버로 단순히 이관하는 방식으로 확장성을 높인다. 주의해야 할 점은 소프트웨어를 더 많은 프로세서로 이관해서 성능을 바라는 대로 높이는 일은 사실상 매우 어려운 작업이라는 점이다. 또한 현실적으로 한 대의 호스트의 사양에는 한계가 있고, 언젠가는 스케일 업 방식으로 더 이상 확장하지 못하게 되는 시점을 만난다.

하나의 아키텍처로 모든 규모의 데이터를 다 처리할 수 있다는 주장 또한 비현실적이다. 각각 1테라바이트, 100테라바이트, 1페타바이트의 데이터 셋을 처리하는 스케일 업 시스템을 설계한다고 생각해보자. 개념적으론 그냥 같은 종류의 장비를 더 높은 사양으로 구성하면 될 것 같지만, 규모를 확장할 때 저가의 일반 장비를 쓸 것인지 고성능 커스텀 하드웨어를 쓸 것인지 등에 따라 구성을 위한 복잡도가 달라진다.

초창기 스케일 아웃 방식

스케일 아웃은 고사양의 하드웨어를 쓰는 게 아니라 여러 대의 장비에 처리를 분산시키는 방식이다. 데이터 양이 두 배로 늘어나면 두 배로 높은 사양의 장비를 쓰지 않고, 그냥 두 대의 장비를 쓴다. 거기서 또 두 배로 늘어나면, 네 대의 장비를 쓴다.

스케일 업 방식에 비해 하드웨어 구입 비용이 훨씬 저렴하다는 점이 이 방식의 가장 큰 장점이다. 서버 하드웨어는 사양이 올라가면 가격이 급격하게 올라가는 경향이 있다. 한 대에 5,000달러(한화로 약 550만원) 정도하는 호스트를 열 배 높은 사양의 호스트로 교체하려면 비용은 백배 정도 올라간다. 스케일 아웃 방식의 단점은 서버들에 데이터처리 작업을 잘 쪼개서 처리하는 방법을 개발해야 한다는 점인데, 과거에 이런 작업을 위해서 개발한 방법들은 매우 복잡하고 쓰기 어려웠다.

그래서 스케일 아웃 솔루션을 배포하려면 상당히 많은 기술적인 노력을 들여야 한다. 시스템 개발자들은 클러스터 장비들의 스케줄링과 개별 장비의 장애처리를 고려해야 함은 물론이고, 데이터를 장비에 나눠서 분배하고 그 결과를 재조합하는 메커니즘을 직접 개발해야 될 때가 많다.

한계 요소

큰 기업, 정부 기관, 학계를 제외한 곳에서는 지금까지 이야기한 전통적인 스케일 업, 스케일 아웃 방식을 그다지 사용하지 않았다. 스케일 업 방식을 위한 비용도 너무 비쌌고, 스케일 아웃 방식의 시스템을 개발하고 관리하기 위한 어려움도 너무 컸다. 조그마한 기업들은 앞서 말한 이유들로 이런 시스템을 도입할 엄두도 내지 못했었다. 그리고 시간이 지남에 따라 이런 접근 방식들 자체의 약점이 몇 가지 드러났다.

- 스케일 아웃 시스템의 규모가 커지거나 스케일 업 시스템이 여러 개의 CPU 를 가진 시스템을 사용하면서, 동시성concurrency 처리가 점점 더 심각하게 어려워진다. 여러 대의 호스트나 여러 개의 CPU의 성능을 효과적으로 잘 활용하는 일은 매우 어려우며, 원하는 만큼의 작업량을 효율적으로 처리하기 위한 전략은 엄청난 노력을 요한다.

- 무어의 법칙으로 이야기되는 하드웨어의 발전은 시스템 구성 요소들간의 성능 차이를 두드러지게 만들었다. CPU 성능은 네트워크나 디스크보다 훨씬 빠르게 향상되었다. 한때는 CPU 사이클을 절약하는 게 가장 중요할 때가 있었지만, 지금은 아니다. 현대의 CPU는 20년 전의 CPU보다 수백만 배정도 빨라진 반면 메모리와 하드디스크 속도는 겨우 수백 배에서 수천 배정도 빨라졌을 뿐이다. 그래서 요즘 시스템들은 스토리지 장비의 느린 속도 때문에 CPU 성능을 최대로 활용하지 못하는 경우가 대부분이다.

다른 접근 방법

위에서 이야기한 대용량 데이터처리 시스템 규모 확장을 위한 전략들에서 발견된 문제점들을 해결하기 위해 몇 가지 기술들이 나왔다.

모든 길은 스케일 아웃으로 통한다

언급한 바와 같이, 스케일 업 방식은 언젠가는 한계에 부딪히게 된다. 주류 하드웨어 공급업체들이 시장에 파는 양산 장비들의 사양에는 당연히 한계가 있고, 틈새 시장을 노리는 업체들도 무한정 높은 사양의 서버를 만들어 주지는 못한다. 어느 시점엔 작업량을 단일 서버가 스케일 업 방식으로 처리할 수 없게 될 텐데, 그럼 어떻게 해야 하는가? 한 가지 잘못된 해법은 고사양 서버를 한 대가 아니라 두 대를 사용하는 방법이다. 그리고 세 대, 네 대, 계속해서 늘려간다. 다시 말해, 스케일 업 방식 아키텍처는 자연스럽게(극단적인 상황으로 가면) 스케일 아웃 전략을 함께 사용하게 된다. 이 전략은 두 접근 방식의 장점도 같이 가지지만, 비용과 단점도 모두 떠안고 가게 된다. 이런 하이브리드 아키텍처는 하드웨어 구입 비용과 클러스터 관리를 위한 로직 개발, 두 가지 모두 필요하다.

그래서 스케일 업 아키텍처는 비용도 비쌀 뿐만 아니라 나중에는 스케일 아웃 전략의 도입이 필요하다는 점 때문에, 빅데이터 처리 업계에서는 스케일 아웃 방식을 사실상의 표준으로 사용한다.

 만일 업무가 내부적으로 엄격한 데이터의 교차 참조가 필요하고 트랜잭션 무결성을 요구하는 일이라면, 대규모의 스케일 업 방식 데이터베이스 시스템 사용을 고려하는 게 좋다.

아무것도 공유하지 말라

어린 아이들에게는 나눔은 좋은 일이라고 가르친다. 데이터처리 시스템에서는 데이터, 하드웨어 모두 공유하지 말아야 한다.

개념적으로 보면, 스케일 아웃 아키텍처는 각각의 호스트가 전체 데이터 중 부분집합을 처리해서 최종 결과의 일부분을 만들어낸다. 현실은 이렇게 직관적이지가 않다. 대신에, 호스트들은 다른 호스트들과 통신해야 할 경우도 있고 데이터중 일부분은 여러 호스트들이 모두 써야 할 때도 있다. 이렇게 더해진 호스트간의 의존성은 병목현상과 장애 위험의 증가라는 두 가지 부정적인 영향을 끼친다.

데이터의 일부분이나 특정 서버가 시스템 전체의 처리에서 필요한 경우에, 클라이언트들이 공통 데이터나 호스트에 접근하기 위해 경합하게 된다. 예를 들어, 25대의 호스트로 이뤄진 시스템이 있는데 한 대의 호스트에 나머지 24대가 모두 접근해야 한다면 전체 시스템 성능은 이 핵심 호스트 한 대의 처리성능이 좌우한다.

더 나쁜 점은 이 핵심 데이터를 저장한 서버나 스토리지 장비에 장애가 발생할 경우, 전체 작업 결과가 엉망이 된다는 사실이다. 초기의 클러스터 솔루션은 각 서버들로 처리 작업 분배를 잘 했지만, 모든 데이터를 공유 스토리지에 저장함으로써 이런 위험요소들을 가지고 있었다.

시스템을 구성하는 각각의 장비들은 리소스를 공유하지 말고, 가능한 한 독립적으로 동작하게 해서 다른 장비의 장애나 처리성능에 구애받지 않도록 해야 한다.

장애를 예측하라

앞선 이야기를 통해 주지하려는 점은 하드웨어가 늘어나더라도 각 장비의 장애나 문제점은 최대한 다른 장비에 영향을 주지 않게 해야 한다는 원칙이다. 그러기 위해서는 각각의 장비에 아무 때나, 주기적으로 장애가 발생할 수 있다는 점을 고려해야만 한다.

'Five nines'(99.999퍼센트의 구동 시간/가용성)라는 용어를 자주 듣게 된다. 자체로는 최고 수준의 가용성이다. 하지만 많은 장비들로 구성한 시스템의 전체적인 신뢰성은 각 장비의 장애에 전체 시스템이 영향을 받느냐 받지 않느냐에 따라 달라질 수 있다는 사실을 알아야 한다.

대신에, 전체 다섯 대의 호스트 중 한 대만 있더라도 작동하는 시스템이라면, 이 시스템의 가용성은 여전히 99.999퍼센트다. 시스템 구성요소 각각의 중요도를 고려해서 시스템 가용 시간을 생각함으로써 전체 시스템의 가용성이 어떻게 될지 알 수 있다.

신뢰성이 99퍼센트인 서버 다섯 대로 이뤄진 시스템이 있다고 가정해보자. 이 시스템의 가용성은 0.99×0.99×0.99×0.99×0.99로 95퍼센트다. 만일 각 서버의 신뢰도가 95퍼센트라면 이 시스템의 가용성은 76퍼센트로 떨어진다.

99퍼센트 가용성이라는 말이 너무 추상적으로 들린다면, 정해진 기간 동안에 얼마나 다운타임이 발생할까라는 관점에서 생각해보라. 예를 들어, 99퍼센트의 가용성은 1년에 3.5일이나 한 달에 7시간의 다운타임을 의미한다. 여전히 99퍼센트가 말처럼 대단하게 들리는가?

처음 빅데이터 시스템 세계에 들어오는 이들은 장애를 허용해야 한다는 생각을 제일 이해하기 어려워한다. 또한, 이런 생각은 스케일 업 아키텍처와 가장 큰 차이점을 보이는 면이기도 하다. 고사양 스케일 업 서버가 비싸지는 중요한 이유 중에 하나는, 구성 부품의 장애가 미치는 영향도를 낮추기 위해서다. 가장 저렴한 축에 속하는 서버들도 이중화된 전원 공급장치를 사용하고, 고사양의 대형 서버 장비들을 보면 CPU가 여러 개의 개의 메모리와 스토리지 시스템 군들에 교차 연결된 카드에 꽂혀있는 모습을 볼 수 있다. 대형 서버 공급업체들은 시스템의 장애 대응 능력을 보여주기 위해서 구동 중에 부속품을 빼거나 극단적으로는 시스템을 망가뜨려 보이기도 한다. 그러나 시스템을 설계할 때 모든 장애를 꼭 해결되어야 할 위험한 상황처럼 취급하지 않는다면 전혀 다른 아키텍처를 만들 수 있다.

똑똑한 소프트웨어, 단순한 하드웨어

수많은 작업들을 병렬 처리하는 하드웨어 클러스터를 최대한 유연하게 사용하기 위해서는 소프트웨어를 똑똑하게 만들고 하드웨어는 단순하게 만들어야 한다.

이 방식에서 하드웨어는 그냥 리소스 셋으로만 이용하고, 소프트웨어가 처리 작업들에 하드웨어를 할당하는 역할을 한다. 이렇게 해서 하드웨어는 범용의 쓰기 쉽고 가격도 싼 장비를 사용하고, 이런식으로 쓰기 쉽고 가격도 싼 하드웨어를 사용하고, 소프트웨어가 효율적인 작업 처리를 담당한다.

데이터가 아닌 처리 작업을 이동해라

1000테라바이트(1페타바이트) 정도 되는 대용량의 데이터 셋을 가지고 4가지의 작업을 수행해야 된다고 상상해보라. 이 문제를 해결하기 위한 서로 다른 접근 방식을 살펴보자.

전통적인 대형 스케일 업 방식이라면 초대형 서버에다가 대역폭을 극대화 하기 위해 파이버 채널fibre channel 같은 기술을 사용한 고급 스토리지 장비를 붙여서 쓴다. 이런 시스템은 I/O 성능이 병목이 된다. 최고급 스토리지 스위치라고 할지라도 호스트에 데이터를 전송하는 속도에는 한계점이 있다.

대신에, 옛날 방식의 클러스터 기술을 이용한 처리 전략을 사용하면 아마 1000대의 서버로 구성한 클러스터를 가지고 각각 하나의 작업을 처리하는 4개의 군을 구성한다. 그리고 클러스터 관리 소프트웨어가 데이터를 4가지 작업 처리군들 사이를 이동시키는 역할을 담당한다. 각 데이터는 하나의 호스트에서 한 가지 처리를 마치고, 나머지 세 개의 호스트들로 옮겨간다. 따라서, 총 3페타바이트의 네트워크 대역폭을 사용한다.

프로세서의 성능이 네트워크나 디스크 속도보다 빨리 발전해 왔다는 사실을 생각할 때, 과연 이 방법들이 최선일까? 최근의 경험으로 보자면 대답은 '아니오'다. 대안은 데이터가 아닌 처리 작업을 이동시키는 방법이다. 위에서 얘기한 대로 클러스터를 사용하되 4개의 처리 군으로 나누지는 않는다. 그 대신 천 대의 노드 각각이 자기가 저장한 데이터를 가지고 4가지의 작업을 모두 처리한다. 운이 좋은 경우에는 프로그램 실행코드와 처리된 결과 정보만 네트워크를 통해 전송하면 될 수도 있는데, 실제 데이터 셋에 비하면 말도 안될 정도로 줄어든 크기이다.

1000대의 노드를 가진 클러스터가 터무니없이 크다고 느껴진다면, 빅데이터 솔루션을 위해 쓰는 요즘의 서버들을 생각해보자. 이런 시스템들은 한 호스트당 1~2테라바이트의 디스크를 12개 정도까지 사용한다. 요즘의 프로세서들은 멀티 코어를 쓰기 때문에 개개의 CPU 코어가 각각 디스크의 데이터를 처리하도록 할당하는 50대 노드의 클러스터를 만들 수 있다.

인프라가 아닌 애플리케이션을 구축하라

앞 절에서 이야기한 시나리오를 생각할 때, 많은 사람들은 데이터의 이동과 처리에 대해서만 신경 쓴다. 하지만, 한번이라도 그런 시스템을 구축해본 사람은 작업 스케줄링, 에러 처리, 코디네이션coordination 등 눈에 띄지 않는 요소들을 처리하는 부분에 정말로 노하우와 지식이 필요하다는 사실을 안다.

만일 어디서 처리를 할지에 대한 결정, 처리작업 실행, 부분적인 결과들을 합쳐서 전체의 결과를 만들어 내는 등의 메커니즘을 직접 구현해야 한다면, 이제까지 이야기한 분산처리 모델을 써서 얻은 장점이 없다고 할 수 있다. 이렇게 되면 직접 데이터 파티셔닝을 관리해야 하는데, 어려운 문제를 또 다른 어려운 문제로 바꾼 꼴에 지나지 않는다.

이 문제가 바로 우리가 강조하려는 현대적인 기술 추세에 가장 큰 영향을 준 부분이다. 바로 개발자는 비즈니스 플랫폼 측면에서만 생각할 수 있도록 하고, 클러스터 관리의 메커니즘은 신경 쓰지 않아도 되도록 감추는 그런 시스템 말이다. 복잡한 내부 문제들을 추상화하고 잘 정의된 인터페이스를 제공하는 프레임워크(똑똑한 소프트웨어) 위에, 도메인에 맞는 애플리케이션을 구현하기만 하면 되도록 한다. 이것이 개발자를 위해서도 효율적인 시스템을 위해서도 모두 최고의 조건이 된다.

하둡

생각이 깊은 독자들은 방금 이야기한 분산처리 접근 방식이 바로 하둡의 핵심적인 측면이겠구나 하고 알아차렸을지도 모른다. 하지만, 아직 하둡이 정확히 무엇인지에 대해서는 이야기하지 않았다.

고마워요, 구글

하둡은 구글이 2003년과 2004년에 펴낸 구글 내부의 기술을 설명하는 두 개의 논문에서 비롯되었다. 바로 구글 파일시스템GFS(http://research.google.com/archive/gfs.html)과 맵리듀스(http://research.google.com/archive/mapreduce.html)이다. 두 기술은 매우 큰 용량의 데이터를 효율적으로 처리하는 플랫폼을 제공한다.

고마워요, 더그

구글이 두 논문을 펴낼 당시에, 더그 커팅은 너치Nutch라는 오픈소스 웹 검색엔진을 구현하는 중이었다. 마침 그가 만들던 부분은 구글의 GFS와 맵리듀스 논문에서 큰 영감을 받을 수 있는 부분이었다. 더그는 구글의 시스템들을 구현했고, 루씬Lucene의 하위 프로젝트로서 하둡이 탄생했다. 루씬의 하위 프로젝트로 시작했지만, 하둡은 곧 아파치Apache 오픈소스 재단의 최상위 레벨 프로젝트가 되었다. 정리하면, 하둡은 맵리듀스와 GFS 기술 구현을 핵심으로 해서 저비용의 하드웨어 클러스터로 대용량 데이터를 처리할 수 있는 오픈소스 플랫폼이다.

고마워요, 야후

야후는 2006년에 더그 커팅을 채용했고, 곧 하둡 프로젝트의 가장 유력한 지원자가 되었다. 야후는 세상에서 제일 큰 하둡 클러스터를 공개함과 동시에 더그와 다른 직원들을 하둡 프로젝트에 공헌할 수 있도록 했다. 내부적으로 개발한 하둡의 개선점과 확장들을 공헌하기도 했다. 이제 비록 더그는 클라우데라Cloudera(또 다른 유력한 하둡 커뮤니티의 지원자인 신생 회사)로 옮겼고 야후의 하둡 팀은 또 다른 신행 회사인 호튼웍스Hortonworks로 분리되었지만, 야후는 여전히 하둡의 주요 공헌 자로서 남아있다.

하둡의 구성 요소

최상위 레벨 프로젝트인 하둡은 여러 가지 하위 프로젝트들을 가졌으며, 그 중 몇 개는 이 책에서도 다룰 계획이다. 하지만, 두 가지 핵심요소는 하둡 분산 파일시스템HDFS과 맵리듀스다. 나중에 두 기술 모두 자세히 이야기할 테지만, 지금은 HDFS와 맵리듀스는 서로 다르지만 상호보완 관계를 이루는 한 쌍의 기술이라고 생각하면 좋겠다.

HDFS는 클러스터에 스케일 아웃 방식으로 대용량의 데이터 셋을 저장하는 파일시스템이다. 이 시스템은 독특한 설계와 성능상의 특징을 가진다. 특히, 지연율latency보다 처리율throughput에 최적화되었고, 이중화가 아니라 데이터 복제를 통해 고 가용성을 얻는다.

맵리듀스는 입력과 출력을 두 단계 작업(맵과 리듀스)을 통해 어떻게 처리할지 명시해주면, 이 처리 작업을 제약 없는 크기의 데이터 셋에 적용해서 결과물을 만들어내는 데이터 처리 패러다임이다. 맵리듀스는 HDFS와 긴밀하게 연동할 수 있어서, 필요한 데이터가 위치한 HDFS 노드에서 바로 데이터 처리를 실행한다.

공통 구성 요소

HDFS와 맵리듀스는 앞 절들에서 이야기한 아키텍처적인 원칙들을 지킨다.

- 저가 서버(저사양 ~ 중간사양)들로 구성한 클러스터에서 구동하도록 설계

- 서버를 추가함으로써 용량과 성능을 확장하는 방식(스케일 아웃)

- 장애를 탐지하고 대응하는 메커니즘

- 사용자는 해결할 문제 자체에만 집중할 수 있도록 시스템의 많은 부분을 드러내지 않음

- 물리적인 시스템 위에 실행에 관련된 모든 측면을 제어하는 소프트웨어 클러스터를 구성하는 아키텍처

HDFS

HDFS는 이제까지 봤던 파일시스템과는 다르다. POSIX 호환 파일시스템이 아니라서 일반적인 파일시스템과 같은 기능을 제공하지 않는다. 또한 분산 파일시스템이기 때문에, 여러 노드에 걸쳐서 스토리지를 구성한다. 과거의 기술들은 이런 효율적인 분산 파일시스템이 없다는 점이 한계점이었다. 주요 특징은 다음과 같다.

- 대부분의 파일시스템이 사용하는 블록 크기인 4-32KB보다 훨씬 큰 64MB 블록을 사용한다.

- 지연율보다는 처리율에 최적화되어서 큰 파일을 처음부터 끝까지 연속해서 읽는 요청을 처리할 때는 효율적이지만 작은 파일들을 가지고 임의의 지점을 찾아서 읽는 요청을 처리하는 데는 부적합하다.

- 일반적인 형태인 한 번 쓰고 여러 번 읽는write-once and many-read 작업에 최적화된다.

- 각 스토리지 노드에서는 데이터노드DataNode라는 프로세스가 각 호스트의 블록을 관리하고, 별도의 호스트에서 실행되는 네임노드NameNode라는 프로세서가 데이터노드를 관리한다.

- 디스크 장애를 해결하기 위해 별도의 물리적인 디스크 어레이나 그 비슷한 방법 대신, 데이터 복제를 사용한다. 파일을 구성하는 블록들은 클러스터 안의 여러 노드들에 걸쳐서 저장된다. 그리고 HDFS 네임노드는 지속적으로

각 데이터노드들이 보내는 상태 리포트들을 봄으로써 장애로 인해 복제 계수replication factor 이하로 복제된 블록이 없도록 관리한다. 장애가 생겼으면, 다른 복제본을 클러스터 안에 생성한다.

맵리듀스

맵리듀스는 비교적 새로운 기술이지만, 수학과 컴퓨터과학의 "표현식 연산을 데이터 셋의 각 요소에 적용한다"는 개념을 기반으로 해서 나왔다. 사실 맵 함수와 리듀스 함수는 함수형 언어들이 입력 데이터 리스트를 처리할 때 사용하는 개념을 그대로 차용했다.

또 하나의 밑바탕을 이루고 있는 개념은 하나의 문제를 작은 세부 작업들로 나눈다는 '분할 정복' 기법이다. 이 기법은 각 세부 작업을 병렬 처리할 수 있을 때 더욱 강력해진다. 이상적인 경우에는 1000분이 걸리는 작업을 1000개의 병렬 작업으로 1분만에 처리할 수도 있다.

맵리듀스는 이런 원칙하에서 만들어진 데이터 처리 패러다임이다. 원본으로부터 결과 데이터 셋으로 변환시키는 일련의 작업을 쭉 수행하는 방식이다. 간단한 경우를 예로 들면, 입력 데이터가 맵 함수로 들어가고 그 결과물이 리듀스 함수의 입력으로 들어간다. 개발자는 이 변환 작업 내용만 정의하면 된다. 어떻게 이 변환 작업을 클러스터에 분산되어 있는 데이터에 병렬로 적용할지는 하둡의 맵리듀스가 관리한다. 기본 개념은 그렇게 대단해 보이지 않을 수도 있지만, 하둡의 강점은 이런 원칙을 잘 다듬어지고 사용하기 쉬운 플랫폼으로 만들었다는 점이다.

잘 구조화된 데이터를 요구하는 전통적인 관계형 데이터베이스와는 다르게, 맵리듀스와 하둡은 반-구조화simi-structured 또는 구조화되지 않은 데이터를 잘 처리한다. 데이터를 엄격한 스키마schema에 맞춰 구조화할 필요 없이, 키/값 쌍으로 된 데이터를 맵 함수에 입력으로 넣기만 하면 된다. 맵 함수의 출력은 키/값 쌍 집합이고, 리듀스 함수는 이 출력을 통합해서 최종결과를 만들어낸다.

하둡은 맵과 리듀스 함수의 표준 스펙(다시 말해, 인터페이스)을 제공하고, 이 인터페이스의 구현체는 매퍼mappers와 리듀서reducers라고 부른다.

보통 맵리듀스 작업은 여러 개의 매퍼와 리듀서들로 이뤄지고, 각 매퍼와 리듀서들은 대부분 정말 단순하다. 개발자는 원본 데이터와 결과물 데이터 셋간의 변환 작업을 표현하는 데만 집중하며, 하둡 프레임워크가 작업 실행, 병렬화, 코디네이션 등을 관리한다.

방금 언급한 점이 아마 하둡의 가장 중요한 요소라고 할 수 있다. 하둡 플랫폼이 데이터를 가지고 처리작업을 실행할 때 신경 써야 될 모든 사항들을 책임진다. 사용자는 작업을 위한 핵심 사항만 정의하고 나머지 사항들은 시스템이 책임진다. 결정적인 장점은(데이터 크기 관점에서 보면) 동일한 맵리듀스 작업을 가지고 데이터의 크기와 클러스터 규모에 상관없이 실행할 수 있다는 사실이다. 천대의 서버에 저장한 1페타바이트의 데이터를 처리할 때도, 어떻게 하면 효율적으로 호스트를 활용해서 데이터를 처리할 수 있을지는 하둡이 결정한다. 사용자 입장에서는 클러스터와 데이터의 실제 크기와 처리 시간에 관련된 요소들을 신경 쓸 필요 없기 때문에 데이터의 크기나 클러스터의 규모가 하둡을 사용하는 방식에 영향을 주지 않는다.

함께할 때 더 좋은

HDFS와 맵리듀스 중 하나의 장점만 취할 수도 있지만, 함께 사용할 때 그 진가를 발휘한다. HDFS는 본래 대규모 데이터 스토리지 플랫폼이라서 맵리듀스 없이 그냥 사용할 수 있다. 맵리듀스도 HDFS가 아닌 곳에서 데이터를 읽어올 수 있지만, 처리방식이 HDFS와 잘 맞기 때문에 두 가지를 함께 사용하는 게 보통이다.

맵리듀스 잡이 실행되면 하둡은 효율적으로 데이터 셋을 처리하기 위해 어느 노드에서 코드를 실행할지 결정한다. 맵리듀스 클러스터 호스트가 데이터를 읽어올 때 단일 호스트나 하나의 호스트 어레이에서만 읽어오는 경우에는, 스토리지 시스템이 병목을 일으키는 공유 자원이기 때문에 어느 노드에서 코드를 실행할까 하는 점은 별로 중요하지 않다. 하지만 HDFS를 스토리지 시스템으로 쓸 경우에는, 데이터 자체보다는 처리 작업을 옮기는 편이 효율적이라는 원칙하에 데이터가 위치한 노드에서 바로 처리 작업을 실행한다.

HDFS와 맵리듀스 클러스터를 같은 서버들에 배포하는 방식이 가장 일반적인 배포 방식이다. 각 호스트는 데이터와 이를 관리하기 위한 HDFS 컴포넌트를 실행하고, 데이터 처리작업을 스케줄하고 실행하기 위한 맵리듀스 컴포넌트 또한 실행한다. 하둡에 작업이 들어오면, 네트워크 트래픽을 최소화하고 성능을 최대화하기 위해 가능한 한 데이터가 위치한 호스트가 처리작업을 진행하도록 스케줄한다.

앞서 예로 들었던 천대의 서버들에 저장된 1페타바이트를 처리하는 4단계 작업을 다시 생각해보자. 맵리듀스 모델은(좀 단순화시키고 이상적인 예를 만들면) 맵 함수를 데이터가 위치한 HDFS 호스트에서 실행하고, 같은 클러스터에서 각 부분적인 결과물들을 최종 결과물로 만들기 위해 리듀스 함수를 실행한다.

하둡을 사용할 때 어려운 점 중 하나는 어떻게 문제를 맵 함수와 리듀스 함수의 조합으로 쪼개느냐는 데에 있다. 앞서 말한 방식은 4가지 처리 단계를 각 데이터 부분 부분들에 서로 독립적으로 실행할 수 있을 때 가능하다. 이후의 장에서 이야기하겠지만, 해답은 여러 개의 맵리듀스 작업을 실행하며, 한 맵리듀스 작업의 출력을 다른 맵리듀스 작업의 입력으로 사용하는 방법이다.

공통 아키텍처

HDFS와 맵리듀스는 공통적인 특징을 가진 소프트웨어 클러스터이다.

- 마스터/코디네이터 노드가 관리하는 워커 노드들로 클러스터를 구성한다.

- 각 경우의 마스터(HDFS에서는 네임노드, 맵리듀스에서는 잡트래커JobTracker는 클러스터의 상태를 관찰하고 장애를 처리하기 위해 데이터 블록을 옮기거나 실패한 작업을 다시 스케줄링한다.

- 각 서버의 프로세스들(HDFS에서는 데이터노드, 맵리듀스에서는(태스크트래커 TaskTracker)가 물리적 호스트에서 작업을 수행하며, 네임노드와 잡트래커에서 명령을 받고 상태와 작업 진척 등을 리포트한다.

용어를 확실히 하면, 하둡의 컴포넌트들을 실행하기 위한 물리적인 하드웨어를 호스트나 서버라고 부르겠다. 클러스터를 구성하는 소프트웨어 컴포넌트를 노드라고 부르겠다.

어떨 때 좋고, 어떨 때 좋지 않은가

다른 도구가 그렇듯이 하둡도 어떤 문제를 해결하기 위해 쓰면 좋을지 이해해야 한다. 이 책에서는 앞에서 살펴본 대용량 데이터 처리관점에서 하둡의 강점들을 강조하겠지만, 책의 시작부인 여기에서 언제 하둡이 부적합한지 짚고 넘어가자.

하둡의 아키텍처적 여러 가지 결정은 유연하고 확장성있는 데이터처리 플랫폼을 만들기 위해 내려졌다. 그러나 다른 아키텍처/설계상 결정들이 그렇듯이 꼭 이해해야 할 측면들이 있다. 가장 중요한 점은 하둡이 일괄처리batch 시스템이라는 사실이다. 대용량 데이터 셋을 가지고 작업을 실행시키면, 하둡 프레임워크는 최종 결과물이 나올 때까지 온 클러스터 전체 자원을 가지고 작업한다. 대형 클러스터를 이용하면 꽤 큰 데이터 셋을 가지고도 상대적으로 빨리 답을 구할 수 있지만, 인내심 없는 사용자들을 만족시킬 수 있을 만큼 빨리 결과를 구할 수는 없다. 따라서, 하둡은 웹 사이트나 실시간 시스템 같은 곳에서 온 쿼리처럼 낮은 지연율이 요구되는 곳에는 적합하지 않다.

하둡이 대용량의 데이터 셋을 처리할 때는, 작업의 셋업이나 어느 노드에서 작업을 실행시킬지 결정하고 기타 다른 관리를 위한 작업의 오버헤드가 전체 처리시간에서 차지하는 비중이 아주 낮다. 하지만 아주 단순한 맵리듀스 작업을 실행시키기 위해서도 최소 10초 이상의 오버헤드가 발생하는데, 작은 크기의 데이터를 처리할 때엔 이 작업도 무시할 수 없는 요소가 된다.

 하둡 관련 프로젝트 중 HBase라는 또 다른 구글 기술의 오픈소스 구현체가 있다. HBase 는 하둡을 기반으로 구현된 (비관계형) 데이터베이스로서, 낮은 지연율을 요구하는 쿼리를 처리하기 위한 여러 가지 방법을 제공한다.

하지만, 구글과 야후는 응답시간이 매우 중요한 웹사이트를 운영하고, 또한 맵리듀스 계산 방식을 사용하는 대표적인 회사가 아닌가? 대답은 '그렇다'이다. 그리고 이 사실은 어떻게 하둡이 다른 기술들과 어우러져서 각각의 장점을 취하느냐하는 게 중요하다는 점을 보여준다. 한 논문(http://research.google.com./archive/

googlecluster.html)에서 구글은 어떻게 맵리듀스를 활용하는지 설명했다. 웹 크롤러가 업데이트된 웹 페이지 데이터를 수집해오면, 맵리듀스는 이 방대한 데이터셋을 처리해서 웹 인덱스를 생성하고, 이 웹 인덱스를 MySQL 서버들에 저장해서 최종 사용자의 검색 요청을 처리하기 위해 쓴다.

아마존 웹 서비스를 이용한 클라우드 컴퓨팅

이 책에서 다룰 또 하나의 기술은 아마존 웹 서비스를 이용한 클라우드 컴퓨팅이다. 그러나 먼저 몇 가지 시중에 떠도는 클라우드 컴퓨팅에 관련된 여러 가지 말들에 대해서 정리하고 넘어가겠다.

여기도 클라우드, 저기도 클라우드

클라우드 컴퓨팅은 너무 흔하게 사용하는 바람에 구체적 의미 없는 용어가 될 지경이다. 그러므로 이 책에서는 이 용어를 사용할 때 그 의미를 확실히 하도록 신경 쓰겠다. 클라우드 컴퓨팅에는 두 개의 중요한 관점이 있는데, 새로운 아키텍처와 비용에 대한 새로운 접근 방식이다.

제3의 길

확장성있는 데이터처리 시스템을 구현하기 위한 방법으로 스케일 업과 스케일 아웃을 이야기했다. 하지만, 그 이야기는 시스템을 개발하는 조직이 물리적인 하드웨어를 구입하고, 소유하고, 호스팅하고, 관리하는 경우를 전제로 한 이야기이다. 클라우드 컴퓨팅은 또 다른 방법을 제시한다. 애플리케이션을 클라우드에 배포하고, 클라우드 서비스 제공자가 확장성 문제를 처리하도록 하는 방법이다.

물론 항상 이렇게 단순하게 해결되지는 않는다. 하지만, 많은 클라우드 서비스에서 이 방식은 가히 혁명적이다. 가이드라인이나 인터페이스에 따라 소프트웨어를 개발하고 클라우드 플랫폼에 배포하기만 하면 사용자의 요청에 따라 확장 가능하다. 당연히 확장한 만큼 비용을 내야 하지만, 이 비용은 확장성있는 시스템 구축비용을 포함하기 때문에 꽤 매력적인 방법이다.

다른 유형의 비용

클라우드 컴퓨팅은 시스템 하드웨어의 비용을 지불하는 방식도 바꾸어 놓았다. 인프라 구축비용을 서비스 제공자에게 넘김으로써, 모든 사용자들은 클라우드 제공자가 몇 천에서 몇 만의 고객을 위해 구축한 플랫폼 위에 규모의 경제의 혜택을 보게 되었다. 사용자들은 확장성 같은 어려운 기술적 문제들을 고민할 필요가 없을 뿐 아니라, 가능한 최고 부하를 처리하기 위해 대형 시스템을 미리 계산해서 구축할 필요가 없다. 그 대신, 탄력적으로 필요한 부하에 따라 시스템을 늘리거나 줄여나갈 수 있다.

예를 들어서 설명해보자. 많은 회사들의 회계 부서는 월말에 급여와 세금계산을 위한 작업으로 바쁘고 연말에는 훨씬 더 큰 데이터 처리를 한다. 만일 이런 시스템을 설계해야 한다면 얼마나 많은 하드웨어를 사야 할까? 매일 매일의 작업 부하를 처리할만한 시스템을 산다면 월말에는 굉장히 허덕이고, 연말에는 제대로 작업을 처리하지 못한다. 월말 작업 부하를 견딜 만큼 시스템을 확장하면 연중에는 잘 굴러가겠지만 연말 작업은 여전히 제대로 처리하지 못한다. 그래서 연말 작업의 부하를 견딜만한 시스템을 만들면, 연말을 제외한 나머지 시간에는 시스템 대부분이 유휴상태가 된다. 그리고 하드웨어 구입 비용뿐만 아니라 호스팅과 운영 비용(서버의 전기 사용료가 대부분을 차지할 것이다)을 고려하면, 엄청난 돈의 낭비다.

클라우드 컴퓨팅의 서비스-온-디맨드 관점은 처음엔 애플리케이션을 작은 하드웨어에서 시작했다가 시간이 지나면서 필요에 따라 편하게 용량 확장/축소를 수행한다. 사용한 만큼 과금하는 모델을 이용하면 최고 부하를 고려해서 하드웨어를 살 필요가 없이, 사용한 만큼 용량을 증설해서 지불하면 된다.

이 모델의 묘미는 온라인 서비스를 시작하는데 드는 진입비용을 엄청나게 낮춘다는 점이다. 새로 시작한 인기 서비스가 갑자기 늘어나는 사용자의 요구를 못 맞추고 성능 문제를 겪어 사용자들의 흥미를 잃고 다시는 회복하지 못하는 사례를 한 번쯤은 보았을 것이다. 예를 들어, 서비스를 시작하려는 조직이 있다고 하자. 이 조직은 서비스 시작 날에 대량의 사용자 트래픽을 처리할 수 있을 정도의 시스템을 만들고 싶지만, 얼마가 충분한지는 알 방법이 없다. 물리적 장비들로 구성하려면, 서비스 시작시점에 수백만 달러의 비용을 들이기 쉽다.

이제는 클라우드 컴퓨팅을 이용하면 매달 수십~수백 만원 정도의 비용으로 초기 인프라를 구축하고, 필요하면 트래픽이 늘어나는 만큼 자원을 늘려가면 된다.

AWS: 아마존의 인프라온디맨드

아마존 웹 서비스AWS는 아마존이 제공하는 클라우드 서비스들을 말한다. 이 책에서는 몇 가지 서비스들을 이용할 예정이다.

EC2

아마존의 일래스틱 컴퓨트 클라우드EC2(http://aws.amazon.com/ec2)는 서버-온-디맨드 서비스다. AWS와 EC2에 신용카드 정보만 이용해서 가입하고 나면, 전용으로 쓸 수 있는 가상 머신에 접속할 수 있다. 이 가상 서버에서는 손쉽게 윈도우즈나 여러 리눅스 배포판들을 실행할 수 있다.

더 많은 서버가 필요하면? 다른 서버를 더 실행하면 된다. 더 높은 성능의 서버가 필요하면? 높은 사양의(그리고 더 비싼) 서버로 바꾸면 된다. EC2는 또한, 로드 밸런서나 고정 IP 주소, 고성능 가상 디스크 드라이브 등의 보조 서비스들을 제공한다.

심플 스토리지 서비스

아마존의 심플 스토리지 서비스S3(http://aws.amazon.com/s3)는 단순한 키/값 데이터를 저장하는 스토리지 서비스다. 웹, 명령 창, 프로그래밍 인터페이스를 이용해서 텍스트 파일, 이미지, MP3 파일 등 모든 데이터의 객체를 만들 수 있다. 그리고 계층형 모델에 따라 데이터를 저장하고 검색할 수 있다. 이 모델에서는 버킷에 객체를 저장한다. 각각의 버킷은 유일한 식별자를 가지며, 각 버킷 안에서 각 객체는 유일한 이름을 가진다. 이렇게 단순한 방식을 통해 아마존이 제공하는 강력한 서비스들을 이용할 수 있다(데이터의 신뢰성, 가용성, 서비스 확장성까지).

일래스틱 맵리듀스

아마존의 일래스틱 맵리듀스EMR(http://aws.amazon.com/elasticmapreduce/)는 EC2와 S3를 기반으로 한 클라우드 위의 하둡이다. 웹 콘솔, CLI, API 등의 인터페이스를 이용해서 하둡 워크플로우workflow를 정의하고, 하둡 호스트 개수나 데이터위치 등의 속성을 정의할 수 있다. 맵리듀스 작업을 구현한 하둡 코드를 제공하고, 가상의 go 버튼을 누르면 된다.

가장 훌륭하게 EMR을 쓰는 방법은 데이터를 S3에서 끌고 와서, EC2에 생성한 하둡 클러스터에서 처리한 후, 결과를 S3에 다시 저장하고, 하둡 클러스터와 EC2 가상 머신을 종료하는 방식이다. 자연히 각 서비스는 비용이 들지만(대개의 경우 GB당 과금과 서버 사용시간당 요금), 전용 하드웨어 없이 이런 데이터 처리가 가능하다는 사실은 대단한 일이다.

이 책에서 다루는 내용

이 책에서는 데이터 분석을 위한 맵리듀스 프로그램 작성법과, 이 프로그램을 로컬에서 관리하는 하둡 클러스터에서 실행하는 방법, 그리고 AWS에서 호스팅하는 하둡 클러스터에서 실행하는 방법 모두를 공부한다.

맵리듀스 처리 엔진으로써의 하둡에 관한 내용뿐만 아니라 하둡의 기능을 조직의 나머지 인프라와 시스템에 어떻게 조화시킬지에 대해서도 다루겠다. 일반적인 관점의 통합(예를 들어 하둡과 관계형 데이터베이스 간의 데이터 이동)과 어떻게 하면 하둡을 관계형 데이터베이스처럼 쓸 수 있는지 등을 살펴보겠다.

두 가지 접근 방식

이 책에서는 EMR이나 아마존 EC2에서 하둡을 호스팅하는 방법만 다루지는 않겠다. EMR을 이용해서 클라우드에 처리작업을 올리는 방법과 로컬 하둡클러스터를 구축하고 관리하는(우분투 리눅스에서) 방법 모두를 설명하겠다.

이렇게 하는 데에는 두 가지 이유가 있다. 첫 번째, 비록 EMR이 좀 더 쓰기 편하긴 하지만 직접 클러스터를 관리함으로써 알 수 있는 기술적 측면이 있다. 비록 EMR

도 수동으로 사용할 수 있지만, 우리는 이런 내용을 설명할 때에 로컬 클러스터를 이용할 계획이다. 두 번째, 많은 조직들에서는 조직 내부 클러스터와 클라우드 호스트 방식을 섞어서 사용한다. 외부 서비스 제공자에 대한 의존도를 줄이기 위해서이기도 하지만, 개발과 작은 규모의 테스트는 로컬 호스트에서 수행한 뒤 클라우드에 배포하는 게 실질적으로 편할 때가 많기 때문이다.

이후에 하둡과 다른 제품간의 통합방법을 설명할 때는 로컬 클러스터 예제만 제하겠다. 배포방법이 다르더라도 제품간의 통합방법에는 차이가 없기 때문이다.

정리

1장에서는 빅데이터, 하둡, 클라우드 컴퓨팅에 관한 많은 내용을 배웠다.

특히, 빅데이터의 출현과 이로 인해 일어난 데이터 처리방식, 시스템 아키텍처의 변화를 살펴보았다. 너무 비싼 비용 때문에 사용하기 힘들었던 예전의 기술들에서 어떻게 변화되었는지 알아보았다.

그리고 하둡의 역사와 이런 기술적 트렌드를 바탕으로 어떻게 하둡이 유연하고 강력한 대용량 데이터 처리 플랫폼을 만들 수 있었는지 이야기했다. 또한, 클라우드 컴퓨팅이 만든 시스템 아키텍처에 대한 새로운 접근 방법을 보았다. 직접 비싼 비용을 들여서 물리적인 장비를 구축하는 대신, 클라우드 서비스 제공자가 하드웨어 배포, 관리, 확장 등에 관한 책임을 지고 사용한 만큼 돈을 내는 방식이다. 아마존 웹 서비스와 일래스틱 맵리듀스를 이용해서 클라우드에 하둡을 배포하는 방법도 알아보았다.

이 책의 목적과, 로컬 클러스터와 AWS에 호스팅된 하둡 클러스터 두 가지 모두를 이용하는 방식에 대해 말했다.

이제, 이 기술이 어디서 비롯되었고 그 이점이 무엇인가 알았으니 직접 손으로 만들고 실행시켜 볼 차례이다. 바로 2장, '하둡의 설정과 실행'에서 다룰 내용이다.

2

하둡의 설정과 실행

1장에서 대규모 데이터 처리기술과 하둡이 주는 여러 가지 장점을 살펴봤다. 2장에서는 하둡을 설정하고 가동해보자.

2장에서 다루는 내용은 다음과 같다.

- 로컬 우분투 호스트에 하둡 설치하고 실행하기
- 하둡 예제 프로그램 실행하고 하둡 시스템에 적응하기
- 아마존 웹 서비스 사용자 계정 생성하기
- EMR_{Elastic MapReduce} 주문식 하둡 클러스터 구성하기
- 로컬 하둡과 EMR 하둡의 차이점 알기

로컬 우분투 호스트의 하둡

하둡이 꼭 클라우드 환경에서만 구성되는 건 아니다. 2장에서 단일/다중 우분투 호스트에서 몇 가지 예제를 수행할 계획이다. 단일 서버(물리적 컴퓨터 또는 가상서

버) 하나면 하둡과 맵리듀스의 모든 기능에 대해서 알아볼 수 있지만 운영과 개발 클러스터는 다중 서버로 하둡을 구성해야 한다. 하둡을 배우기 시작하는 데는 단일 호스트로 충분하다.

하둡은 모든 리눅스 배포판에서 작동하므로 우분투를 꼭 사용해야 하는 건 아니지만 다른 리눅스 배포판을 사용할 경우 운영체제 설정이 약간 다르다는 사실에 유의하자.

우분투 이외의 운영체제

하둡은 우분투 이외의 플랫폼에서도 정상 작동한다. 개발자는 보통 윈도우와 맥 OS X 환경을 선호하지만 윈도우는 개발 플랫폼만 지원되고 맥 OS X은 정식으로 지원하지 않는다.

다른 플랫폼을 사용하게 되면 다른 리눅스 배포판을 사용할 때와 비슷한 문제가 발생한다. 하둡 작업 방식은 같지만 환경 설정 같은 작업을 할 때는 운영체제에 특화된 방식을 택해야 한다. 하둡 FAQ에 이러한 플랫폼 정보가 있으니 반드시 확인해보자. 하둡 FAQ는 http://wiki.apache.org/hadoop/FAQ에서 찾아볼 수 있다.

실습 예제 │ 사전 준비 항목 확인

하둡은 자바로 개발됐기 때문에 우분투 호스트에 최신 JDKJava Development Kit가 설치되어 있어야 한다. 다음 단계를 거쳐 필수 항목이 준비됐는지 확인해보자.

1. 터미널의 다음 명령을 통해 이미 설치되어 있는 환경을 확인한다.

```
$ javac
$ java -version
```

2. no such file or directory와 같은 에러 메시지를 출력하거나 'Open JDK' 문구가 보이면 정식 JDK를 다운로드해야 한다. 정식 JDK는 오라클 다운로드 페이지인 http://www.oracle.com/technetwork/java/javase/downloads/index.html에서 최신 버전으로 받을 수 있다.

3. 자바가 설치되었다면 다음과 같이 JDK/bin 디렉터리를 PATH에 등록해주고 JAVA_HOME 환경 변수를 등록한다.

```
$ export JAVA_HOME=/opt/jdk1.6.0_24
$ export PATH=$JAVA_HOME/bin:${PATH}
```

방금 수행한 단계에서는 자바 버전을 제대로 인식하는지 확인했고, 리눅스 명령어 수행 시 자바 설치위치를 매번 입력할 필요가 없게 설정했다.

주의할 점은 열려 있는 셸에서 로그아웃이나 셸 종료, 시스템 재시작할 경우 방금 전 설정이 사라진다. 설정을 유지하고 싶다면 여러분이 익숙한 셸의 초기설정 파일에 추가하면 된다. 예를 들어 BASH 셸은 .bash_profile, TCSH는 .chrc에 추가하면 된다.

내가 선호하는 방식은 모든 설정을 하나의 파일에 저장하고 다음과 같이 필요할 때마다 불러오는 것이다.

```
$ source Hadoop_config.sh
```

이 방식은 사용자 계정에 할당된 하나의 초기설정 파일을 지저분하게 할 필요없이 여러 파일로 분리하여 관리한다. 여러 애플리케이션에서 사용하는 설정이 서로 다를 땐 이 방식이 편하다. 각 세션을 시작할 때마다 필요한 설정파일을 불러오면 되기 때문이다.

하둡 설정

하둡을 공부하는 데 가장 이해하기 힘든 부분은 하둡 프로젝트와 그 하위 프로젝트, 또는 프로젝트 사이의 연동방식 등 너무 많은 구조를 이해하는 것이다. 하물며 각 구조는 항상 유동적으로 변하기 때문에 주기적으로 변경사항을 알아둬야 하는 어려움이 있다. 일단 http://hadoop.apache.org 페이지를 열어보면 다음과 같이 큰 단락의 프로젝트가 명시되어 있다.

- Common
- HDFS
- MapReduce

하위 두 개는 1장에서 이미 익숙해진 프로젝트이고 Common 프로젝트는 실제 운영 상황에서 하둡이 작동할 수 있도록 도와주는 라이브러리와 툴로 구성되어 있다. 중요한 점은 표준 하둡 배포판은 위 세 개의 프로젝트를 최신 버전으로 포함하고 있으며 하둡을 사용하는 데 필요한 모든 것이다.

하둡 버전

하둡은 0.19 버전에서 0.20 버전으로 업그레이드되면서 맵리듀스 애플리케이션 개발에 사용되는 신규 API의 적용을 주 목적으로 큰 변화를 가졌다. 이 책은 주로 신규 API를 사용하지만 아직 신규 API 적용이 안 된 기능의 예제는 이전 버전의 API로 작성됐다.

하둡의 버전 이력은 0.19에서 0.20로 가면서 다시 한번 복잡해졌다. 0.22와 0.23 브랜치에는 1.0 버전에 없는 기능들이 추가되었다. 이 책을 펴내는 시기에는 1.1과 2.0 버전으로 개발 초점이 맞춰지면서 하둡 버전이 다시 깔끔해졌다. 기존의 시스템과 서드파티 툴은 0.20 브랜치를 기반으로 개발됐으므로 이 책의 예제는 1.0 기반으로 작성했다.

실습 예제 | 하둡 다운로드

다음 작업을 수행하여 하둡을 다운로드해보자.

1. 하둡 다운로드 페이지(http://hadoop.apache.org/common/releases. html)에 접속하여 1.0.x 브랜치의 최신 안정화 버전을 다운로드한다. 이 책을 펴낸 시기에는 1.0.4 버전이었다.

2. 다운로드 미러를 선택한 후에 hadoop-1.0.4-bin.tar.gz과 같이 지명된 파일을 받는다.

3. 다운로드한 파일을 하둡이 설치될 폴더(예: /usr/local)에 복사한다.

```
$ cp hadoop-1.0.4.bin.tar.gz /usr/local
```

4. 압축을 해제한다.

```
$ tar -xf hadoop-1.0.4-bin.tar.gz
```

5. 하둡 설치 디렉터리로 통하는 심볼릭 링크를 추가한다.

```
$ ln -s /usr/local/hadoop-1.0.4 /opt/hadoop
```

6. JAVA 환경 변수 설정과 같이 PATH 환경 변수에 하둡 바이너리 디렉터리를 추가하고 HADOOP_HOME 환경 변수를 신규 등록한다.

```
$ export HADOOP_HOME=/usr/local/hadoop
$ export PATH=$HADOOP_HOME/bin:$PATH
```

7. 하둡 설치 위치의 conf 디렉터리로 이동하여 hadoop-env.sh 파일을 수정하자. JAVA_HOME이 포함된 줄의 주석을 해제하고 이 경로를 이전에 설치한 JDK 경로로 변경한다.

보충 설명

방금 수행한 실습을 통해 하둡이 정상적으로 설치됐고, 커맨드라인 창에서 실행 가능한지 확인했다. 경로와 설정변수를 수정하여 하둡 명령을 사용할 수 있게 됐고 하둡 설정파일을 수정하여 물리 호스트에 하둡을 연동했다.

앞서 설명한 대로 export 명령을 셸 초기 설정파일에 추가하거나 별도의 설정파일에 추가했다면 사용자가 직접 해당 파일을 실행해야 한다.

자세한 설정과 활용은 다음에 설명하므로 일단 넘어가자.

1. 다음 작업을 통해 SSH를 설정한다.

```
$ ssh-keygen
Generating public/private rsa key pair.
Enter file in which to save the key (/home/hadoop/.ssh/id_rsa):
Created directory '/home/hadoop/.ssh'.
Enter passphrase (empty for no passphrase):
Enter same passphrase again:
Your identification has been saved in /home/hadoop/.ssh/id_rsa.
Your public key has been saved in /home/hadoop/.ssh/id_rsa.pub.
...
```

2. 공개 키를 authorized_keys 파일에 추가한다.

```
$ cp .ssh/id_rsa.pub .ssh/authorized_keys
```

3. 로컬 호스트에 접속한다.

```
$ ssh localhost
The authenticity of host 'localhost (127.0.0.1)' can't be established.
RSA key fingerprint is b6:0c:bd:57:32:b6:66:7c:33:7b:62:92:61:fd:ca:2a.
Are you sure you want to continue connecting (yes/no)? yes
Warning: Permanently added 'localhost' (RSA) to the list of known hosts.
```

4. 암호 입력 없이도 SSH 접속이 가능한지 확인한다.

```
$ ssh localhost
$ ssh localhost
```

보충 설명

하둡이 하나 이상의 물리서버의 프로세스와 통신을 해야 하므로 하둡의 주체자가 각 호스트에 암호입력 없이 접속 가능해야 한다. ssh-keygen 명령을 수행하고 제공된 기본값을 입력하면 빈 암호가 입력된 SSH 키페어가 생성된다.

키페어가 생성되면 공개 키를 파일 형태의 신뢰키 리스트에 추가하여 서버에 접속 시 해당 공개 키로 인증되도록 한다. 그다음 ssh 명령어를 이용해 로컬서버에 접속하면 위에서처럼 호스트 인증키 신뢰 여부를 묻는데 이를 한번 확인하면 더 이상의 암호 입력없이 접속 가능하다.

 분산 클러스터에서 작업할 때는 모든 호스트의 하둡 사용자가 같은 키를 갖도록 설정해야한다.

하둡 설정과 실행

지금까지 작업(다운로드와 시스템 관리)은 비교적 간단했다. 이제 실제 하둡 작업을 시작할 시간이다. 간단한 예제를 통해 하둡 작동방식을 보여줄 것이다. 추가설정이 필요하지만 그 전에 다음 실습을 통해 하둡이 제대로 설치됐는지 확인해보자.

실습 예제 | 하둡을 이용한 파이 계산

정상적인 설치여부를 확인하고 맵리듀스 잡을 얼마나 빠르게 실행할 수 있는지 보여주기 위해 하둡의 파이계산 샘플 프로그램을 사용하겠다. HADOOP_HOME/bin 디렉터리가 PATH 환경 변수에 등록된 환경에서 다음 명령을 실행한다.

```
$ Hadoop jar hadoop/hadoop-examples-1.0.4.jar pi 4 1000
Number of Maps = 4
Samples per Map = 1000
Wrote input for Map #0
Wrote input for Map #1
Wrote input for Map #2
Wrote input for Map #3
Starting Job
12/10/26 22:56:11 INFO jvm.JvmMetrics: Initializing JVM Metrics with
processName=JobTracker, sessionId=
12/10/26 22:56:11 INFO mapred.FileInputFormat: Total input paths to
process : 4
12/10/26 22:56:12 INFO mapred.JobClient: Running job: job_local_0001
12/10/26 22:56:12 INFO mapred.FileInputFormat: Total input paths to
process : 4
```

```
12/10/26 22:56:12 INFO mapred.MapTask: numReduceTasks: 1
...
12/10/26 22:56:14 INFO mapred.JobClient: map 100% reduce 100%
12/10/26 22:56:14 INFO mapred.JobClient: Job complete: job_local_0001
12/10/26 22:56:14 INFO mapred.JobClient: Counters: 13
12/10/26 22:56:14 INFO mapred.JobClient: FileSystemCounters
...
Job Finished in 2.904 seconds
Estimated value of Pi is 3.14000000000000000000
$
```

보충 설명

출력 화면에서 많은 정보들이 보여질 것이다. 실제 화면상에 출력되는 정보는 더욱 많다. 기본을 먼저 익히고 자세한 내용은 책의 뒷부분에서 다루기로 하자. 일단 하둡에서 사용되는 단어에 익숙해야 한다. 각 하둡 프로그램은 하나의 잡으로 실행되고 여러 태스크를 생성하여 작업을 수행한다.

출력을 보면 크게 세 부분으로 나뉘어져 있다.

- 잡의 시작

- 잡의 실행 상태

- 잡의 출력

이번 실습에서는 잡이 파이를 계산하기 위해 네 개의 태스크를 생성했고, 전체적인 잡의 결과는 각 태스크의 결과를 취합한 것이 된다. 이러한 패턴은 이미 1장에서 익숙해졌을 것이다. 이 모델은 큰 작업을 작은 단위로 나눈 다음 결과를 취합하는 데 사용된다.

출력의 대부분은 잡이 수행되고 있는 상태와 진행률 메시지를 보여준다. 성공적으로 잡이 수행되면 다양한 카운터와 통계를 보여준다. 위 실습처럼 맵리듀스 잡의 결과가 콘솔에 보여지는 경우는 거의 없다. 하둡의 기능 문제라기보다 대규모 데이터를 처리하는 작업은 보통 매우 많은 결과물을 생성하는데, 이를 화면에서 확인하기엔 한계가 있다.

첫 번째 맵리듀스 잡이 성공적으로 수행됐다!

하둡의 세 가지 구동방식

하둡에 잡을 실행하는 데 초점을 맞추다 보니 지나친 중요한 질문 하나가 있다. 하둡은 어떤 방식으로 실행시켜야 할까? 하둡의 컴포넌트가 실행되는 방식은 세 가지가 있다. HDFS는 클러스터 구성을 관리하는 네임노드와 데이터를 저장하고 관리의 주체가 되는 데이터노드로 구성된다. 맵리듀스의 잡트래커는 클러스터 마스터이면서 하나 이상의 태스크트래커 프로세스에 의해 실행되는 작업들을 관리한다. 하둡은 이러한 컴포넌트를 다음과 같이 배치시킨다.

- 로컬 자립형 방식: 파이 실습처럼 기본 설정을 유지하면 로컬 자립형 방식으로 실행된다. 모든 하둡 컴포넌트(네임노드, 데이터노드, 잡트래커, 태스크트래커)가 하나의 자바 프로세스에서 실행된다.

- 가분산 방식: 각 하둡 컴포넌트가 별도의 JVM에 로드되어 네트워크 소켓을 통해 통신하며 하나의 호스트에서 모든 기능을 갖춘 미니 클러스터로 작동된다.

- 완전분산 방식: 하둡이 하나 이상의 서버로 분산되어 실행되며 일부 서버는 일반적인 작업에 사용되고 일부 서버는 네임노드와 잡트래커 같은 특정 컴포넌트만을 위해 사용된다.

각 방식에는 장단점이 있다. 완전분산 방식은 여러 대의 서버로 하둡의 스케일 아웃 확장이 가능하지만 클러스터의 모든 서버에 설정작업이 필요하다. 로컬 자립형 방식은 설정은 쉽지만 완전분산 방식과는 인터페이스가 많이 다르다. 가분산 방식의 사용법이 완전분산 방식과 유사하기 때문에 이 책의 예제는 하나의 호스트에 실행되는 가분산 방식을 주로 사용한다.

하둡 배포판이 설치된 경로의 conf 디렉터리를 보자. 상당수의 설정 파일이 있는데 우리가 필요한 파일은 core-site.xml, hdfs-site.xml, mapred-site.xml이다.

1. core-site.xml을 다음과 같이 수정한다.

```
<?xml version="1.0"?>
<?xml-stylesheet type="text/xsl" href="configuration.xsl"?>

<!-- Put site-specific property overrides in this file. -->

<configuration>
  <property>
    <name>fs.default.name</name>
    <value>hdfs://localhost:9000</value>
  </property>
</configuration>
```

2. hdfs-site.xml을 다음과 같이 수정한다.

```
<?xml version="1.0"?>
<?xml-stylesheet type="text/xsl" href="configuration.xsl"?>

<!-- Put site-specific property overrides in this file. -->

<configuration>
  <property>
    <name>dfs.replication</name>
    <value>1</value>
  </property>
</configuration>
```

3. mapred-site.xml을 다음과 같이 수정한다.

```
<?xml version="1.0"?>
<?xml-stylesheet type="text/xsl" href="configuration.xsl"?>

<!-- Put site-specific property overrides in this file. -->
```

```
<configuration>
  <property>
    <name>mapred.job.tracker</name>
    <value>localhost:9001</value>
  </property>
</configuration>
```

보충 설명

가장 먼저 확인할 부분은 설정 파일의 포맷이다. 설정 파일은 보이다시피 XML 형식이며 하나 이상의 property 항목이 각 configuration 항목에 포함된다.

property 항목은 항상 name과 value 항목을 포함하며 위 코드에는 없지만 경우에 따라서는 description 항목도 포함할 수 있다.

세 가지 설정을 추가했다.

- dfs.default.name 설정은 네임노드의 위치를 명시한다. HDFS와 맵리듀스 컴포넌트에서 공유하는 설정이기 때문에 hdfs-site.xml 대신 core-site.xml에 추가한다.

- dfs.replication 설정은 각 HDFS 블록이 몇 번 복제되는지 명시한다. 1장에서 HDFS는 각 파일시스템의 블록을 하나 이상의 호스트에 복제함으로써 데이터 장애를 해결한다고 했었다. 보통은 3개의 복제를 설정하지만 여기서는 가분산 방식으로 데이터노드를 하나의 호스트에서 실행했으므로 1로 설정했다.

- mapred.job.tracker 설정은 dfs.default.name이 네임노드 위치를 명시하듯 잡트래커의 위치를 명시한다. 이 설정은 맵리듀스에서만 사용하므로 mapred-site.xml 파일에 포함된다.

 하둡에서 사용하는 포트를 마음껏 바꿔도 되지만 9000과 9001이 주로 사용되는 포트이다.

네임노드와 잡트래커의 네트워크 주소는 시스템 요청에 사용되는 포트를 포함한다. 이 주소는 사용자에 의해 직접 사용되는 주소가 아니기 때문에 웹 브라우저에 입력하면 빈 화면이 나타난다. 웹 인터페이스에 대한 설정은 이 책에서 곧 다루게 된다.

하둡 기반 디렉터리 설정과 파일시스템 포맷

가분산 방식이나 완전분산 방식을 사용하면 가장 먼저 수행해야 할 두 가지 작업이 있다.

1. 하둡 파일이 저장될 기반 디렉터리 설정

2. HDFS 파일시스템 포맷

 정확히 말하면 기반 디렉터리 설정은 변경하지 않아도 되지만 초기에 지정해 두면 앞으로의 작업에 편하다.

실습 예제 | HDFS 기반 디렉터리 변경

하둡이 실제 데이터를 저장하는 로컬 파일시스템상의 위치인 기반 디렉터리를 설정하자.

1. 하둡이 데이터를 저장할 디렉터리를 생성한다.

```
$ mkdir /var/lib/hadoop
```

2. 생성한 디렉터리의 쓰기 권한을 모든 사용자에게 부여한다.

```
$ chmod 777 /var/lib/hadoop
```

3. core-site.xml에 다음 설정을 추가한다.

```
<property>
  <name>hadoop.tmp.dir</name>
```

```
      <value>/var/lib/hadoop</value>
    </property>
```

하둡의 모든 컴포넌트는 로컬 호스트에서 실행되고 모든 데이터는 하둡에 저장되므로 이 데이터는 로컬 파일시스템 어딘가에 쓰여져야 한다. 하둡 구동방식에 상관없이 기본적으로 `hadoop.tmp.dir` 설정의 값을 기반 디렉터리 위치로 사용하고 이 위치에 모든 파일과 데이터를 저장한다.

예를 들면 맵리듀스는 기반 디렉터리의 /mapred 디렉터리를 사용하고 HDFS는 /dfs 디렉터리를 사용한다. 주의할 점은 `hadoop.tmp.dir`의 기본값이 /tmp인데 이 디렉터리를 시스템 재 부팅마다 삭제하는 리눅스 배포판이 있다. 그러므로 항상 기본 디렉터리 설정은 변경하는 게 안전하다.

실습 예제 | 네임노드 포맷

하둡을 가분산 방식이나 완전분산 방식에서 처음 가동하기 전에 HDFS 파일시스템을 포맷해야 한다. 다음 명령을 실행해보자.

```
$ hadoop namenode -format
```

다음과 같은 출력을 볼 수 있다.

```
12/10/26 22:45:25 INFO namenode.NameNode: STARTUP_MSG:
/************************************************************
STARTUP_MSG: Starting NameNode
STARTUP_MSG: host = vm193/10.0.0.193
STARTUP_MSG: args = [-format]
...
12/10/26 22:45:25 INFO namenode.FSNamesystem: fsOwner=hadoop,hadoop
12/10/26 22:45:25 INFO namenode.FSNamesystem: supergroup=supergroup
12/10/26 22:45:25 INFO namenode.FSNamesystem: isPermissionEnabled=true
12/10/26 22:45:25 INFO common.Storage: Image file of size 96 saved in 0
seconds.
12/10/26 22:45:25 INFO common.Storage: Storage directory /var/lib/hadoop-
```

```
hadoop/dfs/name has been successfully formatted.
12/10/26 22:45:26 INFO namenode.NameNode: SHUTDOWN_MSG:
/************************************************************
SHUTDOWN_MSG: Shutting down NameNode at vm193/10.0.0.193
$
```

보충 설명

방금 실습은 HDFS을 사용하기 위해 준비하는 단계이므로 화면의 출력을 자세히
볼 필요는 없다. HDFS를 일반 파일시스템으로 생각하면 편하다. 일반 스토리지
장비를 운영체제에서 사용하기 위해 장비를 포맷하는 것처럼 HDFS도 같은 작업
이 필요하다. 초기에는 파일시스템 데이터의 위치만 정해져 있고 파일시스템 인덱
스에 해당하는 실제 데이터는 없다.

포맷은 항상 수행하자!
여러분의 하둡 경험이 나와 비슷하다면 설치할 때 항상 겪는 잦은 실수가 있을 것이다. 네
임노드 포맷을 실수로 빼먹고 하둡을 가동할 때 온갖 오류 메시지를 보는 것이다.

포맷은 한번만 수행하자!
네임노드 포맷은 여러 번 실행할 수 있지만 포맷 할 때마다 파일시스템의 모든 데이터는
지워진다. 하둡 시스템이 종료됐을 때만 실행할 수 있고 운영을 하다보면 가끔 포맷 충동
이 올 수 있지만, 포맷은 모든 데이터를 신속하고 의도치 않게 지울 수 있는 방법이다(대규
모 클러스터에서는 꽤 오래 걸린다). 그러므로 포맷 사용을 주의하자!

하둡 가동과 사용

모든 설정이 끝났다면 클러스터를 시작하고 아무 작업이나 수행해보자.

실습 예제 | 하둡 가동

모든 컴포넌트가 요청된 하나의 잡을 위해 실행되는 로컬 자립형 방식과는 달리
가분산이나 완전분산 방식에서는 모든 클러스터 프로세스가 무기한 실행된다.

HDFS와 맵리듀스를 사용하기 전에 필요한 컴포넌트를 먼저 가동해야 한다. 아래에서 $ 기호로 시작되는 명령을 실행해보면 다음과 같은 출력을 볼 수 있다.

1. 첫 번째 명령을 입력한다.

```
$ start-dfs.sh
starting namenode, logging to /home/hadoop/hadoop/bin/../logs/hadoop-
hadoop-namenode-vm193.out
localhost: starting datanode, logging to /home/hadoop/hadoop/bin/../
logs/hadoop-hadoop-datanode-vm193.out
localhost: starting secondarynamenode, logging to /home/hadoop/
hadoop/bin/../logs/hadoop-hadoop-secondarynamenode-vm193.out
```

2. 두 번째 명령을 입력한다.

```
$ jps
9550 DataNode
9687 Jps
9638 SecondaryNameNode
9471 NameNode
```

3. 세 번째 명령을 입력한다.

```
$ had dfs -ls /
Found 2 items
drwxr-xr-x   - hadoop supergroup      0 2012-10-26 23:03 /tmp
drwxr-xr-x   - hadoop supergroup      0 2012-10-26 23:06 /user
```

4. 네 번째 명령을 입력한다.

```
$ start-mapred.sh
starting jobtracker, logging to /home/hadoop/hadoop/bin/../logs/
hadoop-hadoop-jobtracker-vm193.out
localhost: starting tasktracker, logging to /home/hadoop/hadoop/
bin/../logs/hadoop-hadoop-tasktracker-vm193.out
```

5. 다섯 번째 명령을 입력한다.

```
$ jps
9550 DataNode
9877 TaskTracker
```

```
9638 SecondaryNameNode
9471 NameNode
9798 JobTracker
9913 Jps
```

보충 설명

start-dfs.sh 명령은 이름에서 볼 수 있듯이 HDFS에 필요한 컴포넌트를 시작한다. 파일시스템을 관리하는 네임노드와 데이터를 보관하는 데이터노드가 이에 해당한다. 세컨더리 네임노드는 하둡의 가용성을 개선하고자 실행되는 노드이고 자세한 내용은 이 책의 뒷부분에서 설명하게 된다.

컴포넌트가 시작된 다음에 JDK의 jps 도구를 사용해 어떠한 자바 프로세스가 실행 중인지 확인할 수 있다. 자바 프로세스의 정상적인 실행을 확인했고 하둡의 dfs 도구를 사용해 HDFS 파일시스템의 루트 경로를 살펴봤다.

start-mapred.sh를 이용해 맵리듀스 컴포넌트를 시작하면 잡트래커와 하나의 태스크트래커가 시작된다. jps를 사용해 자바 프로세스를 다시 한번 확인했다.

두 가지 스크립트를 한 번에 실행시키는 start-all.sh 스크립트도 있지만 하둡을 배우는 초반에는 두 단계로 나누어 하둡을 시작하는 게 클러스터의 정상적인 설정과 작동을 확인하는 데 편하다.

실습 예제 | HDFS 사용

이전 실습에서 봤듯이 유닉스의 파일시스템 관련 명령어와 비슷한 명령어가 HDFS 인터페이스에도 있다. 다음 실습을 통해 알아보자.

```
$ hadoop dfs -mkdir /user
$ hadoop dfs -mkdir /user/hadoop
$ hadoop dfs -ls /user
Found 1 items
drwxr-xr-x   - hadoop supergroup          0 2012-10-26 23:09 /user/Hadoop
$ echo "This is a test." >> test.txt
$ cat test.txt
```

```
This is a test.
$ hadoop dfs -copyFromLocal test.txt .
$ hadoop dfs -ls
Found 1 items
-rw-r--r--   1 hadoop supergroup        16 2012-10-26 23:19 /user/hadoop/
test.txt
$ hadoop dfs -cat test.txt
This is a test.
$ rm test.txt
$ hadoop dfs -cat test.txt
This is a test.
$ hadoop fs -copyToLocal test.txt
$ cat test.txt
This is a test.
```

보충 설명

하둡 도구에 포함된 fs 명령어를 활용해봤다(dfs와 fs는 같은 명령어). 다른 파일시스템과 마찬가지로 하둡도 사용자 홈 디렉터리가 있다. HDFS에서 홈 디렉터리는 /user 디렉터리에 저장된다. 홈 디렉터리가 없으면 새로 생성해야 한다.

로컬 파일시스템에 간단한 텍스트 파일을 생성하고 -copyFromLocal 명령을 이용해 HDFS에 복사했다. 그다음엔 -ls와 -cat 명령을 이용해 HDFS에 파일이 존재하는지 확인했다. 사용자 홈 디렉터리는 .으로 링크되는데 이는 유닉스에서 지정된 경로 없이 실행된 -ls 명령은 현재 작업위치의 파일 리스트를 보여주며 상대경로(/로 시작되지 않는 경로)가 현재 작업위치에서 상대적인 경로의 디렉터리 내용을 보여주는 것과 유사하다.

그다음엔 로컬 파일시스템에 생성한 파일을 지우고 -copyToLocal 명령을 이용해 HDFS에 다시 복사했다. 마지막으로 cat 명령을 이용해 파일의 내용이 정상적으로 유지됐는지 확인했다.

실습에서 보여주듯이 로컬 시스템의 명령을 HDFS에 그대로 적용한 것은 사용자에게 큰 편리함을 제공한다. 하지만 로컬 시스템에서 수행해야 할 명령을 실수로 HDFS에서 실행할 수 있다. 그러므로 파일 삭제 명령어를 사용할 땐 반드시 주의하자.

`hadoop fs -help` 명령을 사용해 다양하고 자세한 HDFS 조작 명령어를 확인해 보자.

실습 예제 | 워드카운트, 맵리듀스의 헬로월드

많은 애플리케이션이 시간이 흘러 기초 실무 서적에 빠질 수 없는 정석 예제가 되는데, 하둡에서는 워드카운트가 정석 예제가 됐다. 워드카운트는 하둡에서 제공하는 예제코드에 포함됐으며 입력되는 텍스트 파일의 단어 수를 세는 애플리케이션이다.

1. 다음 명령을 실행한다.

```
$ hadoop dfs -mkdir data
$ hadoop dfs -cp test.txt data
$ hadoop dfs -ls data
Found 1 items
-rw-r--r--   1 hadoop supergroup       16 2012-10-26 23:20 /user/
hadoop/data/test.txt
```

2. 다음 명령을 실행한다.

```
$ Hadoop jar Hadoop/hadoop-examples-1.0.4.jar wordcount data out
12/10/26 23:22:49 INFO input.FileInputFormat: Total input paths to
process : 1
12/10/26 23:22:50 INFO mapred.JobClient: Running job:
job_201210262315_0002
12/10/26 23:22:51 INFO mapred.JobClient: map 0% reduce 0%
12/10/26 23:23:03 INFO mapred.JobClient: map 100% reduce 0%
12/10/26 23:23:15 INFO mapred.JobClient: map 100% reduce 100%
12/10/26 23:23:17 INFO mapred.JobClient: Job complete:
job_201210262315_0002
```

```
12/10/26 23:23:17 INFO mapred.JobClient: Counters: 17
12/10/26 23:23:17 INFO mapred.JobClient: Job Counters
12/10/26 23:23:17 INFO mapred.JobClient: Launched reduce tasks=1
12/10/26 23:23:17 INFO mapred.JobClient: Launched map tasks=1
12/10/26 23:23:17 INFO mapred.JobClient: Data-local map tasks=1
12/10/26 23:23:17 INFO mapred.JobClient: FileSystemCounters
12/10/26 23:23:17 INFO mapred.JobClient: FILE_BYTES_READ=46
12/10/26 23:23:17 INFO mapred.JobClient: HDFS_BYTES_READ=16
12/10/26 23:23:17 INFO mapred.JobClient: FILE_BYTES_WRITTEN=124
12/10/26 23:23:17 INFO mapred.JobClient: HDFS_BYTES_WRITTEN=24
12/10/26 23:23:17 INFO mapred.JobClient: Map-Reduce Framework
12/10/26 23:23:17 INFO mapred.JobClient: Reduce input groups=4
12/10/26 23:23:17 INFO mapred.JobClient: Combine output records=4
12/10/26 23:23:17 INFO mapred.JobClient: Map input records=1
12/10/26 23:23:17 INFO mapred.JobClient: Reduce shuffle bytes=46
12/10/26 23:23:17 INFO mapred.JobClient: Reduce output records=4
12/10/26 23:23:17 INFO mapred.JobClient: Spilled Records=8
12/10/26 23:23:17 INFO mapred.JobClient: Map output bytes=32
12/10/26 23:23:17 INFO mapred.JobClient: Combine input records=4
12/10/26 23:23:17 INFO mapred.JobClient: Map output records=4
12/10/26 23:23:17 INFO mapred.JobClient: records=4
```

3. 다음 명령을 실행한다.

```
$ hadoop fs -ls out
Found 2 items
drwxr-xr-x  - hadoop supergroup      0 2012-10-26 23:22 /user/hadoop/
out/_logs
-rw-r--r--  1 hadoop supergroup     24 2012-10-26 23:23 /user/
hadoop/out/part-r-00000
```

4. 다음 명령을 실행한다.

```
$ hadoop fs -cat out/part-r-00000
This 1
a 1
is 1
test. 1
```

실습에서 다음 세 가지 작업을 수행했다.

- 전에 생성한 텍스트 파일을 HDFS의 새로운 디렉터리로 이동했다.
- 새로 생성한 디렉터리 경로와 생성되지 않은 결과 디렉터리 경로를 입력 값으로 주어 워드카운트 예제를 실행했다.
- fs 명령을 이용해 맵리듀스 잡의 결과를 확인했다.

앞서 말한 것처럼 가분산 방식에는 자바 프로세스가 더 많은데 로컬 자립형 방식의 파이 계산보다 결과 길이가 더 짧은 이유가 의심스럽다. 로컬 자립형 방식에서는 태스크 실행 중의 모든 정보를 화면에 출력하는 대신 다른 방식은 실행 주체 호스트의 로그 파일에 저장하기 때문이다.

결과 디렉터리는 하둡에 의해 자동으로 생성되고 실질적인 결과 파일은 위에서처럼 part-nnnnn 형식의 이름으로 생성된다(위에서는 하나의 결과 파일만 생성됐다). 하둡의 fs -cat 명령을 이용해 결과가 정상적인지 확인했다.

 하둡의 결과 디렉터리로 지정한 경로가 이미 존재하면 잡은 디렉터리가 이미 존재한다는 예외처리를 하고 실패로 처리된다. 하둡이 결과를 해당 경로로 저장하기 바란다면 해당 경로는 존재하지 않아야 한다. 사용자의 실수로 하둡이 이전의 중요한 결과를 지우지 안도록 하기 위한 일종의 안전수칙으로 생각하면 된다. 이러한 실수를 범하지 않을 자신이 있다면 하둡 설정을 바꾸어 결과 디렉터리를 덮어 쓰도록 할 수 있다. 설정을 바꾸는 방법은 다음에 설명 하겠다.

파이 계산과 워드카운트 프로그램은 하둡에서 제공하는 여러 예제 중 하나다. 다음 명령을 실행하면 모든 예제를 확인해 볼 수 있다. 여러분이 익숙한 프로그램이 있을 수 있다.

```
$ hadoop jar hadoop/hadoop-examples-1.0.4.jar
```

한 줄짜리 텍스트파일의 단어들을 세기 위해 다섯 개의 자바 프로세스를 가동하는 하둡 프레임워크를 이용하는 건 납득이 안 된다. 하둡 도입의 효과는 더욱 큰 파일을 같은 프로그램으로 여러 번 실행했을 때 볼 수 있다. 분산환경의 하둡 클러스터에서 분산 저장된 대규모 파일을 처리 할 때도 하둡의 효과를 톡톡히 볼 수 있다. 완전분산 방식의 하둡이 준비됐다면 입력 파일과 결과 파일의 위치만 바꾸는 것으로 같은 프로그램의 재실행이 가능하다.

구텐베르그(http://www.gutenberg.org) 프로젝트 웹사이트에서 큰 텍스트 파일을 다운로드할 수 있으며 다운로드한 파일을 HDFS에 복사하여 워드카운트 프로그램을 실행해 볼 수 있다. 다만 결과가 예상처럼 안 나올 수 있다. 입력 파일이 커질수록 데이터의 정확성과 띄어쓰기, 포맷 등의 문제가 생길 수 있기 때문이다. 이런 경우 워드카운트가 어떻게 바뀌어야 할지 한번 생각해보자. 3장에서 더욱 복잡한 작업을 사슬로 엮는 방법을 배운다.

하둡 웹 모니터링

지금까지 리눅스 명령을 통해 하둡 시스템의 상태를 확인했다. 하둡은 사용자가 익숙해야 할 두 가지 웹 인터페이스를 제공한다. 하나는 HDFS이고 하나는 맵리듀스 용이다. 두 가지 모두 가분산 방식과 완전분산 방식에서 매우 중요한 역할을 한다.

HDFS 웹 인터페이스

하둡이 실행되고 있는 호스트 주소의 50030포트를 웹 브라우저로 열어보자. 하둡의 웹 인터페이스는 기본적으로 로컬호스트와 네트워크로 연결된 다른 호스트에서 접속 가능하다. 다음은 웹 인터페이스 화면이다.

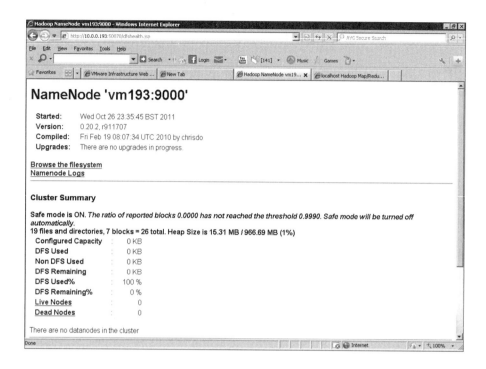

HDFS에 관한 많은 정보를 볼 수 있지만 가장 먼저 도움이 되는 중요한 정보는 클러스터 노드 수와 파일시스템 크기, 사용된 크기, 다른 정보 및 파일시스템 브라우저로 연결되는 링크가 있다.

HDFS 웹 인터페이스에 충분히 익숙해지도록 하자. 다중 노드 클러스터에서 작동 및 비작동하는 노드에 대한 상태 이력 등에 대한 자세한 정보는 클러스터 문제를 해결할 때 매우 중요하다.

맵리듀스 웹 인터페이스

잡트래커 사용자 인터페이스는 기본 설정으로 50070포트에서 볼 수 있고 HDFS 웹 인터페이스와 마찬가지로 로컬호스트와 네트워크로 연결된 호스트에서 접속 가능하다. 다음은 웹 인터페이스 화면이다.

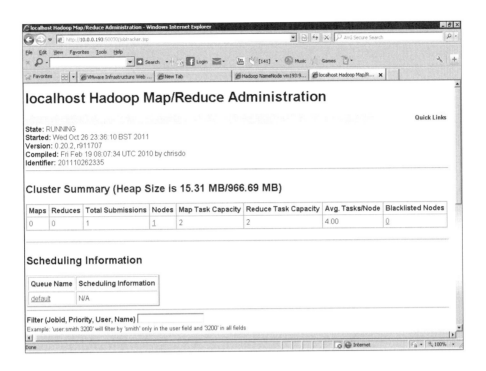

HDFS 웹 인터페이스보다 복잡하다! 작동과 비작동 노드 정보에 추가로 잡트래커 시작 이후 실행된 모든 잡 이력과 상세한 태스크 수 정보가 있다.

실행 중이거나 완료된 잡 리스트를 통해 더욱 많은 정보를 볼 수 있다. 잡의 링크를 통해 각 노드에서 실행된 모든 태스크 시도 이력과 자세한 정보를 포함하는 로그를 볼 수 있다. 여기서 우리는 모든 분산 시스템에서 겪는 골치 아픈 작업인 디버깅을 살짝 맛볼 수 있었다. 디버깅을 쉽게 보는 일이 없으면 좋겠다.

호스트당 몇 백 개의 맵과 리듀스 태스크를 실행하여 대규모 데이터를 처리하는 잡을 100대의 호스트에서 실행한다고 가정하자. 잡이 매우 느리게 진행되거나 실패했다면 문제 발생 지점을 찾기가 매우 어렵다. 이때 맵리듀스 웹 인터페이스 화면을 가장 먼저 열어보면 실행 중이거나 완료된 잡의 상태 정보를 볼 수 있어 디버깅 시작점을 찾는 데 큰 도움이 된다.

일래스틱 맵리듀스 사용

아마존 웹 서비스에서 제공하는 일래스틱 맵리듀스 서비스를 이용해 클라우드에서의 하둡 환경을 알아보자. EMR을 사용하는 데는 여러 방법이 있지만 아마존에서 제공하는 웹 콘솔을 사용해 마우스 클릭만으로 잡을 실행하는 방법과 위에서 실행한 예제를 비교하겠다.

아마존 웹 서비스 사용자 등록

일래스틱 맵리듀스를 사용하기 위해서는 아마존 웹 서비스에 계정을 생성하고 사용할 서비스를 등록해야 한다.

AWS 계정 생성

아마존은 아마존과 AWS에 통합 로그인을 구성하여 이미 아마존 인터넷 쇼핑몰 계정이 있다면 AWS 서비스에도 사용할 수 있다. AWS 서비스 사용에는 요금이 청구되므로 결제 가능 신용카드를 계정에 등록해야 한다.

아마존 계정을 신규 생성하려면 http://aws.amazon.com에 방문해 **create a new AWS account**를 클릭하고 질문사항에 응답하면 된다. 아마존은 일부 서비스를 일정기간 무료로 제공하기 때문에 사용법을 배우거나 테스트하는 동안에는 요금지불 없이 사용할 수 있다. 점차 무료 서비스 범위를 점차 넓혀가고 있기 때문에 사용하게 될 서비스의 요금제도를 확인하자.

사용할 서비스 등록

아마존 계정 생성을 완료하면 아마존 필수 서비스인 심플 스토리지 서비스(S3)와 일래스틱 컴퓨트 클라우드EC2, 일래스틱 맵리듀스EMR를 등록해야 한다. 서비스를 등록하는 비용은 없다. 등록을 완료하면 생성한 계정에서 서비스 사용이 가능하게 된다.

http://aws.amazon.com에 링크된 S3와 EC2, EMR 페이지를 방문해 **Sign up** 버튼을 클릭하고 질문에 응답하면 등록이 완료된다.

비용이 발생하므로 주의하자!

다음 단계로 진행하기 전에 AWS 서비스 이용은 곧 아마존 계정에 등록한 신용카드로 요금이 청구됨을 알아두자. 대부분의 사용 요금은 적지만, 인프라 사용량에 따라 청구되는 요금이 상승한다. 10GB의 데이터를 S3에 저장하는 비용은 1GB를 저장할 때의 10배가 들고, 20개의 EC2 인스턴스를 가동하는 비용은 하나의 인스턴스를 가동하는 비용의 20배이다. 단계적 비용 모델로 구성되어 있어 높은 단계일수록 비용 차이가 적다. 각 서비스의 자세한 요금을 꼭 확인하자. 참고로 EC2와 S3 같은 AWS 서비스의 외부 데이터 전송에는 요금이 청구되지만 AWS 서비스 내부 데이터 전송에는 요금이 청구되지 않는다. 그러므로 최대한 AWS 내부에서 데이터를 처리하도록 설계해야 비용을 줄일 수 있다.

실습 예제 | EMR 관리 콘솔을 이용한 워드카운트

EMR에서 제공된 예제를 사용해 바로 실습에 들어가자. 다음 작업을 수행해보자.

1. 브라우저에 http://aws.amazon.com을 입력해 Developers | AWS Management Console 페이지를 방문한다. Sign into the AWS Console 버튼을 클릭한다. 보통 다음과 같은 화면이 보여야 하지만 그렇지 않다면 콘솔에 보여지는 Amazon S3 버튼을 클릭한다.

2. 이전 화면에 보여지는 Create Bucket 버튼을 클릭하고 새로 생성할 버킷 이름을 입력한다. 버킷 이름은 AWS 모든 사용자 사이에서 고유하므로 myBucket과 s3test 같이 단순한 이름은 100% 실패한다.

3. Region 드롭다운 메뉴를 선택해 여러분의 위치에 가장 가까운 지역을 선택한다.

4. Elastic MapReduce 링크를 클릭하고 Create a new Job Flow 버튼을 클릭하면 다음과 같은 화면을 볼 수 있다.

5. Run a sample application 라디오 버튼과 샘플 애플리케이션 드롭다운 박스에서 Word Count (Streaming) 메뉴 아이템을 선택한 후에 Continue 버튼을 클릭한다.

Create a New Job Flow   Cancel ×

DEFINE JOB FLOW   SPECIFY PARAMETERS   CONFIGURE EC2 INSTANCES   ADVANCED OPTIONS   BOOTSTRAP ACTIONS   REVIEW

Specify Mapper and Reducer functions to run within the Job Flow. The mapper and reducers may be either (i) class names referring to a mapper or reducer class in Hadoop or (ii) locations in Amazon S3. (Click Here for a list of available tools to help you upload and download files from Amazon S3.) The format for specifying a location in Amazon S3 is bucket_name/path_name. The location should point to an executable program, for example a python program. Extra arguments are passed to the Hadoop streaming program and can specify things such as additional files to be loaded into the distributed cache.

Input Location*: | elasticmapreduce/samples/wordcount/input |
The URL of the Amazon S3 Bucket that contains the input files.

Output Location*: | garryt1use/wordcount/output/2011-11-02 |
The URL of the Amazon S3 Bucket to store output files. Should be unique.

Mapper*: | elasticmapreduce/samples/wordcount/wordSplitter.py |
The mapper Amazon S3 location or streaming command to execute.

Reducer*: | aggregate |
The reducer Amazon S3 location or streaming command to execute.

Extra Args: | |

‹ Back   Continue ▶   * Required field

6. 다음 화면에서 실행한 잡 결과의 위치를 지정한다. Output Location 텍스트박스에 위에서 생성한 버킷의 이름을 입력하고(실습에서는 garryt1use) Continue 버튼을 클릭한다.

Create a New Job Flow   Cancel ×

DEFINE JOB FLOW   SPECIFY PARAMETERS   CONFIGURE EC2 INSTANCES   ADVANCED OPTIONS   BOOTSTRAP ACTIONS   REVIEW

Specify the Master, Core and Task Nodes to run your job flow. For more than 20 instances, complete the limit request form.

Master Instance Group: This EC2 instance assigns Hadoop tasks to Core and Task Nodes and monitors their status.

Instance Type: | Small (m1.small) | ▼   ☐ Request Spot Instance

Core Instance Group: These EC2 instances run Hadoop tasks and store data using the Hadoop Distributed File System (HDFS). Recommended for capacity needed for the life of your job flow.

Instance Count: | 2 |
Instance Type: | Small (m1.small) | ▼   ☐ Request Spot Instances

Task Instance Group (Optional): These EC2 instances run Hadoop tasks, but do not persist data. Recommended for capacity needed on a temporary basis.

Instance Count: | 0 |
Instance Type: | Small (m1.small) | ▼   ☐ Request Spot Instances

‹ Back   Continue ▶   * Required field

7. 다음 화면에서는 잡에서 사용할 가상 호스트의 크기와 수를 정한다. 각 콤보
박스에 Small (m1.small)을 선택하고 코어그룹 노드 수를 2로 태스크그룹 노
드 수를 0으로 입력한 다음 Continue 버튼을 클릭한다.

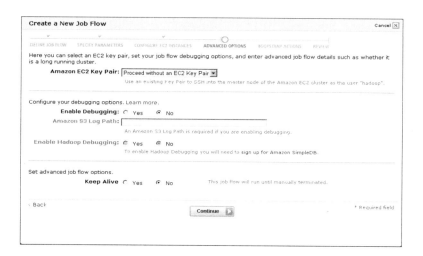

8. 다음 화면은 이번 실습에서 사용하지 않을 옵션을 보여준다. Amazon EC2 key
pair 필드에는 Process without key pair 아이템을 선택하고 Enable Debugging
필드에는 No 라디오 버튼을 선택한다. Keep Alive는 No를 선택한 후에
Continue 버튼을 클릭한다.

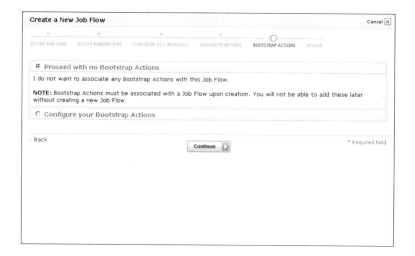

9. 다음 화면도 이번 실습에서 사용하지 않을 옵션이다. Proceed with no Bootstrap Actions 라디오 버튼을 선택하고 Continue 버튼을 클릭한다.

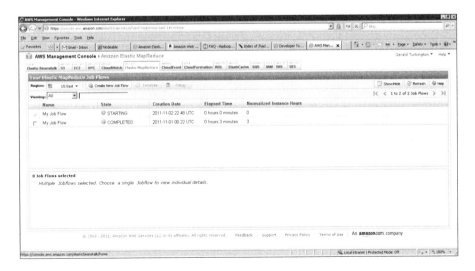

10. 화면에 보여지는 잡플로우 상세 정보가 정확한지 확인하고 Create Job Flow 버튼을 클릭한다. 다음 화면으로 잡플로우 목록이 보이고 실행 중이거나 완료된 잡별로 분류해서 볼 수 있다. 기본 설정으로는 다음 화면과 같이 모든 잡이 보여진다.

11. 주기적으로 Refresh 버튼을 클릭하면서 나열된 잡의 상태가 Running 또는 Starting에서 Complete로 바뀌면 잡의 체크박스를 클릭하여 다음 화면처럼 잡 플로우의 상세 정보를 조회한다.

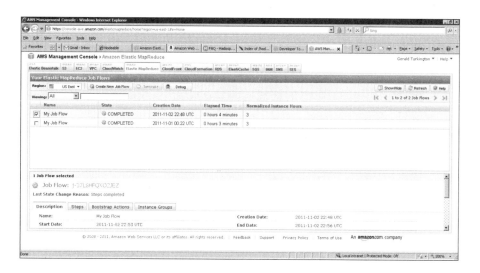

12. S3 탭을 클릭하면 잡 결과를 위해 생성한 버킷을 선택하면 wordcount 디렉 터리를 볼 수 있다. 해당 디렉터리를 마우스 오른쪽 버튼으로 클릭하고 Open 메뉴를 선택한다. 같은 작업을 part-nnnnn 형식의 이름을 가진 하둡 파일이 나타날 때까지 반복한다.

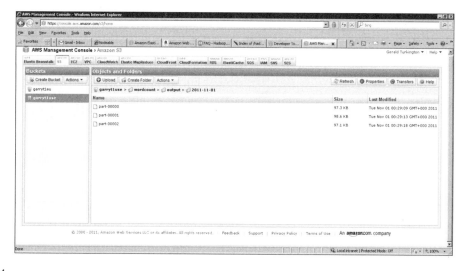

part-00000 파일을 마우스 오른쪽 버튼으로 클릭하고 파일을 연다. 파일 안의 내용은 다음과 같다.

```
a            14716
aa           52
aakar        3
aargau       3
abad         3
abandoned    46
abandonment     6
abate        9
abauj        3
abbassid        4
abbes        3
abbl         3
...
```

결과가 눈에 익을 것이다.

보충 설명

첫 번째 단계에서는 EMR이 아닌 S3를 살펴보았다. S3는 버킷 보관함에 오브젝트로 불리는 파일을 저장하는 확장성을 지니는 스토리지 서비스이며 오브젝트는 버킷과 오브젝트 키(파일이름)로 접근할 수 있다. 파일시스템과 비슷한 모델이지만 기본 구조는 다르다. 이 책에서는 단순 무시해도 되는 부분이다.

EMR에서 사용할 맵리듀스 프로그램과 데이터 소스는 S3에 저장하며 EMR 하둡 잡 결과와 로그가 저장되는 곳이기도 하다. S3에 접근하는 방법은 매우 많지만 이 책은 AWS 서비스 웹 인터페이스인 AWS 관리 콘솔을 이용한다.

여러분의 접속 위치에서 가장 가까운 S3 지역을 선택하도록 권했지만 필수 사항은 아니다. 미국 이외의 지역은 해당 지역에서 가까운 사용자에게 빠른 지연율을 제공하지만 요금이 약간 높다. 어느 지역에 애플리케이션과 데이터를 보관 할지는 모든 요건을 따져보고 결정하자.

S3 버킷을 생성한 후에 EMR 콘솔에서 신규 잡플로우를 생성했다. 잡플로우는

EMR에서 데이터 처리 태스크를 지칭하는 단어다. 잡플로우는 하둡 클러스터가 생성되었다 회수 되는 일회용일 수 있고 하나 이상의 잡을 처리할 수 있는 장기간 클러스터로 구성할 수 있다.

잡플로우의 이름은 기본 설정으로 두고 파이썬으로 작성된 워드카운트 예제 애플리케이션을 선택하였다. 하둡 스트리밍은 맵과 리듀스를 실행하는데 스크립트 언어를 사용하는 방식이고 기능면에서는 앞서 본 자바 워드카운트와 같다.

잡플로우를 실행하기 위해선 소스 데이터와 프로그램, 맵과 리듀스의 클래스 명, 잡 결과의 위치가 필요하다. 위 예제처럼 모든 필드는 기본값으로 채워져 있고 자립형 방식에서 실행했을 때와 비슷한 필드인 것을 볼 수 있다.

KeepAlive 옵션을 선택하지 않으면 하둡 클러스터는 잡 실행에만 사용하고 바로 회수된다. 클러스터를 가동하는 데 많은 시간이 필요하지만 비용을 최소화할 수 있다. 잡플로우를 유지하도록 선택하면 추가되는 잡을 가동시간 없이 빠르게 실행할 수 있지만 잡플로우를 임의적으로 종료하기 전까지 EC2 리소스의 사용 요금이 청구된다.

다음 화면에서 부트스트랩 옵션은 추가하지 않는다. 하둡 클러스터에 사용될 호스트 수와 종류를 선택했는데 EMR은 다음과 같이 호스트 그룹을 나눈다.

- 마스터 그룹: 네임노드와 잡트래커를 가동하는 노드이며 하나만 생성 가능하다.

- 코어 그룹: 각 노드에 HDFS의 데이터노드와 맵리듀스의 태스크트래커를 가동하며 호스트 수는 조정 가능하다.

- 태스크 그룹: 태스크트래커만 가동하고 HDFS 데이터는 보관하지 않는다. 클러스터의 데이터 처리 성능을 높여주는 용도이며 호스트 수는 조정 가능하다.

호스트의 종류는 하드웨어 성능에 차이를 두며 상세한 내용은 EC2 페이지에서 찾아볼 수 있다. 큰 규모의 호스트일수록 성능이 좋지만 사용 요금이 높다. 잡플로우당 최대 설정 가능 호스트 수는 20이며 더 높은 성능이 필요하면 아마존에 별도로 신청해야 한다.

잡플로우 생성 승인 후 상태가 COMPLETED로 바뀔 때까지 콘솔에서의 모니터링이 가능하다. 잡플로우가 완료되면 S3로 돌아가서 잡 결과 위치로 지정한 버킷을 열어보자. 워드카운트의 결과를 보면 자립형 하둡에서 실행한 워드카운트와 매우 비슷한 결과임을 확인할 수 있다.

여기서 질문! 입력 데이터는 어디에서 왔을까? 입력 데이터는 잡플로우를 생성하는 과정에서 기본 설정 값으로 채워져 있었다. 휘발성의 잡플로우는 보통 입력 데이터를 S3에서 가져오며 결과도 다시 S3에 저장한다.

쉽네! AWS 관리콘솔을 통해 웹에서 S3와 EMR의 기능을 상세하게 다룰 수 있었다. 웹 브라우저와 신용카드 만으로 하둡을 설치/가동하고 별도의 관리작업 없이 하둡 잡을 생성하고 데이터를 처리했다.

도전 과제 | EMR 샘플 애플리케이션

아직 살펴보지 않은 EMR 샘플 애플리케이션이 있는데 한번 살펴보자.

다른 EMR 사용법

AWS 관리 콘솔이 막강한 도구이지만 S3와 EMR을 사용하는데 사용자의 모든 요건을 충족하지는 못한다. 다른 AWS 서비스와 마찬가지로 프로그램이나 커맨드라인 툴로 사용할 수 있다.

AWS 인증

프로그램이나 커맨드라인 툴로 사용하기 전에 사용자가 AWS에 인증하는 과정을 알아야 한다. AWS는 요금이 청구되기 때문에 다른 사용자가 나의 계정으로 서비스를 이용하는 일이 없어야 한다. 이전 예제에서는 AWS 관리콘솔에 직접 로그인했기 때문에 인증 과정을 거치지 않아도 됐다.

AWS 계정에는 서비스를 사용할 때 제시해야 하는 여러 가지 식별자가 있다.

- 계정 ID: 각 AWS 계정에는 숫자로 된 ID가 있다.
- 액세스 키: 각 계정에는 요청 시 신원을 확인하는 액세스 키가 있다.
- 시크릿 액세스 키: 액세스 키와 함께하는 시크릿 액세스 키가 있다. 액세스 키는 서비스 요청 시 공개될 수 있는 반면 시크릿 액세스 키는 요청자 본인이 계정 소유자 인지 인증할 때 사용한다.
- 키페어: EC2 호스트에 로그인할 때 사용되는 키페어다. 공개/개인 키페어는 EC2 내부에서 생성하거나 외부에서 생성한 키를 불러올 수 있다.

직접 인증 과정을 거치기 전에는 복잡하게 들릴 수 있지만, 설정 파일에 적합한 인증 과정을 추가하는 단계만 거치면 모든 인증 작업이 끝난다. 프로그램이나 커맨드라인 툴을 사용할 경우 각 서비스의 보안 관련 문서는 꼭 읽어보자.

EMR 커맨드라인 툴

이 책에서는 AWS 관리 콘솔에서 할 수 없는 S3와 EMR 작업은 하지 않는다. 하지만 운영 데이터 작업과 다른 워크플로우 병합, 서비스 접근 자동화 같은 작업은 브라우저 기반의 툴에 적합하지 않다. 프로그래밍을 통한 서비스 접근이 가장 섬세한 기능 활용이 가능하지만 많은 시간과 노력 또한 필요로 한다.

아마존은 AWS 서비스 접근을 자동화하고 개발 시간을 줄일 수 있는 커맨드라인 툴을 제공한다. EMR 페이지에 링크되어 있는 일래스틱 맵리듀스 커맨드라인 툴은 CLI 기반의 인터페이스를 사용하는 데 많은 도움이 된다.

AWS 에코시스템

각 AWS 서비스는 새로운 서비스 접근 방식과 기능, 유용한 프로그램을 다양한 서드파티 툴과 서비스, 라이브러리를 통해 제공한다. 개발자 툴 허브(http://aws.amazon.com/developertools)를 방문하여 AWS 에코시스템을 살펴보자.

로컬 하둡과 EMR 하둡의 비교

로컬 하둡 클러스터와 EMR 하둡을 사용해봤다. 두 방식의 차이점을 알아보자.

직접 사용해본 결과 기능 면에서 큰 차이는 없다. 맵리듀스 잡을 수행하기 위한 환경이 필요하면 둘 중 아무 방식을 선택해도 무난하다. 기능 외에 가장 큰 차이는 1장에서 살펴본 비용 모델이다. 시설과 장비, 관리를 포함하는 비용 모델과 별다른 관리와 노력 없이 빠르고 이론상 크기제한 없이 사용한 만큼만 지불하는 모델 차이이다. 비용 외에는 다음과 같은 차이가 있다.

- EMR은 특정 하둡 버전을 지원하며 주기별 업그레이드 정책이 존재한다. 가장 최신 버전이 필요 하면 EMR의 정책이 적합하지 않을 수 있다.

- 클러스터가 유지되는 EMR 잡플로우 생성 후 로컬 하둡 클러스터처럼 사용할 수 있다. 호스트 노드에 로그인하고 설정을 변경할 수 있지만 이 정도로 세밀한 설정이 필요하다면 EMR의 저비용 혜택에 비해 추가 작업이 가치가 있는지 따져봐야 한다.

- 비용을 비교할 땐 별도의 클러스터 구성 시 눈에 보이지 않는 비용도 따져봐야 한다. 전기료와 임대료, 냉각 비용, 시설 비용은 모르고 지나칠 수 있다. 운영 관리의 노고도 만만치 않다. 어느 새벽, 클러스터에 문제가 발생하기 시작하면 엄청난 스트레스를 받을 것이다.

정리

2장에서는 하둡 클러스터 가동과 맵리듀스 프로그램 실행 등 많은 내용을 살펴봤다.

우분투 로컬 호스트에서 하둡을 실행하는 데 필요한 사전 준비 사항을 살펴본 후에. 자립형과 가분산 하둡 설치/설정을 살펴봤다. HDFS 파일시스템 조회와 맵리듀스 잡 실행을 수행했고 AWS 서비스로 이동하여 일래스틱 맵리듀스 사용에 필요한 계정을 알아봤다.

AWS 관리 콘솔을 이용한 S3 버킷과 오브젝트 생성과 조회를 해봤고 잡플로우를 생성하여 EMR 하둡 클러스터에 맵리듀스 잡을 실행하는 방법을 살펴봤다. 그다음엔 AWS 서비스를 사용하는 다양한 방법을 살펴봤고 로컬과 EMR 하둡 클러스터의 차이점을 알아봤다.

하둡을 로컬과 EMR에서 실행하는 방법을 배웠으니 3장에서는 직접 맵리듀스 프로그램을 작성해보자.

3
맵리듀스의 이해

1장, 2장에서는 하둡으로 무엇을 할 수 있는지 이야기하고, 맵리듀스 잡(MapReduce Job) 예제를 실행해 보았다. 이 내용들을 기초로 해서 좀 더 깊이 들어가 보자.

3장에서 다루는 내용은 다음과 같다.[1]

- 하둡 작업의 근간을 이루는 키/값

- 맵리듀스 잡의 각 단계

- 맵, 리듀스, 그리고 컴바인combined 단계에 대한 구체적 내용

- 하둡 자바 API를 이용해서 간단한 맵리듀스 잡 만들기

- 하둡의 입력과 출력

---

1 혼돈을 피하기 위해 API의 Mapper, Reducer 클래스나 map, reduce 메소드는 영문으로 표기했다. – 옮긴이

키/값 쌍

1장에서 키/값 쌍의 관점에서 데이터를 처리하고 결과물을 만들어 내는 과정에 대해서는 이야기했지만, 왜 키/값 쌍을 쓰는지 그 이유는 설명하지 않았다. 이제 그 이유에 대해 알아보자.

키/값 쌍이란 무슨 뜻인가

우선 자바 표준 라이브러리에 있는 비슷한 개념을 예로 들어 키/값 쌍 개념을 명확히 하고 넘어가자. Java.util.Map 인터페이스는 HashMap이나 (하위 호환을 위한 라이브러리인) Hashtable 같은 클래스의 공통 상위 클래스이다.

자바의 Map 객체는 모두 특정한 타입의 키와 다른 타입의 벨류 간의 매핑mapping으로 이뤄진다. 예를 들어, HaspMap 객체는 사람의 이름(String 타입)과 그의 생일(Date 타입)의 매핑을 저장할 수 있다.

하둡은 데이터를 키와 그 키에 연관된 벨류로 이뤄졌다는 관점으로 생각한다. 이 데이터는 키를 이용해서 정렬하고, 재배열할 수 있는 벨류들의 집합이다. 키/값 쌍 데이터를 이용할 때 다음과 같은 질문을 던져야 한다.

- 데이터 셋 안에서 주어진 키와 다른 벨류간의 매핑 규칙이 있는가?
- 주어진 키에 연관된 벨류들은 무엇인가?
- 키들의 완전한 집합은 무엇인가?

2장에서 보았던 WordCount를 상기해보자. 그 프로그램의 결과물은 확실히 키/값 관계로 이뤄진 집합이다. 각 단어(키)마다, 출현 횟수(벨류)가 있다. 이 간단한 예제를 보면 다음과 같은 키/값 데이터의 중요한 속성들을 알 수 있다.

- 키는 유일해야 하지만 벨류는 유일하지 않아도 된다.
- 각 벨류는 특정 키와 연관되어 있어야 하지만, 키는 벨류를 가지지 않아도 된다(WordCount 예제에서는 그렇지 않았지만 말이다).

- 키를 주의해서 정의해야 한다. 대소문자 구분을 하느냐 하지 않느냐에 따라 결과가 달라질 수 있다.

 키가 유일해야 한다는 말의 의미를 좀 더 주의해서 정의하고 넘어가자. 키가 유일하다는 말은 전체 데이터에서 키가 딱 한번만 나와야 한다는 의미는 아니다. 데이터 셋에서 키는 여러 번 나올 수 있고, 맵리듀스 모델에는 각 키와 연관된 벨류들을 모으는 단계가 있다. 키의 유일성이라는 말은, 주어진 키와 연관된 벨류들을 모두 모았을 때 그 결과물에 각 키와 연관된 벨류들이 매핑된 키/값 쌍 리스트는 오직 하나만 존재하고, 전체 키/값 쌍 중 빠진 쌍이 없다는 의미다.

왜 키/값 데이터인가

하둡과 맵리듀스가 여러 업계에 걸쳐 다양한 문제들을 해결하는 데 쓰인다는 사실에서 짐작할 수 있듯이, 맵리듀스는 정말 다양한 문제에 적용 가능한 강력한 프로그래밍 방식이다. 그리고 맵리듀스는 키/값 데이터가 그 근간을 이룬다. 데이터는 그 자체가 키/값 쌍이거나, 그렇지 않더라도 키/값으로 표현할 수 있는 경우가 많다. 키/값 모델은 단순하면서도 폭넓은 응용 가능성과 직관적인 시멘틱semantic을 가지는 프로그래밍 방식으로, 하둡 같은 프레임워크에 쉽게 적용 가능하다. 물론, 하둡을 이렇게 유용한 툴로 만드는 데는 데이터모델 자체 이외에도 다른 여러 가지 요소의 공이 많다. 하둡의 진정한 힘은 1장에서 이야기했듯이 병렬 수행, 분할 정복 같은 기술 처리 능력이다. 많은 수의 호스트에 데이터를 저장하고 작업을 수행할 수 있으며, 프레임워크가 알아서 큰 작업을 작은 작업들로 나누고, 부분적인 결과물들을 모아 최종 결과물로 만들어 낸다. 해결하고자하는 문제만 표현하면 다른 일은 프레임워크가 알아서 해결해야지, 실행 메커니즘에 관해서 우리가 전문가가 될 필요는 없어야 한다. 데이터가 어떻게 변환될지만 표현하고 나머지 사항들은 프레임워크가 처리해 주어야 한다. 맵리듀스는 키/값 인터페이스를 통해 그런 레벨의 추상화를 제공한다. 프로그래머는 단지 데이터 변환에 관한 상세 사항만 명시하고 무한대의 크기의 데이터 셋에 이 변환을 적용하는 복잡한 문제는 하둡의 몫이다.

실생활의 예

좀 더 구체적으로 실생활에서 볼 수 있는 키/값 쌍들을 생각해보자.

- 이름(키)과 연락처 정보(밸류)로 이뤄진 주소록

- 계좌번호(키)와 계좌내역(밸류)으로 이뤄진 은행계좌

- 단어(키)와 페이지(밸류)로 이뤄진 책의 색인

- 파일 이름(키)으로 텍스트, 이미지, 사운드 같은 데이터(밸류)에 접근하는 컴퓨터 파일시스템

키/값 데이터가 고급 데이터마이닝에서만 쓰이는 한정된 모델이 아니라, 우리 주위에서 흔하게 볼 수 있다는 사실을 보여주기 위해서 일부러 다양한 범위의 예들을 들었다.

키/값 개념은 하둡에서 정말 중요하기 때문에 강조해서 이야기했다. 요점은 만일 데이터를 키/값 쌍으로 표현할 수 있다면, 맵리듀스로 처리할 수 있다는 사실이다.

일련의 키/값 변환 작업으로 바라본 맵리듀스

아마 맵리듀스가 다음과 같은 표기법을 통해 키/값 변환의 관점에서 서술한 걸 본적이 있을 거다.

```
{K1, V1} -> {K2, List<V2>} -> {K3, V3}
```

이제 이 표기법이 무슨 의미인지 살펴보자.

- 맵리듀스 잡에서 map 메소드의 입력은 키/값 쌍들이며, K1과 V1이라고 부르자.

- map 메소드의 출력은(그리고 reduce 메소드의 입력이 되는) 키와 연관된 밸류들의 리스트로 K2와 V2라고 부른다.

- 맵 리듀스의 최종 결과물은 또 다른 일련의 키/값 쌍들로써, K3과 V3이라고 하자.

map, reduce 메소드에서 입력과 출력으로 쓰는 키/값 쌍 집합이 꼭 서로 달라야될 필요는 없다. 예를 들어 입력과 출력 모두 이름과 연락처 정보를 가질 수 있으며, 이 정보들을 모을 때 중간 결과물들은 그 나름의 형식을 가질 수 있다. 이 세단계의 처리 형식을 마음에 새기고 맵리듀스 자바 API를 살펴보겠다. 우선 API의주요 부분부터 본 후에 맵리듀스 잡의 실행 체계를 알아보자.

깜짝 퀴즈 | 키/값 쌍

Q1. 키/값 쌍 개념에 대해서 맞는 말을 고르시오.

1. 하둡에 특화되어서 만들어진 개념이다.

2. 개체들간의 관계를 표현하는 방법으로, 사람들이 흔히 사고하는 방식은 아니지만 실생활에서 이런 관계를 종종 발견할 수 있다. .

3. 컴퓨터 과학에서 비롯된 학문적인 개념이다.

Q2. 사용자 이름/비밀번호 조합은 키/값 데이터의 예가 될까?

1. 그렇다. 하나의 벨류가 다른 벨류와 연관되는 명확한 예다.

2. 아니다. 비밀번호는 사용자 이름의 속성으로서, 키/값 형식의 관계는 없다.

3. 대개 이런 방식으로 생각하지는 않지만, 하둡은 유저 이름/비밀번호 조합을일련의 키/값 쌍으로 처리할 수 있다.

맵리듀스를 위한 하둡 자바 API

이 책을 쓰기 전의 주요 하둡 버전이었던 0.20 릴리즈 API에서 이 책에서 사용하는 1.0 버전으로 넘어 오면서 API에 많은 변화가 있었다. 하둡 커뮤니티는 예전 버전 API는 기능에는 문제가 없지만 API가 쓸데없이 복잡하다고 느꼈다.

뉴 API는 앞으로 계속해서 쓰일 자바 맵리듀스 개발 도구이다. 그러므로 이 책에서도 가능한 한 뉴 API를 사용할 계획이다. 한 가지 주의할 점 이 있다. 0.20과 그

이전의 맵리듀스 라이브러리 중 뉴 API로 이식되지 않은 부분들이 있기 때문에, 필요할 경우 이전 라이브러리 인터페이스를 사용하겠다.

0.20 맵리듀스 자바 API

0.20과 그 이후 버전 맵리듀스 API의 주요 클래스와 인터페이스는 org.apache. hadoop.mapreduce 패키지와 그 하위 패키지에 있다.

대개의 경우, 맵리듀스 잡을 만들 때는 이 패키지에 있는 Mapper와 Reducer 기본 클래스의 하위 클래스를 필요한 작업에 맞게 구현해야 한다.

 최근의 하둡 API는 KEYIN/VALUEIN과 KEYOUT/VALUEOUT이라는 용어를 사용하지만, 우리는 이 용어대신 일반적으로 사용해 온 k1/k2/k3 형식의 용어를 사용하겠다. 지금은 k1/k2/k3 방식 표기가 처음부터 끝까지 데이터가 흘러가는 과정을 이해하는데 좀 더 도움이 되기 때문이다.

Mapper 클래스

다음은 하둡이 제공하는 기본 Mapper 클래스를 발췌한 코드다. 매퍼를 구현할 때 이 기본 클래스를 상속하고 아래 나오는 메소드를 오버라이드_{override}한다.

```
class Mapper<K1, V1, K2, V2>
{
    void map(K1 key, V1 value Mapper.Context context)
        throws IOException, InterruptedException
    {..}
}
```

처음 보기에는 자바 제네릭_{generics} 때문에 좀 이해하기 어려울 수도 있지만 사실 별로 복잡한 내용은 없다. 클래스는 입력과 출력을 위한 키/값 쌍들의 타입_{type}을 정의하고, map 메소드는 매개변수로 입력 키/값 쌍을 받아들인다. 나머지 매개변수는 Context 클래스의 객체다. 이 객체는 map이나 reduce 메소드의 결과물 출력 같은 하둡 프레임워크와의 여러 가지 통신 수단을 제공한다.

map 메소드는 하나의 K1과 V1 키/값 쌍만을 처리한다는 사실에 주의하자. 하나의 레코드를 처리하는 클래스만 작성하면 대용량 데이터 셋을 키/값 쌍들로 변환하는 작업은 프레임워크의 몫으로서, 이 사실은 맵리듀스 패러다임의 중요한 특징이다. 전체 데이터 셋 모두를 처리하기 위한 map이나 reduce 클래스를 따로 다시 만들 필요가 없다. 하둡은 또한 공용 파일 포맷으로 InputFormat과 OutputFormat 클래스들을 제공해서, 특화된 파일 포맷을 제외한 일반적인 포맷의 파일 파서(parser)를 작성할 필요가 없다.

오버라이드할 수 있는 세 개의 메소드가 더 있다.

```
protected void setup( Mapper.Context context)
    throws IOException, Interrupted Exception
```

이 메소드는 map 메소드를 제일 처음 호출하기 전에 한 번 호출한다. 기본 구현에서는 아무 일도 하지 않는다.

```
protected void cleanup( Mapper.Context context)
    throws IOException, Interrupted Exception
```

이 메소드는 map 메소드를 제일 처음 호출하기 전에 한 번 호출한다. 기본 구현에서는 아무일도 하지 않는다.

```
protected void run( Mapper.Context context)
    throws IOException, Interrupted Exception
```

이 메소드는 하나의 JVM 안에서 실행되는 작업 태스크task의 전체적인 흐름을 조절한다. 기본 구현에서는 setup 메소드를 한 번 호출하고, 그다음 스플릿split 안의 각각 키/값 쌍마다 한 번씩 map method를 호출한 후, 마지막으로 cleanup 메소드를 호출한다.

 예제 코드 다운로드하기
http://packtpub.com의 계정에서 구입한 책의 예제 코드는 바로 이 사이트에서 다운로드할 수 있다. 다른 곳에서 책을 구입했다면 http://www.packtpub.com/support에서 등록하면 이메일로 받을 수 있다. 에이콘출판사의 도서정보 페이지 http://www.acornpub.co.kr/book/hadoop-beginner에서도 예제 코드를 내려받을 수 있다.

Reducer 클래스

기본 Reducer 클래스는 기본 Mapper 클래스와 매우 비슷하게 동작하며 상속받은 클래스에서는 보통 reduce 메소드만 오버라이드한다. 발췌한 클래스 정의이다.

```
public class Reducer<K2, V2, K3, V3>
{
    void reduce(K1 key, Iterable<V2> values,
        Reducer.Context context)
        throws IOException, InterruptedException
        {..}
}
```

여기서도 클래스는 전체 데이터 흐름 관점에서 정의하였지만(reduce 메소드는 K2/V2를 입력으로 받아들이고 K3/V3을 출력으로 한다), 실제 reduce 메소드는 하나의 키와 그 키에 연관된 벨류의 리스트만을 전달받는다. Context 객체가 이 메소드의 결과물을 출력하는 메커니즘을 담당한다.

이 클래스는 Mapper 클래스처럼 setup, run, cleanup 메소드를 가지고 있고, 기본 구현도 Mapper와 비슷하며, 필요하면 오버라이드할 수 있다.

```
protected void setup( Reduce.Context context)
    throws IOException, InterruptedException
```

이 메소드는 reduce 메소드를 제일 처음 호출하기 전에 오직 한 번 호출한다. 기본 구현은 아무 일도 하지 않는다.

```
protected void cleanup( Reducer.Context context)
    throws IOException, InterruptedException
```

이 메소드는 reduce 메소드에서 모든 키/값 리스트를 처리하고 난 후에 딱 한 번 호출한다. 기본 구현은 아무 일도 하지 않는다.

```
protected void run( Reducer.Context context)
    throws IOException, InterruptedException
```

이 메소드는 JVM 안에서 실행되는 작업 태스크의 전체적인 흐름을 조절한다. 기본 구현은 제일 처음 setup 메소드를 호출하고, 그다음 키/값들을 가지고 reduce

메소드를 호출한 다음에, 마지막으론 cleanup 메소드를 호출한다.

드라이버 클래스

맵리듀스 작업을 하기 위해서 매퍼와 리듀서만 구현하면 되지만, 작업을 실행하기 위해서는 한 가지 더 필요하다. 바로 하둡 프레임워크에게 맵리듀스 잡을 실행하기 위한 여러 가지 설정 속성들을 전달할 드라이버. 드라이버는 하둡에게 어떤 Mapper와 Reducer 클래스를 쓸지, 입력 데이터는 어디에 있고 포맷은 무엇인지, 출력 데이터는 어디로 내보내고 어떤 포맷이 될지 등을 알려준다. 이외에도 여러 가지 설정 옵션들을 살펴보겠다.

상속해서 쓸 수 있는 기본 드라이버 클래스는 없다. 맵리듀스 작업에 관련된 드라이버의 로직은 주로 main 메소드 안에 위치한다. 다음에 나오는 드라이버 예제 코드조각을 살펴보자. 각각의 코드가 어떻게 동작하는지 알려고 굳이 애쓸 필요는 없다. 보다 보면 각 코드가 뭐하는 건지 쉽게 알 수 있을 테긴 하지만 말이다.

```
public class ExampleDriver
{
    ...
    public static void main(String[] args) throws Exception
    {
// 옵션 값을 설정 할 Configuration 객체 생성
        Configuration conf = new Configuration() ;
        // 잡 객체 생성
    Job job = new Job(conf, "ExampleJob") ;
        // Set the name of the main class in the job jarfile
        job.setJarByClass(ExampleDriver.class) ;
        // 매퍼 클래스 설정
        job.setMapperClass(ExampleMapper.class) ;
        // 리듀서 클래스 설정
        job.setReducerClass(ExampleReducer.class) ;
        // 최종 출력 키와 밸류 자료형 설정
        job.setOutputKeyClass(Text.class) ;
        job.setOutputValueClass(IntWritable.class) ;
        // 입력과 출력 경로 설정
        FileInputFormat.addInputPath(job, new Path(args[0])) ;
        FileOutputFormat.setOutputPath(job, new Path(args[1]))
```

```
    // 잡을 수행하고 끝날 때 까지 기다린다.
    System.exit(job.waitForCompletion(true) ? 0 : 1);
  }
}
```

앞에서 설명했듯이 대부분의 설정 작업은 Job 객체를 통해 이뤄진다. 잡의 이름은 무엇인지, 매퍼와 리듀서를 구현한 클래스는 무엇인지 등을 설정한다.

입력/출력에 관해 모두 설정하고 나면, 마지막으로 메인 메소드에 전달된 매개변수들은 잡의 입력과 출력 위치를 명시한다. 이런 방식은 앞으로도 자주 본다.

설정 옵션 중에는 기본 값을 가지는 옵션들이 많다. 앞서의 클래스에서는 묵시적으로 기본 값들을 사용했다. 제일 눈에 띄는 사항은, 입력 파일의 포맷이나 출력 파일이 어떻게 쓰여질지 아무것도 명시하지 않았다. 이런 설정들은 앞에서 이야기했던 InputFormat과 OutputFormat 클래스에 정의되어 있다. 자세한 내용은 이후에 살펴보겠다. 기본 입출력 포맷은 텍스트 파일로써 WordCount 예제에서 그대로 쓰면 되는 포맷들이다. 텍스트 파일의 포맷과 특별히 최적화된 이진포맷을 표현하는 여러 방법들이 있다.

복잡하지 않은 맵리듀스 잡을 구현할 때는 보통 Mapper와 Reducer를 드라이버 안의 내부 클래스로서 정의한다. 이렇게 하나의 파일 안에 모두 포함하면 코드 배포가 간단해진다.

맵리듀스 프로그램 만들기

지금까지 WordCount에 대해 한참을 이야기했다. 이제 실제로 구현하고, 컴파일하고, 실행시켜 본 다음 조금씩 수정해보자.

실습 예제 │ 클래스패스 설정

하둡 관련된 코드를 컴파일하려면 표준 하둡 클래스들을 참조해야 한다.

배포 패키지에 있는 hadoop-1.0.4.core.jar 파일을 다음과 같이 자바 클래스패스에 포함시키자.

```
$ export CLASSPATH=.:{HADOOP_HOME}/hadoop-1.0.4.core.jar:${CLASSPATH}
```

보충 설명

이렇게 해서 hadoop-1.0.4.core.jar 파일을 명시적으로 CLASSPATH 환경 변수에 이미 있던 값들과 함께 클래스패스에 포함시켰다.

이 내용은 셸shell 시작 파일이나 다른 파일에 소스처럼 적어 놓는 방법도 좋다.

 뒤에서는 많은 서드파티(third-party) 라이브러리들을 클래스패스에 포함시켜야 하는데, 사실 이런 클래스패스 추가작업을 좀 더 편하게 할 방법이 있다. 하지만, 지금은 이렇게 JAR 파일을 명시적으로 클래스패스에 포함시키는 걸로 충분하다.

실습 예제 │ WordCount 구현

2장에서부터 WordCount 예제 프로그램을 사용했다. 이제 아래의 단계들을 따라서 직접 자바로 구현해보자.

1. WordCount1.java 코드를 만들자.

```java
import java.io.* ;
import org.apache.hadoop.conf.Configuration ;
import org.apache.hadoop.fs.Path;
import org.apache.hadoop.io.IntWritable;
import org.apache.hadoop.io.Text;
import org.apache.hadoop.mapreduce.Job;
import org.apache.hadoop.mapreduce.Mapper;
import org.apache.hadoop.mapreduce.Reducer;
import org.apache.hadoop.mapreduce.lib.input.FileInputFormat;
import org.apache.hadoop.mapreduce.lib.output.FileOutputFormat;
```

```java
public class WordCount1
{
    public static class WordCountMapper
        extends Mapper<Object, Text, Text, IntWritable>
    {
        private final static IntWritable one = new IntWritable(1);
        private Text word = new Text();

        public void map(Object key, Text value, Context context
                ) throws IOException, InterruptedException {
            String[] words = value.toString().split(" ") ;
            for (String str: words)
            {
                word.set(str);
                context.write(word, one);
            }
        }
    }

    public static class WordCountReducer
        extends Reducer<Text,IntWritable,Text,IntWritable>
    {
        public void reduce(Text key, Iterable<IntWritable> values,
                Context context) throws IOException, InterruptedException
        {
            int total = 0;

            for (IntWritable val : values) {
                total++ ;
            }

            context.write(key, new IntWritable(total));
        }
    }

    public static void main(String[] args) throws Exception {
        Configuration conf = new Configuration();

        Job job = new Job(conf, "word count");
        job.setJarByClass(WordCount1.class);
```

```
        job.setMapperClass(WordCountMapper.class);
        job.setReducerClass(WordCountReducer.class);
        job.setOutputKeyClass(Text.class);
        job.setOutputValueClass(IntWritable.class);
        FileInputFormat.addInputPath(job, new Path(args[0]));
        FileOutputFormat.setOutputPath(job, new Path(args[1]));
        System.exit(job.waitForCompletion(true) ? 0 : 1);
    }
}
```

2. 이제 컴파일하자.

```
$ javac WordCount1.java
```

보충 설명

이것이 우리가 첫 번째로 만들어 본 맵리듀스 잡이다. 구조를 잘 보면 앞에서 설명한 내용들을 찾을 수 있다. 메인 메소드에서 잡 설정을하는 Job 클래스와 Mapper와 Reducer가 내부 클래스로 정의되어 있는 구조 말이다.

다음 절에서 맵리듀스 작동방식을 좀 더 자세하게 훑어 볼 예정이다. 하지만, 지금은 코드를 보면서 키/값 변환이 어떻게 이뤄지는가에 집중하자.

Mapper 클래스가 받는 입력을 보면 키를 실제로는 사용하지 않는다는 점이 이상하게 보일 수 있다. 잡의 입력 데이터 포맷으로 TextInputFormat을 썼으며, 이 포맷은 기본적으로 매퍼에 데이터가 파일 안에서 몇 번째 줄인지를 키로, 그 열의 텍스트를 벨류 객체로 전달한다. 사실 이 키로 넘어온 줄 번호를 실제로 사용하는 경우는 못 봤지만, 어쨌든 키로 제공된다.

입력에서 한 줄씩 읽을 때마다 매퍼를 실행하고, 매퍼에서는 한 줄의 텍스트를 단어들로 쪼갠다. 그리고 Context 객체를 이용해서 <word, 1> 형식의 키/값 쌍을 출력한다(흔히 emitting이라고도 한다.) 이 벨류가 바로 K2/V2 벨류다.

앞서 리듀서의 입력은 키와 그 키에 연관된 벨류들의 리스트라고 이야기했다. 지금 당장 설명하지는 않겠지만, map과 reduce 메소드 사이에 각 키별로 연관된 벨류들을 모으는 마법 같은 메커니즘이 있다.

하둡은 각 키마다 한 번씩 리듀서를 실행한다. 앞서 본 리듀서 구현은 단순하게 Iterable 객체의 수를 세어서 각 단어마다 <word, count> 형식의 출력을 만든 다. 이 벨류가 K3/V3 벨류다.

매퍼와 리듀서 클래스의 시그너쳐signatures를 다시 한번 보자. WordCountMapper 클래스는 IntWritable과 Text 타입을 입력으로, Text와 IntWritable 타입을 출력으로 사용한다. WordCountReducer 클래스는 입력과 출력 모두 Text와 IntWritable 타입을 사용한다. 이렇게 map 메소드에서는 키와 벨류를 전치시킨 데이터 쌍을 출력하고, 리듀서에서는 합산하는 작업은 흔하게 쓰는 방식이다.

이 예제에서 드라이버는 중요한 값인 입력과 출력의 위치를 매개변수로 전달받아 서 사용한다.

실습 예제 | JAR 파일 빌드

하둡에서 잡을 실행하기 전에 필요한 클래스들을 하나의 JAR 파일로 묶어서 맵리 듀스 시스템으로 서브밋submit한다.

생성된 클래스 파일들로 JAR 파일을 생성하자.

```
$ jar cvf wc1.jar WordCount1*class
```

보충 설명

로컬이나 Elastic MapReduce의 하둡 시스템으로 잡을 서브밋하기 전에, 항상 클 래스 파일들을 JAR 파일로 묶어야 한다.

JAR 명령을 쓸 때에 파일 경로를 주의하자. 만일 하위 디렉터리에 위치한 클래스들을 JAR 파일에 포함시키면 생각한 경로대로 JAR 파일 안에 묶이지 않을 것이다. 이 방법은 모든 데이터가 하나의 디렉터리 안에 존재할 때 쓴다. 필요한 파일들을 적절한 디렉터리에 위치하도록 바꿔서 JAR 파일들로 묶고, 이 JAR 파일 들을 필요한 위치로 옮기는 스크립트를 만들어 두면 편리하다.

실습 예제 | 로컬 하둡 클러스터에서 WordCount 실행

이제 클래스 파일들을 생성했고, JAR 파일로 묶었다. 아래의 단계를 따라 해서 실행시켜 보자.

1. 새로 만든 JAR 파일을 실행시키기 위해 하둡에 서브밋하자.

```
$ hadoop jar wc1.jar WordCount1 test.txt output
```

2. 성공했다면, 2장에서 하둡이 제공한 WordCount 예제를 돌렸던 결과물과 아주 비슷한 출력을 얻는다. 출력 파일을 살펴보면 다음과 같은 형식으로 나와야 한다.

```
$ hadoop fs -cat output/part-r-00000
This 1
yes 1
    a 1
 is 1
 test 1
 this 1
```

보충 설명

이제 처음으로 우리가 만든 코드와 `hadoop jar` 명령을 이용해서 실행시켜 보았다. 네 개의 매개변수를 사용했다.

1. JAR 파일의 이름

2. JAR 파일 안에 포함된 드라이버 클래스의 이름

3. 입력 파일의 HDFS상의 경로(이 경우에는 /user/hadoop 홈 디렉터리에서 상대경로로 지정했다)

4. 출력 디렉터리(역시 상대경로였다)

 이번 경우처럼 jar 파일 메니페스트(manifest)에 메인 클래스를 명시하지 않았으면, 드라이버 클래스 이름을 쓰면 된다.

실습 예제 | EMR에서 WordCount 실행

이제 같은 JAR 파일을 가지고 EMR에서 어떻게 실행시키는지 보겠다. 항상 EMR에서 실행할 때에는 비용이 청구된다는 사실을 기억하자!

1. http://aws.amazon.com로 접속해서 AWS 콘솔로 간 다음, 로그인하고 S3를 선택하자.

2. 두 개의 버킷bucket이 필요하다. 하나는 JAR 파일을 넣어야 하고, 다른 하나는 잡의 출력을 넣어야 한다. 이미 만들어 놓은 버킷을 써도 되고, 새로 만들어써도 된다.

3. 잡 파일을 넣을 버킷을 열어서 Upload를 클릭하고, 아까 만들어 놓은 wc1.jar 파일을 넣자.

4. 홈페이지의 메인 콘솔로 와서 Elastic MapReduce를 선택해 EMR 메뉴로 가자.

5. Create a New Job Flow 버튼을 누르면 다음 화면과 같은 친숙한 화면이 나타난다.

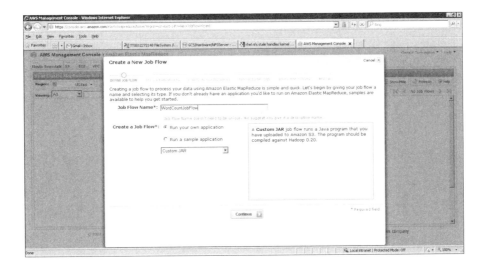

6. 2장에서는 제공된 샘플을 사용해서 실행시켰다. 우리가 만든 코드를 돌리기 위해서는 다른 단계를 밟아야 한다. 우선 Run your own application 라디오 버튼을 선택하자.

7. Select a Job Type 콤보박스에서 Custom JAR를 선택한다.

8. Continue 버튼을 누르면 다음 화면과 같은 새로운 폼을 볼 수 있다.

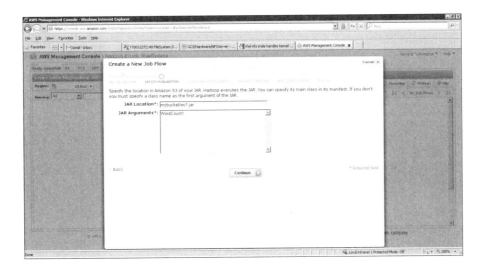

이제 잡의 매개변수들을 적어주자. 업로드한 JAR 파일 안의 코드(특히 드라이버 클래스)에서 Mapper 클래스와 Reducer 클래스 같은 속성들은 이미 지정해 놓았다.

매개 변수로 전달해야 하는 것은 JAR 파일의 경로와 잡의 입력과 출력 경로다. JAR Location 필드에 업로드한 JAR 파일의 경로를 적어주자. 만일 mybucket이라는 버킷에 wc1.jar라는 JAR 파일을 올렸다면, 경로는 mybucket/wc1.jar이다.

JAR Arguments 필드에 잡의 메인 클래스 이름과 입력 위치, 출력 위치를 넣어줘야 한다. S3에 있는 파일은 s3://bucketname/objectname 형식의 URL을 쓰면 된다. Continue 버튼을 누르면 아래 화면과 같은 잡플로우를 실행시킬 가상 머신을 선택하는 친숙한 화면이 나온다.

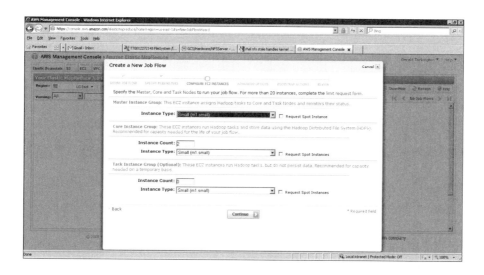

이제 계속해서, 2장에서 했던 것처럼 잡플로우를 셋업하고 실행하자.

보충 설명

여기서 상기해야 할 중요한 점은 바로 로컬 하둡 클러스터에서 실행시킬 때 쓴 코드를 EMR에서 그대로 사용했다는 사실이다. 그리고 몇 가지 단계를 제외하고는 EMR 콘솔에서 해야 하는 주 작업은 어떤 잡 코드를 실행시키든지 똑같다.

JAR 파일을 EMR에서 실행시키는 작업은 매우 쉽기 때문에 3장의 나머지에선 로컬 클러스터에서 코드를 실행시키는 방법만 보여주고, EMR에서 실행시키는 과정은 생략하겠다.

0.20 이전의 자바 맵리듀스 API

이 책에서는 주로 0.20과 그 이후의 맵리듀스 자바 API를 이용하겠지만, 두 가지 이유에서 예전 API를 잠깐 살펴보겠다.

1. 많은 온라인상의 예제와 참고자료는 예전 API를 써서 작성했다.

2. 맵리듀스 프레임워크의 몇 가지 기능은 아직 뉴 API로 이식되지 않았기 때문에 필요할 땐 예전 API를 써야 한다.

예전 API 클래스들은 주로 org.apache.hadoop.mapred 패키지에서 찾을 수 있다.

뉴 API 클래스들은 구체(abstract 클래스의 반대) Mapper와 Reducer 클래스를 사용하는 반면에, 예전 API는 추상 클래스와 인터페이스로 쪼개 놓았다.

Mapper 클래스의 구현은 추상 클래스인 MapReduceBase 클래스를 상속하고 Mapper 인터페이스를 구현하는 반면에, Reducer 클래스는 같은 MapReduceBase 클래스를 상속하고 Reducer 인터페이스를 구현한다.

MapReduceBase의 기능인 잡 셋업과 설정은 사실 맵리듀스 모델을 이해하기 위해 핵심이 되는 그런 내용은 아니기 때문에 자세히 살펴보지는 않겠다. 하지만 0.20 이전의 Mapper와 Reducer 인터페이스는 한번 살펴볼 가치가 있다.

```
public interface Mapper<K1, V1, K2, V2>
{
    void map( K1 key, V1 value, OutputCollector< K2, V2> output, Reporter
        reporter) throws IOException ;
}
public interface Reducer<K2, V2, K3, V3>
{
    void reduce( K2 key, Iterator<V2> values,
        OutputCollector<K3, V3> output, Reporter reporter)
```

```
        throws IOException ;
    }
```

몇 가지 이해해야 할 사항들이 있다.

- OutputCollector 클래스의 제네릭 파라메터는 어떻게 메소드의 결과가 출력으로 나올지 좀 더 명시적으로 보여준다.

- 예전 API에서는 출력할 때 OutputCollector 클래스를 사용하고, 하둡 프레임워크에서 얻어온 상태와 지표metrics 정보를 쓰기 위해 Reporter 클래스를 이용했다. 0.20 API에서는 이 역할들을 Context 클래스에 합쳐 놨다.

- Reducer 인터페이스는 Iterable 객체 대신 Iterator 객체를 사용한다. 이 부분은 이후에 자바의 for each 구문과 함께 좀더 깔끔한 코드 작성을 위해 변경했다.

- 예전 API에서는 map 메소드와 reduce 메소드 둘 다 InterruptedException 을 던지지 못한다.

보았듯이, API의 변화가 맵리듀스 프로그램 짜는 방식을 변화시키긴 했지만 매퍼와 리듀서의 목적과 책임에는 변화가 없다. 꼭 필요하지 않으면 두 API 모두를 전문적으로 알지 않아도 된다. 어느 쪽이 익숙하든지 이 책의 나머지 부분을 따라오는 데에는 문제가 없으리라고 본다.

하둡이 제공하는 mapper와 reducer 구현

항상 Mapper와 Reducer를 처음부터 작성할 필요는 없다. 하둡은 몇 가지 흔히 쓰이는 Mapper와 Reducer 구현을 가져다 쓸 수 있도록 제공한다. 뉴 API에 있는 기본 Mapper와 Reducer 클래스의 아무 메소드도 오버라이드하지 않으면, 기본 구현은 아이덴티티identity Mapper와 Reducer이다. 아이덴티티 Mapper와 Reducer는 입력을 그대로 출력으로 내보낸다.

뉴 API는 이렇게 미리 구현한 Mapper와 Reducer를 예전 API만큼은 제공하지 않지만, 앞으로 더 추가할 예정이다.

org.apache.hadoop.mapreduce.lib.mapper 패키지에 다음과 같은 미리 구현된 Mapper 클래스들이 있다.

- **InverseMapper**: (value, key) 형태로 키와 벨류를 바꿔서 출력한다.
- **TokenCounterMapper**: 입력의 각 라인마다 토큰token 개수를 센다.

org.apache.hadoop.mapreduce.lib.reduce 패키지에 다음과 같은 미리 구현된 Reducer 클래스들이 있다.

- **IntSumReducer**: 각 키별로 int 타입 벨류 리스트의 합을 출력한다.
- **LongSumReducer**: 각 키별로 long 타입 벨류 리스트의 합을 출력한다.

실습 예제 | 쉽게 구현한 WordCount

이번에는 미리 정의된 map과 reduce 구현을 써서 WordCount를 다시 만들어보자.

1. WordfCountPredefined.java 코드를 만들자.

```
import org.apache.hadoop.conf.Configuration ;
import org.apache.hadoop.fs.Path;
import org.apache.hadoop.io.IntWritable;
import org.apache.hadoop.io.Text;
import org.apache.hadoop.mapreduce.Job;
import org.apache.hadoop.mapreduce.lib.input.FileInputFormat;
import org.apache.hadoop.mapreduce.lib.output.FileOutputFormat;
import org.apache.hadoop.mapreduce.lib.map.TokenCounterMapper ;
import org.apache.hadoop.mapreduce.lib.reduce.IntSumReducer ;

public class WordCountPredefined
{
    public static void main(String[] args) throws Exception
    {
        Configuration conf = new Configuration();

        Job job = new Job(conf, "word count1");
        job.setJarByClass(WordCountPredefined.class);
```

```
job.setMapperClass(TokenCounterMapper.class);
job.setReducerClass(IntSumReducer.class);
job.setOutputKeyClass(Text.class);
job.setOutputValueClass(IntWritable.class);
FileInputFormat.addInputPath(job, new Path(args[0]));
FileOutputFormat.setOutputPath(job, new Path(args[1]));
System.exit(job.waitForCompletion(true) ? 0 : 1);
    }
}
```

2. 이제 앞에서 했던 방법대로 컴파일하고, JAR 파일을 만들고, 실행하자.

3. 아까 썼던 출력 디렉터리를 그대로 다시 쓰고 싶으면 잡을 실행하기 전에 출력 디렉터리를 지우자. 예를 들어 `hadoop fs -rmr` 같은 명령어를 쓰면 된다.

보충 설명

맵리듀스 세계에서 WordCount 예제가 얼마나 널리 쓰이는가 상기해보면, WordCount를 위한 Mapper와 Reducer 구현이 미리 정의되어 있다는 사실이 당연하게 보일 수 있다. TokenCountMapper 클래스는 각 라인을 쪼개서 계속 (token, 1) 형식의 쌍을 만들고, IntSumReducer 클래스는 각 키별로 벨류를 합산해서 최종 합을 출력한다.

두 가지 짚고 넘어가야 할 사항이 있다.

- 위에서 사용한 기본 구현 클래스들을 만들 때 WordCount가 많은 영향을 준 사실은 의심의 여지가 없지만, 이 클래스들은 WordCount뿐만 아니라 여러 가지 경우에 활용 가능하다.

- 새로운 맵리듀스 잡을 구현할 때 가장 좋은 출발점은 이미 존재하는 구현을 이용하는 것이라는 사실을 상기해보면, 재사용 가능한 mapper와 reducer 구현은 꼭 기억해 놓아야 할 방법이다.

WordCount 동작과정을 살펴보기

좀 더 자세히 mapper와 reducer의 관계를 알아보고 hadoop의 내부 동작방식을 보여주기 위해서 WordCount(사실, 모든 종류의 맵리듀스 잡)가 실행되는 과정을 훑어보겠다.

시작

드라이버에서 job.waitForCompletion()을 호출하는 부분이 동작의 시작점이다. 드라이버는 로컬 머신에서 동작하는 코드일 뿐이고, 이 메소드를 호출하면서 잡트래커JobTracker와 통신하기 시작한다. 잡트래커는 잡 스케줄링과 실행에 관한 모든 부분을 책임지기 때문에, 잡 관리와 관련된 모든 작업을 할 때 주요 인터페이스 역할을 한다. 잡트래커는 HDFS에 저장된 데이터와 관련된 상호작용이 필요하면 네임노드NameNode와 통신함으로써 작업을 관리한다.

입력 스플릿

이런 상호작용 중 첫 번째는 잡트래커가 입력 데이터를 보고 어떻게 각 맵 태스크에 분배해야 할지 결정하는 작업이다. 상기해보면, HDFS 파일들은 대개 최소 64MB 블록으로 쪼개져 있고 잡트래커는 각 블록을 맵 태스크에게 할당한다.

우리가 본 WordCount 예제는 물론 하나의 블록 안에 데이터가 다 들어갈 정도로 적은 양이었다. 몇 테라바이트 정도의 큰 입력파일을 상상해보면 스플릿split 방식이 좀 더 마음에 와 닿을 것이다. 파일의 각 조각들(맵리듀스 용어로는 스플릿)은 각각 하나의 맵 태스크에만 할당된다. 잡트래커가 스플릿을 어떻게 할당할지 계산하고 나면 HDFS상에 잡을 위한 디렉터리를 만들어서 이 스플릿과 JAR 파일(Mapper와 Reducer 클래스를 포함한)을 넣는다. 이 경로는 각 태스크를 시작할 때 전달한다.

태스크 할당

잡트래커는 얼마나 많은 맵 태스크가 필요할지 판단한 후에 클러스터의 호스트 수, 얼마나 많은 태스크트래커TaskTracker가 동작하는지, 그리고 얼마나 많은 맵 태스크를 동시에 실행할 수 있는지(이 값은 사용자가 정의할 수 있는 설정 변수다) 살펴본다. 또한, 잡트래커는 입력데이터 블록이 클러스터의 어디에 위치해 있는지 보고, 가능하면 최대한 태스크트래커와 스플릿/블록이 같은 물리적 호스트에 위치하거나, 아니면 최소한 하나는 같은 하드웨어 랙rack 안에 위치하도록 실행계획을 짠다.

이 데이터 지역성 최적화data locality optimization는 하둡이 대용량 데이터 셋을 효율적으로 처리할 수 있는 중요한 비결이다. 그리고 기본적으로 각 블록은 세 대의 다른 호스트에 복제된다는 사실을 상기하면 데이터 지역성을 살리는 task/host 계획을 짜는 일은 보기처럼 힘들지는 않다.

태스크 시작

각 태스크트래커는 태스크를 실행하기 위해 새로운 자바 가상머신을 구동한다. 이렇게 하면 시작시간 측면에서는 손해를 보지만, 맵이나 리듀스 태스크가 잘못 동작해서 발생하는 문제가 다른 태스크나 잡 전체에 영향을 주지 못하도록 한다. 또한, 연속해서 실행되는 태스크들은 같은 자바 가상머신을 공유하도록 설정할 수도 있다.

클러스터에 모든 맵 태스크들을 한번에 실행할만한 자원의 여유가 있으면, 각 태스크는 처리해야 할 스플릿과 잡 JAR 파일의 위치를 전달받고 구동하기 시작한다. 그리고 각 태스크트래커는 스플릿을 로컬의 파일시스템으로 복사한다.

만약에 클러스터의 자원이 충분하지 않다면, 잡트래커는 대기상태에 있는 태스크들을 큐queue에 쌓아놓았다가 앞서 할당한 맵 리듀스가 완료되는 대로 작업할 노드를 할당한다.

이제서야 비로소 맵 태스크가 처리하는 데이터를 볼 수 있다. 이 일련의 과정을 보면서 참 많은 일을 한다고 생각했다면, 사실이 그렇다. 이 모든 단계들을 밟아야 하기 때문에 맵리듀스 잡을 시작할 때 적지 않은 시간을 소비한다.

잡트래커의 계속된 모니터링

잡트래커는 여기까지만 하고 태스크트래커가 매퍼와 리듀서들을 모두 실행할 때까지 손 놓고 기다리지 않는다. 작업의 진척도나 문제가 발생했는지 찾기 위해 태스크트래커들과 계속해서 heartbeat와 상태 메시지를 주고 받는다. 그리고 잡을 실행하면서 생성한 지표를 수집한다. 이 예제에서는 지표들을 사용하지 않긴 하지만 말이다. 지표 중 일부는 하둡이 제공하는 값이고 일부는 맵과 리듀스 태스크의 개발자가 만드는 값이다.

매퍼의 입력

2장에서 우리가 사용한 WordCount의 입력은 단순한 한 줄짜리 텍스트 파일이었다. 이제 살짝 덜 단순한 두 줄짜리 텍스트 파일을 사용하자.

```
This is a test
Yes this is
```

드라이버 클래스에서 TextInputFormat을 입력 파일의 포맷으로 명시했기 때문에 하둡은 각 줄 번호를 키로, 각 줄의 내용을 밸류로 처리한다. 그래서 다음과 같은 입력으로 매퍼를 두 번 호출한다.

```
1 This is a test
2 Yes this is
```

매퍼 실행

잡의 설정에 따라서, 매퍼가 받은 키/값 쌍은 각각 파일 안에서 해당 줄의 오프셋offset과 그 줄의 내용이다. WordCountMapper에서 구현한 map 메소드는 각 줄의 위치는 신경 쓰지 않기 때문에 키는 사용하지 않고, 줄의 내용을 자바 표준라이브러리인 String의 split 메소드를 이용해서 단어별로 쪼갠 후 밸류로 사용한다. 토큰으로 쪼갤 때 정규 표현식이나 StringTokenizer 클래스가 더 나은 기능을 제공할 수도 있지만, 지금은 이렇게 간단한 방법을 써도 충분하다.

각 단어별로 매퍼는 단어 자체를 키로, 1을 밸류로 출력한다.

위에서 약간의 최적화를 수행했는데 지금 당장은 크게 신경 쓰지 않아도 된다. 하지만 내용은 설명하고 넘어가겠다. map 메소드를 호출할 때마다 벨류가 1인 IntWritable 객체를 생성하지 않고, static 변수로 만들어서 재사용한 걸 볼 수 있다. 비슷한 의미에서 하나의 Text 객체를 만들고 map 메소드를 호출할 때 객체의 벨류만 바꾼다. 지금 우리가 쓰는 정말 작은 입력 파일에서는 이런 최적화가 그다지 도움이 안 되지만, 대용량 데이터 셋을 처리할 때는 map 메소드를 수천 번~수만 번 호출한다. 만일 map 메소드를 호출할 때마다 키와 벨류를 위해 새로운 객체를 생성하면 시스템 자원을 다 소모해서 가비지 컬렉션(garbage collection)으로 인해 전체 작업이 잠시 중단되는 일이 잦아지게 된다. Context. write 메소드에서 벨류를 수정하지 않을 게 확실하기 때문에 여기서는 하나의 벨류 객체를 사용한다.

매퍼의 출력과 리듀스의 입력

매퍼의 출력은 (word, 1) 형식의 쌍들이다. 앞서 본 예제의 출력은 아래와 같다.

(This, 1), (this, 1), (is, 1), (a, 1), (test, 1), (Yes, 1), (it, 1), (is, 1)

매퍼에서 나온 결과물 키/값 쌍들을 바로 리듀서로 전달하지 않는다. 매핑과 리듀싱 사이에는 맵리듀스의 마법을 발휘하는 셔플shuffle 단계가 있다.

파티셔닝

하나의 리듀서가 특정 키와 연관된 모든 벨류를 처리한다는 사실을 Reduce 인터페이스에서 묵시적으로 보장한다. 그러므로 클러스터에 있는 많은 리듀스 태스크를 실행할 때 각 매퍼의 출력은 해당하는 리듀서로 나누어서 보내야 한다. 이렇게 파티션 한 파일은 노드의 로컬 파일시스템에 저장한다. 클러스터 전체의 총 리듀서 개수는 매퍼처럼 동적이지 않고, 잡을 서브밋할 때 리듀서 태스크 개수를 지정할 수 있다. 그러므로 태스크트래커는 클러스터에 몇 개의 리듀서가 실행될지 알 수 있고, 이 정보를 가지고 매퍼의 출력이 몇 개의 파티션Partition으로 나누어져야 할지 알 수 있다.

나중에 장애 허용에 대해서 다시 이야기하겠지만, 지금 시점에서 만일 리듀서가 에러가 발생했을 때에는 어떻게 해야 하는지 의문이 들 수 있다. 답은 잡트래커가 실패한 리듀스 태스크를 다른 노드에서(같은 노드일 수도 있다) 재실행시켜, 과도하게 많은 태스크 실패가 일어나는 일을 방지한다. 데이터에 민감한 버그라거나 스플릿에 데이터가 너무 많이 손상되었다든지 하는 더 심각한 문제가 발생할 경우에는 전체 잡이 실패할 수 있다.

파티션(선택사항) 기능

org.apache.hadoop.mapreduce 패키지에는 다음과 같은 시그너처signature를 가진 Partitioner 클래스가 있다.

```
public abstract class Partitioner<Key, Value>
{
    public abstract int getPartition( Key key, Value value,
        int numPartitions) ;
}
```

기본적으로 하둡은 파티셔닝할 때 출력 키를 해시hash한다. 이 기능은 org.apache.hadoop.mapreduce.lib.partition 패키지의 HashPartitioner 클래스에서 제공한다. 그러나 때로는 애플리케이션에 한정된 파티셔닝 로직을 Partitioner의 하위 클래스로 구현해야 할 경우가 있다. 대표적인 예를 들면, 표준 해시 함수를 썼을 경우 데이터가 한쪽으로 심하게 몰리는 경우다.

리듀서의 입력

리듀서 태스크트래커는 잡트래커로부터 클러스터의 어느 노드에 리듀스 태스크가 처리해야 할 맵 출력 파티션이 있는지에 관한 정보를 계속 제공받는다. 그러면 태스크트래커는 여러 노드에서 파티션을 가져와서 하나의 파일로 만들어 리듀스 태스크의 입력으로 사용한다.

리듀서 실행

WordCountReducer 클래스는 굉장히 단순하다. 각 단어마다 배열에 있는 항목들 개수를 세어서 최종 (word, count) 출력을 내보낸다.

 여기서는 너무 많은 객체 생성을 피하는 것 같은 최적화 작업을 하지 않는다. reduce 메소드를 호출하는 횟수는 대부분 매퍼보다 적기 때문에 이로 인한 오버헤드도 심각한 문제는 아니다. 하지만, 꽤 빡빡한 성능 요구사항이 있다면 최적화를 해도 나쁘지 않다.

우리가 사용한 WordCount 샘플 입력에서는 한 단어만 빼고는 모두 하나의 벨류만 가지고 있다. 'is'만 벨류가 두 개다.

 대소문자를 구분하기 때문에 'this'와 'This'를 각각 따로 센 부분에 주의하기 바란다.

비슷한 맥락에서 각 문장의 마지막에 마침표를 넣으면 'is'와 'is.'는 다른 단어로 처리해서 is의 개수가 2가 아니라 1이 된다. 텍스트 데이터를 처리할 때는 항상 이런 대소문자, 구두점, 하이픈 기호, 페이지 같은 여러 요소들을 신경 써서 처리해야 한다. 그리고 받은 데이터가 한쪽으로 쏠리는 경우도 생각해야 한다. 그런 경우엔 일반적으로 원본 데이터 셋을 가지고 정규화나 정리작업을 수행하는 맵리듀스 잡을 다른 작업보다 앞서서 실행한다.

리듀서의 출력

예제의 최종 리듀서 출력은 다음과 같다.

```
(This, 1), (is, 2), (a, 1), (test, 1), (Yes, 1), (this, 1)
```

이 결과물은 드라이버에서 지정한 OutputFormat 구현에 따른 형식에 맞춰서 지정한 출력 디렉터리에 파티션 파일로 출력한다. 각 리듀스 태스크는 part-r-nnnnn 형식의 파일에 출력을 저장하며, nnnnn은 00000부터 순차적으로 증가한다. 물론, 이렇게 출력된다는 사실은 2장에서 봤다. 이제 part라는 접두사가 붙는게 좀 더 이해하기 쉬워졌기를 바란다.

종료

모든 태스크가 성공적으로 끝나면, 잡트래커는 수집된 몇몇 중요한 카운터들과 함께 최종 상태를 클라이언트에 알려준다. 전체 잡과 태스크 히스토리는 각 노드의 log 디렉터리에서 볼 수 있고, 웹 UI를 통하면 좀 더 편하게 볼 수 있다. 웹 브라우저를 열어서 잡트래커 노드의 50030포트에 접속하면 된다.

자, 이제 모두 다 끝났다!

보았듯이 맵리듀스 프로그램은 하둡이 제공하는 수많은 기능 위에서 돌아간다. 사실 지금까지 설명한 내용은 많이 간략하게 한 편이다. 이 수많은 일들은 우리가 사용한 작은 예제에서는 그렇게 중요하게 보이지 않을 수도 있지만, 훨씬 큰 클러스터에서 대용량의 데이터를 가지고 WordCount를 해야 할 때도, 로컬에서 돌릴 때도, EMR에서 돌릴 때도, 같은 소프트웨어와 mapper/reducer 구현을 그대로 쓸 수 있다는 사실을 잊지 말자. 이런 상황이 되면 하둡이 그렇게 많은 일을 해 주기 때문에 그런 방대한 데이터 셋 분석이 가능하게 된다. 아니면 직접 분산, 동기화, 병렬처리를 위한 코드를 작성하는데 엄청난 수고가 필요하다.

아마도, 컴바이너를 빼먹었지…

선택사항으로 쓸 수 있는 단계를 하나 설명하지 않았다. 컴바이너 클래스를 이용해서 map 메소드의 출력을 리듀서가 가져가기 전에 미리 정렬할 수 있다.

왜 컴바이너를 쓰나

하둡은(주로 디스크와 네트워크 I/O 시간에 의해 좌우되는) 가장 느린 작업을 빠르게 하는 부분에 중점을 두고 설계되었다. 매퍼의 출력 사이즈는 종종 꽤 커진다. 원래 입력의 몇 배나 되는 경우도 흔하다. 설정 옵션을 이용해서 리듀서가 네트워크로 이런 큰 데이터 덩어리를 가져가는 일을 좀 덜어줄 수 있다. 컴바이너는 가능하면 빨리 결과물을 모아서 처음부터 전송할 데이터의 양을 줄이는 접근 방식을 취한다.

컴바이너는 자신만의 인터페이스가 없다. 컴바이너는 리듀서와 같은 시그너쳐를 가져야 하므로 org.apache.hadoop.mapreduce 패키지의 Reduce 클래스를 상속해야 한다. 이렇게 함으로써 매퍼에서 각 리듀서를 위한 결과물을 만들 때 미니-리듀스를 하는 효과를 낸다.

하둡은 컴바이너를 반드시 실행한다고 보장하지는 않는다. 매퍼가 리듀서로 보내기 위해 만들어낸 출력 파일의 크기와 숫자에 따라 컴바이너를 아예 실행하지 않을 수도 있고, 한 번, 두 번, 혹은 더 많이 실행할 수도 있다.

실습 예제 | 컴바이너를 쓴 WordCount

처음의 WordCount 예제에 컴바이너를 넣어 보자. 사실, 리듀서를 그대로 컴바이너로 쓸 것이다.

컴바이너는 리듀서와 같은 인터페이스를 가져야 하기 때문에 이런 식으로 사용하는 경우도 많다. 하지만, 이런 형식으로 처리할 때는 리듀서가 컴바이너로 쓰기에 적합한지 판단하는 과정을 거쳐야 하는데 자세한 사항은 뒤에서 설명하겠다.

각 단어의 개수를 세는 것이니까, 맵 노드에서 부분적으로 개수를 세서 리듀서에 부분 합을 전달할 수 있다.

1. WordCount1.java를 WordCount2.java로 복사하고 드라이버 클래스에서 Mapper 클래스 정의와 Reducer 클래스정의 부분 사이에 아랫줄을 끼워넣자.

   ```
   job.setCombinerClass(WordCountReducer.class);
   ```

2. 그리고 class 이름 설정 부분을 WordCount2로 바꾼 다음 컴파일한다.

   ```
   $ javac WordCount2.java
   ```

3. JAR 파일을 생성한다.

   ```
   $ jar cvf wc2.jar WordCount2*class
   ```

4. 하둡에서 잡을 실행한다.

```
$ hadoop jar wc2.jar WordCount2 test.txt output
```

5. 결과물을 보자.

```
$ hadoop fs -cat output/part-r-00000
```

보충 설명

결과물은 예상과는 다르게 'is'의 벨류가 2가 아니라 1로 나온다.

문제는 컴바이너와 리듀서가 상호작용하는 방법에 있다. 원래 리듀서에 들어간 벨류는 (is, 1, 1)이었지만, 이제 컴바이너가 각 단어별로 합산을 미리하기 때문에 (is, 2)가 리듀서의 입력이다. 그런데, 우리가 만든 리듀서는 Iterable 객체의 실제 벨류를 보지 않고, 단순히 객체의 개수를 센다.

언제 리듀서를 컴바이너로 쓸 수 있나

컴바이너를 만들 땐 조심해야 한다. 하둡은 맵의 결과물에 컴바이너를 몇 번 적용할지 보장하지 않는다. 0번, 1번, 혹은 그 이상이 될 수 있다. 그러므로 컴바이너의 작업은 이런 하둡의 결정에 영향을 받지 않아야 한다. 합산, 더하기나 다른 비슷한 작업같이 분배법칙이 적용되는 연산은 대개 마음 놓아도 된다. 하지만, 앞서의 경우처럼 리듀스 로직은 이 분배법칙을 깰만한 가정을 하지 말아야 한다.

실습 예제 | 컴바이너를 쓴 WordCount 수정

제대로 컴바이너를 쓰기 위해 WordCount를 수정하자.

WordCount2.java를 WordCount3.java로 복사하고 reduce 메소드를 아래처럼 수정하자.

```java
public void reduce(Text key, Iterable<IntWritable> values,
    Context context) throws IOException, InterruptedException
{
    int total = 0 ;
    for (IntWritable val : values))
```

```
    {
        total+= val.get() ;
    }
    context.write(key, new IntWritable(total));
}
```

클래스 이름을 WordCount3으로 지정하는 걸 잊지 말자. 그다음 앞서처럼 컴파일하고, JAR 파일 생성하고, 잡을 실행하자.

이제 예상했던 대로 결과물이 나왔을 것이다. 맵 사이드에서 실행된 컴바이너는 모두 제대로 돌았고 리듀서도 정확하게 결과물을 만들었다.

 만일 원래의 리듀서를 컴바이너로 쓰고 새로 구현한 리듀서를 리듀서로 쓰면 결과는 제대로 나올까? 답은 '아니오' 다. 우리의 예제에서는 제대로 나올지도 모르지만 말이다. 왜냐하면 컴바이너는 맵의 결과물 데이터를 가지고 여러 번 실행될 수 있기 때문에, 데이터 셋이 정말 크다면 똑같은 에러가 발생할 수 있다. 입력 데이터의 크기가 작으면 에러가 발생하지 않지만 말이다. 기본적으로 원래의 리듀서는 잘못되었지만, 바로 명확하게 드러나지 않았다. 이런 미묘한 로직의 오류를 주의해야 한다. 이런 종류의 문제는 개발 장비에서 일부 데이터만 가지고 돌릴 때는 잘 돌다가 대형 운영 클러스터에서 돌릴 때 실패하기 때문에 디버그 하기가 매우 어렵다. 컴바이너 클래스를 주의해서 만들고 적은 데이터 샘플로 테스트한 결과를 지나치게 믿지 말아야 한다.

재사용은 당신의 친구

앞의 절에서 작업할 때 원래 있던 잡 클래스파일을 가져다가 수정해서 썼다. 새로운 잡을 만들 때 기존의 잡 파일을 가지고 시작하는 방식은 많이 쓰이는 개발 방법이다. 심지어 매퍼와 리듀서 로직이 완전히 다를 경우에도 원래 동작하던 잡을 가져다 쓰면 매퍼, 리듀서, 드라이버 구현에서 꼭 필요한 부분들을 빼먹지 않게 해서 많은 시간을 절약할 수 있다.

깜짝 퀴즈 | 맵리듀스 구동 방식

Q1. 맵리듀스 잡을 만들 때 꼭 구현해야 하는 클래스는?

  1. 매퍼와 리듀서 클래스

  2. 매퍼, 리듀서, 컴바이너 클래스

  3. 매퍼, 리듀서 피티셔너, 컴바이너 클래스

  4. 정답 없음. 모든 클래스는 기본 구현이 존재함

Q2. 컴바이너는 몇 번 실행될까?

  1. 최소한 한번

  2. 0번 또는 한번

  3. 0번, 한번, 또는 여러 번

  4. 설정 가능하다.

Q3. 매퍼에서 각 키마다 정수 값을 만들어내고, 다음과 같은 리듀스 연산들이 있다고 가정하자.

  ● Reducer A: 정수 값 집합의 합을 출력

  ● Reducer B: 값 집합의 최대값을 출력

  ● Reducer C: 값 집합의 평균mean을 출력

  ● Reducer D: 값 집합의 최대 값과 최소 값의 차를 출력

위의 리듀스 연산 중 컴바이너로 써도 되는 연산은?

  1. 위 전부

  2. A와 B

  3. A, B, D

  4. C와 D

  5. 정답 없음

하둡 특화된 데이터 타입

여태까지 맵과 리듀스 클래스에 입력과 출력 데이터 타입에 관해서는 덮어두고 넘어갔다. 이제 자세히 알아보자.

Writable과 WirtableComparable 인터페이스

하둡 API의 org.apache.hadoop.io 패키지를 보다 보면 Text나 IntWritable 같은 친숙한 클래스들과 함께 여러 가지 Writable 접미사가 붙은 클래스들을 볼 수 있다. 이 패키지에는 아래처럼 기술된 Writable 인터페이스도 있다.

```
import java.io.DataInput ;
import java.io.DataOutput ;
import java.io.IOException ;

public interface Writable
{
    void write(DataOutput out) throws IOException ;
    void readFields(DataInput in) throws IOException ;
}
```

이 인터페이스의 주된 목적은 데이터를 네트워크 너머 전송하거나 디스크에 쓰거나 읽을 때에 직렬화와 비직렬화 메커니즘을 제공하는 일이다. 매퍼나 리듀서의 입력이나 출력에 벨류 객체로 쓰는 데이터 타입(V1, V2, V3 같은)은 모두 이 인터페이스를 구현해야 한다.

키로 사용하는 데이터(K1, K2, K3)는 좀 더 까다로운 조건이 있다. Writable뿐만 아니라, 자바의 표준 Comparable 인터페이스를 구현해야 한다. 이 인터페이스는 아래와 같다.

```
public interface Comparable
{
    public int compareTo( Object obj) ;
}
```

compareTo 메소드는 현재 객체보다 매개변수로 전달받은 객체가 적을 경우 -1, 같을 경우 0, 클 경우 1을 리턴한다.

편의를 위해서 하둡은 org.apache.hadoop.io 패키지에 있는 WritableComparable 인터페이스를 제공한다.

```
public interface WritableComparable extends Writable, Comparable
{}
```

래퍼 클래스

다행히 모든 클래스를 처음부터 만들 필요는 없다. 이미 보았듯이 하둡은 자바의 기본 타입과 WritableComparable을 구현한 클래스들을 제공한다. 이 클래스들은 org.apache.hadoop.io 패키지에 있다.

기본 타입 래퍼 클래스

java.lang 패키지의 Integer나 Long 같은 기본 타입 래퍼wrapper 클래스와 개념적으로 유사하다. 기본primitive 타입 값을 하나 가진다. 생성자나 setter method로 값을 넣을 수 있다.

- BooleanWritable

- ByteWritable

- DoubleWritable

- FloatWritable

- IntWritable

- LongWritable

- VIntWritable: 가변길이의 integer 타입

- VLongWritable: 가변길이의 long 타입

배열 래퍼 클래스

다른 Writable 객체 배열의 writable 래퍼다. 예를 들어, IntWritable의 배열이나 DoubleWritable의 배열 값을 가질 수는 있지만, int나 float 같은 기본 타입의

배열은 가질 수 없다. 사용하고자 하는 Writable 클래스를 상속한 클래스를 명시해 줘야 한다. 배열 래퍼 클래스는 아래와 같다.

- ArrayWritalbe
- TwoDArrayWritable

Map 래퍼 클래스

java.util.Map 인터페이스를 구현한 클래스를 키나 벨류 객체로 사용한다. 정의는 Map<Writable, Writable>이고, 내부적으로 실행시간에 타입 검사를 한다. 이 이야기는 컴파일 시 타입 체크를 약하게 한다는 의미이므로 주의해야 한다.

- AbstractMapWritable: 다른 구체 Writable map 구현 클래스의 상위 클래스다.
- MapWritable: 일반적인 용도로 Writable 키를 Writable 벨류에 매핑시킬 때 쓴다.
- SortedMapWritable: MapWritable의 특화된 버전으로 SortedMap 인터페이스도 구현했다.

실습 예제 | Writable 래퍼 클래스 사용해보기

래퍼 클래스들을 실제로 사용하는 클래스를 작성하자.

1. WritableTest.java 파일을 만들자.

```
import org.apache.hadoop.io.* ;
import java.util.* ;

public class WritablesTest
{
  public static class IntArrayWritable extends ArrayWritable
  {
    public IntArrayWritable()
    {
      super(IntWritable.class) ;
```

```
        }
    }

    public static void main(String[] args)
    {
        System.out.println("*** Primitive Writables ***") ;
        BooleanWritable bool1 = new BooleanWritable(true) ;
        ByteWritable byte1 = new ByteWritable( (byte)3) ;
        System.out.printf("Boolean:%s Byte:%d\n", bool1, byte1.get()) ;
        IntWritable i1 = new IntWritable(5) ;
        IntWritable i2 = new IntWritable( 17) ;
        System.out.printf("I1:%d I2:%d\n", i1.get(), i2.get()) ;
        i1.set(i2.get()) ;
        System.out.printf("I1:%d I2:%d\n", i1.get(), i2.get()) ;
        Integer i3 = new Integer( 23) ;
        i1.set( i3) ;
        System.out.printf("I1:%d I2:%d\n", i1.get(), i2.get()) ;
        System.out.println("*** Array Writables ***") ;
        ArrayWritable a = new ArrayWritable( IntWritable.class) ;
        a.set( new IntWritable[]{ new IntWritable(1), new
IntWritable(3), new    IntWritable(5)}) ;
        IntWritable[] values = (IntWritable[])a.get() ;

        for (IntWritable i: values)
            System.out.println(i) ;

        IntArrayWritable ia = new IntArrayWritable() ;
        ia.set( new IntWritable[]{ new IntWritable(1), new
IntWritable(3), new IntWritable(5)}) ;
        IntWritable[] ivalues = (IntWritable[])ia.get() ;
        ia.set(new LongWritable[]{new LongWritable(10001)}) ;
        System.out.println("*** Map Writables ***") ;
        MapWritable m = new MapWritable() ;
        IntWritable key1 = new IntWritable(5) ;
        NullWritable value1 = NullWritable.get() ;
        m.put(key1, value1) ;
        System.out.println(m.containsKey(key1)) ;
        System.out.println(m.get(key1)) ;
        m.put(new LongWritable(1000000000), key1) ;
        Set<Writable> keys = m.keySet() ;
```

```
        for(Writable w: keys)
            System.out.println(w.getClass()) ;
    }
}
```

2. 컴파일하고 클래스를 실행하면 다음과 같은 출력을 얻는다.

```
*** Primitive Writables ***
Boolean:true Byte:3
I1:5 I2:17
I1:17 I2:17
I1:23 I2:17
*** Array Writables ***
1
3
5
*** Map Writables ***
true
(null)
class org.apache.hadoop.io.LongWritable
class org.apache.hadoop.io.IntWritable
```

보충 설명

이 출력은 그 자체로 이해하기가 쉽다. 다양한 Writable 래퍼 클래스 객체들을 만들어서 일반적인 사용방법을 보여 주었다. 몇 가지 핵심 사항들이 있다.

● 언급했듯이, Writable 객체이기만 하면 그 이상의 타입 안정성은 보장하지 않는다. 그래서 앞에서 보았듯이 여러 가지 타입을 가지는 배열이나 map 객체를 만들 수 있다.

● 자동 언박싱autounboxing을 쓸 수 있다. 예를 들면, IntWritable의 int 변수를 받는 메소드에 Integer 객체를 전달할 수 있다.

● 내부 클래스는 reduce 함수에서 ArrayWritable 클래스를 입력으로 썼을 때, 코드에서 보았듯이 생성자를 정의한 하위 클래스가 필요하다는 사실을 보여준다.

그밖의 래퍼 클래스

- CompressedWritable: 큰 객체들을 실제로 객체의 속성이 쓰이기 전까지 압축한 채로 유지하도록 하는 클래스들의 기본 클래스이다.

- ObjectWritable: 범용 객체를 위한 래퍼이다.

- NullWritable: null 값을 가지는 싱글톤_singleton 객체이다.

- VersionedWritable: 버전 정보를 기록할 수 있는 writable 클래스의 기본 구현 클래스이다.

도전 과제 | Writable 가지고 놀기

앞서 예제에서 본 방식으로 NullWritable과 ObjectWritable 클래스를 가지고 놀아보자.

나만의 클래스를 만들기

Writable과 Comparable 인터페이스에서 보았듯이, 필요한 메소드들은 꽤 직관적이다. 맵리듀스 잡에서 쓸 키나 벨류 객체 클래스를 만드는 데 두려움을 갖지 말자.

입력/출력

드라이버 클래스를 얘기할 때 여러 번 맵리듀스 잡의 데이터 입력과 출력의 포맷과 구조에 대해서 언급만 하고 자세한 설명은 하지 않고 넘어왔다.

파일, 스플릿, 레코드

잡 시작 단계에서 파일이 여러 개의 스플릿으로 쪼개지고 스플릿의 데이터는 매퍼로 전달된다고 이야기했다. 그러나 이 설명은 두 가지를 간과했다. 데이터가 파일 안에 어떻게 저장되어 있는지와 어떻게 각 키와 벨류들이 매퍼로 전달되는가이다.

InputFormat과 RecordReader

하둡은 데이터가 파일 안에 어떻게 저장되는 지를 명시하기 위해 InputFormat이라는 개념을 사용한다. org.apache.hadoop.mapreduce 패키지의 InputFormat 추상 클래스는 아래 코드에서 보여지는 두 개의 메소드를 제공한다.

```
public abstract class InputFormat<K, V>
{
    public abstract List<InputSplit> getSplits( JobContext context) ;
    RecordReader<K, V> createRecordReader(InputSplit split,
        TaskAttemptContext context) ;
}
```

이 메소드들은 InputFormat 클래스의 두 가지 역할을 보여준다.

- 맵 처리를 위해 어떻게 입력 파일을 스플릿으로 나눌지 구체적인 방법 제공
- 스플릿에서 키/값 쌍을 만들어내는 RecordReader 클래스 생성

RecordReader 클래스도 org.apache.hadoop.mapreduce 패키지에 있는 추상 클래스이다.

```
public abstract class RecordReader<Key, Value> implements Closeable
{
    public abstract void initialize(InputSplit split, TaskAttemptContext
        context) ;
    public abstract boolean nextKeyValue()
        throws IOException, InterruptedException ;
    public abstract Key getCurrentKey()
        throws IOException, InterruptedException ;
    public abstract Value getCurrentValue()
        throws IOException, InterruptedException ;
    public abstract float getProgress()
        throws IOException, InterruptedException ;
    public abstract close() throws IOException ;
}
```

각 스플릿마다 RecordReader 객체를 생성한다. 그리고 스플릿 안에 처리할 키/값 쌍이 남아 있는지 여부를 보여주는 boolean 값을 리턴하는 getNextKeyValue 메

소드를 호출한다. 만일 남아 있다면, getKey와 getValue 메소드로 키와 벨류를 얻어온다.

이리하여 InputFormat과 RecordReader만 있으면 어떤 종류의 입력 데이터든 MapReduce에 필요한 키/값 쌍으로 변환할 수 있다.

하둡이 제공하는 InputFormat

org.apache.hadoop.mapreduce.lib.input 패키지에 하둡이 제공하는 InputFormat 구현들이 있다.

- FileInputFormat: 모든 종류의 파일기반 입력 포맷 클래스의 상위 클래스가 되는 추상 클래스이다.
- SequenceFileInputFormat: 이후의 절에서 이야기할 효율적인 바이너리 파일 포맷이다.
- TextInputFormat: 일반 텍스트 파일을 처리한다.

 0.20 이전의 API는 org.apache.hadoop.mapred 패키지에 다른 InputFormat들도 정의해 놓았다. InputFormat은 파일에서 읽어오는 일에 한정되지 않았다는 점을 유의하자. 하둡은 맵리듀스 잡의 입력으로 파일기반이 아닌 데이터를 사용할 수 있다. 일반적으로 파일이 아닐 때는 관계형 데이터베이스나 HBase에서 읽어온다.

하둡이 제공하는 RecordReader

또한, 하둡은 org.apache.hadoop.mapreduce.lib.input 패키지에 몇 가지 RecordReader 구현도 제공한다.

- LineRecordReader: 텍스트 파일을 처리하기 위한 기본 RecordReader 구현 클래스이다. 줄 번호를 키로, 줄의 내용을 벨류로 처리한다.
- SequenceFileRecordReader: 바이너리 시퀀스파일에서 키/값를 읽어 온다.

0.20 이전 API는 org.apache.hadoop.mapred 패키지에 KeyValueRecordReader 같은 아직 뉴 API로 이식되지 않는 RecordReader 클래스들을 제공한다.

OutputFormat과 RecordWriter

org.apache.hadoop.mapreduce에 있는 OutputFormat과 RecordWriter의 하위 클래스들을 조합해서 잡의 출력을 쓰는 일도 비슷한 패턴으로 하면 된다. 접근 방식은 비슷하기 때문에 자세한 내용을 설명하지는 않겠다. 하지만, OutputFormat 은 출력 관련된 상세 사항을 검증하는 등 복잡한 API가 좀 더 있다.

 잡의 출력 디렉터리가 이미 존재하면 잡이 실패하는 게 바로 이 단계에서 일어나는 일이 다. 이 방식을 바꾸고 싶으면 OutputFormat 클래스를 상속해서 메소드를 오버라이드하면 된다.

하둡이 제공하는 OutputFormat

아래는 org.apache.hadoop.mapreduce.output 패키지에 있는 OutputFormat 구현들이다.

- FileOutputFormat: 모든 파일 기반 OutputFormat의 상위 클래스이다.

- NullOutputFormat: 결과물을 버리고 파일에 아무것도 쓰지 않는 더미 (dummy) 구현이다.

- SequenceFileOutputFormat: 이진 SequenceFile 포맷이다.

- TextOutputFormat: 일반 텍스트 파일을 쓴다.

이 클래스들은 자기의 내부클래스로 RecordWriter를 구현해 놨기 때문에 따로 RecordWriter 구현을 제공되지 않는다는 점에 주의하기 바란다.

시퀀스 파일 잊지 말기

org.apache.hadoop.io 패키지에 있는 SequenceFile 클래스는 맵리듀스 잡의 출력으로 종종 유용하게 쓰이는 효율적인 이진 파일 포맷이다. 특히 맵리듀스 잡의 출력이 다른 맵리듀스 잡의 입력으로 쓰일 경우에 유용하다. 시퀀스 파일은 다음과 같은 몇 가지 장점을 가지고 있다.

- 이진 파일이니까 태생부터 텍스트 파일보다 작다.
- 압축 단위를 선택적으로 지원한다. 각 레코드별로 압축하거나 스플릿별로 압축할 수 있다.
- 파일을 스플릿해서 병렬 처리할 수 있다.

마지막 부분이 가장 중요한 특징이다. 다른 대부분의 이진 포맷 파일은(특히 압축되거나 암호화 되어있을 경우) 스플릿할 수 없고 하나의 스트림으로 순차적으로 읽어서 처리해야 한다 이런 파일을 맵리듀스의 잡으로 쓰면 하나의 매퍼가 전체 파일을 처리해야 하고, 성능에 굉장히 좋지 않은 영향을 줄 수 있다. 이런 상황에서는 스플릿 가능한 SequenceFile 포맷을 쓰거나, 만일 꼭 다른 포맷의 파일을 받아야 하는 상황이면 스플릿할 수 있는 포맷으로 변환하는 전처리 단계를 두면 된다. 변환하는데 드는 시간은 trade-off이다. 하지만 많은 경우(특히 맵 태스크가 복잡할 경우) 절약되는 시간이 훨씬 더 크다.

정리

3장에서 꽤 많은 기본지식을 다루었고 이제 맵리듀스를 좀 더 세부적으로 살펴볼 수 있는 기초를 갖추었다. 특히, 키/값 쌍의 폭넓은 응용 가능성과 맵리듀스 처리에 적합한 데이터 모델이라는 점을 배웠다. 또한 0.20과 그 이후 버전의 자바 API를 가지고 매퍼와 리듀서 구현하는 방법을 배웠다.

그 후에 맵리듀스 잡이 어떻게 동작하는지 보았다. 그리고 map과 reduce 메소드를 강하게 묶어주는 중요한 코오디네이션과 태스크 스케줄링 기능에 대해 보았다.

또한, 특정 맵리듀스 잡이 어떻게 특화된 커스텀 파티셔너나 컴바이너를 필요로 하는가를 보았다.

그리고 하둡이 어떻게 파일시스템에 데이터를 읽고 쓰는지 배웠다. 하둡은 파일을 처리하기 위해 `InputFormat`과 `OutputFormat`이라는 개념을 이용하고 이런 포맷의 파일과 키/값 쌍 상호 변환을 위해 `RecordReader`와 `RecordWriter`라는 개념을 쓴다.

이런 지식을 바탕으로 이제 4장으로 넘어가서 대용량의 데이터 셋을 처리하는 맵리듀스 애플리케이션 개발과 개선에 대해 계속해서 설명하겠다.

4

맵리듀스 프로그램 개발

지금까지 맵리듀스 기술을 알아봤으므로 4장에서 실 데이터와 맵리듀스에서 제공하는 툴을 이용한 맵리듀스 활용법을 알아보자.

4장에서 다루는 내용은 다음과 같다.

- 하둡 스트리밍 소개와 활용

- UFO 목격기록 데이터 셋

- 스트리밍을 개발과 디버깅 툴로 사용하기

- 하나 이상의 매퍼로 잡 구성하기

- 클러스터 내부에서 보조 파일과 데이터를 효율적으로 공유하기

- 디버깅에 사용될 잡과 태스크 상태와 로그 정보 취합하기

4장에선 신규 데이터 셋의 분석을 위한 툴과 방식을 자세히 설명한다. 맵리듀스 프로토타입 구성과 초기 분석을 돕기위해 스크립트 언어를 먼저 살펴보자. 3장에선 자바 API를 사용했는데 갑자기 다른 언어로 전환하는 이유는 갑작스레 발생하는 문제의 다양한 접근 방식을 보여주기 위해서다. 많은 문제 해결의 최적 언어

가 자바인 것처럼 다른 언어가 가장 효과적인 문제도 있다. 언어의 다양성은 맵리듀스 개발자 기술을 고급화시키고 특정 환경에 알맞은 언어를 선택하도록 도와준다.

하둡에서 자바 이외의 언어 활용

위에서 설명한 데로 맵리듀스 프로그램은 꼭 자바로 작성할 필요는 없다. 대부분의 프로그램은 자바로 작성됐지만 다른 언어로 맵과 리듀스 태스크를 작성해야 할 경우도 있다. 이미 작성된 코드나 서드파티 프로그램을 사용하는 경우가 이에 해당한다. 하둡은 자바 외에 몇 가지 개발 환경을 제공하는데 하둡 C++ 인터페이스를 제공하는 하둡 파이프와 표준 입출력 프로그램을 맵과 리듀스 태스크로 사용하는 하둡 스트리밍이 있다. 4장에서는 하둡 스트리밍을 자세히 살펴보겠다.

하둡 스트리밍 작동방식

맵리듀스 자바 API의 맵과 리듀스는 작업을 수행하는 메소드 구현체를 제공한다. 태스크의 입력을 메소드의 매개변수로 받고 타입오류를 방지하는 Context 오브젝트로 결과를 출력하는 인터페이스이며 자바 API에서만 제공한다.

하둡 스트리밍은 다른 방식으로 작동한다. 맵 태스크는 표준 입력으로부터 각 행을 입력받고 결과를 표준 출력으로 출력한다. 마찬가지로 리듀스 태스크도 표준 입출력만을 이용해 데이터를 처리한다.

컴파일된 바이너리와 유닉스 스크립트, 루비와 파이썬 등의 동적 언어 같이 표준 입출력을 사용해 읽고/쓰기가 가능한 모든 프로그램은 스트리밍에 사용할 수 있다.

하둡 스트리밍은 왜 사용하나

스트리밍을 사용하는 가장 큰 이유는 개발자의 다양한 로직을 자바보다 빠르게 시도하고 반복 수행할 수 있기 때문이다. (컴파일)→(JAR 파일 생성)→(잡 요청) 단계를 수행하는 대신 스크립트를 생성하고 스크립트 파일을 스트리밍 JAR 파일의 매개변수로 전달하면 끝이다. 새로운 데이터 셋의 분석작업이나 새로운 로직을 시도할 때 개발시간을 크게 단축할 수 있어서 좋다.

동적과 정적 언어의 논쟁은 빠른 개발속도 이점을 느린 런타임 성능, 타입 검사의 부제 단점과 대조시키는데, 동적 언어의 단점은 하둡 스트리밍에도 적용된다. 그렇기 때문에 초기 분석 단계에 스트리밍을 사용하고 운영 클러스터에 실행될 잡의 구현은 주로 자바를 사용한다.

4장에서는 스트리밍 예제를 루비로 작성했지만 여러분이 익숙한 언어를 사용해도 된다. 유닉스 스크립트나 파이썬 등의 언어에 익숙하면 예제 스크립트를 해당 언어로 변환하는 것도 좋은 실습이 될 수 있다.

실습 예제 | 스트리밍을 이용한 워드카운트 구현

다음 실습을 통해 워드카운트를 스트리밍 맵리듀스로 구현하자.

1. 다음 파일을 wcmapper.rb로 저장한다.

```
#/bin/env ruby
while line = gets
    words = line.split("\t")
    words.each{ |word| puts word.strip+"\t1"}
end
```

2. 저장한 파일에 실행 권한을 준다.

```
$ chmod +x wcmapper.rb
```

3. 다음 파일을 wcreducer.rb로 저장한다.

```
#!/usr/bin/env ruby
current = nil
count = 0
while line = gets
    word, counter = line.split("\t")
    if word == current
```

```
      count = count+1
    else
      puts current+"\t"+count.to_s if current
      current = word
      count = 1
    end
  end
end
puts current+"\t"+count.to_s
```

4. 저장한 파일에 실행 권한을 준다.

```
$ chmod +x wcreducer.rb
```

5. 3장의 데이터파일을 이용해 저장한 스크립트를 스트리밍 잡으로 실행한다.

```
$ hadoop jar hadoop/contrib/streaming/hadoop-streaming-1.0.4.jar
-file wcmapper.rb -mapper wcmapper.rb -file wcreducer.rb
-reducer wcreducer.rb -input test.txt -output output
packageJobJar: [wcmapper.rb, wcreducer.rb, /tmp/hadoop-hadoop/hadoop-
unjar1531650352198893161/] [] /tmp/streamjob937274081293220534.jar
tmpDir=null
12/02/05 12:43:53 INFO mapred.FileInputFormat: Total input paths to
process : 1
12/02/05 12:43:53 INFO streaming.StreamJob: getLocalDirs(): [/var/
hadoop/mapred/local]
12/02/05 12:43:53 INFO streaming.StreamJob: Running job:
job_201202051234_0005
...
12/02/05 12:44:01 INFO streaming.StreamJob: map 100% reduce 0%
12/02/05 12:44:13 INFO streaming.StreamJob: map 100% reduce 100%
12/02/05 12:44:16 INFO streaming.StreamJob: Job complete:
job_201202051234_0005
12/02/05 12:44:16 INFO streaming.StreamJob: Output: wcoutput
```

6. 결과를 확인한다.

```
$ hadoop fs -cat output/part-00000
```

여기서 사용된 루비언어 자체는 중요하지 않다. 즉 자세한 문법은 신경 쓰지 않아도 된다.

가장 먼저 매퍼 스크립트를 생성했다. 생성된 스크립트는 gets 메소드를 이용해 표준입력에서 행을 읽고 단어로 분리한 다음 puts 메소드를 이용해 표준출력에 단어별로 숫자 1과 함께 출력한다. 그다음엔 스크립트 파일에 실행 권한을 부여했다.

리듀서가 복잡한 이유는 다음 부분에 설명된다. 다만 리듀서는 우리가 예상한 대로 표준 입력을 읽고 각 단어의 출현 빈도를 세어 표준 출력에 최종 결과를 출력한다. 다음 작업으로 파일에 실행 권한이 있는지 확인했다.

참고로 매퍼와 리듀서 내부적으로 전 장에서 살펴본 하둡 입출력 포맷을 사용한다. 입력 파일을 읽어 맵 스크립트에 한 줄씩 전달하는 TextInputFormat이다. 반대로 TextOutputFormat은 리듀스 태스크의 출력이 정상으로 텍스트 데이터로 쓰여지는지 확인한다. 하둡 입출력 포맷은 변경 가능하다.

다소 복잡한 명령어를 이용해 하둡에 스트리밍 잡을 실행했다. 잡에서 필요한 파일을 두 번씩 명시한 이유는 각 노드에 없는 파일은 하둡에 의해 패키지로 생성되고 클러스터에 배포되는데 이는 -file 옵션으로 설정해야 한다. 또한 어느 스크립트 파일이 매퍼와 리듀서 역할을 하는지도 명시해야 한다.

마지막으로 잡의 결과를 확인했는데 자바로 작성된 워드카운트의 결과와 같음을 볼 수 있다.

스트리밍 잡의 차이점

스트리밍 워드카운트의 매퍼는 자바보다 훨씬 쉬워 보이지만 리듀서는 더 복잡해 보인다. 왜일까? 스트리밍을 사용할 때는 하둡의 연동방식과 작업방식이 많이 다르다.

자바에서는 각 입력 키/값key/value 쌍이 맵 함수에 전달되고 리듀서에는 각 키와 하나 이상의 벨류 묶음이 전달된다.

스트리밍에는 맵과 리듀스의 명백한 구분이 없고 대신 전달되는 데이터 스트림을 처리하는 스크립트를 작성했는데 반해, 자바에서는 하둡이 벨류를 키별로 묶고 리듀서 호출 시마다 하나의 키와 이에 묶여진 모든 벨류를 전달하는 역할을 했다. 결국 리듀스 태스크는 묶여지지 않은 각 벨류를 전달받으므로 스트리밍 리듀서의 구성이 바뀌어야 한다.

하둡 스트리밍에서도 정렬을 수행한다. 매퍼가 다음 데이터를 출력하면,

```
First 1
Word  1
Word  1
A  1
First 1
```

스트리밍 리듀서는 위의 데이터를 다음 순서로 받는다.

```
A  1
First 1
First 1
Word  1
Word  1
```

하둡 스트리밍에서도 키별로 취합되고 각 키는 하나의 리듀서에만 전달된다. 즉 하나의 리듀서는 하나 이상의 키와 해당 키의 벨류 묶음을 받지만 자바에서처럼 키별로 한번만 호출되지 않는다.

이제 루비 리듀서의 내용이 이해가 될 것이다. 먼저 current 변수(현재 처리중인 단어)에 빈 값을 지정하고 각 행을 읽어들여 키의 단어가 현재 처리중인 단어면 count를 증가시키고 아니면 현재 처리 중인 단어가 더 이상 없으므로 최종 결과를 표준 출력에 전달하고 새 단어의 셈을 시작한다.

지금까지 살펴본 수많은 하둡의 편리 기능에 비하면 스트리밍은 비교적 어려워 보이지만 스트리밍 리듀서를 직접 작성해보면 금방 익숙해질 것이다. 참고로 스트리

밍도 입력 스플릿input split을 각 맵 태스크에, 특정 키의 벨류는 같은 리듀서로 전달 되도록 관리한다. 자바 API처럼 매퍼와 리듀서의 개수는 설정을 통해 변경 가능하다.

대규모 데이터 분석

맵리듀스 잡을 자바와 스트리밍으로 작성할 만반의 준비가 되었다면 이전 실습보다 의미 있는 데이터 셋을 활용해보자. 다음 단락에서 대규모 데이터 셋 분석방법과 대규모 데이터에 담겨있는 다양한 수수께끼의 접근 방법을 설명한다.

UFO 목격 기록 데이터 셋 받기

인터넷에 공유된 60,000건의 UFO 목격 데이터 셋을 사용해보자. 데이터는 InfoChimps(http://www.infochimps.com/datasets/60000-documented-ufo-sightings-with-text-descriptions-and-metada)에서 받을 수 있다.

데이터를 받으려면 무료 InfoChimps 계정부터 생성해야 한다.

받은 데이터는 UFO 목격 건으로 나열되었는데 각 레코드는 다음 필드로 구성된다.

1. Sighting date: UFO 목격 날짜(키 필드)

2. Recorded date: UFO 목격 신고 날짜. 일반적으로 목격 날짜와는 다르다(키 필드).

3. Location: UFO 목격 위치(키 필드)

4. Shape: 다이아몬드와 실린더 모양, 불빛 등의 UFO 외형 설명

5. Duration: UFO 목격이 지속된 시간

6. Description: UFO 목격에 대한 자세한 설명

다운로드된 파일은 다양한 포맷으로 제공되는데, 이 책에서는 .tsv(탭으로 분리된 값) 파일을 사용한다.

UFO 목격 기록 데이터 셋 살펴보기

다운받은 데이터 셋을 처음 접해보면 데이터 구성과 깊이, 품질에 감이 안 잡히겠지만 다음과 같이 데이터 분석에 영향을 줄 질문들을 생각해 볼 수 있다.

- 데이터 셋 크기?
- 각 레코드의 완전성?
- 각 레코드 포맷의 정확성?

첫 번째 질문은 단순히 데이터가 몇 백, 천, 백만 건의 레코드로 구성됐느냐에 대한 질문이다. 두 번째 질문은 각 레코드의 완성도에 대한 질문인데, 레코드가 10개의 필드로 구성되었다면 (정형 및 반정형 데이터인 경우) 몇 개의 레코드가 필수 필드를 모두 포함하는지를 묻는다. 마지막 질문은 두 번째에 이은 질문인데 레코드가 선지정한 포맷에 얼마나 정확히 구성됐는지를 묻는다.

실습 예제 | UFO 데이터 요약

UFO 데이터가 생겼다. 데이터 크기와 미완성 레코드 수를 세는 1차 요약을 실습하자.

1. UFO tsv 파일을 HDFS에 저장하고 다음 파일을 summarymapper.rb로 저장한다.

```ruby
#!/usr/bin/env ruby
while line = gets
    puts "total\t1"
    parts = line.split("\t")
    puts "badline\t1" if parts.size != 6
    puts "sighted\t1" if !parts[0].empty?
    puts "recorded\t1" if !parts[1].empty?
```

```
        puts "location\t1" if !parts[2].empty?
        puts "shape\t1" if !parts[3].empty?
        puts "duration\t1" if !parts[4].empty?
        puts "description\t1" if !parts[5].empty?
    end
```

2. 파일에 실행권한을 주자.

```
$ chmod +x summarymapper.rb
```

3. 스트리밍 잡을 다음과 같이 실행한다.

```
$ hadoop jar hadoop/contrib/streaming/hadoop-streaming-1.0.3.jar
-file summarymapper.rb -mapper summarymapper.rb -file wcreducer.rb
-reducer wcreducer.rb -input ufo.tsv -output ufosummary
```

4. 요약 정보를 확인한다.

```
$ hadoop fs -cat ufosummary/part-0000
```

보충 설명

위에서 설명한 대로 UFO 목격기록 데이터는 여섯 개의 필드로 구성된다.

- UFO 목격 날짜

- UFO 목격 신고 날짜

- UFO 목격 위치

- UFO 외형 설명

- UFO 목격 지속시간

- UFO 목격에 대한 자세한 설명

매퍼는 파일 안의 전체 레코드 수를 세고 미완성 레코드를 찾아낸다.

전체 레코드 수는 파일을 처리하면서 몇 개의 유일한 레코드가 발견 되었는지 기록하고 미완성 레코드는 여섯 개의 필드가 채워지지 않거나 하나의 필드라도 널null 값이면 플래그를 기록하는 방식으로 처리한다.

그러므로 매퍼는 파일을 처리하면서 각 행을 읽고 다음 세 가지 작업을 수행한다.

- 전체 처리 레코드 수에 증가될 토큰(여기서는 숫자 1)을 출력한다.
- 각 레코드를 탭으로 분리하고 여섯 개의 필드가 발견되지 않으면 미완성 레코드 플래그로 기록한다.
- 여섯 개의 필드 중 빈 값이 아닌 필드만 플래그를 기록한다. 즉 데이터가 존재하면 기록하는 방식이지만 데이터 존재 여부만으로 데이터 품질을 평가하긴 이르다.

이 작업을 매퍼에서 수행하는 이유는 맵 결과를 (토큰, 수) 형식으로 출력하고 워드카운트의 리듀서를 그대로 사용하기 위해서다. 물론 더 효율적인 코드가 작성될 수 있지만 크게 중요한 코드는 아니므로 코드 재사용의 원칙을 따라가자.

이 책이 출판될 당시 잡 결과는 다음과 같았다.

```
badline      324
description 61372
duration 58961
location 61377
recorded 61377
shape    58855
sighted     61377
total     61377
```

결과를 보면 61,377개의 레코드가 발견됐다. 모두 목격날짜, 신고날짜, 위치를 포함한다. 대략 58,000~59,000개의 레코드는 외형과 지속시간을 포함하며 대부분의 레코드는 상세설명을 포함한다.

행을 탭 문자로 분리할 때 여섯 개의 필드를 포함하지 않는 324개의 레코드가 발견됐다. 하지만 다섯 개의 레코드만 상세설명 필드를 포함하지 않으므로 에러 레코드는 주로 탭의 수가 부족하기보다 더 많은 경우인 것을 볼 수 있다. 상세설명이 진술자의 자유입력 방식이다 보니 추가적인 탭이 포함될 수 있다. 물론 매퍼를 수정하여 이런 예외 경우도 기록할 수 있지만 지금은 대부분의 레코드가 여섯 개의 필드를 정상 포함한다는 가정하에 추가적인 탭은 무시하자.

UFO 외형 살펴보기

가장 큰 관심을 끄는 필드는 UFO의 외형이다. 데이터의 정보에 따라 다양한 집단
으로 분류한 분석이 가능하기 때문이다.

실습 예제 | UFO 외형 데이터 요약

앞서 수행한 전체 UFO 데이터 요약과 비슷하지만 더 세분화된 UFO 외형 요약정
보를 추출 해보자.

1. 다음 파일을 shapemapper.rb로 저장한다.

```ruby
#!/usr/bin/env ruby
while line = gets
   parts = line.split("\t")
   if parts.size == 6
      shape = parts[3].strip
      puts shape+"\t1" if !shape.empty?
   end
end
```

2. 저장한 파일에 실행권한을 부여한다.

```
$ chmod +x shapemapper.rb
```

3. 이전 실습과 같이 워드카운트의 리듀서를 이용해 잡을 실행한다.

```
$ hadoop jar hadoop/contrib/streaming/hadoop-streaming-1.0.3.jar
--file shapemapper.rb -mapper shapemapper.rb -file wcreducer.rb
-reducer wcreducer.rb -input ufo.tsv -output shapes
```

4. 외형 정보를 확인한다.

```
$ hadoop fs -cat shapes/part-00000
```

방금 수행한 매퍼 코드는 비교적 간단하다. 각 레코드를 필드로 분해하고 여섯 개의 필드가 없으면 제외한다. 외형정보가 존재할 경우엔 플래그를 전달한다.

포맷에 맞지 않은 데이터는 이번 작업에 필요 없으므로 단순 무시해도 되고, 한번의 목격이 모든 UFO의 존재를 증명할 수도 있지만 이번 분석 작업에는 큰 영향이 없다. 다만 특정 분류의 데이터를 제외하기 전에는 해당 레코드의 가치를 따져봐야 한다. 데이터 트렌드 같이 집합 데이터를 분석하는 작업에서 낱개의 레코드는 중요하지 않다. 하지만 개개인의 레코드가 분석결과에 큰 영향을 줄 수 있다면 데이터를 조심스럽게 파싱하고 다루는 것이 좋다. 이러한 상충관계는 6장에서 자세히 다룬다.

이전과 같이 매퍼 파일에 실행권한을 부여하고 잡을 실행하면 29개의 다른 UFO 외형을 확인할 수 있다. 다음은 결과의 일부분이다(공간 활용을 위해 출력 형식을 변경했다).

```
changed     1       changing    1533
chevron     758     cigar       1774
circle      5250    cone        265
crescent    2       cross       177
cylinder    981     delta       8
diamond     909     disk        4798
dome        1  ·    egg         661
fireball    3437    flare       1
flash       988     formation   1775
hexagon     1       light       12140
other       4574    oval        2859
pyramid     1       rectangle   957
round       2       sphere      3614
teardrop    592     triangle    6036
unknown     4459
```

결과에서 볼 수 있듯이 외형의 목격 횟수는 다양하게 분포됐다. 피라미드pyramid 외형은 한번만 목격됐고 불빛light은 전체 외형에서 다섯 번째로 많다. UFO가 주로 밤에 목격되는 경향을 보면 불빛 UFO가 발견된 것은 아무래도 신뢰성이 떨어진다. 불빛을 정체불명unknown 외형에 포함시키면 진술된 58,000개의 외형 중 21,000개는 정확하지 않은 데이터다. 분석 결과에 대한 추가 분석 계획은 없어 이러한 잘못된 데이터가 중요하지는 않지만 주의할 점은 앞으로 여러분이 실 데이터를 분석할 때는 데이터의 가치에 대해서도 생각해야 한다. 앞서 수행한 간단한 요약 작업만으로 데이터 통찰력과 어느 정도의 품질로 분석이 가능한지 배울 수 있었다. 이번 경우에는 61,000건의 목격진술에서 59,000건만 UFO 외형을 명시했고 그 중 21,000개는 정확하지 않은 데이터였다. 결과적으로 61,000건의 목격진술에서 UFO 외형이 포함된 데이터 분석에 유용한 37,000건의 진술만이 존재하는 것을 볼 수 있었다. 결론적으로 분석에 최소 데이터 샘플만 제공되면 이번 실습같이 데이터 요약정보를 보여주는 선 작업을 통해 제공된 데이터가 분석에 적합한지부터 확인해야 한다.

실습 예제 | UFO 목격 지속시간과 외형정보 연관 짓기

이번 실습에서는 조금 더 심화된 UFO 외형 데이터 분석을 해보자. UFO를 목격한 지속시간과 보고된 외형 사이에 연관이 있을까 고민된다. 담배cigar 외형의 UFO가 다른 UFO보다 오래 목격되거나 모든 외형의 UFO가 똑같은 시간 동안 목격됐을 수 있다.

1. 다음 파일을 shapetimemapper.rb로 저장한다.

```ruby
#!/usr/bin/env ruby
pattern = Regexp.new /\d* ?((min)|(sec))/
while line = gets
  parts = line.split("\t")
  if parts.size == 6
    shape = parts[3].strip
    duration = parts[4].strip.downcase
    if !shape.empty? && !duration.empty?
      match = pattern.match(duration)
      time = /\d*/.match(match[0])[0]
      unit = match[1]
```

```
            time = Integer(time)
            time = time * 60 if unit == "min"
            puts shape+"\t"+time.to_s
        end
    end
end
```

2. 저장한 파일에 실행권한을 부여한다.

```
$ chmod +x shapetimemapper.rb
```

3. 다음 파일을 shapetimereducer.rb로 저장한다.

```
#!/usr/bin/env ruby
current = nil
min = 0
max = 0
mean = 0
total = 0
count = 0
while line = gets
    word, time = line.split("\t")
    time = Integer(time)
    if word == current
        count = count+1
        total = total+time
        min = time if time < min
        max = time if time > max
    else
        puts current+"\t"+min.to_s+" "+max.to_s+" "+(total/count).to_s if
        current
        current = word
        count = 1
        total = time
        min = time
        max = time
    end
end
puts current+"\t"+min.to_s+" "+max.to_s+" "+(total/count).to_s
```

4. 저장한 파일에 실행권한을 부여한다.

```
$ chmod +x shapetimereducer.rb
```

5. 잡을 실행한다.

```
$ hadoop jar hadoop/contrib/streaminghHadoop-streaming-1.0.3.jar
-file shapetimemapper.rb -mapper shapetimemapper.rb
-file shapetimereducer.rb -reducer shapetimereducer.rb -input ufo.tsv
-output shapetime
```

6. 결과를 확인한다.

```
$ hadoop fs -cat shapetime/part-00000
```

보충 설명

목격 지속시간을 처리해야 하기 때문에 매퍼가 이전보다 복잡해졌다. 샘플 레코드
를 살펴보면 다음과 같다.

```
15 seconds
2 minutes
2 min
2 minutes
5-10 seconds
```

단일 숫자로 되어있는 목격 지속시간이 있는가 하면 시간 범위 등 일정하지 않은
포맷이나 명칭으로 표기된 레코드도 있다. 문제를 간단히 하기 위해 데이터 포맷
에 제한을 뒀다. 단일 숫자는 받아들이고 그 외의 포맷은 가장 늦은 시간을 받아
들인다. 시간단위로 min과 sec 같은 문자열이 존재한다는 가정하에 정규표현식을
사용해 지속시간을 추출하고 이를 초단위로 변환한다. 참고로 추출과 변환 작업에
맞지 않는 포맷은 제외한다(제외 방법을 남용하진 말자).

리듀서는 앞서 본 예제와 같은 패턴을 가진다. 시작 키부터 모든 벨류를 읽어 들이
고 새로운 키가 전달되면 작업을 반복한다. 다양한 변수를 사용해 각 외형의 최소
와 최대 그리고 평균 지속시간을 구한다.

스트리밍 리듀서는 특정 키와 연관된 연속된 벨류를 처리하고 다음 행에서 키가 바뀔 경우 이전 벨류를 출력으로 전달해야 한다. 자바 리듀서의 코드가 더 간단했던 이유는 메소드를 호출할 때마다 키와 연관된 벨류 묶음이 한번에 전달되기 때문이다.

맵과 리듀서 파일에 실행권한을 부여하고 결과를 받기 위해 잡을 실행하는데 열건 이하로 목격된 외형은 제외했다. 각 외형은 순서대로 최소, 최대, 평균값으로 출력된다. 다음은 출력의 일부분이다(마찬가지로 공간 활용을 위해 출력 형식을 변경했다).

```
changing     0 5400 670      chevron    0  3600 333
cigar        0 5400 370      circle     0  7200 423
cone         0 4500 498      cross      2  3600 460
cylinder     0 5760 380      diamond    0  7800 519
disk         0 5400 449      egg        0  5400 383
fireball     0 5400 236      flash      0  7200 303
formation    0 5400 434      light      0  9000 462
other        0 5400 418      oval       0  5400 405
rectangle    0 4200 352      sphere     0 14400 396
teardrop     0 2700 335      triangle   0 18000 375
unknown      0 6000 470
```

놀랍게도 모든 외형의 평균 목격시간 변동폭이 작다. 대부분이 350에서 430초 사이이다. 가장 짧은 평균 목격시간을 갖는 외형은 불덩이fireball이고 가장 긴 평균 목격시간은 변신물체changing인데 외형의 특성에 따라 적절한 목격시간임을 보여준다. 불덩이는 보통 오래 지속되는 현상이 아니며 변신물체는 변신시간이 있기 때문에 목격시간이 비교적 길다.

스트리밍 스크립트를 하둡 밖에서 사용

방금 전 실습은 심화된 매퍼와 리듀서를 사용해 스트리밍이 어떻게 하둡 맵리듀스 개발에 활용되는지 보는 좋은 예제이다. 실습에서 생성한 스크립트는 하둡 밖에서도 사용 가능하다.

맵리듀스를 개발할 때는 실 데이터의 샘플을 이용해 테스트하는 게 좋다. 하지만 데이터가 HDFS에 존재하고 자바로 맵과 리듀스 태스크를 작성했다면 복잡한 로직을 디버깅하는 게 어려워진다. 맵과 리듀스 태스크가 유닉스 명령어로 표준 입력을 받으면 데이터에 직접 실행되고 중간결과와 최종결과를 바로 받으므로 디버깅 절차를 크게 줄일 수 있다. 참고로 스트리밍 스크립트를 하둡 밖에서도 실행할 수 있음을 기억해두면 언젠가 큰 도움이 될 것이다.

방금 전 실습의 스크립트를 작성하면서 발견한 점은 데이터 파일의 뒷부분 포맷이 앞부분보다 정확하다. 다음 명령을 사용하면 매퍼를 빠르게 테스트할 수 있다.

```
$ tail ufo.tsv | shapetimemapper.rb
```

이 방식을 전체 맵리듀스 흐름에 적용하여 매퍼와 리듀서 스크립트를 사용해 볼 수 있다.

실습 예제 | 커맨드라인 명령어로 외형/목격시간 분석

스크립트를 커맨드라인 명령어로 분석하는 방법이 한번에 손에 안 잡힐 수 있다. 이런 경우 직접 실습을 해보자.

로컬 파일시스템에 UFO 데이터 파일을 저장하고 다음 명령을 실행한다.

```
$ cat ufo.tsv | shapetimemapper.rb | sort | shapetimereducer.rb
```

보충 설명

단일 유닉스 명령어로 이전 실습한 맵리듀스와 같은 결과를 받았다. 명령어를 자세히 분석 해보면 쉽게 이해할 수 있다.

가장 먼저 입력파일이 각 행별로 매퍼에 전달됐다. 매퍼의 출력이 유닉스 명령에 의해 정렬되고 다시 각 행별로 리듀서에 전달됐다.

일반적인 맵리듀스의 간략화 된 작업흐름과 같은데 그러면 유닉스 명령으로도 가능한 작업을 왜 하둡에서 돌려야 하는지가 의문이다. 정답은 물론 데이터의 규모이다. UFO 목격 기록과 같이 71MB 크기의 데이터 파일은 문제가 없지만 이 같은 파일이 하나의 디스크에 몇 천 개 있다고 생각해보자.

데이터 셋의 크기가 71GB 또는 71TB가 될 수 있다. 물론 테라바이트 이상의 데이터는 다중 호스트에 분산하여 병렬처리 결과를 취합하고 데이터 오류 발생시 이를 해결해야 한다. 이것이 바로 하둡의 역할이다.

그렇다고 커맨드라인을 이용한 방식이 배제되면 안 된다. 현업 맵리듀스 개발에서 자주 활용되어야 한다.

자바를 이용한 UFO 외형과 위치분석

자바 맵리듀스 API로 돌아가서 UFO 외형과 위치 데이터를 분석해보자.

코드를 작성하기 전에 필드별로 분석했던 작업을 되새겨보자. 이전 실습한 매퍼는 모두 다음과 같은 공통점이 있었다.

- 이상 레코드 무시
- 정상 레코드에서 원하는 필드 추출
- 추출된 레코드를 원하는 형식으로 출력

자바 매퍼를 작성하여 목격 위치를 분석하고 외형과 목격 지속시간을 분석하는 절차는 비슷한 패턴이다. 이때 생길 수 있는 코드 중복을 피할 수 있을까?

물론이다. `org.apache.hadoop.mapred.lib.ChainMapper`를 이용하면 가능하다. 이 클래스는 하나 이상의 매퍼를 연속으로 실행하고 마지막 매퍼의 결과를 리듀서로 전달한다. 잡을 실행할 때 `ChainMapper`는 단순히 데이터를 정리 또는 청소하는 용도로만 쓰는 것은 아니다. 하나 이상의 맵 태스크 수행 후 리듀서를 수행하는 패턴이 필요한 경우가 종종 있다.

예를 들면 앞으로의 모든 필드 분석 작업에 사용할 수 있는 데이터 검사 매퍼가 있다. 이 매퍼는 잘못된 행은 제외하고 정상 행만 전달하여 개발자가 다음 매퍼에서 비지니스 로직에 집중하게 해준다.

대안으로는 데이터 검사 단계에 사용자 정의 `InputFormat`을 작성하여 불필요한 데이터를 걸러내는 방식이 있다. 둘 중 상황에 맞는 방식을 택하면 된다.

체인의 모든 매퍼는 하나의 JVM에 실행된다. 매퍼의 수가 늘어나 파일시스템 I/O 부하가 발생하는 걱정은 안 해도 된다.

실습 예제 | ChainMapper를 이용해 필드 검사/분석 작업

ChainMapper를 이용해 레코드 검사를 맵리듀스 잡에서 수행하자.

1. 다음 클래스를 UFORecordValidationMapper.java로 저장한다.

```java
import java.io.IOException;
import org.apache.hadoop.io.*;
import org.apache.hadoop.mapred.*;
import org.apache.hadoop.mapred.lib.*;

public class UFORecordValidationMapper extends MapReduceBase
implements
        Mapper<LongWritable, Text, LongWritable, Text> {
    public void map(LongWritable key, Text value,
            OutputCollector<LongWritable, Text> output, Reporter
reporter)
            throws IOException {
        String line = value.toString();
        if (validate(line))
            output.collect(key, value);
    }

    private boolean validate(String str) {
        String[] parts = str.split("\t");
        if (parts.length != 6)
            return false;
        return true;
    }
}
```

2. 다음은 UFOLocation.java로 저장한다.

```java
import java.io.IOException;
import java.util.Iterator;
import java.util.regex.*;
```

```
import org.apache.hadoop.conf.*;
import org.apache.hadoop.fs.Path;
import org.apache.hadoop.io.*;
import org.apache.hadoop.mapred.*;
import org.apache.hadoop.mapred.lib.*;

public class UFOLocation {
    public static class MapClass extends MapReduceBase implements
            Mapper<LongWritable, Text, Text, LongWritable> {
        private final static LongWritable one = new LongWritable(1);
        private static Pattern locationPattern = Pattern.compile("[a-
zA-Z]{2}[^a-zA-Z]*$");

        public void map(LongWritable key, Text value,
                OutputCollector<Text, LongWritable> output, Reporter reporter)
                throws IOException {
            String line = value.toString();
            String[] fields = line.split("\t");
            String location = fields[2].trim();
            if (location.length() >= 2) {
                Matcher matcher = locationPattern.matcher(location);
                if (matcher.find()) {
                    int start = matcher.start();
                    String state = location.substring(start, start + 2);
                    output.collect(new Text(state.toUpperCase()), one);
                }
            }
        }
    }

    public static void main(String[] args) throws Exception {
        Configuration config = new Configuration();
        JobConf conf = new JobConf(config, UFOLocation.class);
        conf.setJobName("UFOLocation");
        conf.setOutputKeyClass(Text.class);
        conf.setOutputValueClass(LongWritable.class);
        JobConf mapconf1 = new JobConf(false);
        ChainMapper.addMapper(conf, UFORecordValidationMapper.class,
LongWritable.class, Text.class, LongWritable.class, Text.class, true,
mapconf1);
```

154

```
        JobConf mapconf2 = new JobConf(false);
        ChainMapper.addMapper(conf, MapClass.class, LongWritable.
class, Text.class, Text.class, LongWritable.class, true, mapconf2);
        conf.setMapperClass(ChainMapper.class);
        conf.setCombinerClass(LongSumReducer.class);
        conf.setReducerClass(LongSumReducer.class);
        FileInputFormat.setInputPaths(conf, args[0]);
        FileOutputFormat.setOutputPath(conf, new Path(args[1]));
        JobClient.runJob(conf);
    }
}
```

3. 두 파일을 컴파일한다.

```
$ javac UFORecordValidationMapper.java UFOLocation.java
```

4. JAR 파일을 생성하고 하둡에 잡 수행을 요청한다.

```
$ Hadoop jar ufo.jar UFOLocation ufo.tsv output
```

5. 잡 결과를 로컬 파일시스템으로 저장하고 확인한다.

```
$ Hadoop fs -get output/part-00000 locations.txt
$ more locations.txt
```

보충 설명

이번 실습엔 많은 내용이 있다. 하나씩 살펴보자.

첫 번째 매퍼는 간단한 데이터 검사 매퍼이다. 표준 맵리듀스 API 인터페이스를 상속받고 map 메소드는 validate 메소드의 결과를 반환한다. 매퍼의 작동방식을 보여주기 위해 별도의 메소드로 분리했지만 map 메소드에서 모든 검사 작업을 수행할 수 있다. 데이터 검사는 이전 방식을 적용하여 탭으로 분리된 필드 수를 확인한 후 여섯 개가 안 되면 제외시킨다.

아쉽게도 ChainMapper 클래스는 최근에서야 하둡 Context Object API로 옮겨진 마지막 컴포넌트 중 하나이며 하둡 1.0 버전에서는 자주 이용되고 유용한 클래스이지만 전 버전의 API를 사용해야 한다. 하둡 2.0부터는 org.apache.hadoop.

mapreduce.lib.chain 패키지로 정식 등록됐다.

다음 파일은 매퍼 구현체를 포함하며 변경된 구동체를 main 메소드 안에 포함했다. 매퍼는 UFO 목격 위치 필드의 마지막 두 자리 문자열을 추출한다. 데이터를 한번 살펴보면 대부분의 위치정보는 (도시, 주) 형태로 되어있고 미국 주명은 두 자리 약자로 구성됐다.

어떤 레코드는 위치필드의 끝에 괄호와 부등호 등의 기호를 포함한다. 또 어떤 레코드는 전혀 다른 포맷으로 구성됐다. 이러한 레코드는 이번 실습에서 제외하고 정상적인 두 자리 주$_{state}$ 약자로 구성된 레코드만 취급한다.

맵 함수는 위치정보를 정규표현식을 이용해 추출하고 주 약자는 대문자로 변경하여 숫자 1과 함께 다음 단계로 전달한다.

잡의 구동체는 이전 설정과 같지만 하나의 맵을 사용하는 대신 ChainMapper를 이용해 다중 매퍼를 구성했다.

일반적으로 각 매퍼마다 별도의 설정 오브젝트를 할당하고 입출력과 잡 설정 오브젝트와 함께 매퍼를 ChainMapper에 추가한다.

두 매퍼의 선언문이 다른것을 볼 수 있다. 둘 다 LongWrtiable 키 타입과 Text 벨류 타입을 입력으로 받지만 UFORecordValidationMapper는 키 타입을 LongWritable으로 벨류 타입을 Text로 출력하는가 반면 UFOLocationMapper는 반대로 키 타입을 Text로 벨류 타입을 LongWritable로 출력한다.

중요한 점은 체인의 마지막 매퍼(UFOLocationMapper)의 출력이 리듀스 클래스(LongSumReducer)의 입력과 부합해야 한다. ChainMapper 클래스를 사용할 때는 다음 해당사항만 만족하면 엮이는 매퍼의 각 입출력 정의가 달라도 된다.

- 마지막 매퍼를 제외한 모든 매퍼의 출력은 다음 매퍼의 입력과 부합해야 한다.
- 마지막 매퍼의 출력은 리듀서의 입력과 같아야 한다.

작성한 클래스를 컴파일하고 하나의 JAR 파일로 묶는다. 이번 예제는 처음으로 하나 이상의 자바 소스파일로 이뤄진 작업 결과를 취합했다. 일반 자바 프로그램을 실행하듯이 JAR 파일과 경로, 클래스 명을 명시하면 된다. 모든 클래스가 하나의 패키지에 포함되므로 구동 클래스에서 import 같은 코드는 신경 쓰지 않아도 된다.

맵리듀스 잡을 실행하고 결과를 확인하자. 결과가 예상과는 많이 다를 것이다.

도전 과제

자바 API와 ChainMapper 예제를 활용하여 루비로 작성한 UFO 외형의 목격 빈도수와 목격 지속시간을 분석하는 매퍼를 다시 구현해보자.

너무 많은 약자

다음은 방금 수행한 실습의 결과 중 첫 부분만 추출한 것이다.

```
AB      286
AD      6
AE      7
AI      6
AK      234
AL      548
AM      22
AN      161
...
```

데이터 파일에는 186개의 두 자리 약자가 포함됐다. 위치 필드에서 마지막 두 글자를 추출하는 방식은 정확하지 않다는 결론이다.

입력 파일을 눈으로 확인해본 결과 다음과 같은 문제가 있었다.

- 주 약자의 대소문자 규칙이 일정하지 않다.
- 상당수의 목격위치가 미국 이외의 지역이고, (도시, 주) 패턴으로 구성되었다 하더라도 미국 50개의 주가 아닌 경우가 있다.
- 정규표현식에서 추출된 위치정보 중 지정한 패턴에 맞지 않은 경우도 있다.

미국 레코드는 정상적인 주 명칭으로, 나머지 국가는 더 큰 범주로 정규화하는 식으로 분류해야 한다.

이 작업을 하기 위해서는 매퍼에 정상적인 미국 주 명칭을 확인하는 로직이 추가되어야 하는데 가장 쉬운 방법으로 매퍼에 '하드코딩' 할 수 있지만 좋은 방법은 아니다. 미국 이외의 지역은 하나의 범주에 포함시키지만 나중에는 각 국가별로 범주를 세분화 할 가능성도 있다. 일반적으로 약자를 소스코드에 직접 입력하게 되면 약자가 변경되거나 추가 될 때마다 매퍼를 다시 컴파일해야 하는 단점이 있다.

분산 캐시 사용

모든 잡의 태스크에서 참고 자료의 공유를 돕기 위해 하둡에서 분산 캐시 기법을 제공한다. 분산 캐시는 맵 또는 리듀스에서 사용하는 읽기전용 공유 파일을 모든 노드에 효율적으로 배포하는 기능이다. 분산되는 파일은 다음 실습처럼 텍스트 파일이나 JAR 파일과 바이너리 파일, 아카이브 파일 등 모든 형식의 파일이 가능하다.

분산되는 파일은 일단 HDFS에 저장되어야 하고 잡 구동체에서 DistributedCache에 추가해야 한다. 하둡이 잡 시작 전에 파일을 각 노드의 로컬 파일시스템에 배포하여 모든 태스크가 배포된 파일에 접근 가능하게 한다.

다른 방법은 배포하고자 하는 파일을 잡 JAR 파일에 포함하는 것인데 이 방식은 데이터를 JAR 파일에 존속시켜 다른 잡과 공유가 어려워지고 데이터 변경 시 JAR 파일을 다시 생성해야 하는 부담감이 있다.

실습 예제 | 분산캐시를 이용해 UFO 목격 위치 결과 개선

이번에는 분산캐시를 이용해 미국 주 명과 약자가 포함된 목록을 클러스터에 배포하고 공유하자.

1. 로컬 파일시스템에 states.txt 데이터 파일을 생성한다. 파일의 내용은 다음과 같이 주 약자와 정확한 명칭이 탭으로 구분되어 각 행에 적혀야 한다. 해당 파일은 이 책의 홈페이지에서 받을 수 있다.

```
AL Alabama
AK Alaska
AZ Arizona
AR Arkansas
CA California
...
```

2. 파일을 HDFS로 저장한다.

```
$ hadoop fs -put states.txt states.txt
```

3. 전 실습의 UFOLocation.java파일을 UFOLocation2.java로 복사하고 복사된 파일의 앞부분에 다음 임포트 코드를 추가한다.

```
import java.io.*;
import java.net.*;
import java.util.*;
import org.apache.hadoop.fs.Path;
import org.apache.hadoop.filecache.DistributedCache;
```

4. 다음 코드를 구동체의 main 메소드 중 잡 이름이 명시된 행 다음에 추가한다.

```
DistributedCache.addCacheFile(new URI ("/user/hadoop/states.txt"),
conf);
```

5. 맵 클래스를 다음과 같이 변경한다.

```
public static class MapClass extends MapReduceBase implements
        Mapper<LongWritable, Text, Text, LongWritable> {
    private final static LongWritable one = new LongWritable(1);
    private static Pattern locationPattern = Pattern.compile("[a-
zA-Z]{2}[^a-zA-Z]*$");
    private Map<String, String> stateNames;

    @Override
    public void configure(JobConf job) {
        try {
            Path[] cacheFiles = DistributedCache.
getLocalCacheFiles(job);
            setupStateMap(cacheFiles[0].toString());
```

```java
        } catch (IOException e) {
            System.err.println("Error reading state file.");
            System.exit(1);
        }
    }

    private void setupStateMap(String filename) throws IOException {
        Map<String, String> states = new HashMap<String, String>();
        BufferedReader reader = new BufferedReader(new
FileReader(filename));
        String line = reader.readLine();
        while (line != null) {
            String[] split = line.split("\t");
            states.put(split[0], split[1]);
            line = reader.readLine();
        }
        stateNames = states;
    }

    public void map(LongWritable key, Text value,
            OutputCollector<Text, LongWritable> output, Reporter
reporter)
            throws IOException {
        String line = value.toString();
        String[] fields = line.split("\t");
        String location = fields[2].trim();
        if (location.length() >= 2) {
            Matcher matcher = locationPattern.matcher(location);
            if (matcher.find()) {
                int start = matcher.start();
                String state = location.substring(start, start + 2);
                output.collect(new Text(lookupState(state.
toUpperCase())), one);
            }
        }
    }

    private String lookupState(String state) {
```

```
            String fullName = stateNames.get(state);
            return fullName == null ? "Other" : fullName;
        }
    }
```

6. 모든 클래스를 컴파일하고 하둡에 잡 수행을 요청한다. 잡이 끝나면 결과를
확인한다.

보충 설명

가장 먼저 잡에서 사용 할 참고파일을 생성하고 HDFS에 저장하였다. 분산캐시에
추가될 파일은 HDFS 파일시스템에 미리 저장되어야 한다.

잡 파일이 생성되고 필요한 클래스의 임포트 코드를 추가했다. 그다음엔 구동 클
래스를 수정하여 각 노드에 배포할 파일을 DistributedCache에 추가했다. 추가
될 파일의 이름은 여러 방식으로 명시할 수 있는데 보통 파일의 HDFS 절대 경로
로 명시한다.

매퍼 클래스에 많은 변화가 있었다. 상위클래스에서 상속받는 configure 메소드를
재정의 했는데 맵 자료형 객체를 미국 주 약자와 명칭으로 초기화시키는 데 사용
했다.

configure 메소드는 태스크가 시작될 때 호출되며 상위 클래스의 구현체는 비어
있다. 재정의된 configure 메소드는 분산 캐시에 추가된 파일 목록을 받는다. 분산
캐시에 하나의 파일만 추가했기 때문에 배열의 첫 번째 항목(파일 경로)을 선택하
여 setupStateMap 메소드에 전달한다. setupStateMap 메소드는 파일을 파싱하
고 파일 내용을 주 약자를 보관하는 맵 자료구조에 채워놓는 메소드다. 참고로 분
산 캐시로부터 파일 경로를 받으면 로컬 파일시스템의 파일처럼 자바 표준 입출력
클래스를 사용해 접근할 수 있다.

마지막으로 위치 필드에서 추출한 약자를 받아 주의 완전명칭을 반환하거나 약자
가 검색되지 않으면 Other 문자열을 반환하는 lookupState 메소드를 추가했다.

잡의 결과는 다음과 비슷할 것이다.

```
Alabama      548
Alaska       234
Arizona         2097
Arkansas     534
California      7679
...
Other        4531
...
...
```

결과가 그럴듯하게 보이지만 한 가지 잊은 게 있다. 데이터 검사 매퍼에서 여섯 개의 필드가 없는 레코드는 제외했다. 제외된 각 레코드의 내용은 상관없지만 제외된 레코드 수가 너무 많으면 문제가 된다. 현재로서는 전체 목격 건수에서 미국 주 정보가 포함된 레코드 수를 빼면 위치 필드에 의해 제외된 레코드 수 정보를 얻을 수 있다. 나머지 정보도 같은 방식으로 함께 리듀서에 사전 정의된 키로 전달하여 취합할 수 있지만 더 괜찮은 방법이 있다.

카운터와 상태정보, 그 외 출력

맵리듀스 잡의 마지막에 다음과 같은 카운터 등의 출력을 볼 수 있다.

```
12/02/12 06:28:51 INFO mapred.JobClient: Counters: 22
12/02/12 06:28:51 INFO mapred.JobClient: Job Counters
12/02/12 06:28:51 INFO mapred.JobClient: Launched reduce tasks=1
12/02/12 06:28:51 INFO mapred.JobClient: Launched map tasks=18
12/02/12 06:28:51 INFO mapred.JobClient: Data-local map tasks=18
12/02/12 06:28:51 INFO mapred.JobClient: SkippingTaskCounters
12/02/12 06:28:51 INFO mapred.JobClient: MapProcessedRecords=61393
...
```

모든 태스크에서 사용자가 원하는 정보를 취합하여 마지막 맵리듀스 결과와 웹 인터페이스에 출력하는 사용자 정의 카운터를 생성할 수 있다.

UFORecordValidationMapper를 수정하여 제외된 레코드 통계 정보를 받고 잡의 정보를 받는 방식을 살펴보자.

1. 다음을 UFOCountingRecordValidationMapper.java로 저장한다.

```java
import java.io.IOException;
import org.apache.hadoop.io.*;
import org.apache.hadoop.mapred.*;
import org.apache.hadoop.mapred.lib.*;

public class UFOCountingRecordValidationMapper extends MapReduceBase
implements
      Mapper<LongWritable, Text, LongWritable, Text> {
   public enum LineCounters {
      BAD_LINES, TOO_MANY_TABS, TOO_FEW_TABS
   };

   public void map(LongWritable key, Text value,
         OutputCollector<LongWritable, Text> output, Reporter reporter)
         throws IOException {
      String line = value.toString();
      if (validate(line, reporter))
         output.collect(key, value);
   }

   private boolean validate(String str, Reporter reporter) {
      String[] parts = str.split("\t");
      if (parts.length != 6) {
         if (parts.length < 6) {
            reporter.incrCounter(LineCounters.TOO_FEW_TABS, 1);
         } else {
            reporter.incrCounter(LineCounters.TOO_MANY_TABS, 1);
         }
         reporter.incrCounter(LineCounters.BAD_LINES, 1);
         if ((reporter.getCounter(LineCounters.BAD_LINES).
getCounter() % 10) == 0) {
```

```
                reporter.setStatus("Got 10 bad lines.");
                System.err.println("Read another 10 bad lines.");
            }
            return false;
        }
        return true;
    }
}
```

2. UFOLocation2.java를 UFOLocation3.java로 복사하고 UFORecordValidationMapper 대신 위에서 생성한 매퍼를 사용하도록 구동 메소드를 수정한다.

```
...
JobConf mapconf1 = new JobConf(false);
ChainMapper.addMapper(conf, UFOCountingRecordValidationMapper.class,
LongWritable.class, Text.class, LongWritable.class, Text.class, true,
mapconf1);
```

3. 모든 파일을 컴파일하고 JAR 파일 생성 후 하둡에 잡 수행 요청을 한다.

```
...
12/02/12 06:28:51 INFO mapred.JobClient: Counters: 22
12/02/12 06:28:51 INFO mapred.JobClient: UFOCountingRecordValidation
Mapper$LineCounters
12/02/12 06:28:51 INFO mapred.JobClient: TOO_MANY_TABS=324
12/02/12 06:28:51 INFO mapred.JobClient: BAD_LINES=326
12/02/12 06:28:51 INFO mapred.JobClient: TOO_FEW_TABS=2
12/02/12 06:28:51 INFO mapred.JobClient: Job Counters
```

4. 웹 브라우저를 사용해 맵리듀스 사용자 인터페이스(기본 설정은 50030 포트)에 접속한다. 화면의 Completed Jobs 목록 하단에 위치한 잡을 선택하면 다음과 같은 화면을 볼 수 있다.

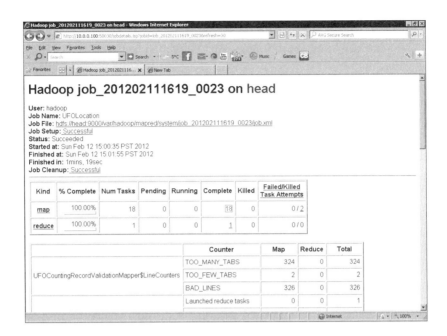

5. 맵 테스크 링크 중 하나를 클릭하면 다음과 같은 개요화면을 볼 수 있다.

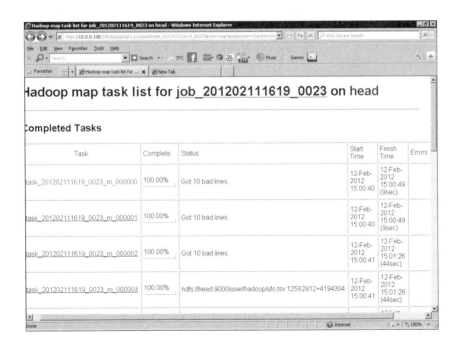

6. 예제에서 설정한 사용자 정의 상태 메시지가 적혀 있는 태스크 중 하나의 카운터 링크를 클릭한다. 다음 화면을 볼 수 있다.

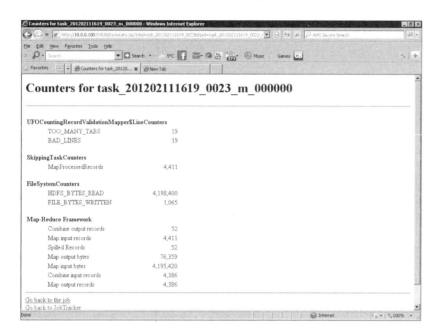

7. 태스크 목록으로 돌아가 태스크 아이디를 클릭하면 다음 화면을 볼 수 있다.

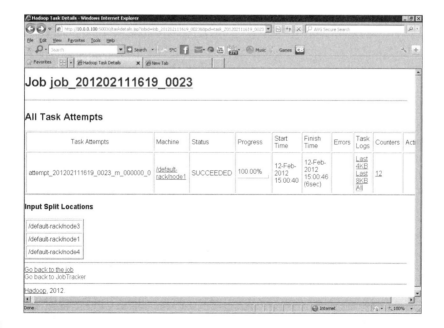

8. Task Logs 열에서 로그 데이터의 크기를 선택할 수 있다. All을 클릭하면 다음 화면을 볼 수 있다.

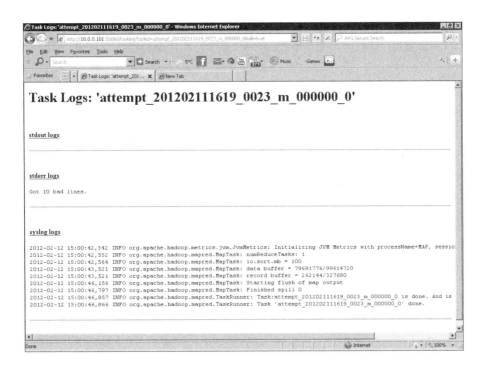

9. 태스크 노드 중 하나를 택하여 SSH로 접속하고 hadoop/logs/userlogs 경로 아래의 파일을 확인한다. 각 태스크 시도별 디렉터리에 다양한 파일들이 있는데 그 중 stderr 파일을 살펴보자.

보충 설명

새로운 카운터를 추가하기 위해서는 자바 열거형enumeration을 생성해야 한다. 이번 실습에서는 LineCounters로 명명한 하둡 카운터 그룹을 생성했고, 내부적으로 잘못된 행 카운터와 여섯 개의 필드보다 많은 행 카운터와 적은 행 카운터 즉 총 세 개의 카운터를 생성했다. 이제 자바 열거형을 정의하고 카운터 정보를 채워주기만 하면 하둡 프레임워크에서 자동으로 인식한다.

카운터 값을 증가시키기 위해서는 Reporter 오브젝트를 이용하면 된다. 잘못된 행을 발견하거나, 여섯 개 필드보다 많거나 적은 행을 발견할 때마다 각 카운터를 증가시키면 된다.

태스크의 BAD_LINE 카운터가 십의 배수면 다음 작업을 수행한다.

- 태스크 상태에 해당 메시지를 입력한다.
- 자바 System.err.println을 이용해 표준에러에 해당 메시지를 출력한다.

맵리듀스 사용자 인터페이스에 접속하여 잡 개요 화면에서 카운터 정보와 태스크 목록에서 태스크의 사용자 정의 상태 메시지가 출력 됐는지 확인할 수 있다.

잡의 카운터를 살펴보고 태스크 상세정보 페이지에서 태스크의 로그파일 링크를 클릭하였다.

그다음엔 노드 중 하나를 선택하여 접속하고 하둡이 각 태스크의 로그를 로컬 파일시스템의 {HADOOP_HOME}/logs/userlogs 디렉터리에 보관하는 것을 확인했다. 각 태스크 시도 디렉터리의 하위 디렉터리에는 일반 태스크 로그와 표준 입/출력/에러 로그가 존재한다. 작업이 많은 노드는 그만큼 태스크 로그 디렉터리 수가 많아지는데 그렇게 되면 사용자가 원하는 디렉터리를 찾기 어려워진다. 이런 경우엔 웹 인터페이스가 더 편하다.

 최신 하둡 API를 사용하는 경우 카운터는 Context.getCounter().increment() 메소드를 통해 사용 가능하다.

정보의 홍수!

잡의 상태와 그 외 정보를 어떻게 받을지 생각하지 않았다면 너무 많은 옵션에 혼란스러울 것이다. 완전 분산 클러스터에서 데이터가 모든 노드에 분산되는 것은 어쩔 수 없는 일이다. 자바에서는 루비 스트리밍 태스크처럼 유닉스 명령으로 쉽게 테스트할 수 없기 때문에 실행시간에 어떤 정보가 필요할지 미리 예상해야 한다. 잡 수행 중 발생하는 일반적인 통계 정보일 수도 있고 문제해결에 도움이 되는 정보일 수도 있다.

카운터와 태스크 상태 메시지, 예전 방식의 자바 로깅을 혼용해서 사용할 수 있다. 특정 상황이 중요하게 여겨지면 정보를 카운터에 기록하고 태스크의 상태정보에 반영한다. 특정 데이터일 경우 표준 출력에 기록한다. 카운터는 한눈에 들어오기 때문에 특정 상황이 발생하면 잡 수행완료 후 쉽게 발견할 수 있다. 이제 웹 인터페이스에서 해당 상황과 관련된 모든 태스크를 확인할 수 있다. 물론 태스크의 상세 로그도 확인할 수 있다.

참고로 잡이 완료될 때까지 기다릴 필요는 없다. 카운터와 태스크 상태 메시지는 잡이 수행하면서 웹 인터페이스에 반영된다. 이때부터 상황 파악을 할 수 있는데 특히 작업시간이 긴 잡 수행에 에러가 발생할 경우 편리하다.

정리

4장에서는 맵리듀스 잡 개발을 배우고 흔히 볼 수 있는 문제 해결방법을 살펴봤다. 하둡 스트리밍이 어떻게 스크립트 언어를 활용하여 맵과 리듀스 태스크를 수행하는 지와 스트리밍이 잡의 원형과 초기 데이터 분석에 어떻게 도움이 되는지 살펴봤다.

태스크를 스크립트 언어를 사용해 작성시 유닉스 명령을 이용해 직접 테스트와 디버깅이 가능한 장점을 알아봤다. 자바 API의 ChainMapper를 이용해 효율적으로 복잡한 맵 태스크를 연속된 작은 매퍼로 분리하여 작업하는 방법을 알아봤다.

분산 캐시를 이용해 모든 노드에 효율적으로 데이터를 공유하는 방법을 살펴봤다. 분산 캐시는 HDFS의 파일을 각 노드의 로컬 파일시스템에 복사하고 데이터의 로컬 접근을 가능하게 한다. 자바 열거형을 정의하여 카운터 그룹의 카운터를 추가하는 방법과 카운터와 태스크 상태 메시지, 디버그 로그를 혼용하여 잡 흐름을 효과적으로 분석하는 방법을 살펴봤다.

4장에서 설명한 기술과 방안들이 여러분의 맵리듀스 개발에 자주 사용되길 바란다. 5장에서는 자주 보는 기술은 아니지만 특수 상황에서 요긴하게 사용되는 다양한 고급 맵리듀스 기술을 살펴보겠다.

5

고급 맵리듀스 기술

여기까지는 맵리듀스의 기본적인 내용과 사용에 대해서 알아보았고, 이제 맵리듀스와 관련된 기술과 개념을 좀 더 공부할 때가 되었다.

5장에서 다루는 내용은 다음과 같다.

- 데이터 조인
- 맵리듀스로 그래프 알고리즘 구현
- 프로그래밍 언어에 종속적이지 않은 방법으로 복잡한 데이터 타입 표현

이런 내용을 다루면서, 몇 가지 사례 연구를 예제로 해서 팁과 기술 같은 측면을 조명하고 좋은 관행들을 찾아 보겠다.

쉬운, 고급, 그리고 그 사이

복잡도라는 개념은 주관적이기 때문에 장의 제목에 '고급'이라는 단어를 포함하는 일은 사실 좀 위험하다. 그러니까 5장에서 다룰 내용을 여기서 명확하게 짚고

넘어가자. 우리가 설명할 내용이 몇 년 걸려야 얻을 수 있는 지혜의 정수라거나 하지는 않다. 반대로, 5장에서 다루는 기술과 문제들의 수준이 하둡 세계 입문자가 마주칠만한 만만한 내용이라고 말할 수도 없다. 따라서, 5장에서 목표로 하는 '고급'이라는 용어를 하둡 입문자 들이 만날 일이 없거나, 만나더라도 꼭 이해해야 할 필요는 없는 내용이라는 의미로 사용하겠다. 이 기술들은 특정한 문제를 해결하기 위한 해법이기도 하지만, 맵리듀스 처리모델에 적합해 보이지 않는 문제들을 표준 하둡과 API를 써서 풀어나가는 일반화된 방법을 보여주기도 한다. 설명하면서, 여기서 구현하지는 않지만 이후의 공부에 도움이 될만한 다른 접근 방법들을 짚고 넘어갈 예정이다. 첫 번째 사례연구는 후자의 매우 흔한 예인 맵리듀스로 하는 조인 형태의 연산이다.

조인

하나의 데이터 셋만 사용하는 문제는 거의 없다. 실제로는 서로 떨어져 있으면서 논리적으로 연관된 데이터를 맵리듀스 프레임워크에서 처리하는 일이 많다. 예를 들면 관계형 데이터 베이스의 조인Join 같은 개념이 있다. 데이터를 수많은 테이블로 쪼개 넣고 SQL로 여러 테이블들을 조인해서 데이터를 조회하는 작업은 매우 흔한 일이다. 메인 테이블은 특정 팩트facts에 대한 ID 번호만 저장하고, 다른 테이블들과 조인해서 이 고유한 ID와 연관된 정보들을 가져와 원하는 데이터를 얻어내는 작업이 전형적인 예이다.

조인이 부적절 할 때

맵리듀스로 조인을 구현할 수 있다. 뒤에서 알게 되겠지만, 사실 가능한가 아닌가의 문제라기보다는 여러 가지 가능한 전략들 중 어느 방법을 선택하는가의 문제에 가깝다. 그렇지만, 맵리듀스 조인은 구현하기 어렵고 구현하더라도 비효율적이기 십상이다. 하둡을 쓰다 보면 언젠가는 조인을 해야 할 상황을 만난다. 그러나 만약 맵리듀스 조인이 너무 자주 필요하면 한번 스스로 데이터 자체가 처음 생각보다 더 구조화되어 있고 관계형relational 성질을 띄지는 않는지 자문해 봐야 한다. 그런 경우엔 아파치 하이브(8장의 주제)나 아파치 피그(8장에서 간단히 언급하는)를 한번 고려해보라. 두 프로젝트는 하둡 위에 고급 언어로 데이터 처리 연산을 표현할 수 있는 계층을 제공한다. 하이브Hive의 경우에는 변형된 SQL을 쓸 수 있다.

맵 사이드와 리듀스 사이드 조인의 비교

위에서 말한 내용은 잠시 잊어버리고 본론으로 돌아가자. 하둡으로 데이터를 조인하는 방법에는 두 가지가 있는데, 이 방법의 이름은 조인 잡을 어디서 실행하느냐에 따라서 지어졌다. 두 방법 모두 다중 데이터 스트림에서 데이터를 가져와 자신의 로직으로 조인을 수행해야 한다. 두 방법의 기본적인 차이는 다중 데이터 스트림을 매퍼 함수에서 합치느냐 리듀서 함수에서 합치느냐이다. 이름에서 알 수 있듯이 맵 사이드 조인은 매퍼에서 데이터 스트림을 읽고 매퍼 함수 안에서 조인을 수행한다.

맵 사이드 조인의 가장 큰 장점은 매퍼 안에서 조인을 수행함으로써(그리고 더욱 중요하게는 데이터 용량을 줄여서), 리듀스 단계로 전송할 데이터의 양을 대폭으로 최소화 한다는 점이다. 맵 사이드 조인의 가장 큰 단점은 데이터 소스 중 하나가 굉장히 작은 경우이거나 또는 한정된 요건에 맞게 정의한 입력 데이터만 사용할 수 있다는 점이다. 오로지 맵 사이드 조인을 수행하기 위한 데이터를 만들기 위해서 또 다른 맵리듀스 잡을 돌려야만 할 때가 종종 있다.

반면에, 리듀스 사이드 조인은 맵 단계에 조인 로직이 없고 리듀스 단계에서 조인을 수행한다. 이 접근 방식의 잠재적인 단점은 모든 데이터를 셔플 단계를 거쳐 리듀서들로 전달하고, 그 중 대부분은 조인 연산 시 버릴 수도 있다는 사실이다. 이 점은 대용량 데이터 셋을 처리할 때 꽤 심각한 오버헤드를 초래한다.

리듀스 사이드 조인의 주 장점은 단순함이다. 잡의 구성에 관련된 많은 부분은 당신에게 달려있고, 관계형 데이터를 작업할 때 리듀스 사이드 조인으로 구성해야 하는 경우가 자주 있다. 예를 들어보자.

계정 정보와 판매 정보 매칭시키기

많은 회사들이 흔히 클라이언트 데이터와 판매 기록을 따로 저장한다. 물론 두 데이터 사이에는 연관 관계가 있다. 판매 기록은 대부분 구매자 계정의 ID를 포함한다.

하둡의 관점에서는 이 상황을 두 가지 형태의 데이터 파일들로 표현 가능하다. 한 파일에는 각 사용자 ID와 판매 정보를 저장하고, 다른 파일에는 각 사용자 계정의 모든 데이터를 저장한다.

두 소스 모두에서 가져온 데이터를 사용한 리포트가 필요한 일이 자주 있다. 예를 들어, 각 사용자별로 총 구매정보를 가져오되 각 사용자의 ID 번호가 아니라 이름 별로 연관된 정보를 알고 싶은 경우이다. 이 리포트는 고객 서비스 부서에서 자주 구매한 고객에게 전화를 하려는데(판매 기록에서 가져 온 데이터), ID 번호가 아닌 사람 이름을 알고 싶은 경우에 유용하게 쓸 수 있다.

실습 예제 | MultipleInputs를 이용한 리듀스 사이드 조인

앞 절에서 설명한 작업을 아래 단계에 따라 리듀스 사이드 조인으로 수행할 수 있다.

1. 탭을 구분자로 해서sales.txt 파일을 만든다.

```
00135.99   2012-03-15
00212.49   2004-07-02
00413.42   2005-12-20
003499.99  2010-12-20
00178.95   2012-04-02
00221.99   2006-11-30
00293.45   2008-09-10
0019.99    2012-05-17
```

2. 탭을 구분자로 해서 accounts.txt 파일을 만든다.

```
001John Allen   Standard 2012-03-15
002Abigail   Smith Premium   2004-07-13
003April Stevens   Standard 2010-12-20
004     Nasser Hafez Premium   2001-04-23
```

3. HDFS로 파일들을 복사한다.

```
$ hadoop fs -mkdir sales
$ hadoop fs -put sales.txt sales/sales.txt
$ hadoop fs -mkdir accounts
$ hadoop fs -put accounts/accounts.txt
```

4. ReduceJoin.java 파일을 작성한다.

```java
import java.io.IOException;

import org.apache.hadoop.conf.Configuration;
import org.apache.hadoop.fs.Path;
import org.apache.hadoop.io.Text;
import org.apache.hadoop.mapreduce.Job;
import org.apache.hadoop.mapreduce.Mapper;
import org.apache.hadoop.mapreduce.Reducer;
import org.apache.hadoop.mapreduce.lib.input.*;
import org.apache.hadoop.mapreduce.lib.output.*

public class ReduceJoin
{
   public static class SalesRecordMapper
      extends Mapper<Object, Text, Text, Text>
   {
      public void map(Object key, Text value, Context context)
            throws IOException, InterruptedException
      {
         String record = value.toString() ;
         String[] parts = record.split("\t") ;

         context.write(new Text(parts[0]), new
               Text("sales\t"+parts[1])) ;
      }
   }

   public static class AccountRecordMapper
      extends Mapper<Object, Text, Text, Text>
   {
      public void map(Object key, Text value, Context context)
            throws IOException, InterruptedException
```

```
        {
            String record = value.toString() ;
            String[] parts = record.split("\t") ;

            context.write(new Text(parts[0]), new
                    Text("accounts\t"+parts[1])) ;
        }
    }

    public static class ReduceJoinReducer
        extends Reducer<Text, Text, Text, Text>
    {
        public void reduce(Text key, Iterable<Text> values,
                Context context)
                        throws IOException, InterruptedException
        {
            String name = "" ;
            double total = 0.0 ;
            int count = 0 ;

            for(Text t: values)
            {
                String parts[] = t.toString().split("\t") ;

                if (parts[0].equals("sales"))
                {
                    count++ ;
                    total+= Float.parseFloat(parts[1]) ;
                }
                else if (parts[0].equals("accounts"))
                {
                    name = parts[1] ;
                }
            }

            String str = String.format("%d\t%f", count, total) ;
            context.write(new Text(name), new Text(str)) ;
        }
    }
```

```
public static void main(String[] args) throws Exception
{
    Configuration conf = new Configuration();

    Job job = new Job(conf, "Reduce-side join");
    job.setJarByClass(ReduceJoin.class);
    job.setReducerClass(ReduceJoinReducer.class);
    job.setOutputKeyClass(Text.class);
    job.setOutputValueClass(Text.class);
    MultipleInputs.addInputPath(job, new Path(args[0]),
            TextInputFormat.class, SalesRecordMapper.class) ;
    MultipleInputs.addInputPath(job, new Path(args[1]),
            TextInputFormat.class, AccountRecordMapper.class) ;
    Path outputPath = new Path(args[2]);
    FileOutputFormat.setOutputPath(job, outputPath);
    outputPath.getFileSystem(conf).delete(outputPath);
    System.exit(job.waitForCompletion(true) ? 0 : 1);
}
}
```

5. 컴파일하고 JAR 파일로 묶자.

```
$ javac ReduceJoin.java
$ jar -cvf join.jar *.class
```

6. 잡을 실행하자.

```
$ hadoop jar join.jar ReduceJoin sales/sales.txt accounts/
accounts,txt outputs
```

7. 결과 파일을 확인하자.

```
$ hadoop fs -cat outputs/part-r-00000

John Allen 3 124.929998
Abigail Smith 3 127.929996
April Stevens 1 499.989990
Nasser Hafez 1 13.420000
```

우선, 예제에서 사용할 데이터 파일들을 만들었다. 편하게 결과물을 검토하기 위해서 작은 데이터 셋 두 개를 사용했다. 첫 데이터 셋은 다음과 같은 4개의 칼럼으로 정의한 계정 상세정보를 저장한다.

- 계정 ID

- 고객 이름

- 계정 유형

- 계정 생성 날짜

그리고 다음과 같은 세 개의 칼럼으로 된 판매 기록을 만들었다.

- 구매자의 계정 ID

- 가격

- 판매 날짜

실제 업무에서는 당연히 계정과 판매 기록에 여기서 이야기한 내용 보다 훨씬 많은 필드가 있을 거다. 이 파일들을 만들고 나서 HDFS에 넣었다. 그리고 앞서 본 맵리듀스 잡들과 꽤 흡사한 ReduceJoin.java 파일을 만들었다. 이 잡에는 조인 구현을 위한 특별한 점이 몇 가지 있다. 첫 번째로, 이 클래스는 두 개의 매퍼를 정의한다. 앞에서 잡이 여러 개의 매퍼를 연쇄적으로 실행할 수 있다는 사실은 보았다. 그러나 이 경우에는 각각 다른 입력 위치마다 다른 매퍼들을 실행시켜야 했다. SalesRecordMapper 클래스는 판매 데이터를 쓰고, AccountRecordMapper 클래스는 계정 정보 데이터를 쓴다. 이를 위해 아래와 같이 org.apache.hadoop. mapreduce.lib.io 패키지에 있는 MultipleInputs 클래스를 사용했다.

```
MultipleInputs.addInputPath(job, new Path(args[0]),
TextInputFormat.class, SalesRecordMapper.class) ;
MultipleInputs.addInputPath(job, new Path(args[1]),
TextInputFormat.class, AccountRecordMapper.class) ;
```

보다시피 하나의 입력만 사용한 앞에서의 예제들과는 다르게, MultipleInputs 클래스는 각 매퍼마다 다른 포맷의 입력을 쓸 수 있다.

각 매퍼들은 비교적 이해하기 쉽다. SalesRecordMapper 클래스는 〈계정 번호〉,〈판매 가격〉 형태의 결과물을 출력하고, AccountRecordMapper 클래스는 〈계정 번호〉,〈고객 이름〉 형태의 결과물을 출력한다.

이렇게 각 판매 건수마다 판매 가격과 고객의 이름을 실제로 조인이 수행될 리듀서에게 전달한다. 매퍼들이 실제로 필요한 출력 값에 무엇인가를 더 붙여서 출력하는 부분을 눈여겨보자. SalesRecordMapper 클래스는 결과물 값에 sales라는 접두사를 붙이는 반면 AccountRecordMapper 클래스는 account라는 태그를 붙인다. 리듀서를 보면 그 이유를 알 수 있다.

리듀서는 주어진 키별로 레코드를 얻어온다. 그런데 명시적인 태그 없이는 이 값이 sales 매퍼에서 왔는지 아니면 account 매퍼에서 왔는지 알 방법이 없고, 그래서 이 데이터를 어떻게 처리해야 할지 알 수 없다.

그래서 ReduceJoinReducer 클래스는 Iterator 객체 안의 값이 어느 매퍼에서 왔는지에 따라서 다른 방식으로 처리한다. AccountRecordMapper 클래스에서 온 벨류(벨류는 오직 하나만 존재해야 한다)벨류는 최종 결과물에서 고객의 이름을 알아내기 위해 쓴다. 각 판매 레코드(각 고객은 하나 이상의 품목을 구입할 수 있기 때문에 값이 여러 개 일 수 있다)별로 총 레코드의 개수가 총 주문의 개수가 된다. 따라서 리듀서의 결과물은 계정 주인의 이름을 키로 하고 주문의 개수와 가격 합계를 값으로 한다.

컴파일하고 클래스를 실행시킬 때 두 개의 입력 디렉터리와 하나의 출력 디렉터리 이렇게 세 개의 매개변수를 어떻게 전달했는지 주의해서 보기 바란다. MultipleInputs 클래스의 설정에 따라서 디렉터리를 명시할 때 반드시 제대로 된 순서로 전달해야 한다. 어떤 타입의 파일이 어느 위치에 있는지 동적으로 판단하는 메커니즘은 없다.

실행한 후에 출력 파일이 예상한 대로 고객의 이름과 총 합계 값 들을 실제로 가지고 있는지 확인했다.

DataJoinMapper와 TaggedMapperOutput

리듀스 사이드 조인을 좀 더 객체지향적이고 고급스럽게 구현하는 방법이 있다. org.apache.hadoop.contrib.join 패키지에는 맵의 출력에 태그를 달고 리듀서에서 처리하는 과정을 내부에 숨긴 `DataJoinMapperBase`와 `TaggedMapOutput` 같은 클래스들이 있다. 이 라이브러리를 이용하면 앞에서처럼 매퍼의 출력에 명시적으로 태그 문자열을 정의하고, 리듀서에서는 태그를 파싱parsing해서 어느 매퍼에서 온 데이터인지 판단하는 그런 작업을 할 필요가 없다. 이 클래스들에는 태깅과 파싱 같은 기능을 내부에 감춘 메소드들이 있다.

숫자 타입의 데이터나 텍스트가 아닌 데이터를 이용할 때 이 기능이 진가를 발휘한다. 앞서 예제에서처럼 명시적으로 태그를 직접 만들려면 값 앞에 접두사 태그를 붙이기 위해 정수 타입을 문자열 타입으로 변환해야만 했다. 이 방법은 숫자 타입을 그대로 이용하고 라이브러리 클래스로 태깅하는 방법에 비해 매우 비효율적이다.

프레임워크를 쓰면 우리가 앞서 구현하지 않았던 태그 그룹 묶기tag grouping 같은 고급 태그 생성기능도 쓸 수 있다. 이 라이브러리를 쓰려면은 다른 맵 기본 클래스를 상속해서 메소드를 추가적으로 오버라이딩하는 추가 작업이 필요하다. 예제처럼 직관적인 조인의 경우에는 프레임워크 사용이 불필요할 수도 있지만, 복잡한 태깅 로직을 구현해야 할 때는 한번 고려해 볼 만 하다.

맵 사이드 조인 구현

조인 할 때는 각 데이터 셋에서 가져온 레코드 중 필요한 특정 레코드를 바로 가져올 수 있어야 한다. 이 시점에서 리듀스 사이드 조인의 단순함이 빛을 발한다. 비록 추가적인 네트워크 트래픽이 발생하긴 하지만, 리듀서는 조인 키와 연관된 레코드들을 모두 가지고 처리한다는 사실이 보장된다. 매퍼에서 조인을 수행하려면 상기의 조건을 보장하기가 쉽지 않다. 항상 조인 키와 연관된 데이터들이 동시에 읽혀질 수 있도록 입력 데이터가 잘 구조화되어 있다고 가정할 수는 없다.

매퍼 사이드 조인을 수행할 때 일반적으로 두 가지의 접근 방식을 쓴다. 하나는 아예 다중의 외부 소스로부터 데이터를 읽어올 필요가 없게 만드는 방법이고, 다른 하나는 맵 사이드 조인을 위해서 필요한 전처리를 하는 방법이다.

분산 캐시 사용

첫 번째 접근 방식을 구현하는 가장 간단한 방법은 하나의 데이터 셋만 빼고 나머지 모든 데이터를 4장에서 썼던 분산 캐시에 저장하는 방법이다. 많은 수의 데이터 소스에도 이 방식을 쓸 수 있지만, 여기서는 설명의 간단함을 위해 두 개만 사용하자.

앞서 본 판매 기록과 계정 정보처럼 큰 데이터 셋 하나와 작은 데이터 셋 하나를 사용할 경우에는, (작은 데이터인) 계정 정보를 모두 분산 캐시에 저장할 수 있다. 각 매퍼는 그러면 조인 키를 해시 키로 쓰는 해시 테이블 같은 효율적인 자료구조에 데이터를 저장한다. 그다음 판매 레코드를 처리하는데, 그 과정에서 필요한 계정 정보는 해시 테이블에서 읽어오면 된다.

작은 데이터 셋이 메모리에 들어갈 정도로 작을 경우에 이 방식은 굉장히 효율적인 훌륭한 방법이다. 하지만, 항상 우리 뜻대로 다 흘러가진 않는다. 가끔 데이터 셋 중 가장 작은 셋조차도 너무 커서 각 워커 머신에 복사해 메모리에 저장할 수 없을 때가 있다.

도전 과제 | 맵 사이드 조인 구현

앞의 판매/계정정보 레코드 예제를 분산 캐시를 이용한 맵 사이드 조인 방식으로 구현해보자. 계정 레코드를 읽어서 계정 ID 번호를 고객 이름으로 매핑하는 해시 테이블에 저장하면, 계정 ID를 가지고 고객 이름을 조회해 올 수 있다. 판매 레코드를 처리하는 매퍼에서 이 방법을 써 보라.

캐시에 들어가도록 데이터 쳐내기

가장 작은 데이터 셋마저도 분산 캐시에 들어갈 만큼 작지 않더라도 다른 방법이 있다. 예를 들면, 앞의 예제에서는 각 레코드의 두 개 필드만 사용하고 나머지는 잡을 수행하는데 필요가 없다. 실제 업무에서는 계정 정보가 이 예제에서보다 더 많은 속성들을 가지기 마련이고 이런 식으로 데이터 크기를 극적으로 줄일 수 있다. 많은 경우, 하둡에 제공되는 전체 데이터 셋 중 일부의 필드만 필요하다. 따라서 그런 경우엔 다음과 같이 두 개의 맵리듀스 잡 체인을 만들면 된다. 하나는 데이터 셋에서 필요한 필드만 쳐 내고, 하나는 분산 캐시에 올려놓은 데이터와 다른 큰 데이터 셋을 가지고 조인 연산을 한다.

 이 기법은 칼럼 기반 데이터베이스의 기초를 이루는 개념과 아주 유사하다. 전통적인 관계형 데이터베이스는 로우별로 데이터를 저장하기 때문에, 하나의 칼럼 값만 가져오려고 해도 로우 전체를 읽어야 한다. 반면에 칼럼 기반 데이터베이스는 각 칼럼을 따로 저장하기 때문에, 필요한 칼럼 값만 읽어올 수 있다.

이 방식을 쓰려면, 일단 데이터 중 꼭 필요한 부분만 추출해 낼 방법을 생각해야 하고, 또 얼마나 자주 실행할지 고려해야 한다. 한 가지 확실한 방법은 필터링 해서 결과물을 분산 캐시에 저장하는 맵리듀스 잡을 따로 만드는 방식이다. 만일 작은 데이터 셋에 변경이 거의 없다면 데이터 쳐내는 작업을 자동 스케줄링할 수 있다(예를 들면, 매일 밤마다). 그렇지 않다면, 두 개의 맵리듀스 잡 체인을 만들어야 한다. 하나는 쳐 낸 데이터 셋을 만들고, 다른 하나는 분산 캐시에 있는 데이터와 큰 데이터 셋을 가지고 조인을 수행한다.

가공하지 않은 데이터 대신 대표 데이터 사용

가끔 데이터 원본 중 하나는 데이터를 조회하는데 직접 사용하지 않고, 의사 결정을 위한 팩트 (fact)를 도출하기 위해서만 사용하는 경우가 있다. 예를 들면 판매 기록에서 배달 주소가 특정 지역에 속한 레코드만 걸러 내고 싶다고 해보자. 그런 경우엔 적절한 판매 레코드만 골라서 캐시에 쉽게 들어갈만한 작은 사이즈의 데이터로 줄일 수 있다. 레코드가 필요한지 아닌지 표시하기 위해서 여기서도 해시 테이블을 쓸 수도 있고, 정렬된 리스트나 트리를 사용할 수도 있다. 만일 거짓 양성 false positive이 어느 정도는 허용되고 거짓 음성false negative만 없으면 된다면, 블룸

필터Bloom filter를 써서 간단하게 그런 종류의 정보를 표현할 수 있다. 독자들도 느꼈겠지만, 이 방법으로 맵 사이드 조인을 하려면 데이터 셋이나 문제 자체의 특성에 기대기보다는 창의력이 필요하다. 하지만, 유능한 관계형 데이터베이스 관리자들이 필요 없는 데이터 처리작업을 없애기 위해 쿼리를 최적화하는 데 많은 시간을 쏟는다는 사실을 기억해야 한다. 그러므로 항상 '전체 데이터가 정말로 필요한지' 자문해보는 것이 좋다.

여러 개의 매퍼 사용

앞에서 본 기술들은 기본적으로 전체 데이터 셋간 조인의 필요성을 없애려고 한다. 그러나 때로는 피할 수 없을 때도 있다. 정말 큰 데이터 셋 들을 처리해야 하는데, 어떻게 영리하게 이들을 병합할 방법이 없는 상황도 존재한다.

org.apache.hadoop.mapreduce.lib.join 패키지에는 이런 경우를 위한 클래스들이 몇 가지 있다. 가장 눈 여겨 봐야 할 클래스는 CompositeInputFormat 클래스이다. 이 클래스는 사용자 정의 함수를 써서 다중 데이터 소스에서 온 레코드들을 취합한다.

이 방법의 한계점은 데이터 소스들이 공통 키를 기반으로 인덱스되어 있어야 하고, 같은 방법으로 정렬되고 파티션되어야 한다는 사실이다. 이유는 간단하다. 각소스에서 데이터를 읽을 때, 맵리듀스 프레임워크는 주어진 키를 가진 데이터가지금 읽은 위치에 있는지 없는지 알아야 한다. 각 파티션이 같은 범위의 키들을 가지고 있으면 간단한 반복문으로 키 매칭이 가능하다.

하지만, 입력 데이터가 그냥 자연적으로 이런 조건들을 만족하게 구성되는 경우는거의 없다. 그래서 직접 각 입력 데이터 소스를 올바른 순서로 정렬하고 파티션에분배하는 전처리 잡을 작성해야 할 수도 있다.

 위의 내용은 분산 조인과 병렬 조인 알고리즘에 관한 연구의 출발점이 될 수 있다. 두 주제 모두 학계와 업계에서 치열하게 연구하는 주제이다. 관련된 아이디어와 기반 이론에 흥미가 있으면 http://scholar.google.com에서 검색해보라.

조인.. 해야 하나 말아야 하나

맵리듀스를 이용한 조인에 관해 알아보았으니 제일 처음의 질문으로 돌아가자. 정말 조인을 해야 하나? 구현하기 쉽지만 비효율적인 리듀스 사이드 조인과, 효율적이지만 복잡한 맵 사이드 조인 중 어느 방법을 선택할 지가 주된 고민이다. 맵리듀스로 정말 조인을 구현할 수 있다는 사실은 직접 보았지만, 이 구현을 항상 우아한 방법으로 할 수는 없다. 그래서 조인을 할 일이 자주 있으면 하이브Hive나 피그Pig 같은 솔루션을 사용하라고 조언했었다. 이런 툴들을 이용해서 맵리듀스 코드를 생성할 수도 있고, 아니면 맵 사이드 조인과 리듀스 사이드 조인을 직접 구현할 수도 있다. 하지만, 직접 구현하는 방법 보단 잘 다듬어지고 최적화된 라이브러리를 쓰는 게 나을 때가 많다. 이게 우리가 분산처리 프레임워크를 직접 만들지 않고 하둡을 쓰는 이유 아니겠는가!

그래프 알고리즘

많은 유능한 컴퓨터 과학자들이 그래프 자료구조가 매우 유용한 툴이라고 이야기한다. 수많은 복잡한 시스템을 그래프로 가장 잘 표현할 수 있다. 그리고 여러 가지 복잡한 그래프 문제를 푸는 강력한 알고리즘들을 위한 지식 기반이 수십 년 전(수학적으로 따지고 들어가면 수 세기 전)부터 축적되었다. 하지만, 그래프와 관련된 알고리즘들의 특성상 맵리듀스 패러다임으로 표현하기는 참 어렵다.

그래프 개론

자 잠시 한발 물러서서 몇 가지 용어들을 정의하자. 그래프는 노드(정점이라고도 한다)들이 링크(간선이라고도 한다)로 연결되어 있는 구조이다. 그래프의 유형에 따라 간선은 방향성을 가질 수도 있고, 가지지 않을 수도 있으며 간선에 가중치를 줄 수도 있다. 예를 들어, 도시의 도로망은 도로를 간선으로, 교차로와 특정 지점들을 노드로 하는 그래프로 볼 수 있다. 이를 테면 몇몇 도로는 일방통행이고 어떤 도로는 그렇지 않으며, 몇몇 도로에는 톨게이트가 있고, 몇몇 도로는 하루 중 특정 시간에 폐쇄되는 등 말이다.

운송 회사는 한 지점에서 다른 지점으로 이동할 때 그 경로를 최적화 해서 많은 돈을 절약할 수 있다. 그래프 알고리즘들은 도로가 일방 통행인지, 비용은 얼마나 되는지 같은 속성들을 고려해 어느 길이 더 적절할까 판단해서 최적의 경로를 도출한다.

좀 더 요즘의 사례를 보면, 페이스북 같은 사이트에서 사람을 노드로 하고 그들간의 관계를 간선으로 표현한 소셜 그래프가 있다.

그래프와 맵리듀스: 어딘가에서의 만남

그래프와 다른 많은 맵리듀스 문제들과의 가장 큰 차이는 바로 그래프 처리의 속성이 태생적으로 상태기반stateful이라는 점이다. 이 특징은 하나의 그래프 알고리즘이 많은 노드들을 연관 관계(각 요소들간의 경로를 기반으로)로 구성해서 한꺼번에 처리할 때가 많다는 사실을 보아도 알 수 있다. 그래프 알고리즘들은 다음에 어떤 요소를 처리할지 전역 상태global state를 이용해서 판단하고 각 단계마다 그 시점의 전역 상태 정보를 수정하는 식으로 동작한다.

특히, 잘 알려진 알고리즘 대부분은 점진적incremental 또는 재진입적reentrant인 방법으로 동작한다. 처리된 노드와 대기상태인 노드로 전체 구조를 표현하고 완결된 노드들은 제외해가면서 대기상태인 노드들을 처리하는 식이다.

반면에 맵리듀스 문제들은 개념적으로 상태가 없고stateless, 분할 정복 방식을 기반으로 한다. 하둡의 각 워커들은 데이터의 부분 집합을 처리한 후 최종 결과의 일부분을 출력하며, 잡의 전체 결과물은 각 부분 결과물을 모아서 만들어낸다. 그러므로 그래프 알고리즘을 하둡으로 구현할 때는 근본적으로 상태기반에 개념상 하나의 스레드를 사용하는 알고리즘을 분산 프레임워크를 써서 상태 없이 병렬로 처리해야만 한다. 이 처리가 바로 가장 어려운 부분이다!

유명한 그래프 알고리즘의 대부분은 노드들간의 경로를 찾기 위한(대개 비용 관점에서 순위를 매겨) 순회 또는 탐색을 기반으로 한다. 가장 기본적인 그래프 순회 알고리즘은 깊이 우선 탐색DFS과 너비 우선 탐색BFS이다. 두 알고리즘의 차이는 이웃 관계에 있는 노드들을 처리하는 순서다.

이제 좀 특수한 형태의 그래프 순회를 구현하는 알고리즘을 살펴보겠다. 시작점이 주어지면 그 시작점과 그래프상의 다른 모든 노드들간의 거리를 구하는 알고리즘 이다.

 알다시피, 그래프 알고리즘의 분야와 이론은 방대해서 여기서 다룬 내용은 수박 겉핥기에 불과하다. 좀 더 알고 싶으면 http://en.wikipedia.org/wiki/Graph_(abstract_data_type) 에 있는 위키피디아 그래프 항목에서 공부를 시작해보라.

그래프 표현

첫 번째로 당면한 문제는 어떻게 맵리듀스를 이용해서 효율적으로 처리 가능하도 록 그래프를 표현하는가이다. 포인터 기반, 인접 행렬, 인접 리스트 같은 유명한 그래프 표현방법들이 있다. 대부분 이 표현 방법들은 전체 그래프를 보는 단일 프 로세스 공간 안에서 처리한다는 가정하에 구현한다. 우리는 이 표현 방법을 개별 리듀스와 맵 태스크들이 각 노드를 개별적으로 처리할 수 있게 수정해야 한다.

아래의 예제에서 보이는 그래프를 사용하겠다. 이후에 설명하겠지만, 이 그래프는 좀 더 많은 정보를 포함한다.

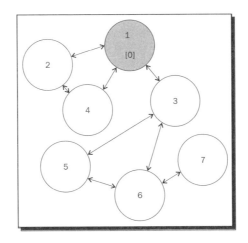

이 그래프는 꽤 단순하다. 7개의 노드와 각 노드간에 양방향의 간선이 있다. 이제 그래프 알고리즘들이 보편적으로 사용하는 다음과 같은 그래프 색칠하기 기법을 사용하겠다.

- 아직 처리하지 않은 노드는 흰색이다.

- 지금 처리중인 노드는 회색이다.

- 처리한 노드는 검은색이다.

뒤에 나오는 실습을 진행하면서, 각 노드들이 이 세 단계의 상태로 변화하는 모습을 본다.

실습 예제 | 그래프 표현

앞으로 예제에서 사용할 그래프를 테스트 형태로 정의한다. graph.txt 파일을 만들자.

```
1   2,3,4 0  C
2   1,4
3   1,5,6
4   1,2
5   3,6
6   3,5
7   6
```

인접 리스트 형식의 그래프 표현을 위한 파일 구조를 정의했다. 각 노드는 고유한 ID와 4개의 필드를 가진다고 가정한다.

- 노드 ID

- 쉼표(,)로 구분한 이웃 노드리스트

- 시작노드와의 거리

- 노드 상태

제일 처음에는 출발 노드만 세 번째와 네 번째 칼럼의 값을 가진다. 자기 자신과의 거리인 0과 상태 값인 "C"이다. 자세한 건 이후에 설명하겠다. 이 그래프에는 방향성이 있다("방향성 그래프"라는 표현을 쓴다). 무슨 의미인고 하니, 노드 1의 이웃 노드리스트에 노드 2가 있으면, 노드2의 이웃 노드리스트에 노드 1이 있어야 노드 1에서 노드 2로 되돌아가는 경로가 존재한다는 의미다. 그림을 보면 하나의 간선 빼고는 모두 양 끝에 화살표가 있다.

알고리즘 개요

알고리즘과 이를 구현하는 맵리듀스 잡이 다소 복잡하기 때문에, 코드를 보여주기 전에 먼저 설명을 하고 다음에 실행하겠다. 앞서 본 그래프를 가지고 맵리듀스 잡을 정의한다. 이 잡은 최종 결과물을 얻기 위해 여러 차례 실행해야 하며, 앞서 실행된 잡의 출력을 뒤에 실행될 잡의 입력으로 사용한다.

앞 절에서 설명한 칼라 코드를 바탕으로, 다음과 같은 세 가지 노드 상태를 정의한다.[1]

- 대기Pending: 기본 상태로, 아직 처리하지 않은 노드다. (흰색)

- 현재 처리 중Currently processing: 노드를 처리 중이다. (회색)

- 완료: 노드의 최종 상태다. (검은색)

---

1 'Done', 'Currently processing', 'Pending'의 앞 글자를 따서 D, C, P를 각 노드의 상태 정보로 쓴다. – 옮긴이

매퍼

매퍼는 현재의 그래프 정보를 읽고 상태에 따라 각 노드를 다음과 같은 규칙으로 처리한다.

- 노드가 완료Done로 표시되어 있으면, 그대로 출력한다.

- 노드가 현재 처리 중Currently processing으로 표시되어 있으면, 상태 정보를 처리완료Done로 바꾸고 그대로 결과물로 출력한다. 각 이웃 노드들은 현재의 레코드와 거리를 1 증가한 값을 출력으로 주되, 이웃 노드들 정보는 주지 않는다. 예를 들어, 노드 1은 노드 2의 이웃 노드를 모른다.

- 노드가 대기Pending로 표시되어 있으면 상태를 현재 처리 중Current processing으로 바꾸고 나머지는 그대로 출력한다.

리듀서

리듀서는 각 노드 ID별로 레코드를 받아서 값들을 취합하여 그 단계의 최종 결과물 노드 레코드를 만들어낸다.

리듀서의 알고리즘은 대략 아래와 같다.

- 완료Done로 표시된 레코드는 최종 결과물이기 때문에 다른 처리를 하지 않는다.

- 이외의 노드들은 각각의 이웃 노드 리스트를 가지고 최종 결과물을 구성한다. 이웃 노드의 위치와 가장 긴 거리, 상태 등을 이용한다.

반복 실행

이 알고리즘을 한번 적용하고 나면, 노드 1은 종료Done로 표시되고, 나머지 몇 개 (노드 1과 바로 인접한 이웃노드들)은 현재 처리 중Current으로 표시되고, 그 나머지 노드 들은 대기Pending가 된다. 알고리즘을 성공적으로 계속 적용하고 나면 결국엔 모든 노드가 최종 상태로 변한다. 각 노드를 처리할 때 마다, 그 이웃 노드들이 처리 파이프라인pipeline으로 들어간다. 좀 뒤에 자세히 보여주겠다.

설명한 그래프 순회를 구현하는 소스코드를 보겠다. 코드가 길기 때문에, 여러 단계로 나누어서 볼 예정이다. 물론, 코드는 모두 하나의 소스 파일 안에 들어가야 한다.

1. GrapaPath.java 파일을 만들어서 아래처럼 import한다.

```
import java.io.* ;
import org.apache.hadoop.conf.Configuration;
import org.apache.hadoop.fs.Path;
import org.apache.hadoop.io.Text;
import org.apache.hadoop.mapreduce.Job;
import org.apache.hadoop.mapreduce.*;
import org.apache.hadoop.mapreduce.lib.input.*;
import org.apache.hadoop.mapreduce.lib.output.*;

public class GraphPath {
```

2. 노드를 객체지향적으로 표현하는 내부 클래스를 만든다.

```
// 노드를 표현하는 내부 클래스
public static class Node
{
    // 정수 값 노드 id
    private String id ;
    // 이 노드와 연결된 모든 노드의 id
    private String neighbours ;
    // 이 노드와 출발 노드 사이의 거리
    private int distance ;
    // 현재 노드의 상태
    private String state ;
    // 텍스트 파일을 파싱 해서 Node 객체를 만든다.
    Node(Text t)
    {
        String[] parts = t.toString().split("\t") ;
        this.id = parts[0] ;

        this.neighbours = parts[1];
```

```
        if (parts.length<3 || parts[2].equals(""))
           this.distance = -1 ;
        else
           this.distance = Integer.parseInt(parts[2]) ;

        if (parts.length< 4 || parts[3].equals(""))
           this.state = "P" ;
        else
           this.state = parts[3] ;
    }

    // 키와 값 객체 쌍으로 노드 객체를 만든다.
    Node(Text key, Text value)
    {
        this(new Text(key.toString()+"\t"+value.toString())) ;
    }
    public String getId()
    {
        return this.id;
    }

    public String getNeighbours()
    {
        return this.neighbours ;
    }
    public int getDistance()
    {
        return this.distance ;
    }
    public String getState()
    {
        return this.state ;
    }
}
```

3. 매퍼를 만든다. 매퍼는 입력을 읽어 새 Node 객체를 만들고, 객체의 상태에 따라 적절히 처리한다.

```
public static class GraphPathMapper
    extends Mapper<Object, Text, Text, Text>
{
    public void map(Object key, Text value, Context context)
        throws IOException, InterruptedException
    {
        Node n = new Node(value) ;

        if (n.getState().equals("C"))
        {
            // 상태를 완료(Done)로 바꾸고 출력한다.
            context.write(new Text(n.getId()), new
                Text(n.getNeighbours()+"\t"+n.getDistance()+"\t"+"D"));

            for (String neighbour:n.getNeighbours().split(","))
            {
                // 각 이웃노드를 현재 처리 중으로 표시하고,
                // 거리를 1 증가한다.
                context.write(new Text(neighbour), new
        Text("\t"+(n.getDistance()+1)+"\tC")) ;
            }
        }
        else
        {
            // 대기 상태의 노드면 그대로 출력한다.
            context.write(new Text(n.getId()), new
                Text(n.getNeighbours()+"\t"+n.getDistance()+"\t"+n.
    getState())) ;
        }
    }
}
```

4. 리듀서를 만든다.

매퍼처럼 노드 정보를 읽어서 노드 상태에 따라 다른 결과물을 만든다. 기본
적인 방식은 입력에서 상태정보와 가장 먼 거리 값을 찾아 내어 최종 결과물
을 만든다.

```
public static class GraphPathReducer
    extends Reducer<Text, Text, Text, Text>
{
    public void reduce(Text key, Iterable<Text> values,
            Context context)
        throws IOException, InterruptedException
    {
        // 최종 결과를 위한 변수들을 기본값으로 초기화한다.
        String neighbours = null ;
        int distance = -1 ;
        String state = "P" ;

        for(Text t: values)
        {
            Node n = new Node(key, t) ;

            if (n.getState().equals("D"))
            {
                // 이 노드는 그대로 최종 결과로 나간다. 나머지 값들은 무시한다.
                neighbours = n.getNeighbours() ;
                distance = n.getDistance() ;
                state = n.getState() ;
                break ;
            }

            // 이웃노드 리스트를 만든다.
            if(n.getNeighbours() != null && !n.getNeighbours().equals(""))
                    neighbours = n.getNeighbours() ;

            // 가장 긴 거리 값을 찾는다.
            if (n.getDistance() > distance)
                distance = n.getDistance() ;

            // 남은 결과물 중 가장 최종상태에 가까운 상태 값을 찾는다.
            if (n.getState().equals("D") ||
                    (n.getState().equals("C") &&state.equals("P")))
                state=n.getState() ;
        }

        // 위에서 수집한 정보들로 새로운 노드 정보를 만들어서 출력한다.
```

```
        context.write(key, new
            Text(neighbours+"\t"+distance+"\t"+state)) ;
    }
}
```

5. 잡 드라이버를 만든다.

```
public static void main(String[] args) throws Exception
{
    Configuration conf = new Configuration();
    Job job = new Job(conf, "graph path");
    job.setJarByClass(GraphPath.class);
    job.setMapperClass(GraphPathMapper.class);
    job.setReducerClass(GraphPathReducer.class);
    job.setOutputKeyClass(Text.class);
    job.setOutputValueClass(Text.class);
    FileInputFormat.addInputPath(job, new Path(args[0]));
    FileOutputFormat.setOutputPath(job, new Path(args[1]));
    System.exit(job.waitForCompletion(true) ? 0 : 1);
}
```

보충 설명

이 잡은 앞에서 설명했던 알고리즘을 구현한다. 실행과정은 다음 절에서 보겠다. 잡 설정작업은 특별한 내용이 없고, 알고리즘 정의와도 아무런 관계가 없다. 한 가지 새로운 기법은 노드를 표현하기 위해서 내부 클래스를 사용한 부분이다. 매퍼나 리듀서의 입력은 복잡한 구조나 객체를 텍스트로 풀어서 표현한 경우가 많다. 매퍼나 리듀서 코드에서 이렇게 표현한 코드를 그대로 써도 되지만, 이 경우에는 복잡한 텍스트와 문자열 처리 코드들 때문에 정작 실제 알고리즘을 이해하기 힘들어진다. 비즈니스 도메인 관점에서 보면 파일에 객체를 풀어서 표현한 걸 객체로 매핑하는 내용을 Node 내부 클래스 안에 넣는 쪽이 합리적이다.

또한 매퍼나 리듀서 로직에서 객체간의 속성을 비교하는 방법이 문자열을 쪼갠 다음 인덱스로 부분 문자열들끼리 비교하는 방법보다 코드를 명확하게 만든다.

자, 이제 그래프의 제일 처음 상태를 가지고 알고리즘을 실행해보자.

1. 앞서 만든 graph.txt 파일을 HDFS에 저장한다.

```
$ hadoop fs -mkdir graphin
$ hadoop fs -put graph.txt graphin/graph.txt
```

2. 컴파일하고 JAR 파일을 만든다.

```
$ javac GraphPath.java
$ jar -cvf graph.jar *.class
```

3. 맵리듀스 잡을 실행한다.

```
$ hadoop jar graph.jar GraphPath graphin graphout1
```

4. 출력 파일을 검토한다.

```
1   2,3,4  0  D
2   1,41   C
3   1,5,6  1  C
4   1,21   C
5   3,6-1  P
6   3,5-1  P
7   6  -1  P
```

보충 설명

입력 파일을 HDFS에 올리고 잡 JAR 파일을 만든 다음 하둡에서 잡을 실행했다.
그래프의 상태 출력은 아래처럼 변했다.

- 노드 1은 이제 완료Done로 표시한다. 자기 자신으로부터의 거리는 물론 0
  이다.

- 노드 2,3,4(노드 1의 이웃 노드들)은 현재 처리 중Currently processing으로 표시한다.

- 다른 노드들은 모두 대기상태Pending다.

그래프는 이제 아래 그림과 같은 상태다.

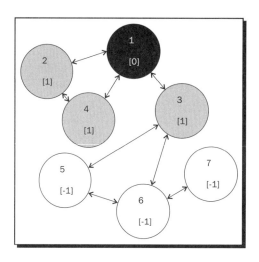

예상했던 대로 알고리즘이 돌아갔다. 첫 노드는 완료했고, 매퍼에서 찾아낸 첫 노드의 이웃 노드들은 처리 중이다. 다른 노드들은 아직 처리를 시작하지 않았다.

실습 예제 | 두 번째 실행

이 그래프를 다른 잡의 입력으로 해서 실행하면 노드 2, 3, 4는 완료 상태가 되고 그 노드들의 이웃 노드들은 현재 처리 중 상태가 될 거라고 예상할 수 있다.

실행해서 과연 그런지 확인해보자.

1. 잡을 실행시키자.

   ```
   $ hadoop jar graph.jar GraphPath graphout1 graphout2
   ```

2. 결과 파일을 확인하자.

   ```
   $ hadoop fs -cat graphout2/part-r-00000
   1  2,3,4 0  D
   2  1,41  D
   3  1,5,6 1  D
   4  1,21  D
   5  3,62  C
   ```

```
6  3,52  C
7  6  -1  P
```

노드 1번부터 4번까지는 완료 상태이다. 5, 6번은 현재 처리중이고, 노드 7번은
여전히 대기상태이다. 아래의 그림처럼 표현된다.

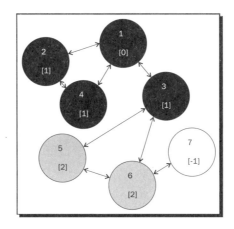

잡을 다시 실행하면, 노드 5와 6은 완료 상태가 되고 미처리 상태의 이웃 노드는
현재 처리중 상태가 되리라고 예상해 볼 수 있다.

실습 예제 | 세 번째 실행

세 번째로 실행해서 이 예상이 맞는지 확인하자.

1. 맵리듀스 잡을 실행한다.

```
$ hadoop jar graph.jar GraphPath graphout2 graphout3
```

2. 결과 파일을 확인하자.

```
1  2,3,4  0  D
2  1,4,   1  D
3  1,5,6  1  D
```

```
4  1,2,  1  D
5  3,62    D
6  3,52    D
7  6  -1 P
```

이제 노드 1부터 6까지 완료 상태인 모습을 볼 수 있다. 하지만, 노드 7은 여전히 대기 상태이고, 현재 처리중인 노드는 없다. 그림으로 보면 다음과 같다.

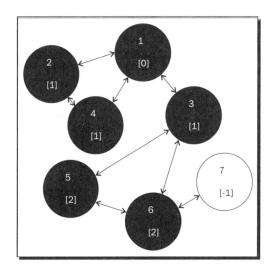

이런 상태가 된 이유는 노드 7에서 노드 6으로 가는 링크는 존재하지만, 반대 방향의 링크는 없기 때문이다. 따라서 노드 1에서 노드 7로 가는 방법은 없다. 이 알고리즘을 마지막으로 한번 더 실행하면, 그래프 상태에는 변화가 없으리라고 예상 가능하다.

네 번째로 실행해서 출력이 최종 상태에 도달했는지 확인하자.

1. 하둡 잡을 실행한다.

```
$ hadoop jar graph.jar GraphPath graphout3 graphout4
```

2. 출력 파일을 검토하자.

```
1  2,3,4 0  D
2  1,41 D
3  1,5,6 1  D
4  1,21 D
5  3,62 D
6  3,52 D
7  6  -1 P
```

보충 설명

결과물은 예상했던 대로다. 노드 1에서 노드 7로 갈 수 없고 다른 어떤 이웃노드에서도 노드 7에 도달할 수가 없기 때문에 계속 노드 7의 상태는 대기이고, 앞으로도 영원히 변하지 않으리라고 예상할 수 있다.

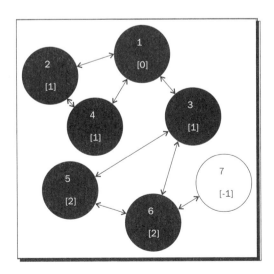

알고리즘에서 한 가지 빼 먹은 사항은 종료 조건 판단이다. 만일 새로운 D나 C 상태의 노드를 만들지 않으면 모든 처리는 끝난 상태이다.

여기서는 그래프 상태가 최종 상태에 도달했다는 사실을 직접 눈으로 보고 알아냈다. 하지만, 종료 조건을 프로그램에서 확인할 수 있는 방법이 여러 가지 있다. 이후의 장에서 이야기할 커스텀 잡 카운터를 쓸 수도 있다. 예를 들면, 새로운 D나 C 상태의 노드가 생성되면 카운터를 증가시키고, 이 카운터가 0 이상이면 다음 잡을 실행시키는 방법이다.

잡 여러 개 실행

앞의 알고리즘에서 우리는 처음으로 맵리듀스 잡의 출력을 다른 잡의 입력으로 써 보았다. 대부분 이럴 때는 잡들이 서로 다르다. 하지만, 앞에서 보았듯이 하나의 알고리즘을 결과물이 최종 상태에 이를 때까지 반복해서 적용해야 할 때도 있다.

그래프에 대한 최종 생각

그래프 알고리즘에 익숙한 사람이라면 앞에서 본 과정이 꽤 어색하게 보일 거다. 이건 순전히 상태기반이고stateful, 잠재적으로 재귀적/재진입적reentrant 성격을 띠는 알고리즘을 상태가 없는stateless 일련의 맵리듀스 잡으로 구현하다 보니 생긴 일이다. 중요한 사실은 특정 알고리즘을 썼다는 게 아니다. 배워야 할 내용은 텍스트로 풀어 쓴 객체의 구조를 읽어서 일련의 맵리듀스 잡으로 처리하는 방법과 이 방법으로 그래프 탐색 같은 알고리즘을 구현했다는 사실이다. 앞으로 첫 눈에 보기에는 맵리듀스 패러다임으로 도저히 구현할 수 없어 보이는 문제들을 만날지 모른다. 여기서 사용한 기술들을 고려해보고 많은 알고리즘은 맵리듀스로 모델링할 수 있다는 사실을 기억하자. 맵리듀스 구현 방식이 전통적인 방식과 매우 다르게 보일 수도 있지만, 우리의 목표는 정확한 결과물이지 알고리즘의 구현 그 자체가 아니다.

언어 독립적인 자료 구조

종종 하둡이 너무 자바 중심적이라는 비판을 하는 사람들이 있고, 하둡 커뮤니티는 이 비판에 대응해서 열심히 작업해왔다. 전부 자바로 구현한 프로젝트를 자바 중심적이라고 비난한다는 사실이 좀 희한할 수도 있지만, 이 비판은 클라이언트 관점에서 고려한 이야기이다.

앞에서 하둡 스트리밍을 이용해 스크립트 언어로 맵과 리듀스 태스크를 구현하는 방법을 보았고, C++을 위해 pipe가 비슷한 수단을 제공하는 방법을 보았다. 하지만, 여전히 자바만 지원하는 하둡 맵리듀스 입력 포맷이 있다. 가장 효율적인 포맷은 스플릿 가능하고 압축을 지원하는 바이너리 포맷인 SequenceFile이다. 그러나 SequenceFile은 자바 API만 있어서 다른 언어로 읽고 쓸 수가 없다.

맵리듀스 처리를 위해서 데이터를 생성해 하둡으로 수집하는 외부 프로세스를 쓸 수 있다. 이 경우 단순히 텍스트 타입으로 출력을 만들거나, 출력 포맷을 SequenceFile로 변환해서 HDFS에 넣는 방법이 있다. 복잡한 데이터 타입을 쉽게 표현하기 또한 어렵다. 텍스트 포맷으로 풀어 쓰거나 또 다른 바이너리 포맷으로 변환하는 프로그램을 만들어야 하는데, 둘 다 썩 끌리는 일은 아니다.

후보 기술 군

다행히도, 최근 몇 년 동안 서로 다른 언어간 데이터 표현을 위한 몇 가지 기술들이 발표되었다. 프로토콜 버퍼(구글이 만들고 http://code.google.com/p/protobuf에서 호스트하는 프로젝트), 쓰리프트(페이스북에서 시작했고 현재는 http://thrift.apache.org에 올라온 아파치 프로젝트), 그리고 에이브로(하둡의 창시자인 더그 컷팅이 만든 프로젝트)가 그 기술들이다. 하둡의 창시자가 만들었다는 정통성과 하둡과의 밀접한 통합성 때문에 에이브로Avro를 살펴보겠다. 이 책은 쓰리프트Thrift나 프로토콜 버퍼Protocol Buffers를 다루지는 않지만, 둘 다 꽤 쓸만한 기술이다. 만일 데이터 직렬화 같은 주제에 관심 있으면 이 프로젝트들의 홈페이지를 참고하기 바란다.

에이브로 소개

에이브로Avro(http://avro.apache.org)는 여러 프로그래밍 언어간의 결합을 위한 데이터 영속성 프레임워크이다. 에이브로는 맵리듀스 잡에서 입력으로 쓸 수 있도록 압축과 스플릿 가능한 바이너리 파일을 생성한다.

에이브로를 이용해서 계층적 데이터 구조를 정의할 수 있다. 예를 들어, 배열이나 열거 형, 내부 레코드 같은 속성을 가지는 레코드를 만들 수 있다. 또한 이런 파일을 어떤 프로그래밍 언어로든 만들어서 하둡으로 처리 후 다른 언어로 결과물을 읽어 들이게 할 수 있다.

이후의 절에서 이런 언어 독립적 측면에 대해 더 이야기하겠다. 하지만, 이뿐 아니라 복잡한 구조의 타입을 표현할 수 있는 기능 또한 대단히 유용하다. 심지어 자바만 쓸 경우에도, 에이브로를 써서 매퍼와 리듀서에 복잡한 데이터 구조를 전달할 수 있다. 그래프 노드 같은 것들까지도 말이다!

실습 예제 | 에이브로 받아서 설치

시스템에 에이브로를 다운받아 설치해보자.

1. http://avro.apache.org/release.html에서 에이브로 최신 안정 버전을 다운받자.

2. http:/paranamer.codehaus.org에서 ParaNamer 라이브러리 최신 버전을 다운로드하자.

3. 자바 컴파일러가 쓰는 클래스패스에 클래스들을 넣자.

```
$ export CLASSPATH=avro-1.7.2.jar:${CLASSPATH}
$ export CLASSPATH=avro-mapred-1.7.2.jar:${CLASSPATH}
$ export CLASSPATH=paranamer-2.5.jar:${CLASSPATH
```

4. 하둡 배포 패키지에 있는 JAR 파일들을 빌드 클래스 패스에 넣자.

```
$export CLASSPATH=${HADOOP_HOME}/lib/Jackson-core-asl-
    1.8.jar:${CLASSPATH}
```

```
$export CLASSPATH=${HADOOP_HOME}/lib/Jackson-mapred-asl-
    1.8.jar:${CLASSPATH}
$export CLASSPATH=${HADOOP_HOME}/lib/commons-cli-
    1.2.jar:${CLASSPATH}
```

5. 새 JAR 파일들을 하둡 lib 디렉터리에 넣자.

```
$cp avro-1.7.2.jar ${HADOOP_HOME}/lib
$cp avro-mapred-1.7.2.jar ${HADOOP_HOME}/lib
$cp paranamer-2.5.jar ${HADOOP_HOME}/lib
```

보충 설명

에이브로는 셋업하기 약간 복잡하다. 우리가 사용할 다른 아파치 툴들보다 최신 프로젝트이기 때문에, 그냥 파일 하나 다운로드하는 방식보다는 더 복잡한 작업을 해야 한다. Avro와 Avro-mapred JAR 파일들을 아파치 웹사이트에서 내려받았다. 이 프로젝트들은 codehous.org에서 내려받을 수 있는 ParaNamer에도 의존성이 있다.

 이 글을 쓰는 시점에 ParaNamer 홈페이지의 다운로드 링크는 깨져 있었다. 대신에 다음 링크들을 이용해보자.

http://search.maven.org/remotecontent?filepath=com/
thoughtworks/paranamer/paranamer/2.5/paranamer-2.5.jar

다운로드한 JAR 파일들을 자바 컴파일러가 쓸 클래스패스 환경 변수에 추가해야 한다. 에이브로 코드를 컴파일하고 실행하려면 이 파일뿐 아니라 다른 하둡과 같이 배포된 몇 가지 패키지들을 추가해야 한다. 마지막으로, 맵과 리듀스 태스크들이 실행 시에 사용하기 위해 세 개의 JAR 파일을 클러스터의 각 호스트에 하둡 lib 디렉터리 밑으로 복사한다. 다른 방식으로 이 JAR 파일을 배포할 수도 있지만, 이 방법이 가장 직관적이다.

에이브로와 스키마

쓰리프트나 프로토콜 버퍼 같은 다른 툴들과 비교할 때 에이브로의 장점 중 하나는 데이터 파일의 스키마를 명시하는 방식이다. 다른 툴들은 스키마를 데이터와 다른 리소스에 작성하는 반면에 에이브로는 데이터파일의 스키마를 헤더에 포함함으로써 스키마 파일을 따로 읽지 않고 파싱이 가능하다.

에이브로를 써서 특정 데이터 스키마를 위한 코드를 생성할 수도 있지만, 항상 필요하지는 않다. 필요하면 유용한 최적화 기법이지만 꼭 코드 생성을 해야 하는 것은 아니다. 따라서 데이터 파일 스키마를 사용하지 않는 에이브로 예제를 만들 수도 있지만, 필요한 부분에서는 사용하겠다. 이후의 예제에서는 앞에서 사용했던 UFO 목격 레코드를 단순화한 버전의 스키마를 사용하겠다.

실습 예제 | 스키마 정의

간략하게 만든 UFO 스키마를 에이브로 스키마 파일에 정의하자.

ufo.avsc 파일을 만들자.

```
{ "type": "record",
  "name": "UFO_Sighting_Record",
  "fields" : [
      {"name": "sighting_date", "type": "string"},
      {"name": "city", "type": "string"},
      {"name": "shape", "type": ["null", "string"]},
      {"name": "duration", "type": "float"}
    ]
}
```

보충 설명

보았듯이, 에이브로는 주로 avsc 확장자로 끝나는 파일에 JSON으로 스키마를 명시한다.

다음과 같은 네 개의 필드를 갖는 포맷의 스키마를 만들었다.

- yyyy-mm-dd 형식으로 날짜를 저장하는 문자열 타입 Sighting_date 필드

- 목격한 도시의 이름을 저장하는 문자열 타입 City 필드

- UFO의 외형을 묘사하는 문자열 타입 Shape 필드(필수는 아님)

- 소수점을 포함한 분단위로 목격 지속시간을 표현하는 Duration 필드

위에서 정의한 스키마로 샘플 데이터를 만들어보겠다.

실습 예제 | 루비를 이용해 에이브로 데이터 만들기

에이브로의 언어 독립적 기능을 보기 위해 루비Ruby로 샘플 데이터를 만들어보자.

1. 루비젬스rubygems 패키지를 추가하자.

```
$ sudo apt-get install rubygems
```

2. Avro.gem을 인스톨하자.

```
$ gem install avro
```

3. 다음과 같이 generate.rb 파일을 만들자.

```
require 'rubygems'
require 'avro'
file = File.open('sightings.avro', 'wb')
schema = Avro::Schema.parse(
    File.open("ufo.avsc", "rb").read)
writer = Avro::IO::DatumWriter.new(schema)
dw = Avro::DataFile::Writer.new(file, writer, schema)
dw<< {"sighting_date" => "2012-01-12", "city" => "Boston", "shape"
    => "diamond", "duration" => 3.5}
dw<< {"sighting_date" => "2011-06-13", "city" => "London", "shape"
    => "light", "duration" => 13}
dw<< {"sighting_date" => "1999-12-31", "city" => "New York",
    "shape" => "light", "duration" => 0.25}
dw<< {"sighting_date" => "2001-08-23", "city" => "Las Vegas",
    "shape" => "cylinder", "duration" => 1.2}
dw<< {"sighting_date" => "1975-11-09", "city" => "Miami",
    "duration" => 5}
```

```
dw<< {"sighting_date" => "2003-02-27", "city" => "Paris", "shape"
    => "light", "duration" => 0.5}
dw<< {"sighting_date" => "2007-04-12", "city" => "Dallas", "shape"
    => "diamond", "duration" => 3.5}
dw<< {"sighting_date" => "2009-10-10", "city" => "Milan", "shape"
    => "formation", "duration" => 0}
dw<< {"sighting_date" => "2012-04-10", "city" => "Amsterdam",
    "shape" => "blur", "duration" => 6}
dw<< {"sighting_date" => "2006-06-15", "city" => "Minneapolis",
    "shape" => "saucer", "duration" => 0.25}
dw.close
```

4. 프로그램을 실행해서 데이터 파일을 만들자.

```
$ ruby generate.rb
```

보충 설명

루비로 코드를 작성하기 전에 우분투Ubuntu 호스트에 루비젬스 패키지를 인스톨했다. 그리고 루비에서 쓰기 위한 에이브로 젬을 인스톨했다. 에이브로 젬은 루비 언어로 에이브로 파일을 읽고 쓰기 위한 라이브러리를 제공한다.

루비 스크립트 자체는 단순히 앞서 생성한 스키마를 읽어서 10개의 테스트 레코드로 구성된 데이터 파일을 만든다. 그 이후, 프로그램을 실행해서 데이터를 생성했다.

루비 언어를 설명하는 책이 아니기 때문에, 루비 API 분석은 독자들의 몫으로 남겨놓겠다. 관련된 문서는 http://rubygems.org/gems/avro에서 찾을 수 있다.

실습 예제 | 자바로 에이브로 데이터 처리

에이브로 데이터가 있으니, 이 데이터를 처리하는 자바 코드를 짜보자.

1. InputRead.java를 만든다.

```
import java.io.File;
import java.io.IOException;
```

```
import org.apache.avro.file.DataFileReader;
import org.apache.avro.generic.GenericData;
import org.apache.avro. generic.GenericDatumReader;
import org.apache.avro.generic.GenericRecord;
import org.apache.avro.io.DatumReader;

public class InputRead
{
    public static void main(String[] args) throws IOException
    {
        String filename = args[0] ;
        File file=new File(filename) ;
        DatumReader<GenericRecord> reader= new
                GenericDatumReader<GenericRecord>();
        DataFileReader<GenericRecord>dataFileReader=new DataFileReader
<GenericRecord>(file,reader);

        while (dataFileReader.hasNext())
        {
            GenericRecord result=dataFileReader.next();
            String output = String.format("%s %s %s %f",
                    result.get("sighting_date"), result.get("city"),
                    result.get("shape"), result.get("duration")) ;
            System.out.println(output) ;
        }
    }
}
```

2. 컴파일해서 프로그램을 돌려보자.

```
$ javac InputRead.java
$ java InputRead sightings.avro
```

출력 결과 화면은 다음과 같다.

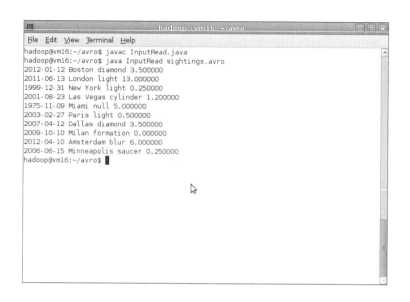

```
hadoop@vm16: ~/avro                                    _ □ ×
File  Edit  View  Terminal  Help
hadoop@vm16:~/avro$ javac InputRead.java
hadoop@vm16:~/avro$ java InputRead sightings.avro
2012-01-12 Boston diamond 3.500000
2011-06-13 London light 13.000000
1999-12-31 New York light 0.250000
2001-08-23 Las Vegas cylinder 1.200000
1975-11-09 Miami null 5.000000
2003-02-27 Paris light 0.500000
2007-04-12 Dallas diamond 3.500000
2009-10-10 Milan formation 0.000000
2012-04-10 Amsterdam blur 6.000000
2006-06-15 Minneapolis saucer 0.250000
hadoop@vm16:~/avro$
```

에이브로 데이터 파일이름을 명령행 매개변수로 전달받아 파일을 파싱하는 자바 클래스인 InputRead를 만들었다. 에이브로가 데이터 파일을 읽을 때, 각 항목은 데이텀datum이라 부르고 각 데이텀은 스키마에서 정의된 대로 구성된다.

이 예제에서는 명시적인 스키마를 사용 하지 않고 대신 GenericRecord 클래스를 이용해 각 데이텀을 읽어서 각 필드의 이름을 이용해 해당하는 값을 읽어왔다.

GenericRecord 클래스는 우리의 UFO 목격 타입처럼 어떤 구조의 레코드든 한 겹 둘러싸 에이브로에서 사용할 수 있게 하는 유연한 클래스다. 에이브로는 또한 정수, float, boolean 같은 기본 타입이나 배열과 열거형 같은 구조화된 타입도 지원한다. 이 예제에서는 단순히 편의를 위해 record를 범용 구조로 사용하겠다.

맵리듀스에서 에이브로 사용

에이브로는 우리가 친숙한 다른 클래스들을 에이브로에 특화되게 만들어서 맵리듀스를 지원한다. 대부분 하둡에서 쓸 새로운 데이터파일 포맷은 InputFormat과

OutputFormat 클래스를 이용해서 만들어질 거라고 생각하지만, 우리는 에이브로에 특화된 AvroJob, AvroMapper, AvroReducer를 사용할 계획이다. AvroJob은 Avro 데이터파일을 입력과 출력으로 사용하기 때문에, 입력과 출력 포맷 타입을 명시하는 대신 입출력을 위한 에이브로 스키마를 설정하겠다.

우리의 매퍼와 리듀서 구현이 일반적인 구현과 가장 다른 점은 사용되는 데이터 타입이다. 에이브로는 기본적으로 단일 입력/출력을 쓰지만, 여태 써왔던 Mapper와 Reducer 클래스는 키/값 입력과 키/값 출력을 쓴다. 또한, 에이브로는 중간 결과 키/값 데이터를 출력하기 위해 쓰는 Pair 클래스도 도입했다.

이후 예제에서 사용하지는 않겠지만, 에이브로는 다른 타입들을 래핑wrapping할 수 있는 AvroKey와 AvroValue도 지원한다.

실습 예제 | 맵리듀스로 UFO 외형별 합계 생성

이번 절에서는 앞에서 생성한 UFO 목격 레코드를 입력으로 사용하는 매퍼를 만들어 보겠다. 이 매퍼는 각 외형마다 횟수를 1로 해서 출력하고, 리듀서는 이 레코드를 읽어서 각 UFO 외형별로 최종 카운트를 가지는 에이브로 데이터 파일을 만든다.

다음 단계를 따라 하자.

1. HDFS에 sightings.avro 파일을 복사한다.

```
$ hadoop fs -mkdir avroin
$ hadoop fs -put sightings.avro avroin/sightings.avro
```

2. AvroMR.java 파일을 만든다.

```
import java.io.IOException;
import org.apache.avro.Schema;
import org.apache.avro.generic.*;
import org.apache.avro.Schema.Type;
import org.apache.avro.mapred.*;
import org.apache.avro.reflect.ReflectData;
import org.apache.avro.util.Utf8;
```

```java
import org.apache.hadoop.conf.*;
import org.apache.hadoop.fs.Path;
import org.apache.hadoop.mapred.*;
import org.apache.hadoop.mapreduce.Job;
import org.apache.hadoop.io.* ;
import org.apache.hadoop.util.*;

// 결과물 레코드 정의
class UFORecord
{
   UFORecord()
   {
   }

   public String shape ;
   public long count ;
}

public class AvroMR extends Configured implements Tool
{
   // 맵 결과물 스키마 생성
   public static final Schema PAIR_SCHEMA =
         Pair.getPairSchema(Schema.create(Schema.Type.STRING),
               Schema.create(Schema.Type.LONG));

   // 리듀스 결과물 스키마 생성
   public final static Schema OUTPUT_SCHEMA =
         ReflectData.get().getSchema(UFORecord.class);

   @Override
   public int run(String[] args) throws Exception
   {
      JobConf conf = new JobConf(getConf(), getClass());
      conf.setJobName("UFO count");
      String[] otherArgs = new GenericOptionsParser(conf, args).
            getRemainingArgs();

      if(otherArgs.length != 2)
      {
         System.err.println("Usage: avro UFO counter <in><out>");
```

```
            System.exit(2);
        }

    FileInputFormat.addInputPath(conf, new Path(otherArgs[0]));
    Path outputPath = new Path(otherArgs[1]);
    FileOutputFormat.setOutputPath(conf, outputPath);
    outputPath.getFileSystem(conf).delete(outputPath);

    Schema input_schema =
            Schema.parse(getClass().getResourceAsStream("ufo.avsc"));

    AvroJob.setInputSchema(conf, input_schema);
AvroJob.setMapOutputSchema(conf,
            Pair.getPairSchema(Schema.create(Schema.Type.STRING),
                    Schema.create(Schema.Type.LONG)));

    AvroJob.setOutputSchema(conf, OUTPUT_SCHEMA);
    AvroJob.setMapperClass(conf, AvroRecordMapper.class);
    AvroJob.setReducerClass(conf, AvroRecordReducer.class);
    conf.setInputFormat(AvroInputFormat.class) ;

    JobClient.runJob(conf);
    return 0 ;
    }

public static class AvroRecordMapper extends
    AvroMapper<GenericRecord, Pair<Utf8, Long>>
{
    @Override
    public void map(GenericRecord in, AvroCollector<Pair<Utf8,
        Long>> collector, Reporter reporter) throws IOException
    {
        Pair<Utf8,Long> p = new Pair<Utf8,Long>(PAIR_SCHEMA) ;
        Utf8 shape = (Utf8)in.get("shape") ;

        if (shape != null)
        {
            p.set(shape, 1L) ;
            collector.collect(p);
        }
```

```
        }
    }

    public static class AvroRecordReducer extends
        AvroReducer<Utf8, Long, GenericRecord>
    {
        public void reduce(Utf8 key, Iterable<Long> values,
                AvroCollector<GenericRecord> collector,
                Reporter reporter) throws IOException
        {
            long sum = 0;

            for (Long val : values)
            {
                sum += val;
            }

            GenericRecord value = new
                    GenericData.Record(OUTPUT_SCHEMA);

            value.put("shape", key);
            value.put("count", sum);
            collector.collect(value);
        }
    }

    public static void main(String[] args) throws Exception
    {
        int res = ToolRunner.run(new Configuration(), new AvroMR(),
                args);
        System.exit(res);
    }
}
```

3. 컴파일해서 잡을 실행시키자.

```
$ javac  AvroMR.java
$ jar -cvf avroufo.jar *.class ufo.avsc
$ hadoop jar ~/classes/avroufo.jar AvroMR avroin avroout
```

4. 출력 디렉터리를 확인하자.

```
$ hadoop fs -ls avroout
Found 3 items
-rw-r--r-- 1 … /user/hadoop/avroout/_SUCCESS
drwxr-xr-x - hadoopsupergroup 0 … /user/hadoop/
avroout/_logs
-rw-r--r-- 1 … /user/hadoop/avroout/part-00000.avro
```

5. 출력 파일을 로컬 파일시스템으로 복사하자.

```
$ hadoop fs -get /user/hadoop/avroout/part-00000 ./avroresult.avro
```

보충 설명

Job 클래스를 만들고 여러 부분들을 살펴보았다. 매퍼와 리듀서 클래스의 실제 로직은 상대적으로 이해하기 쉽다. 매퍼 클래스는 외형 칼럼을 뽑아서 카운트를 1로 출력한다. 리듀서는 각 외형별로 값 항목의 총 개수를 출력한다. 흥미로운 부분은 매퍼와 리듀서 클래스에서 쓰는, 입력, 출력 타입과 잡 설정 방법이다. 매퍼 클래스는 GenericRecord를 입력 타입으로 Pair를 출력 타입으로 사용한다. 리듀서 클래스는 Pair를 입력 타입으로 GenericRecord를 출력 타입으로 사용한다. 매퍼 클래스로 전달한 GenericRecord 클래스는 입력파일의 UFO 목격 레코드 데이텀을 한 겹 싼 클래스이다. 이렇게 해서 매퍼 클래스가 Shape 필드의 값을 이름으로 가져올 수 있었다. GenericRecords는 명시적인 스키마를 사용할 수도 있고 사용하지 않을 수도 있으며, 두 경우 모두 그 구조는 데이터파일을 이용해서 판단한다는 사실을 상기하자. 리듀서 클래스의 GenericRecord 출력을 위해 스키마를 전달하기는 했지만, 새로운 메커니즘으로 출력 스키마를 생성한다.

앞서의 코드에서는 추가로 UFORecord 클래스를 만들었고, 에이브로 리플렉션을 써서 실행 시간에 스키마를 동적으로 생성했다. 그런 후에 이 스키마를 이용해서 UFO 레코드 타입을 한 겹 싸는 GenericRecord 클래스를 생성할 수 있었다. Mapper에서 Reducer 클래스로 보낼 키/값 쌍을 저장하기 위해 에이브로 Pair

사입을 사용했다. 이렇게 해서 2장의 Mapper와 Reducer 클래스에서 사용한 로직을 그대로 쓸 수 있었다. Mapper 클래스는 값으로 싱글톤 값 객체를 출력하고, Reducer는 각 외형shape마다 이 값을 합산했다.

Mapper와 Reducer 클래스의 입력과 출력에 관련된 내용 말고도 에이브로 데이터를 처리하는 잡만의 독특한 설정들이 더 있다.

```
Schema input_schema = Schema.parse(getClass().getResourceAsStream("ufo.
avsc"));
AvroJob.setInputSchema(conf, input_schema);
AvroJob.setMapOutputSchema(conf, Pair.getPairSchema(Schema.
create(Schema.Type.STRING), Schema.create(Schema.Type.LONG)));

AvroJob.setOutputSchema(conf, OUTPUT_SCHEMA);
AvroJob.setMapperClass(conf, AvroRecordMapper.class);
AvroJob.setReducerClass(conf, AvroRecordReducer.class);
```

이 설정들은 에이브로에서 스키마 정의의 중요성을 보여준다. 스키마 정의를 하지 않을 수는 있지만, 꼭 예상되는 입력과 출력 스키마 타입을 지정해줘야 한다. 에이브로는 명시된 스키마에 따라서 입력과 출력을 검증하기 때문에, 어느 정도의 데이터 타입 안정성을 제공한다.

매퍼와 리듀서 클래스같이 다른 속성을 지정할 때도 하둡의 Job 클래스 대신 AvroJob을 통해 수행해도 맵리듀스 프레임워크가 제대로 동작한다. 또한, 이 예제에서 우리는 처음으로 Tool interface를 명시적으로 구현했다. 명령행에서 하둡 프로그램을 실행시킬 때, 여러 가지 서브 명령들과 함께 매개변수 리스트(-D 같은)을 줄 수 있다. 앞 절에서처럼 잡 클래스가 Tool interface를 구현하면 이렇게 커맨드라인에서 전달된 모든 표준 옵션들을 접근할 수 있다. 이 기법은 코드 중복을 상당히 줄여줘서 유용하다.

잡 출력 데이터를 얻었으니, 루비로 결과를 확인해보자.

1. 아래처럼 read.rb 파일을 만들자.

```ruby
require 'rubygems'
require 'avro'

file = File.open('res.avro', 'rb')
reader = Avro::IO::DatumReader.new()
dr = Avro::DataFile::Reader.new(file, reader)
dr.each {|record|
    print record["shape"]," ",record["count"],"\n"
}
dr.close
```

2. 결과 파일을 확인하자.

```
$ ruby read.rb
blur 1
cylinder 1
diamond 2
formation 1
light 3
saucer 1
```

보충 설명

앞서처럼 루비 에이브로 API를 분석하지는 않겠다. 이 예제의 루비 스크립트는 에이브로 데이터 파일을 열어서 각 데이텀을 가지고 이름으로 값을 가져와서 출력한다. 스크립트는 별도의 데이터파일의 스키마를 쓰지 않는 점에 주목하자. 헤더에 있는 데이터만 가지고도 충분히 각 필드의 값을 가져올 수 있다.

이제 결과물을 자바로 출력해서, 여러 언어로 데이터에 접근 가능한지 확인해보자.

1. OutputRead.java 파일을 만든다.

```
import java.io.File;
import java.io.IOException;
import org.apache.avro.file.DataFileReader;
import org.apache.avro.generic.GenericData;
import org.apache.avro. generic.GenericDatumReader;
import org.apache.avro.generic.GenericRecord;
import org.apache.avro.io.DatumReader;

public class OutputRead
{
    public static void main(String[] args) throws IOException
    {
        String filename = args[0] ;
        File file=new File(filename) ;
        DatumReader<GenericRecord> reader= new
                GenericDatumReader<GenericRecord>();
        DataFileReader<GenericRecord>dataFileReader=new
                DataFileReader<GenericRecord>(file,reader);
        while (dataFileReader.hasNext())
        {
            GenericRecord result=dataFileReader.next();
            String output = String.format("%s %d",
                    result.get("shape"), result.get("count")) ;
            System.out.println(output) ;
        }
    }
}
```

2. 컴파일하고 프로그램을 실행하자.

```
$ javac OutputResult.java
$ java OutputResult result.avro
blur 1
cylinder 1
```

```
diamond 2
formation 1
light 3
saucer 1
```

보충 설명

여러 종류의 언어로 에이브로 데이터를 읽는 예를 보여주기 위해 이 예제를 넣었다. 코드는 앞서의 `InputRead` 클래스와 매우 유사하다. 유일한 다른 점은 데이터 파일에서 읽어온 각 데이텀을 출력하기 위해 필드의 이름을 사용했다는 사실이다.

도전 과제 | 에이브로로 그래프 표현

앞서 `GrpahPath` 클래스에선 그래프 표현과 관련된 복잡도를 줄이기 위해 힘든 작업을 했다. 하지만, 텍스트로 표현된 내용을 실제 객체로 변환하기 위한 오버헤드가 필요했다.

에이브로는 중첩 복합 타입을 지원하기 때문에, 노드를 실제 런타임의 객체에 훨씬 가깝게 자연스럽게 표현할 수 있다. 각 노드별 데이텀으로 이뤄진 에이브로 데이터파일을 이용해서 그래프 표현을 읽고 쓸 수 있도록 `GraphPass` 클래스를 수정해보자.

아래의 예제 스키마를 가지고 시작하는 방법도 좋다. 원하면 더 개선해보자.

```
{ "type": "record",
"name": "Graph_representation",
"fields" : [
{"name": "node_id", "type": "int"},
{"name": "neighbors", "type": "array", "items:"int" },
{"name": "distance", "type": "int"},
{"name": "status", "type": "enum",
"symbols": ["PENDING", "CURRENT", "DONE"
},]
]
}
```

에이브로 더 알아보기

이번 사례연구에서 다루지 않은 에이브로의 기능이 많다. 우리는 데이터 표현 관점에서만 에이브로의 기능을 보았다. 에이브로는 리모트 프로시저 콜RPC 프레임워크에서도 쓸 수 있고, 하둡 2.0의 기본 RPC 포맷으로도 사용할 수 있다. 우리는 더욱 도메인 특화된 API를 생성하는 에이브로의 코드 생성 기능도 사용하지 않았다. 에이브로의 스키마 진화 같은(예를 들어, 레코드에 새로운 필드를 추가하면서도 기존 데이터나 클라이언트도 잘 동작하게 하는) 기능도 다루지 않았다. 이 기술은 앞으로 자주 보게 될 기술이다.

정리

5장에서는 세 개의 사례 연구를 통해서 하둡의 고급기능과 폭 넓은 에코시스템을 조명해 보았다. 특히, 조인 타입의 문제들의 특성을 살펴보았고, 리듀스 사이드 조인은 쉽게 구현 가능하지만 효율 면에서 문제가 있다는 점, 맵 사이드에서 분산 캐시에 데이터를 넣어서 전체 데이터 조인을 피하는 최적화 방법을 알아보았다.

전체 데이터 가지고 맵 사이드에서 조인을 구현하는 방법을 알아보았는데, 이 방법은 꽤 많은 입력 데이터 처리를 요구한다. 조인이 자주 필요할 경우에는 하이브나 피그 같은 다른 툴을 써야 한다는 점도 이야기했다. 그리고 그래프 같은 복잡한 타입을 어떻게 생각해서 맵리듀스로 처리할 수 있게 표현하는지 알아보았다.

그래프 알고리즘을 여러 단계의 맵리듀스 잡으로 쪼개는 기술에 대해 보았다. 언어 독립적인 데이터 타입의 중요성에 대해 배우고, 에이브로는 언어 독립성을 얻기 위해서도 쓰이지만 자바에서 복잡한 타입을 처리할 때도 쓰인다는 사실을 배웠다. 그리고 맵리듀스 잡의 입력과 출력으로 쓰이는 에이브로 맵리듀스 API에 대해서도 배웠다.

여기에서 하둡 맵리듀스 프레임워크의 프로그래밍적인 측면에 대한 내용을 마무리 짓는다. 이제 6장과 7장에서 하둡 환경을 관리하고 확장하는 방법에 대해서 이야기하겠다.

6

하둡의 내구성

하둡의 강한 장점은 장애 발생 확률이 낮고 복구능력이 좋은 것이다. 6장에서는 이러한 하둡의 내구성을 살펴보겠다.

6장에서 다루는 내용은 다음과 같다.

- 하둡 데이터노드와 태스크트래커 장애 복구
- 하둡 네임노드와 잡트래커 장애 복구
- 하둡에서의 물리장비 장애 영향도
- 소프트웨어 오류로 인한 태스크 실패 대처방안
- 데이터 오류로 인한 태스크 실패와 대처방안

추가로 하둡 컴포넌트끼리의 연동방식과 다양한 모범 활용 사례를 살펴본다.

장애

시중의 많은 기술 대부분은 장애 대응에 대한 문서가 부족하고 해당 분야의 전문가만 다루는 내용으로 인식되고 있다. 하지만 하둡은 장애가 빈번한 환경을 바탕으로 설계되어 시스템 관리자에게 장애 대응 작업을 수월하게 해줬다.

실패를 받아들여라

"실패를 받아들여라" 최근 젊은이들을 위한 문구가 유행이다. 실패하지 않기를 바라기보다 실패를 기대하고 시스템과 프로세스 실패에 대한 대책을 준비해야 한다.

실패를 두려워 말라

처음부터 실패를 두려워하지 않는 건 무리이다. 6장에서는 하둡 시스템 장애에 익숙해지는 것을 목표로, 작동중인 클러스터의 하둡 프로세스를 죽이고 임의로 소프트웨어 장애발생, 오류 데이터를 입력하는 등 다양한 방법으로 장애를 발생시켜보겠다.

집에서는 따라하지 마세요

장애를 발생시키면 시스템은 정상 작동할 지라도 장비에는 상당한 무리가 간다. 대부분의 장애 실습은 실제 운영 하둡 클러스터에서도 수행 가능하지만, 6장에서는 피하겠다. 다양한 장애의 유형을 이해하고 사업수행에 중요한 역할을 맡은 시스템에 장애가 발생한 경우 그에 대한 치명도를 짐작하는 게 중요하다. 다행히도 대부분의 장애는 하둡이 처리하게 된다.

장애의 유형

하둡 장애는 일반적으로 다음과 같은 유형으로 나뉜다.

- 데이터노드와 태스크트래커와 같은 노드 장애
- 네임노드와 잡트래커와 같은 클러스터 마스터 장애

- 하드 디스크, 호스트 강제종료 등과 같은 하드웨어 장애

- 소프트웨어 오류로 의한 맵리듀스 잡의 태스크 장애

- 데이터 오류로 인한 맵리듀스 잡의 태스크 장애

이제부터 장애 유형에 대해 살펴보겠다.

하둡 노드 장애

가장 먼저 살펴 볼 장애 유형은 데이터노드와 태스크트래커의 예상치 못한 종료이다. 클러스터가 수 백 또는 수 천 대의 호스트로 증가함에 따라 노드 장애빈도는 자연스럽게 늘어난다. 다행히도 하둡이 제공하는 저가 하드웨어로 구성된 관리 시스템의 가용성은 매우 믿음직스럽다.

하둡의 장애 실습을 하기 전에 새로운 툴을 익혀보고 클러스터 설정을 확인해보자.

dfsadmin 명령어

클러스터 상태를 확인하기 위해 매번 HDFS 웹 인터페이스를 방문하는 대신 다음 명령을 이용한다.

```
$ hadoop dfsadmin
```

이 명령어를 실행하면 병행 가능한 다양한 옵션을 보여주는데 그 중 -report 옵션을 사용하면 설정된 전체 용량과 노드 수, 파일 수, 각 노드의 상세정보와 같이 전체적인 클러스터 상태를 보여준다.

클러스터 규모, 테스트 파일, 블록의 크기

6장의 실습을 수행하기 위해서는 앞 장에서 설치한 완전 분산형 클러스터가 필요하다. 6장의 실습에는 네임노드와 잡트래커가 설치된 한 대의 호스트, 그리고 데이터노드와 태스크트래커가 설치된 네 대의 슬레이브로 구성된 클러스터를 사용한다.

실습이나 과제에는 가상머신으로 구성된 클러스터를 사용했다. 반드시 전용서버를 구입해야 할 필요는 없다.

일반적인 경우 하둡 클러스터의 블록크기는 64MB로 설정하지만 블록 수를 적절히 유지하려면 테스트 파일의 크기도 커져야 한다. 즉 6장의 장애 테스트에는 적합하지 않다.

테스트를 위해 설정된 블록 크기를 4MB로 줄이겠다. 다음 설정을 하둡 conf 디렉터리의 hdfs-site.xml 파일에 반영하자.

```
<property>
    <name>dfs.block.size</name>
    <value>4194304</value>
</property>
<property>
    <name>dfs.namenode.logging.level</name>
    <value>all</value>
</property>
```

첫 번째 설정은 블록 크기를 변경하고 후자는 네임노드의 로깅 레벨을 낮게 하여 블록 운영 현황을 더 상세히 볼 수 있게 한다.

 위 설정은 모두 테스트 환경에 적합하지만 운영환경에서는 보기 힘든 설정이다. 네임노드 로깅 레벨은 문제발생시 높이면 도움이 되지만, 블록 크기를 4MB로 설정하는 경우는 경우는 없다. 블록 크기가 작아도 하둡은 작동하지만 성능에 영향을 미칠 것이다.

4MB 블록으로 구성될 적절한 크기의 테스트 파일이 필요하다. 가능한 가장 큰 파일을 하둡 파일시스템에 저장하되 파일을 열어보지 않으므로 파일 형식은 아무거나 상관없다. 여기서는 CD ISO 이미지 파일을 사용했다.

```
$ hadoop fs -put cd.iso file1.data
```

하둡의 내고장성과 일래스틱 맵리듀스

이 책의 예제에서 주로 로컬 하둡 클러스터를 사용하는 이유는 장애를 상세히 분석할 수 있기 때문이다. EMR은 로컬 하둡과 같은 내고장성을 제공하기 때문에 이책의 장애 시나리오는 로컬과 EMR 하둡 모두 똑같이 적용할 수 있다.

실습 예제 | 데이터노드 프로세스 죽이기

테스트를 위해 데이터노드를 강제종료시키겠다. 데이터노드 프로세스는 HDFS 클러스터의 각 노드에서 실행되며 HDFS 파일시스템의 데이터 블록을 관리한다. 하둡이 세 개의 복제 계수를 유지하므로 하나의 데이터노드 응답이 없다하더라도 하둡의 가용성에는 영향이 없어야 한다. 단지 하둡의 복제수 임계치에 임시적으로 못 미칠 뿐이다. 다음 절차를 통해 데이터노드를 강제종료시킨다.

1. 가장 먼저 클러스터가 정상 작동하는지 확인한다.

```
$ hadoop dfsadmin -report
Configured Capacity: 81376493568 (75.79 GB)
Present Capacity: 61117323920 (56.92 GB)
DFS Remaining: 59576766464 (55.49 GB)
DFS Used: 1540557456 (1.43 GB)
DFS Used%: 2.52%
Under replicated blocks: 0
Blocks with corrupt replicas: 0
Missing blocks: 0


-------------------------------------------------
Datanodes available: 4 (4 total, 0 dead)

Name: 10.0.0.102:50010
Decommission Status : Normal
Configured Capacity: 20344123392 (18.95 GB)
DFS Used: 403606906 (384.91 MB)
Non DFS Used: 5063119494 (4.72 GB)
DFS Remaining: 14877396992 (13.86 GB)
DFS Used%: 1.98%
DFS Remaining%: 73.13%
```

```
Last contact: Sun Dec 04 15:16:27 PST 2011
...
```

노드 중 하나에 로그인하고 jps 명령을 이용해 데이터노드의 프로세스 아이디를 확인한다.

```
$ jps
2085 TaskTracker
2109 Jps
1928 DataNode
```

2. 데이터노드의 프로세스 아이디를 이용해 강제로 종료시킨다.

```
$ kill -9 1928
```

3. 데이터노드 프로세스가 종료 됨을 확인한다.

```
$ jps
2085 TaskTracker
```

4. dfsadmin 명령을 이용해 클러스터 상태를 확인한다.

```
$ hadoop dfsadmin -report
Configured Capacity: 81376493568 (75.79 GB)
Present Capacity: 61117323920 (56.92 GB)
DFS Remaining: 59576766464 (55.49 GB)
DFS Used: 1540557456 (1.43 GB)
DFS Used%: 2.52%
Under replicated blocks: 0
Blocks with corrupt replicas: 0
Missing blocks: 0


-------------------------------------------------
Datanodes available: 4 (4 total, 0 dead)
...
```

5. 블록 수, 작동 중인 노드 수, 각 노드의 마지막 응답시간을 나타내는 부분을 유심히 살펴보자. 강제종료 된 노드의 마지막 응답시간이 10분 정도 지나면 dfsadmin을 주기적으로 실행하여 블록 수와 작동 노드 수가 변하는 것을 확인한다.

```
$ hadoop dfsadmin -report
Configured Capacity: 61032370176 (56.84 GB)
Present Capacity: 46030327050 (42.87 GB)
DFS Remaining: 44520288256 (41.46 GB)
DFS Used: 1510038794 (1.41 GB)
DFS Used%: 3.28%
Under replicated blocks: 12
Blocks with corrupt replicas: 0
Missing blocks: 0


-------------------------------------------------

Datanodes available: 3 (4 total, 1 dead)
...
```

6. 기본 복제수를 채우지 못한 블록수가 0이 될 때까지 명령을 반복한다.

```
$ hadoop dfsadmin -report
...
Under replicated blocks: 0
Blocks with corrupt replicas: 0
Missing blocks: 0


-------------------------------------------------

Datanodes available: 3 (4 total, 1 dead)
...
```

보충 설명

큰 그림에서 보면 비교적 쉽게 이해할 수 있다. 하둡이 노드로 부터 응답이 없는
것을 인식하고 문제해결을 시도하는 데까지 실지로 많은 작업이 이뤄진다. 데이터
노드를 종료시키면 해당 프로세스는 읽기/쓰기 작업에서 더 이상 데이터 블록을
처리할 수 없는 상태로 빠진다. 그렇다면 우리가 파일시스템에 특정 요청을 하지
않았는데도 네임노드는 데이터노드가 종료되었는지 어떻게 알았을까?

네임노드와 데이터노드 통신

네임노드와 데이터노드는 주기적으로 통신하는 것을 본적이 있지만 자세히 설명된 적은 없다. 데이터노드 스스로 현재 상태와 관리 중인 블록정보를 보고하는 헛빗heartbeat을 주기적으로 보내고 네임노드는 응답으로 신규파일 생성 또는 타 노드의 블록을 전달받는 등의 명령을 보내는 방식으로 이뤄진다.

통신은 네임노드 프로세스가 가동되고 데이터노드의 상태정보를 받으면서 시작된다. 각 데이터노드는 네임노드의 주소를 알고 있어 주기적으로 상태 메시지를 보낸다. 각 메시지는 데이터노드가 보관하는 블록 리스트이며 네임노드는 이를 통해 모든 파일과 디렉터리의 최신 블록위치를 유지할 수 있다.

네임노드는 데이터노드에서 받는 마지막 헛빗 시간을 감시하는데 특정 시간을 넘어가면 해당 데이터노드는 응답불능 상태로 인식된다.

 데이터노드 타임아웃 시간은 사용자 임의로 변경할 수 없고 대신 헛빗 주기와 같은 설정을 통해 계산된다. 반대로 맵리듀스 작업 시 태스크트래커의 타임아웃 시간 설정은 사용자 설정으로 변경 가능하다.

네임노드는 응답불능 상태로 인식된 데이터노드의 모든 블록을 찾아낸다. 각 블록은 세 개의 복제본 중 하나이므로 블록 하나를 잃을 때마다 복제본 수를 채우지 못한 블록 하나가 늘어난다.

이전 실습에서 기본 복제수를 채우지 못한 12개의 블록을 확인했는데 클러스터에 충분한 복제본이 없어 한계치를 채우지 못한 블록들이다. 네임노드가 이러한 블록을 발견하면 복제본이 저장된 데이터노드로부터 없는 노드로 복사한다. 실습에서는 12개의 블록만 복사하면 됐지만 운영 환경에서의 데이터노드 장애는 복제 계수를 맞추면서 엄청난 네트워크 사용량을 초래한다.

클러스터에서 제외된 데이터노드가 복구되면 블록은 요구된 수보다 많은 복제본을 가지게 되는데 이런 경우 네임노드는 불필요한 복제본을 삭제하도록 메시지를 보낸다. 삭제될 복제본은 무작위로 선택되는데 결과적으로 복구된 노드의 일부 블록은 보관되고 일부는 삭제된다.

도전 과제 | 네임노드 로그 분석

네임노드 프로세스의 모든 작업 로그를 보관하도록 설정했다. 복제 관련 요청기록을 생성된 로그에서 찾아보자.

로그의 마지막 부분을 보면 기본 복제수를 채우지 못한 블록이 가동 중인 데이터노드로 복사된 이후 상태를 출력했다. 클러스터는 세 개의 노드로 줄어들었지만 기본 복제수를 채우지 못한 블록은 없다.

 제외된 노드가 복구됐을 때 빠르고 쉽게 클러스터에 포함시키는 방법은 start-all.sh 스크립트를 사용하는 것이다. 이 스크립트는 하둡의 모든 노드를 가동하지만 이미 가동 중인 노드는 중복으로 가동하지 않기 때문에 결국 제외된 노드만 가동된다.

실습 예제 | 복제 계수 실습

이전 실습을 반복하되 이번에는 네 개의 노드로 구성된 클러스터중 두 개의 데이터노드를 강제종료시켜보겠다. 이전과 과정은 비슷하므로 자세한 설명은 생략하겠다.

1. 종료된 데이터노드를 재 시작하고 노드가 가동될 때까지 확인한다.

2. 두 대의 데이터노드를 선택하고 프로세스 아이디를 확연하여 강제종료한다 (kill -9 명령어 사용).

3. 이전 실습과 마찬가지로 10분가량 기다린 후 dfsadmin을 사용해 클러스터 상태와 복제수가 부족한 블록 수를 확인한다.

4. 다음과 출력과 같이 클러스터가 안정될 때까지 기다린다.

```
Configured Capacity: 61032370176 (56.84 GB)
Present Capacity: 45842373555 (42.69 GB)
DFS Remaining: 44294680576 (41.25 GB)
DFS Used: 1547692`979 (1.44 GB)
DFS Used%: 3.38%
Under replicated blocks: 125
Blocks with corrupt replicas: 0
Missing blocks: 0


-------------------------------------------------
Datanodes available: 2 (4 total, 2 dead)
...
```

보충 설명

이전 실습을 통해 익숙해진 내용이지만 한 가지 다른 점은 두 대의 데이터노드를
종료시킴으로 복제 계수를 충족시키지 못하는 블록 수가 상당히 많아졌다. 이중에
는 하나의 복제본만 유지하는 블록 수도 많았다. 결과적으로 기본 복제수를 충족
하지 못하는 블록 수에 많은 변화가 발생했는데, 처음에는 이 수치가 노드 장애로
급격히 증가하다 복제본의 복사가 이뤄지면서 수치가 낮아지는 것을 확인할 수 있
었다. 이러한 작업은 네임노드 로그에서도 확인할 수 있다.

흥미로운 점은 하둡이 복제본 복사를 통해 하나의 복제본을 두개 이상 복사할 수
있다 하더라도 현재 가동 중인 노드는 두 대밖에 없으므로 블록은 기본 복제수인
세 개의 복제수를 충족하지 못한다.

지금까지 이 책에 출력된 dfsadmin 명령의 결과 중 노드정보는 생략했었다. 이번
에는 클러스터의 첫 번째 노드정보를 살펴보자. 데이터노드를 강제종료시키기전
에 dfsadmin의 노드정보는 다음과 같다.

```
Name: 10.0.0.101:50010
Decommission Status : Normal
Configured Capacity: 20344123392 (18.95 GB)
DFS Used: 399379827 (380.88 MB)
Non DFS Used: 5064258189 (4.72 GB)
DFS Remaining: 14880485376(13.86 GB)
```

```
DFS Used%: 1.96%
DFS Remaining%: 73.14%
Last contact: Sun Dec 04 15:16:27 PST 2011
```

하나의 데이터노드가 종료되고 모든 블록이 필요 수만큼 복사된 후의 노드정보는 다음과 같다.

```
Name: 10.0.0.101:50010
Decommission Status : Normal
Configured Capacity: 20344123392 (18.95 GB)
DFS Used: 515236022 (491.37 MB)
Non DFS Used: 5016289098 (4.67 GB)
DFS Remaining: 14812598272(13.8 GB)
DFS Used%: 2.53%
DFS Remaining%: 72.81%
Last contact: Sun Dec 04 15:31:22 PST 2011
```

중요한 부분은 노드에서 사용하고 있는 로컬 DFS 스토리지 공간의 증가이다. 당연한 얘기지만 노드가 하나 종료되면 클러스터의 다른 노드들이 더 많은 블록 복제본을 수용해야 하고 이는 각 노드에 더 많은 공간 이 요구됨을 뜻한다.

마지막으로 두 대의 데이터노드가 종료된 후의 노드정보이다.

```
Name: 10.0.0.101:50010
Decommission Status : Normal
Configured Capacity: 20344123392 (18.95 GB)
DFS Used: 514289664 (490.46 MB)
Non DFS Used: 5063868416 (4.72 GB)
DFS Remaining: 14765965312(13.75 GB)
DFS Used%: 2.53%
DFS Remaining%: 72.58%
Last contact: Sun Dec 04 15:43:47 PST 2011
```

이제 두 대의 노드가 강제종료 됐으므로 가동 중인 노드가 더 많은 로컬 스토리지 공간을 사용해야 할 것 같지만 복제 계수로 인해 이전과 비슷한 스토리지 사용량을 볼 수 있다.

네 대의 노드가 있고 복제 계수가 3으로 설정됐을 때 블록 복제본은 가동 중인 세

대의 노드에 보관된다. 한 대의 노드에 장애가 발생하면 다른 노드에 존재하는 블록에는 영향이 없지만 장애 노드에 존재하던 블록 복제본은 새로 생성돼야 한다. 세대의 노드가 가동 중이라면 모든 노드에 각 블록의 복제본이 존재하게 된다. 이 때 두 번째 노드장애가 발생하면 하둡은 더 이상 블록을 복사할 노드가 없어지고 블록들이 기본 복제본 수를 채우지 못하게 된다. 가동 중인 두 대의 노드는 이미 모든 블록의 복제본을 보관하고 있어 더 이상의 복사는 이뤄지지 않고 스토리지 공간 또한 변화가 없다.

실습 예제 | 블록 손실 유도

이전 실습을 통해 익숙한 실습이다. 이번에는 세대의 데이터노드를 빠르게 강제종료시켜보자.

 이번 실습은 앞서 설명한 운영 클러스터에 절대 해서 안 되는 작업 중 하나이다. 실습을 정확히 따라 하면 데이터 손실은 없지만 데이터가 일시적으로 제공되지 않는 순간이 있을 것이다.

다음은 세대의 데이터노드를 빠르게 종료하는 절차이다.

1. 모든 노드를 다시 시작한다.

    $ start-all.sh

2. 하둡의 dfsadmin -report 명령이 네 대의 노드가 모두 가동중임을 나타낼 때까지 기다린다.

3. 테스트 파일을 HDFS에 저장한다.

    $ hadoop fs -put file1.data file1.new

4. 클러스터의 세대의 호스트에 접속하여 데이터노드 프로세스를 강제종료시킨다.

5. 10분 정도 기다리고 `dfsadmin` 명령을 이용해 다음과 같은 블록손실 결과를 얻을 때까지 클러스터 상태를 확인한다.

```
...
Under replicated blocks: 123
Blocks with corrupt replicas: 0
Missing blocks: 33
------------------------------------------------
Datanodes available: 1 (4 total, 3 dead)
...
```

6. HDFS에서 테스트 파일 다운로드를 시도한다.

```
$ hadoop fs -get file1.new file1.new
11/12/04 16:18:05 INFO hdfs.DFSClient: No node available for block:
blk_1691554429626293399_1003 file=/user/hadoop/file1.new
11/12/04 16:18:05 INFO hdfs.DFSClient: Could not obtain block
blk_1691554429626293399_1003 from any node: java.io.IOException: No
live nodes contain current block
...
get: Could not obtain block: blk_1691554429626293399_1003 file=/user/
hadoop/file1.new
```

7. 종료된 노드를 다시 시작한다.

```
$ start-all.sh
```

8. 블록 상태를 계속 확인해본다.

```
$ hadoop dfsadmin -report | grep -i blocks
Under replicated blockss: 69
Blocks with corrupt replicas: 0
Missing blocks: 35

$ hadoop dfsadmin -report | grep -i blocks
Under replicated blockss: 0
Blocks with corrupt replicas: 0
Missing blocks: 30
```

9. 블록손실 관련 보고가 없을 때까지 기다리고 테스트 파일 다운로드를 다시 시도한다.

```
$ hadoop fs -get file1.new file1.new
```

10. MD5를 이용한 데이터 정합성을 테스트한다.

```
$ md5sum file1.*
f1f30b26b40f8302150bc2a494c1961d file1.data
f1f30b26b40f8302150bc2a494c1961d file1.new
```

보충 설명

종료된 노드를 재 시작하고 테스트 파일을 다시 HDFS로 저장했다. 이전 실습에서 저장한 테스트 파일을 사용할 수 있지만 복제본 구성이 많이 바뀌었을 수도 있으므로 신규 파일을 통해 정확한 결과를 얻는다.

세 대의 데이터노드를 강제종료시키고 HDFS가 응답할 때까지 기다렸다. 이전 실습과는 다르게 이번에는 일부 블록은 모든 복제본을 종료된 서버에 보관하고 있었고, 나머지 한 대의 노드로 작동하고 있는 클러스터에서 수백 개의 블록이 기본 복제수를 충족시키지 못하고(한 개의 복제본만 존재) 결국 33개의 블록이 손실된 것을 확인할 수 있었다.

블록 단위에서만 설명하는 것은 너무 추상적이라 이번 실습에서는 직접 33개의 블록이 손실된 테스트파일에 접근을 시도했다. 하둡이 손실된 블록을 찾을 수 없어 파일의 접근은 당연히 실패로 돌아갔다.

모든 노드를 재 시작한 후 다시 파일접근을 시도했다. 파일을 성공적으로 받았지만 추가로 MD5 암호화를 통해 원본 파일과 HDFS로부터 받은 파일이 비트 단위로 같은지도 확인했다.

중요한 점은 노드장애로 인해 데이터가 손실될 수 있지만 노드의 복구로 손실된 데이터도 복구 가능하다는 것이다.

실제로 데이터가 손실되는 경우

하둡 클러스터에서 데이터가 언제나 안전하다는 생각은 금물이다. 웬만한 경우 손실 위험은 없지만 예외 상황에서 데이터가 어떻게 될지는 섣불리 예측할 수 없다.

복제 계수 이상의 노드에서 장애가 발생하면 블록 손실 가능성이 있다. 실습에서처럼 네 대 노드의 클러스터 중 세 대의 노드장애가 발생하면 블록 손실 가능성은 매우 크다. 1000대 노드의 클러스터라면 가능성은 매우 낮지만 그렇다고 손실 확률이 아예 없는 건 아니다. 클러스터 크기가 커질수록 장비 장애발생 확률은 높아지지만 순간적으로 특정 블록의 복제본을 보관하는 세 대의 노드에 문제가 생기는 가능성은 낮아진다. 결론적으로 데이터 손실 장애 가능성은 줄어들지만, 여러 장애 요인이 겹치면 데이터는 언제든지 손실될 수 있다.

두 번째로 골치 아픈 문제는 부분 또는 반복적인 장애 발생이다. 예를 들면 클러스터 일부의 전원이 내려가 노드가 재 시작되는 경우가 있다. 하둡은 계속하여 복제본 수를 맞추도록 노력할테고, 계속하여 복구되는 호스트에 설정된 복제수를 채우지 못하는 블록을 복사 받도록 요청하는데 복사 작업 자체가 실패할 수 있다. 이런 반복적인 흐름에서 데이터가 손실될 수 있다.

물론 인적 오류의 가능성도 있다. 복제 계수와 클러스터 크기가 일치하고 블록이 모든 노드에 존재하는 것을 확인하더라도 사용자가 실수로 파일과 디렉터리를 지우면 모든 게 무용지물이다.

정리하자면 데이터 손실은 시스템 장애로 인한 가능성은 매우 낮지만 사용자 실수에 의해 생길 수 있다. 블록 복제는 백업 솔루션이 아니다. 작업하는 데이터의 중요성과 위에서 살펴본 데이터 손실의 영향을 항상 인지하고 있어야 한다.

 가장 겪고 싶지 않은 장애 유형은 네임노드 장애와 파일시스템의 고장이다. 자세한 설명은 7장에서 설명하겠다.

블록 변질

데이터노드의 블록 상태정보에는 변질된 블록 수를 포함한다. 블록이 처음 저장될 때 같은 HDFS 디렉터리에 체크섬 암호를 포함한 숨은 파일을 생성한다. 기본 설정으로 블록의 512바이트 단위로 하나의 체크섬 암호가 존재한다.

클라이언트는 블록을 읽을 때마다 체크섬 목록을 함께 가져와 읽은 블록을 대상으로 계산한 체크섬과 비교한다. 체크섬이 서로 일치하지 않으면 데이터노드의 해당 블록은 변질된 블록으로 표기되고 클라이언트는 다른 위치의 복제본을 요청한다. 네임노드가 변질된 블록을 인식하면 변질되지 않은 블록을 이용해 새로운 복제본을 생성한다.

복제본이 변질되는 예로는 블록이 처음 생성될 때와 저장될 때, 읽을 때 메모리나 디스크, 디스크 컨트롤러 등의 호스트 문제로 언제든지 발생할 수 있다. 물론 흔한 경우는 아니며 특정 블록의 모든 복제본이 손실되는 경우는 더욱 그렇다. 블록 복제는 데이터 백업 수단은 아니므로 데이터의 100% 안전성이 필요하다면 클러스터 외부 백업 솔루션 도입을 고려해야 한다.

실습 예제 | 태스크트래커 죽이기

지금까지 HDFS와 데이터노드에 충분한 부하를 줬다. 이번에는 태스크트래커 프로세스를 죽이는 식으로 맵리듀스에 부하를 줘보자.

맵리듀스 상태를 확인하는 `mradmin` 명령이 있지만 HDFS처럼 자세한 상태 정보는 제공하지 않는다. 그러므로 맵리듀스 클러스터 상태를 확인할 땐 맵리듀스 웹 인터페이스(기본설정으로 잡트래커 호스트의 50070 포트)를 사용하겠다.

1. start-all.sh 스크립트를 이용해 모든 노드가 작동 중인지 다시 확인하고 맵리듀스 웹 인터페이스를 브라우저에서 열어보면 다음과 같은 화면을 볼 수 있다.

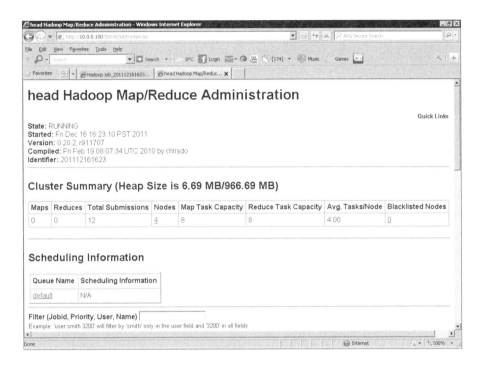

2. 실습을 위해 오래 걸리는 맵리듀스 잡을 실행해보자. 이번에는 파이 계산 예
제에 큰 입력 값을 준다.

```
$ hadoop jar Hadoop/Hadoop-examples-1.0.4.jar pi 2500 2500
```

3. 클러스터 노드에 접속하고 jps 명령을 이용해 태스크트래커 프로세스를 확인
한다.

```
$ jps
21822 TaskTracker
3918 Jps
3891 DataNode
```

4. 태스크트래커 프로세스를 강제종료 한다.

```
$ kill -9 21822
```

5. 태스크트래커가 종료됨을 확인한다.

```
$jps
3918 Jps
3891 DataNode
```

6. 맵리듀스 웹 인터페이스로 돌아가 10분정도 기다리면 다음 화면같이 노드 수와 작업이 없는 맵/리듀스 자원이 변하는 것을 확인할 수 있다.

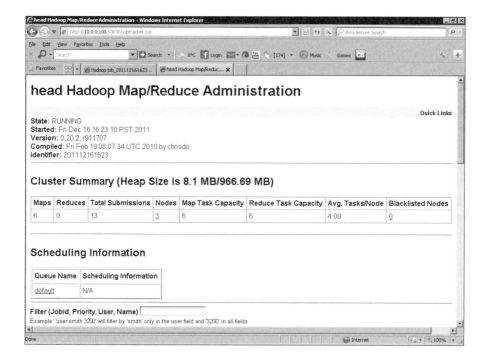

7. 원래 화면으로 돌아가 잡의 진행을 살펴보면 느린 속도에도 불구하고 계속 진행 중이다.

8. 종료된 태스크트래커 프로세스를 재 시작한다.

```
$ start-all.sh
```

9. 맵리듀스 웹 인터페이스를 모니터링하다 보면 다음 화면같이 노드 수가 복구 된다.

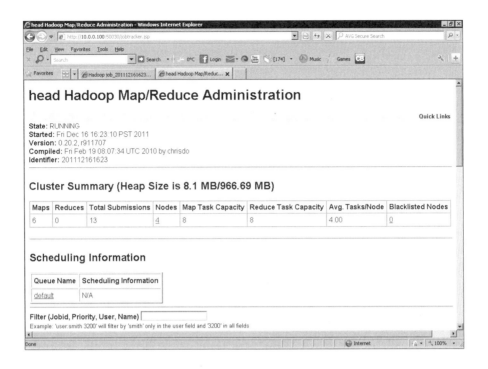

맵리듀스 웹 인터페이스는 클러스터와 실행 중인 잡에 대한 많은 정보를 포함한다.
여기서 우리가 필요한 정보는 현재 실행 중인 맵과 리듀스 태스크 수와 수행 요청
된 잡 수, 노드 수와 맵과 리듀스 수용력, 블랙리스트로 제외된 노드 정보이다.

잡트래커와 태스크트래커 연동방식은 네임노드와 데이터노드 연동방식과 조금
다르지만 비슷한 헛빗/모니터링 방식을 따라간다.

태스크트래커는 잡트래커에게 주기적으로 헛빗을 보내고 블록 상태를 포함한
상태정보 대신 할당된 태스크 진행률과 여분의 수용자원을 보고한다. 각 노드의
맵과 리듀스 수는 설정가능하고, 기본설정은 각각 두 개씩이므로 네 대의 노드
에 8개의 맵과 8개의 리듀스 수용공간을 첫 번째 웹 인터페이스 화면에서 볼 수
있었다.

태스크트래커 프로세스가 죽으면 헛빗 보고가 정지되고 일정시간 후에 잡트래커에 의해 감지되어 웹 인터페이스의 클러스터 수용량에 나타난다.

 태스크트래커가 응답불능 상태로 인식되는 시간은 mapred-site.xml의 mapred.tasktracker.expiry.interval 설정으로 변경 가능하다.

태스크트래커가 응답불능 상태로 인식되면 해당 노드에서 진행 중이던 태스크는 실패로 간주하고 클러스터의 다른 노드에 요청한다. 이는 하나의 노드가 죽어도 잡이 투명하게 성공한 것을 보고 알 수 있다.

태스크트래커가 재가동되면 헛빗을 잡트래커에게 보내기 시작하고 다시 응답가능 상태로 인식되어 맵리듀스 클러스터에 합류한다. 화면에서 보았듯이 클러스터 노드 수와 태스크 수용력이 복구되었다.

데이터노드와 태스크트래커 장애 비교

태스크 수행 아키텍처에서 태스크트래커 장애는 상대적으로 타격적이지 않으므로 이전 실습처럼 태스크트래커를 하나 둘 죽이지는 않겠다.

태스크트래커 프로세스는 잡트래커가 관리하고 자원을 조정하기 때문에 태스크트래커가 죽으면 클러스터의 작업 수행능력이 일정량 떨어질 뿐이고 잡트래커가 실패한 태스크를 클러스터의 정상 작동중인 태스크 트래커에 할당한다. 잡트래커는 이론적으로 무상태기반 특성을 갖기 때문에 언제든지 태스크 수행 노드를 변경할 수 있다. 부분 오류는 전체 영향을 주지 않는다.

반대로 데이터노드는 상태기반 특성을 가지기 때문에 장애 발생 시 보관된 데이터에 영향을 주고 때론 데이터 접근 불가능한 상태에 이르기도 한다.

이제 하둡의 각 노드에 대한 역할과 관계가 눈에 보일 것이다. 데이터노드는 데이터를 관리하고 태스크트래커는 데이터를 읽고 쓴다. 태스크트래커가 전부 내려가는 상황이더라도 HDFS는 정상 작동하지만 네임노드 하나가 죽으면 맵리듀스 클러스터 전체가 무용지물이 된다(맵리듀가 HDFS이외의 스토리지를 사용하는 경우는 예외).

영구 장애

지금까지의 복구 실습은 장애 노드가 같은 호스트에 복구될 수 있다는 가정하에 수행했다. 호스트에 영구적인 장애가 발생하면 어떻게 대처할까? 방법은 간단하다. 장애가 발생한 호스트 이름을 slaves 파일에서 제거하면 앞으로 해당 노드는 시작되지 않는다. 차후에 다른 호스트가 추가되면 해당 호스트명을 같은 파일에 추가하고 start-all.sh 스크립트를 실행하면 된다.

 참고할 점은 slaves 파일은 클러스터 시작과 종료, slaves.sh 스크립트와 같은 관리 툴에서만 사용된다. 그 뜻은 슬레이브 파일은 모든 노드에 수정할 필요 없이 관리 툴을 실행하는 노드에만 수정하면 된다. 운영 클러스터 관리 툴을 실행하는 호스트는 보통 관리전용 호스트나 네임노드 또는 잡트래커가 실행 중인 호스트이다. 관리 툴에 대한 자세한 설명은 7장에서 하겠다.

클러스터 마스터 죽이기

데이터노드와 태스크트래커 프로세스의 장애 영향도는 서로 다르지만 한두 노드의 장애는 큰 문제가 없다. 여러 대의 노드의 동시다발적 장애만 피하면 된다. 그에 비해 잡트래커와 네임노드는 하나의 프로세스만 존재한다. 마스터 노드에서 장애 발생시 그에 따른 시스템 영향을 살펴보자.

실습 예제 | 잡트래커 죽이기

먼저 잡트래커를 강제종료시켜 해당 장애가 맵리듀스 잡에만 영향을 주고 HDFS 파일시스템은 정상 작동하는 것을 실습을 통해 알아보겠다.

1. 잡트래커 노드에 접속하여 해당 프로세스를 죽인다.

2. 파이계산이나 워드카운트 같은 맵리듀스 잡을 실행한다.

```
$ hadoop jar wc.jar WordCount3 test.txt output
Starting Job
11/12/11 16:03:29 INFO ipc.Client: Retrying connect to server:
/10.0.0.100:9001. Already tried 0 time(s).
11/12/11 16:03:30 INFO ipc.Client: Retrying connect to server:
/10.0.0.100:9001. Already tried 1 time(s).
...
11/12/11 16:03:38 INFO ipc.Client: Retrying connect to server:
/10.0.0.100:9001. Already tried 9 time(s).
java.net.ConnectException: Call to /10.0.0.100:9001 failed on
connection exception: java.net.ConnectException: Connection refused
    at org.apache.hadoop.ipc.Client.wrapException(Client.java:767)
    at org.apache.hadoop.ipc.Client.call(Client.java:743)
    at org.apache.hadoop.ipc.RPC$Invoker.invoke(RPC.java:220)
    ...
```

3. 다음 HDFS 작업을 수행한다.

```
$ hadoop fs -ls /
Found 2 items
drwxr-xr-x   - hadoop supergroup   0 2011-12-11 19:19 /user
drwxr-xr-x   - hadoop supergroup   0 2011-12-04 20:38 /var
$ hadoop fs -cat test.txt
This is a test file
```

보충 설명

잡트래커 프로세스를 죽인 다음 맵리듀스 잡을 수행하도록 시도했다. 2장에서 보았듯이 잡을 요청하는 클라이언트 호스트는 잡트래커에게 잡 스케줄링 작업을 요청한다. 하지만 잡트래커가 종료 되었으므로 클라이언트와 잡트래커간 통신은 이뤄지지 않았고 잡은 실패했다.

그다음 HDFS 작업을 수행하여 이전 실습에서 명시한 맵리듀스 장애와 HDFS 클러스터의 독립성을 살펴봤다.

대체 잡트래커 가동

맵리듀스 클러스터 복구도 비교적 간단하다. 잡트래커가 재가동되면 그 이후 요청된 잡은 정상 수행된다.

잡트래커가 강제종료됐을 때 수행 중이던 잡도 강제종료되어 다시 시작이 필요하다. 주의할 점은 대부분의 맵리듀스 잡은 HDFS 임시 파일이나 데이터를 저장하고 이는 보통 잡이 완료되고 잡 클린작업에 의해 삭제되는데 잡트래커 장애로 실패된 잡의 임시 데이터는 그대로 남아 사용자가 직접 삭제해야 한다.

도전 과제 | 잡트래커를 신규 호스트로 이동

잡트래커 프로세스가 실행 중이던 호스트에 치명적인 하드웨어 장애가 발생하여 복구가 불가능하다면 어떻게 해야 할까? 이런 경우 잡트래커 프로세스를 다른 호스트에서 실행해야 하는데 모든 노드의 mapred-site.xml 설정 파일에 잡트래커 호스트 주소를 새 주소로 변경하고 맵리듀스 클러스터를 재 시작해야 한다. 7장에서 자세한 내용을 다루기 전에 잡트래커 이동을 연습해보자.

실습 예제 | 네임노드 죽이기

이번에는 네임노드 프로세스를 죽여보자. 이번에는 HDFS 접근과 맵리듀스 잡 요청이 모두 차단될 것이다.

 이번 작업은 운영 클러스터에서 멀리해야 한다. 장애는 오래 지속되지 않지만 모든 클러스터는 일시적으로 무응답 상태가 된다.

1. 네임노드 호스트에 접속하여 실행 중인 프로세스 목록을 확인한다.

```
$ jps
2372 SecondaryNameNode
2118 NameNode
2434 JobTracker
5153 Jps
```

2. 네임노드 프로세스를 죽인다. 세컨더리 네임노드는 계속 작동해도 상관없다.

3. HDFS 파일시스템 접근을 시도한다.

```
$ hadoop fs -ls /
11/12/13 16:00:05 INFO ipc.Client: Retrying connect to server:
/10.0.0.100:9000. Already tried 0 time(s).
11/12/13 16:00:06 INFO ipc.Client: Retrying connect to server:
/10.0.0.100:9000. Already tried 1 time(s).
11/12/13 16:00:07 INFO ipc.Client: Retrying connect to server:
/10.0.0.100:9000. Already tried 2 time(s).
11/12/13 16:00:08 INFO ipc.Client: Retrying connect to server:
/10.0.0.100:9000. Already tried 3 time(s).
11/12/13 16:00:09 INFO ipc.Client: Retrying connect to server:
/10.0.0.100:9000. Already tried 4
time(s).
...
Bad connection to FS. command aborted.
```

4. 맵리듀스 잡을 요청한다.

```
$ hadoop jar hadoop/hadoop-examples-1.0.4.jar pi 10 100
Number of Maps = 10
Samples per Map = 100
11/12/13 16:00:35 INFO ipc.Client: Retrying connect to server:
/10.0.0.100:9000. Already tried 0 time(s).
11/12/13 16:00:36 INFO ipc.Client: Retrying connect to server:
/10.0.0.100:9000. Already tried 1 time(s).
11/12/13 16:00:37 INFO ipc.Client: Retrying connect to server:
/10.0.0.100:9000. Already tried 2 time(s).
...
java.lang.RuntimeException: java.net.ConnectException: Call
to /10.0.0.100:9000 failed on connection exception: java.net.
ConnectException: Connection refused
at org.apache.hadoop.mapred.JobConf.getWorkingDirectory(JobConf.
java:371)
at org.apache.hadoop.mapred.FileInputFormat.
setInputPaths(FileInputFormat.java:309)
...
```

```
Caused by: java.net.ConnectException: Call to /10.0.0.100:9000 failed
on connection exception: java.net.ConnectException: Connection
refused
...
```

5. 실행 중인 프로세스를 확인한다.

```
$ jps
2372 SecondaryNameNode
5253 Jps
2434 JobTracker
Restart the NameNode
$ start-all.sh
```

6. HDFS에 접근한다.

```
$ hadoop fs -ls /
Found 2 items

drwxr-xr-x - hadoop supergroup 0 2011-12-16 16:18 /user

drwxr-xr-x - hadoop supergroup 0 2011-12-16 16:23 /var
```

보충 설명

네임노드 프로세스를 죽였고 HDFS 파일시스템 접근을 시도했다. 네임노드가 없으면 파일시스템 명령을 받아줄 서버가 없으므로 당연히 실패한다.

그다음엔 맵리듀스 잡 요청을 했고 이번에도 당연히 실패한다. 간추린 예외처리 출력을 통해 잡트래커가 입력경로와 잡 데이터를 준비할 때 네임노드와 통신에 실패한 것을 볼 수 있다.

잡트래커 프로세스가 정상적인 것을 확인하여 네임노드가 문제의 원인이고 이로 인해 맵리듀스 태스크가 실패한 것을 알 수 있다.

마지막으로 네임노드를 다시 시작하여 HDFS에 다시 접근 가능한 것을 확인했다.

대체 네임노드 시작하기

지금까지 맵리듀와 HDFS 클러스터를 비교해본 결과 네임노드를 다른 호스트로 이동하는 건 쉽지 않아 보인다. 네임노드가 하드웨어 장애로 복구 작업이 필요한 경우면 최악이다. 장애를 미리 대비하지 않았다면 모든 데이터를 잃을 가능성이 매우 크다.

네임노드의 중요성을 이해하기 위해 내부 프로세스를 자세히 살펴보겠다.

네임노드 역할의 자세한 설명

지금까지 살펴본 네임노드의 역할은 데이터노드 프로세스와 관리자의 설정(블록 복제수 등)대로 클러스터가 정상 작동하도록 유지하는 각종 서비스를 구성 관리하는 것이다. 중요한 역할이긴 하지만 이는 운영측면의 역할일 뿐이다. 하둡 파일시스템 메타정보를 관리하는 역할도 있다. 파일-할당-테이블FAT을 관리하는 운영체제의 파일시스템과 비슷한 논리다.

파일시스템, 파일, 블록, 노드

HDFS를 사용할 때는 보통 블록을 염두하고 사용하지 않지만 특정 파일에 대한 파일시스템 위치를 알고 싶을 때도 있다. 이를 돕기 위해 네임노드 프로세스는 다양한 정보를 관리한다.

- 파일시스템 내용물과 모든 파일과 디렉터리의 이름
- 파일시스템 내용물과 모든 파일과 디렉터리의 크기, 관리자, 복제수와 같은 추가적인 메타정보
- 어떤 블록이 파일의 내용을 보관하는지에 대한 정보
- 어떤 노드가 특정 블록을 관리하는지에 대한 정보와 이를 통한 각 블록의 복제 현황

마지막 항목을 제외한 네임노드 정보는 네임노드 다시 시작 이후에도 유지되어야 한다.

클러스터에서 가장 중요한 정보: 파일시스템 이미지

네임노드는 두 가지 정보를 보관하는데 파일시스템 이미지 `fsimage`와 파일시스템의 모든 작업이력을 기록하는 에디트 로그 `edits log`가 있다. 위에서 설명한 파일과 디렉터리의 상세정보와 이름, 블록과의 맵핑 같은 네임노드 정보는 파일시스템 이미지에 보관된다.

파일시스템 이미지가 손실되면 데이터노드는 어떤 파일 또는 파일 어느 부분에 연관되는지 알 수 없는 쓰레기 블록들만 보유하게 된다. 어차피 어떤 파일들이 있었는지도 알 수 없게 된다. 파일시스템 이미지 파일이 손실된다고 파일시스템의 모든 데이터가 손실되는 건 아니지만 결국 쓸모 없는 데이터가 된다.

파일시스템 이미지는 네임노드 프로세스 시작에 읽혀지며 성능 향상을 위해 메모리에 보관된다. 파일시스템의 모든 작업 이력을 손실하지 않기 위해 모든 파일시스템 작업 기록은 에디트 로그에 쓰여진다. 네임노드 재시작 시 로그파일을 가장 먼저 읽어들여 파일시스템 이미지를 최신으로 수정한 다음 파일시스템 이미지를 메모리에 상주시킨다.

 이러한 네임노드 작업은 세컨더리 네임노드에 의해 성능을 향상시킬 수 있다. 세컨더리 네임노드 설명은 다음에 하겠다.

데이터노드 시작

데이터노드 시작 시 헛빗 프로세스를 시작하여 보관중인 블록을 네임노드에 보고한다. 앞서 설명한 것처럼 이 방식으로 네임노드는 블록 위치를 관리하는데 네임노드가 재 시작하게 되면 모든 데이터노드로부터 헛빗을 다시 받아 블록과 노드 맵핑을 재구성한다.

데이터노드는 클러스터에서 제외 및 합류되는 경우가 가끔 있는데 블록과 노드 맵핑 정보를 디스크에 지속적으로 보관할 경우 디스크의 내용을 최신으로 유지는 게 힘들어지기 때문에 네임노드는 이 정보를 지속적으로 유지하지 않는다.

세이프 모드

HDFS 클러스터를 시작하고 HDFS 웹 인터페이스나 dfsadmin 명령의 출력을 살펴보면 클러스터가 세이프 모드인 것을 볼 수 있고 복제수 임계치를 달성한 블록의 비율이 설정된 세이프 모드 임계치에 도달하면 세이프 모드에서 빠져 나온다. 데이터노드 블록 리포팅이 사용되는 사례이다.

데이터의 안전을 위해 세이프 모드 임계치에 도달할 때까지 네임노드는 HDFS를 읽기전용으로 유지한다. 일반적인 경우 세이프 모드는 모든 데이터노드가 블록 리포팅을 끝내면 종료되는데, 데이터노드 중 한 대의 블록 리포팅이 실패하면 네임노드가 블록의 복제를 완료해야 세이프 모드에서 빠져 나오게 된다.

세컨더리 네임노드

하둡에서 가장 불성실하게 지어진 이름은 세컨더리 네임노드이다. 이름만 보면 네임노드의 이중화 노드처럼 보여 하둡 입문가는 흔히 파일시스템 이미지에 문제가 생길 경우 세컨더리 네임노드로 대체할 수 있을 거라 생각하지만 착각이다. 세컨더리 네임노드는 구체적인 역할이 있다. 주기적으로 네임노드의 파일시스템 이미지와 에디트 로그를 읽어 파일시스템 이미지를 최신으로 갱신하여 네임노드의 부담을 줄여주는 것이다. 네임노드가 세컨더리 네임노드 없이 장시간 가동되다 보면 에디트 로그의 크기가 매우 커지고 네임노드가 시작될 때 파일시스템 이미지와 병합하는 시간이 매우 길어질 수 있다. 바야흐로 세컨더리 네임노드는 네임노드의 빠른 시작을 돕는다.

네임노드 프로세스에 치명적인 장애가 발생하면?

'일단 침착해'라는 조언이 도움이 될까? 다행히 네임노드 장애에 대응하는 매뉴얼이 있는데 이에 대한 내용은 매우 중요하므로 7장에서 다루겠다. 6장에서는 네임노드의 파일시스템 이미지와 에디트 로그를 다중 스토리지에 보관하도록 설정하는데 초점을 맞추겠다. 일반적인 경우 네트워크 파일시스템을 두 번째 스토리지로 사용해 파일시스템 이미지를 네임노드 호스트 외부에도 보관한다.

네임노드 프로세스를 다른 호스트로 옮겨야 하는 상황이 오면 상당한 수작업이 필요하고 작업이 완료되기 전까지 클러스터 전체가 장애상태로 남는다. 네임노드를 옮기는 작업은 테스트 시나리오를 통해 충분한 연습이 선행되어야 하며, 운영 클러스터에 충분한 경험 없이 수행할 경우 회사에 큰 타격을 주고 CEO와의 면담을 경험하게 될 것이다.

백업노드/체크포인트노드와 네임노드 HA

하둡 0.22에서 세컨더리 네임노드는 백업노드와 체크포인트노드로 대체된다. 이 중 체크포인트는 주로 세컨더리 네임노드와 같이 파일시스템 이미지를 주기적인 체크포인트 때마다 갱신하여 네임노드의 시작 시간을 줄여주는 역할을 한다.

백업노드는 반면 네임노드 가동상태에서 백업을 수행하는 역할을 가진다. 네임노드로부터 파일시스템의 변경 이력을 스트림으로 받아 메모리 상의 파일시스템 상태를 항상 최신으로 유지한다. 네임노드에 장애가 발생하면 백업노드를 네임노드로 전환하여 사용할 수 있다. 전환 작업에 수작업과 클러스터 재 시작이 필요하지만 네임노드 장애의 영향을 어느 정도 완화할 수 있다.

하둡 1.0은 0.20 브랜치를 승계 받은 버전이므로 위에서 설명한 기술은 적용되지 않았다.

하둡 2.0은 위에서 설명한 기술을 다음 단계로 진화시켜 네임노드에 장애발생 시 가장 최신 파일시스템 이미지를 가지는 백업 네임노드로 자동 전환하는 기술을 가진다. 네임노드의 고가용성(HA)은 오랜 시간 동안 하둡 아키텍처에서 요구되었던 기술이며 HA 기술이 완료되면 많은 각광을 받을 것이다.

하드웨어 장애

지금까지 수행한 장애 실습에서는 하둡 프로세스의 강제종료를 호스트의 물리적 하드웨어 장애로 가정했다. 실제로 호스트의 장애 없이 하둡 프로세스만 죽는 경우는 드물다.

호스트 장애

호스트 장애는 가장 간단한 처리 유형을 가진다. 서버 장애는 치명적인 하드웨어 문제(CPU, 파워서플라이, 팬 등의 고장)로 발생할 수 있으며 호스트의 하둡 프로세스를 즉각 종료시킨다. 시스템 소프트웨어의 치명적인 버그(커널 장애, IO 락 등)도 비슷한 결과를 초래한다.

일반적으로 호스트 장애가 장시간 발생하면 관리자가 직접 시스템을 재 시작하고, 일시적인 장애이면 앞서 설명한 대로 하둡이 자동으로 인식하고 대응하게 된다.

호스트 오기능

더욱 골치 아픈 장애 유형은 호스트가 정상작동하는 것처럼 보이지만 실제로는 오류 데이터를 생성하는 상태이다. 예를 들면 메모리 오류로 잘못된 데이터를 가져오거나 디스크 섹터 오류로 디스크의 데이터가 변질되는 경우다.

HDFS는 앞서 설명된 변질된 블록을 감지하는 기능이 있지만 맵리듀스는 이 같은 기능이 없다.

태스크트래커는 일반적인 소프트웨어와 마찬가지로 호스트가 정상적으로 데이터를 읽고 쓴다고 가정하고 설계되어 태스크 및 병합/정렬 단계에서 데이터 오류에 대한 검증절차는 없다.

장애 전파의 위험성

하둡 사용자들이 무심코 지나치다 큰 타격을 입는 장애 유형이 하나 있다. 장애가 다른 장애를 낳는 유형인데 마찬가지로 데이터 손실 가능성이 크다.

경험 사례로 네 대의 장비로 구성된 시스템을 운영한 적이 있는데 이중 하나의 장비에 장애가 발생했지만 세 대의 여유분이 있어 대수롭지 않게 여겼다. 하지만 정확히 18시간만에 나머지 세 대에도 장애가 발생했으며 원인은 오류가 있는 배치 작업으로 인해 모든 장비의 하드디스크가 고장 난 것이다.

이렇게 극단적인 경우는 드물지만 일반적으로 네트워크 스위치 고장이나 배전 부하, 항습기 및 냉각기 고장, 서버랙의 전기 합선 등 공유 장비나 서비스에서 문제가 자주 생긴다. 7장에서 보겠지만 하둡은 블록을 아무 서버에나 복제하지 않는다. 잠재적인 장애가 있는 장비는 최대한 피한다.

다시 말해 이런 악몽 같은 유형의 장애는 흔치 않고 보통 호스트 장애로 끝나지만 클러스터를 확장할 때 발생 가능성이 높아지기 때문에 결코 안심할 수는 없다.

태스크 소프트웨어 장애

앞서 설명한 대로 하둡 프로세스 자체적으로 죽는 경우는 드물다. 운영 환경에서는 클러스터에 실행되는 맵/리듀스 태스크의 실패로 하둡 프로세스에 장애가 발생할 수 있다.

느린 태스크로 인한 실패

수행시간이 너무 길거나 진행률이 없는 것처럼 보이는 태스크의 결과를 실습을 통해 알아보겠다.

실습 예제 | 태스크 실패 유도

의도적으로 태스크를 실패시키자. 작업하기 전에 시간제한을 설정해야 한다.

1. mapred-site.xml에 다음 설정을 추가한다.

```
<property>
    <name>mapred.task.timeout</name>
    <value>30000</value>
</property>
```

2. 3장의 WordCount 예제를 재사용한다. WordCount3.java를 WordCountTimeout.java로 복사하고 다음 임포트 코드를 추가한다.

```
import java.util.concurrent.TimeUnit ;
import org.apache.hadoop.fs.FileSystem ;
import org.apache.hadoop.fs.FSDataOutputStream ;
```

3. 맵 메소드를 다음과 같이 변경한다.

```java
public void map(Object key, Text value, Context context)
    throws IOException, InterruptedException {
    String lockfile = "/user/hadoop/hdfs.lock";
    Configuration config = new Configuration();
    FileSystem hdfs = FileSystem.get(config);
    Path path = new Path(lockfile);
    if (!hdfs.exists(path)) {
        byte[] bytes = "A lockfile".getBytes();
        FSDataOutputStream out = hdfs.create(path);
        out.write(bytes, 0, bytes.length);
        out.close();
        TimeUnit.SECONDS.sleep(100);
    }
    String[] words = value.toString().split(" ");
    for (String str : words) {
        word.set(str);
        context.write(word, one);
    }
}
```

4. 클래스 명을 바꾼 후 컴파일하고 JAR 파일을 생성한 후에 클러스터에서 실행한다.

```
$ hadoop jar wc.jar WordCountTimeout test.txt output
...
11/12/11 19:19:51 INFO mapred.JobClient: map 50% reduce 0%
11/12/11 19:20:25 INFO mapred.JobClient: map 0% reduce 0%
11/12/11 19:20:27 INFO mapred.JobClient: Task Id :
attempt_201112111821_0004_m_000000_0, Status : FAILED
Task attempt_201112111821_0004_m_000000_0 failed to report status
for 32 seconds. Killing!
11/12/11 19:20:31 INFO mapred.JobClient: map 100% reduce 0%
11/12/11 19:20:43 INFO mapred.JobClient: map 100% reduce 100%
11/12/11 19:20:45 INFO mapred.JobClient: Job complete:
job_201112111821_0004
11/12/11 19:20:45 INFO mapred.JobClient: Counters: 18
11/12/11 19:20:45 INFO mapred.JobClient: Job Counters
...
```

태스크가 일정시간 진행률이 없으면 강제종료 되도록 하둡 설정을 추가했다.

WordCount3을 100초 동안 대기하도록 코드를 수정했다. HDFS에 락파일을 생성하여 하나의 태스크 인스턴스만 대기하도록 로직을 추가했다. 락파일 없이 대기하는 로직만 있으면 모든 매퍼가 시간제한으로 실패하고 결국 잡이 실패한다.

도전 과제 | 프로그램을 이용한 HDFS 접근

프로그램을 작성하여 HDFS에 접근하는 방식은 이 책에서 다루지 않겠다고 했지만 방금 전 실습의 코드를 살펴보고 자바독javadoc에서 사용된 클래스를 연구해보자. 대부분의 인터페이스에서 표준 자바 파일시스템 접근과 비슷한 패턴을 볼 수있다.

그다음으로 컴파일하고 JAR 파일 생성 후 잡을 클러스터에서 실행했다. 첫 번째 태스크가 대기상태로 빠진 다음 시간제한(밀리 초 단위로 지정된 값)을 초과하면 하둡이 태스크를 죽이고 새로 생성한 매퍼에 죽은 태스크의 입력 스플릿을 지정해 재편성한다.

하둡의 느린 태스크 대처 방법

하둡에는 밸런싱 개념이 있다. 태스크 진행률이 장시간 없거나 원인 모를 이유로 매우 느리면 강제종료시켜야 한다. 하지만 가끔은 개발자 의도로 작업시간이 긴 태스크도 있다. 특히 외부 리소스를 사용하는 태스크 일수록 더욱 그렇다.

하둡은 태스크 작업이 얼마나 긴 시간 동안 진행이 없었는지 다음과 같은 단서를 이용해 찾아낸다.

- 출력되는 결과
- 카운터 갱신
- 태스크 메소드 내 진행률 보고

마지막 항목의 경우 하둡은 다음 메소드가 정의된 Progressable 인터페이스를 제공한다.

```
Public void progress() ;
```

Context 클래스에 위 메소드 구현체가 포함되어 매퍼와 리듀서에서 context.progress()를 이용해 태스크가 진행 중임을 알릴 수 있다.

투기 실행

맵리듀스는 일반적인 경우 수많은 독립적인 맵과 리듀스 태스크로 구성되는데 클러스터에서 수행 시 잘못 구성됐거나 상태가 안 좋은 호스트로 인해 태스크가 매우 느리게 진행될 수 있다.

이런 문제를 해결하기 위해 하둡은 같은 맵/리듀스 태스크를 여러 노드에서 수행한다. 투기적 실행Speculative execution이라고도 하는데 한두 개의 느린 태스크로 인해 잡의 수행시간이 길어지는 것을 방지하기 위한 기술이다.

하둡의 실패 태스크 처리

태스크 수행시간이 지연되는 경우도 있지만 예외처리나 자진실패 같이 뚜렷한 실패 사유를 남기고 종료되는 경우도 있다.

하둡은 태스크 실패를 처리하기 위한 세 가지 옵션이 있다.

- mapred.map.max.attempts: 맵 태스크가 실패되기 전 재시도 수
- mapred.reduce.max.attempts: 리듀스 태스크가 실패되기 전 재시도 수
- mapred.max.tracker.failures: 잡이 실패로 인식되기 위한 필요 태스크 실패 수

위 설정의 기본값은 모두 4이다.

참고할 점은 mapred.max.tracker.failures가 나머지 두 설정보다 낮으면 안 된다.

위의 설정은 데이터 크기와 잡 유형에 따라 달라져야 한다. 잡이 외부 리소스를 사용하면 에러발생이 잦아 태스크 재시도 수를 높이는 것이 좋다. 태스크에 데이터 작업이 많으면 매번 같은 오류가 발생할 확률이 높으므로 많은 재시도는 무의미하다. 대규모 하둡 클러스터일수록 예고 없는 오류가 발생하므로 재시도 횟수는 최소 1보다 높은 수로 설정한다.

도전 과제 | 태스크 실패 유도

워크카운트 예제를 수정하여 태스크 도중 대기하는 대신 랜덤 숫자를 기반으로 RuntimeException을 던지도록 수정해보자. 그다음엔 하둡 클러스터 설정을 변경하여 태스크 실패 허용수와 잡 실패율의 상반관계를 알아보자.

데이터로 인한 태스크 실패

마지막 유형의 실패는 데이터랑 연관이 있다. 태스크가 주어진 입력 값이나 데이터 타입 또는 다양한 원인으로 실패하는 경우이다. 즉 설계단계의 데이터와 실제 운영시의 데이터가 다른 경우이다.

코드로 복잡한 데이터 다루기

복잡하고 지저분하게 들어오는 데이터를 처리하는 방법 중 하나는 맵과 리듀서를 치밀하게 작성하는 것이다. 예를 들어 매퍼가 받아야 할 값이 쉼표로 분리된 목록인 경우 목록 안의 항목 수를 검사한다. 첫 번째 값이 숫자로 구성된 문자열이어야 하면 값을 숫자로 변환하여 성공할 경우 나머지 로직을 수행하고 실패할 경우 예외처리 한다.

이 방식의 문제는 태스크가 아무리 치밀하게 작성 되어도 입력 데이터의 형식은 언제나 우리의 예상을 뒤엎는다는 것이다. 입력이 유니코드 문자 셋으로 오는 경우나 하나 이상의 문자 셋이 사용된 경우, 널 값, 잘못된 문자열 마감, 잘못 해석된 확장문자 등 가지각색이다.

잡에 입력되는 데이터가 개발자에 의해 직접 생성되면 큰 문제가 없다. 하지만 외부로부터 받은 데이터면 특히 주의하자.

스킵 모드 사용하기

태스크 실패에 접근하는 다른 대안이 있다. 실패의 기본 단위를 태스크로 보지 않고 실패를 초래한 레코드를 기록하여 다음 태스크 수행 시 제외하는 것이다. 이를 스킵 모드라 하며 오류 데이터 유형마다 예외처리 코딩이 현실적이지 않을 때 유용하다. 소스코드 수정 권한이 없는 서드파티 라이브러리인 경우엔 이 방법밖에 없다.

아쉽게도 스킵 모드는 0.20 이전 버전의 API로 작성된 잡에서만 사용 가능하다.

실습 예제 | 스킵 모드를 이용한 복잡한 데이터 처리

맵리듀스 잡을 실패시키는 데이터를 이용해 스킵 모드를 실습해보자.

1. 다음 루비 스크립트를 gendata.rb로 저장한다.

```
File.open("skipdata.txt", "w") do |file|
  3.times do
    500000.times{file.write("A valid record\n")}
    5.times{file.write("skiptext\n")}
  end
  500000.times{file.write("A valid record\n")}
end
```

2. 스크립트를 실행한다.

```
$ ruby gendata.rb
```

3. 생성된 파일의 크기와 라인 수를 확인한다.

```
$ ls -lh skipdata.txt
-rw-rw-r-- 1 hadoop hadoop 29M 2011-12-17 01:53 skipdata.txt
$ cat skipdata.txt | wc -l
2000015
```

4. HDFS로 파일을 복사한다.

```
$ hadoop fs -put skipdata.txt skipdata.txt
```

5. mapred-site.xml에 다음 설정을 추가한다.

```
<property>
    <name>mapred.skip.map.max.skip.records</name>
    <value5</value>
</property>
```

6. mapred.max.map.task.failures 설정을 20으로 수정한다.

7. 다음 자바 파일을 SkipData.java로 저장한다.

```java
import java.io.IOException;
import org.apache.hadoop.conf.*;
import org.apache.hadoop.fs.Path;
import org.apache.hadoop.io.*;
import org.apache.hadoop.mapred.*;
import org.apache.hadoop.mapred.lib.*;

public class SkipData {
    public static class MapClass extends MapReduceBase implements
            Mapper<LongWritable, Text, Text, LongWritable> {
        private final static LongWritable one = new LongWritable(1);
        private Text word = new Text("totalcount");

        public void map(LongWritable key, Text value,
                OutputCollector<Text, LongWritable> output, Reporter
reporter)
                throws IOException {
          . String line = value.toString();
            if (line.equals("skiptext"))
                throw new RuntimeException("Found skiptext");
            output.collect(word, one);
        }
    }

    public static void main(String[] args) throws Exception {
        Configuration config = new Configuration();
```

```
        JobConf conf = new JobConf(config, SkipData.class);
        conf.setJobName("SkipData");
        conf.setOutputKeyClass(Text.class);
        conf.setOutputValueClass(LongWritable.class);
        conf.setMapperClass(MapClass.class);
        conf.setCombinerClass(LongSumReducer.class);
        conf.setReducerClass(LongSumReducer.class);
        FileInputFormat.setInputPaths(conf, args[0]);
        FileOutputFormat.setOutputPath(conf, new Path(args[1]));
        JobClient.runJob(conf);
    }
}
```

8. 파일을 컴파일하고 skipdata.jar 파일을 생성한다.

9. 잡을 실행한다.

```
$ hadoop jar skip.jar SkipData skipdata.txt output
...
11/12/16 17:59:07 INFO mapred.JobClient: map 45% reduce 8%
11/12/16 17:59:08 INFO mapred.JobClient: Task Id :
attempt_201112161623_0014_m_000003_0, Status : FAILED
java.lang.RuntimeException: Found skiptext
at SkipData$MapClass.map(SkipData.java:26)
at SkipData$MapClass.map(SkipData.java:12)
at org.apache.hadoop.mapred.MapRunner.run(MapRunner.java:50)
at org.apache.hadoop.mapred.MapTask.runOldMapper(MapTask.java:358)
at org.apache.hadoop.mapred.MapTask.run(MapTask.java:307)
at org.apache.hadoop.mapred.Child.main(Child.java:170)


11/12/16 17:59:11 INFO mapred.JobClient: map 42% reduce 8%
...
11/12/16 18:01:26 INFO mapred.JobClient: map 70% reduce 16%
11/12/16 18:01:35 INFO mapred.JobClient: map 71% reduce 16%
11/12/16 18:01:43 INFO mapred.JobClient: Task Id : attempt_2011111
61623_0014_m_000003_2, Status : FAILED
java.lang.RuntimeException: Found skiptext
...
11/12/16 18:12:44 INFO mapred.JobClient: map 99% reduce 29%
11/12/16 18:12:50 INFO mapred.JobClient: map 100% reduce 29%
11/12/16 18:13:00 INFO mapred.JobClient: map 100% reduce 100%
```

```
11/12/16 18:13:02 INFO mapred.JobClient: Job complete:
job_201112161623_0014
...
```

10. 잡 결과를 확인한다.

```
$ hadoop fs -cat output/part-00000
totalcount 2000000
```

11. 제외된 레코드를 결과 디렉터리에서 확인할 수 있다.

```
$ hadoop fs -ls output/_logs/skip
Found 15 items
-rw-r--r-- 3 hadoop supergroup 203 2011-12-16 18:05 /user/hadoop/
output/_logs/skip/attempt_201112161623_0014_m_000001_3
-rw-r--r-- 3 hadoop supergroup 211 2011-12-16 18:06 /user/hadoop/
output/_logs/skip/attempt_201112161623_0014_m_000001_4
...
```

12. 잡의 상세정보와 통계를 다음 화면과 같이 맵리듀스 사용자 인터페이스에
서 확인한다.

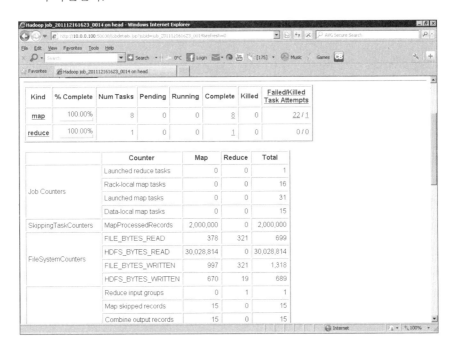

이번 실습은 여러 가지 설정이 요구되므로 하나씩 살펴보자.

스킵 모드를 적용하고 맵리듀스 프레임워크가 다섯 개 이상의 오류 레코드를 제외하지 않도록 설정했다. 이 설정을 0으로 설정하면 스킵 모드는 비활성 된다. 스킵 모드는 기본 설정으로 비활성 된다.

최대 태스크 시도 실패 수를 높게 설정한 이유는 곧 설명하겠다.

다음엔 오류 데이터를 포함한 테스트 파일이 필요했으며 이백만 개의 라인과 세 묶음의 다섯 오류 레코드를 파일 중간에 생성하는 간단한 루비 스크립트를 작성했다. 스크립트를 실행한 다음 2,000,015개의 라인이 생성됐는지 확인하고 잡의 입력이 될 HDFS 위치에 저장했다.

그다음엔 정상 레코드 수를 세는 맵리듀스 잡을 작성했다. 읽어 들이는 라인이 정상 텍스트를 포함할 때마다 숫자 1을 총 합계에 더한다. 비정상 라인이 발견되면 매퍼는 예외처리를 하면서 실패된다.

파일을 컴파일하고 JAR 파일로 묶은 다음 잡을 실행했다. 잡이 한동안 실행되면서 잡 상태 출력에서 보듯이 아직 접해본 적이 없는 패턴으로 수행된다. 맵 진행률 카운터는 계속 증가되지만 태스크가 실패할 때 진행률이 초기화가 되면서 다시 증가하기 시작한다. 스킵 모드가 적용됐다는 증거이다.

매퍼에 키/값 값이 전달될 때마다 하둡은 어떤 레코드가 실패를 유도했는지 볼 수 있도록 카운터를 갱신한다.

 맵이나 리듀스 태스크가 입력을 메소드의 매개변수를 통해 받지 않으면(예를 들어 비동기식 프로세스나 캐시로부터) 개발자는 이 카운터를 직접 갱신해야 한다.

태스크가 실패하면 하둡은 같은 블록을 대상으로 재시도하는데 오류 레코드를 최대한 피하면서 작업한다. 이진 검색 방식을 사용해 제외된 레코드가 5로 설정된 최대 값을 초과할 때까지 재시도한다. 스킵 모드에서 정확한 제외 레코드를 찾기 위해서는 여러 번의 태스크 재시도와 실패가 요구되어 이를 위해 태스크 실패 허용 수를 높게 설정했다.

잡이 여러 번의 재시도를 통해 진행률이 왔다갔다하는 현상을 볼 수 있었고 잡 완료 후 출력 파일의 내용을 확인했다. 2,000,000개의 레코드가 처리됐고 원본 입력파일의 레코드 수와 동일하다. 하둡이 정상적으로 다섯 개의 오류 레코드를 제외시킨 것이다.

그다음엔 잡 결과의 _log/skip 디렉터리에 제외된 레코드를 포함하는 시퀀스 파일이 생성된 것을 확인했다.

마지막으로 맵리듀스 웹 인터페이스를 이용해 전체적인 잡 상태를 확인했는데 스킵 모드에서 처리된 레코드 수와 제외된 레코드 수를 볼 수 있었다. 총 실패 태스크 수는 22이고 실패된 맵의 재시도 제한 보다 높아 이상하게 보일 수 있으나 이 숫자는 여러 태스크에서 발생한 모든 실패 수를 합친 것이다.

스킵 모드, 사용해야 하나?

스킵 모드는 여러 장점이 있지만 제외할 레코드를 선택하는 과정에서 성능 저하가 발생한다. 실습에서 사용된 테스트 파일에 포함한 오류 레코드는 세 그룹으로만 묶여있고 전체 데이터 크기에 비하면 매우 작아 큰 성능 저하는 없었다. 오류 레코드가 더욱 많고 파일 사이에 넓게 분포되면 스킵 모드 대신 오류 데이터를 제거하는 맵리듀스 잡을 선행하는 방식이 옳다.

맵리듀스 코드와 스킵 모드를 통한 오류 데이터 처리 모두 알아둬야 하는 방식이라 차례대로 설명했다. 한쪽만 항상 옳은 방식은 아니며 입력 데이터, 성능 요구 사항, 하드코딩의 가능성 등을 고려하고 선택해야 한다.

정리

6장에서는 하둡의 많은 부분을 험하게 다루는 식의 실습을 통해 많은 내용을 배웠는데 운영 장비에서는 이런 장애와 실패가 하루 만에 발생하지 않기 바란다.

하둡 컴포넌트의 장애는 큰 문제가 아니다. 특히 비교적 큰 클러스터에서 컴포넌트나 호스트 장애는 흔히 발생하며 하둡이 이를 해결하도록 설계됐다. HDFS의 역할은 데이터를 저장하는 것이기 때문에 각 블록의 복제본을 관리하고 데이터노드 장애 발견 시 새로운 복제본을 할당한다.

맵리듀스의 태스크트래커는 무상태기반 특성으로 작업이 실패하면 단순하게 같은 작업을 새로 할당한다. 호스트에 문제가 생겨 작업이 오래 걸리는 경우에도 잡을 다시 할당할 수 있다.

반면 HDFS와 맵리듀스 마스터 노드 장애는 큰 문제가 된다. 특히 네임노드 프로세스는 중요한 파일시스템 정보를 보관하고 있어 네임노드가 해당 데이터에 항상 접근 가능하도록 해야 한다.

하드웨어 장애는 프로세스 장애와 비슷하게 보일 수 있지만 하드웨어 장애 전파의 가능성이 있으므로 주의해야 한다. 소프트웨어 장애로 태스크가 실패하면 하둡이 설정한 제한만큼 재시도 한다. 데이터 관련 장애는 스킵 모드로 해결할 수 있지만 성능저하가 발생한다.

클러스터의 장애 처리법을 배웠으므로 7장에서는 한 단계 높은 차원의 클러스터 구성, 상태, 관리에서 발생 가능한 문제 해결법을 살펴보자.

7 클러스터 운영

하둡을 쓴다는 말은 재미있는 데이터 분석 프로그래밍뿐만 아니라 다른 많은 작업을 의미한다.
클러스터를 유지보수하고, 튜닝 해서 언제든지 데이터를 분석할 만만의 준비를 해야 한다.

7장에서 다루는 내용은 다음과 같다.

- 더 자세한 하둡 설정 속성들
- 클러스터를 구성하는 하드웨어 선택 방법
- 하둡 보안 작동 방식
- 네임노드 관리
- HDFS 관리
- 맵리듀스 관리
- 클러스터 규모 확장

이 주제들은 운영에 초점을 맞추기는 하지만, 이 내용들을 공부하면서 이제까지 우리가 지나쳤던 하둡의 여러 가지 다른 측면들을 알 수 있다. 따라서, 개인적으로 클러스터를 관리하지 않는 사람에게도 유용한 정보가 많으리라고 본다.

EMR 사용자를 위한 참고 사항

아마존 웹 서비스 같은 클라우드 서비스를 사용할 때 얻는 가장 큰 이점 중 하나는 서비스 제공자가 유지보수에 따른 부담을 떠 맡는다는 점이다. 일래스틱 맵리듀스를 사용하면 하나의 태스크(비 영속적 잡플로우)만 실행하는 하둡 클러스터를 구성할 수도 있고, 긴 시간 동안 수많은 잡들(영속적 잡플로우)을 실행하는 클러스터를 구성할 수도 있다. 비영속적non-persistent 잡플로우를 사용하는 경우에, 사용자는 하둡 클러스터를 어떻게 설정하고 잡을 실행하는지에 관한 자세한 사항들에 대해서 몰라도 된다. 따라서, 주로 비영속적인 잡플로우를 실행하는 사람들에겐 7장에서 다루는 주제 대부분이 크게 중요하지 않을 수 있다. 영속적 잡플로우를 많이 실행하는 사람들에겐 7장의 많은 주제가(전부는 아니겠지만) 중요하게 와 닿을 것이다.

7장에서는 주로 로컬 하둡 클러스터에 관해 이야기할 예정이다. EMR에서 영속적 잡플로우를 설정해야 한다면 7장에서 설명할 하둡 속성들을 사용하되, 3장에서 설명했던 과정을 참고해서 설정하기 바란다.

하둡 설정 속성

클러스터 운영에 앞서 하둡의 설정 속성들에 대해 조금 이야기하자. 속성들에 관해 많이 설명했지만, 짚고 넘어가야 할 사항들이 몇 가지 더 있다.

기본 값

하둡을 처음 접한 사람들은 대부분 수많은 설정 속성 때문에 당황한다. 이 속성들은 어디서 왔고, 무슨 의미이며, 기본 값들은 또 무엇인가? 하둡 전체 배포본(바이너리만 포함한 배포본이 아닌)을 쓴다면, 다음 XML 파일들에서 해답을 찾을 수 있다.

- Hadoop/src/core/core-default.xml

- Hadoop/src/hdfs/hdfs-default.xml

- Hadoop/src/mapred/mapred-default.xml

다행히 XML 문서를 뒤져보지 않아도 기본 값들을 볼 수 있는 방법이 있다. XML 보다는 좀 읽기 편한 HTML 형식 문서를 지금 잠시 살펴보자.

바이너리만 포함한 하둡 배포본에는 이 파일들이 없다. 바이너리 배포본을 사용하는 사람들은 하둡 웹 사이트에서 이 파일들을 볼 수 있다.

1. 브라우저를 열어서 하둡 배포본을 설치한 디렉터리 밑의 docs/core-default.html을 주소창에 넣자. 화면과 같은 내용이 나온다.

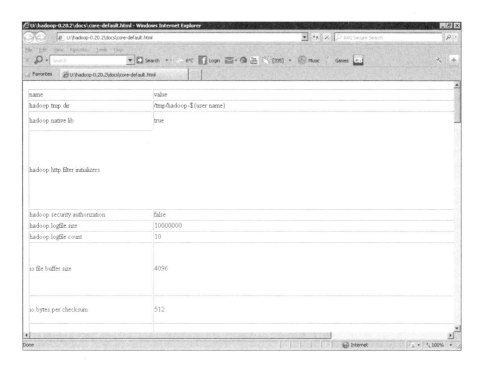

2. 비슷한 방법으로 다른 파일들도 둘러보자.

- Hadoop/docs/hdfs-default.html
- Hadoop/docs/mapred-default.html

보았다시피 각 속성별로 이름과 기본값, 간단한 설명이 존재한다. 정말 많은 수의 속성이 있다는 사실도 알 수 있다. 지금 모든 속성을 다 이해할 필요는 없지만, 조금만 시간을 들여 둘러보면서 어떤 형태의 수정이 가능한지 맛만 보자.

추가 속성 항목

앞서 설정파일에 속성을 정의할 때, 다음과 같은 형식의 xml 항목을 사용했다.

```
<property>
<name>이.속성의.이름</name>
<value>속성의값</value>
</property>
```

필요에 따라 description과 final 항목도 추가할 수 있다. 이 추가적인 항목들을 추가한 속성은 다음과 같은 형태가 된다.

```
<property>
<name>이.속성의.이름</name>
<value>기본값</value>
<description>상세한설명</description>
<final>Boolean</final>
</property>
```

설명 항목은 말 그대로 속성에 관해 설명하는 역할을 하고, 앞서 우리가 보았던 HTML 파일 같은 자세한 설명이 있는 문서의 위치를 명시하기도 한다.

final 속성은 자바에서의 final 키워드와 비슷한 의미다. final로 표시한 속성은 다른 설정 파일이나 어떤 방법으로도 재정의할 수 없다. 조금 뒤에 이 내용을 보겠다. 성능, 무결성, 보안, 아니면 어떤 이유에서든 클러스터 전체에 속성 값을 강제로 적용하고 싶을 때 이 속성을 사용하면 된다.

기본 저장 위치

하둡이 데이터를 로컬 디스크와 HDFS의 어느 위치에 저장할지 지정할 수 있는 속성도 있다. hadoop.tmp.dir은 다른 모든 속성의 상위 디렉터리가 되는 속성값으로서, 모든 하둡 파일의 루트 디렉터리이고 기본 값은 /tmp이다.

유감스럽게도 많은 리눅스 배포판은(우분투를 포함해서) 재부팅 할 때마다 이 디렉터리의 파일들을 지우도록 설정되었다. 그러므로 이 속성값을 재정의하지 않을 경우엔, 호스트를 재부팅하고 나면 HDFS의 데이터가 모두 날아간다는 이야기이다. 따라서, core-site.xml 파일에 다른 위치를 지정하자.

```
<property>
<name>hadoop.tmp.dir</name>
<value>/var/lib/hadoop</value>
</property>
```

하둡 클러스터를 구동하는 유저가 이 위치에 쓰기 권한을 가져야 하고, 이 디렉터리가 위치한 디스크에 용량은 충분해야 한다는 사실을 기억하자. 특정 유형의 데이터를 어디에 저장할지 좀 더 세세하게 조정할 수 있는 많은 속성들이 있다.

속성값을 지정하는 곳

앞에선 설정 파일을 이용해서 하둡 속성값을 줬다. 이 방법도 나쁘지는 않지만, 최상의 속성 값을 찾으려고 하거나 특별한 설정 값이 필요한 잡을 실행할 때 그때마다 파일의 값을 수정하는 일은 꽤 부담스러운 일이다.

잡을 실행할 때 JobConf 클래스를 이용해 프로그램상에서 설정 값을 정할 수 있다. 두 가지 종류의 메소드가 있는데 첫 번째는 잡의 이름, 입력과 출력 포맷 같은 잡에 특정된 속성을 지정하는 유형이다. 그리고 원하는 맵과 리듀스 태스크 개수도 설정할 수 있다. 거기에 더해, 아래처럼 일반적인 용도의 메소드들도 있다.

- `void set(String key, String value);`

- `void setIfUnset(String key, String value);`

```
● void setBoolean( String key, Boolean value);

● void setInt(String key, int value);
```

속성마다 값을 수정하기 위해 일일이 메소드를 만들 필요 없이 범용으로 쓸 수 있는 메소드들이다.

하지만, 컴파일 시점 검사를 하지 않기 때문에 실수로 잘못된 속성 이름이나 잘못된 타입의 값을 설정하면 그 사실을 실행시켜보고 나서야 알 수 있다.

 이렇게 속성값을 프로그램상에서도 수정가능하고 설정파일에서도 수정가능 하기 때문에, final로 속성을 설정할 수 있게 했다. 어떤 잡에서도 값을 재정의하지 못하게 하고 싶다면 마스터 설정파일에서 final로 지정해 놓으면 된다.

클러스터 셋업

클러스터 운영에 관해 알아보기 전에, 처음에 결정해야 하는 요소들을 살펴보자.

몇 대의 호스트를 써야 하나

새로운 하둡 클러스터를 구상할 때에, 제일 먼저 용량과 성능을 산정해야 한다. 필요할 때마다 새로운 노드를 추가할 수 있지만, 애초에 이런 확장 작업의 부담이 적게 구성하면 좋다.

이런 산정 작업은 데이터 셋의 용량과 잡의 복잡도에 달려 있기 때문에, 하나의 확실한 정답은 없다. 한 가지 절대적이라고 이야기할 수 있는 내용은 복제 계수를 n으로 설정하고 싶으면, 최소한 n대 이상의 노드가 필요하다는 사실이다. 그러나 딱 기본 복제 계수만큼만 노드를 가지고 있다면 노드에 장애가 발생할 시 블록이 복제 계수 이하의 상태가 된다는 사실을 명심해야 한다. 대부분 수 십대 혹은 수백대의 노드로 클러스터를 구성하기 때문에, 크게 신경 써야 할 사항은 아니다. 하지만 매우 작은 클러스터에 복제 계수를 3으로 설정하려면, 5대의 노드는 있어야 안정적이다.

노드의 가용공간 계산

필요한 노드 대수를 계산할 때 클러스터가 처리할 데이터 셋의 용량계산부터 시작하는 방법도 좋다. 총 데이터 셋의 용량이 10TB이고, 호스트가 2TB 디스크를 가지고 있다면, 언뜻 최소한도로 필요한 노드는 5대라고 생각하기 쉽다.

하지만, 이 생각은 복제 계수replication factor와 임시 저장공간을 고려하지 않았기 때문에 잘못된 계산이다. 매퍼의 출력을 리듀서로 전달하기 위해 로컬 디스크에 쓴다는 사실을 상기해보라. 이 데이터는 꽤 많은 디스크를 사용하기 때문에 무시할 수 없다.

복제 계수를 3으로 가정하고, 25퍼센트는 임시 데이터를 위한 공간으로 남길 수 있도록 계산하는 방법이 경험적 법칙rule of thumb이다. 이런 가정하에서, 10TB 데이터 셋을 처리하기 위한 2TB 노드가 몇 대 필요할지 다시 계산해보자.

- 노드의 총 용량을 복제 계수로 나눈다.

  2TB / 3 = 666GB

- 이 용량에서 임시 공간용으로 25 퍼센트를 뺀다.

  666GB×0.75 = 500GB

- 그러므로 각 2TB 노드는 약 500GB(0.5TB)의 가용 공간을 가진다.

- 이 숫자를 가지고 데이터 셋을 나눈다.

  10TB / 500GB = 20

이렇게 해서 10TB 데이터 셋은 우리의 처음 단순한 추정에 비해 4배나 되는 20대 노드가 최소한 필요하다는 결론이 나온다.

이렇게 처음 생각보다 더 많은 노드가 필요한 사례는 흔하기 때문에, 호스트의 사양을 결정할 때 항상 염두에 두어야 한다. 7장 뒷부분의 하드웨어 사양 결정하기 절을 참고하라.

마스터 노드의 위치

다음으로 네임노드, 잡트래커, 세컨드리 네임노드를 어디서 구동할지 고려해야 한다. 데이터노드와 네임노드를 같은 호스트에서 구동할 수 있고, 태스크트래커와 잡트래커가 같은 호스트에서 구동될 수는 있지만, 이 구성은 실 장비 클러스터에서 쓰기엔 좋지 않다..

뒤에 보게 되듯이, 네임노드와 세컨드리 네임노드는 필요한 자원이 다른 노드들과 좀 다른데, 이 마스터 이 프로세스들에 안 좋은 영향을 주면 전체 클러스터 작업을 느리게 할 수 있다.

이상적인 상황은 네임노드와 잡트래커와 세컨드리 네임노드에 각각 다른 호스트를 할당하는 방법이다. 하지만, 매우 작은 규모의 클러스터에서는 이 방법이 하드웨어 투자에 비해 얻는 이익이 미미할 수 있다.

가능하면. 처음에는 네임노드와 잡트래커와 세컨드리 네임노드를 분리된 하나의 호스트에서 구동하고 데이터노드나 태스크트래커 같은 다른 프로세스는 이 호스트에서 실행시키지 않게 구성한다. 클러스터가 커지면 서버 호스트를 추가해서 네임노드를 전용 호스트로 옮기고 잡트래커와 세컨드리 네임노드를 같은 호스트에서 계속 구동한다. 마지막으로, 클러스터가 더 커지면 모든 프로세스를 각각 분리된 호스트에서 구동하자.

 6장에서 이야기했듯이, 하둡 2.0은 세컨드리 네임노드를 백업 네임노드와 체크포인트 네임노드로 나눈다. 버전의 변화에 따라 좋은 구성방법이란 건 계속해서 변화하지만, 네임노드 전용 호스트와 최소한 하나의 백업 네임노드 전용 호스트를 쓰는 구성이 현명해 보인다.

하드웨어 규모 결정

노드용 하드웨어 규모를 결정하기 위해서 데이터 용량 말고도 고려할 사항이 많다. 그 이외에 프로세스 파워, 메모리, 스토리지 타입, 네트워크 등을 고려해야 한다.

하둡 클러스터 구성용 하드웨어 선택에 관해 많은 글이 있지만, 모든 경우에 적용할 수 있는 하나의 답은 없다. 큰 변수는 바로 데이터를 처리하는 맵리듀스 태스크가 어떤 유형인지, 특히 CPU, 메모리, 입출력 또는 다른 어떤 타입의 리소스를 많이 차지하는가 하는 부분이다.

프로세서/메모리/스토리지 사용 비율

CPU/메모리/스토리지 사용 비율의 관점에서 하드웨어를 보는 방식도 좋다. 그러니까 예를 들면, 8GB 메모리와 2TB 스토리지가 달린 쿼드 코어 호스트는 4GB 메모리와 1TB 스토리지를 가진 2코어 호스트와 같은 종류라 생각하면 된다.

그리고 앞으로 구동해야 할 맵리듀스 잡의 유형을 생각해보라. 이 구성이 적절한 비율인가? 다시 말해서, 여러분의 작업을 위해 프로세서, 메모리, 스토리지 중 특정한 자원에 더 비중을 두어야 할까? 아니면 좀 더 균형을 맞춰서 구성해도 충분할까?

물론 프로토타입을 만들어보고 지표를 얻어내는 방법이 이상적이겠지만, 프로토타이핑이 항상 가능하지는 않다.

프로토타이핑을 하기 힘들면 잡이 어떤 작업을 주로 하는지 생각해보라. 예를 들어, 우리가 봤던 잡들 중 몇몇은 디스크에서 데이터를 읽어서 단순한 변환 작업 후 다시 결과를 디스크에 쓰는 입출력 비중이 높은 작업이다. 주로 이런 유형의 작업을 한다면 CPU와 메모리의 비중은 줄이고, 더 많은 스토리지(특히, 입출력 속도를 높이기 위해 여러 개의 디스크에서 병렬로 데이터를 전송하도록)를 사용해야 한다.

반대로 복잡한 수치연산을 수행하는 잡은 많은 CPU가 필요하고, 대량의 자료구조를 메모리에 올려서 성능에 이득을 볼 수 있다.

한계요소라는 관점에서 생각해보자.

작업을 수행할 때, CPU를 중점적으로 쓸까(프로세서는 최대한의 성능을 내고, 메모리와 입출력 장치는 여유 있는 경우)? 아니면 메모리를 중점적으로 쓸까(물리적 메모리가 꽉 차서 스와핑swapping이 많이 일어나며, CPU와 입출력 장치는 여유 있는 경우)? 아니면 입출력 장치를 중점적으로 쓸까(CPU와 메모리는 여유가 있는 반면, disk에 최대한의 속도로 데이터를 읽고 쓰는 경우)?

독자라면 적절한 하드웨어를 추가해서 전체 성능의 한계 요소를 해소할 수 있겠는가?

물론, 이렇게 생각하면 끝이 없는 작업이긴 하다. 하나의 부하를 줄이고 나면, 다른 형태의 부하가 상대적으로 병목이 될 테니 말이다. 그러니 항상 실제 작업시의 상황과 비슷한 성능 프로파일을 얻도록 해야 한다는 사실을 상기하자.

실제 작업의 성능이 어떤 양상을 보일지 정말로 모르겠다면 어떻게 해야 할까? 이상적인 답변은 어느 하드웨어 위에서든 프로토타이핑을 통해 정보를 얻어내야 한다. 하지만, 이조차도 여의치 않은 상황이라면 적절한 설정을 추측해서 시작한다. 하둡은 이 기종의 하드웨어를 지원하므로(동일한 사양의 하드웨어로 구성하는 쪽이 나중에 유지보수 작업을 편하게 할 테지만 말이다) 클러스터를 최소한의 규모로 구성한 다음 평가해보라. 이 결과를 가지고 이후의 추가 호스트 구입이나 기존 장비의 업그레이드를 위한 정보로 삼을 수 있다.

프로토타이핑 플랫폼으로서의 EMR

우리가 일래스틱 맵리듀스 잡을 설정할 때, 마스터와 데이터/태스크 노드 두 종류 모두 별도로 하드웨어 타입을 설정했다는 사실을 상기해보자. EMR에서 잡을 돌리면, 자연스럽게 설정을 조정해가며 최적의 가격대비 성능 하드웨어 조합을 찾을 수 있다.

만일 EMR을 계속 사용할 계획이 아니더라도, 프로토타이핑 플랫폼 용도로만 사용해도 가치가 충분하다. 만일 클러스터 하드웨어 산정 작업을 하는 중인데 잡의 성능 특성을 알 방법이 없다면, EMR에서 프로토타이핑을 통해 정보를 얻어보라. 계획에 없던 EMR 서비스 사용비용이 들겠지만, 클러스터에 정말 부적합한 하드웨어를 사는 일보다는 훨씬 저렴한 방법이다.

특수한 노드 요구사항

모든 호스트의 하드웨어 요구사항이 동일하지는 않다. 특히, 네임노드용 호스트와 데이터노드, 태스크트래커용 호스트의 사양은 정말 다르다.

네임노드는 HDFS 파일시스템 전체 파일, 디렉터리, 블록, 노드, 그리고 다른 모든 다양한 메타데이터들을 메모리에 가지고 있다는 사실을 상기하자. 그래서 네임노드는 다른 어떤 호스트보다 큰 메모리를 요구한다. 특히 매우 큰 규모의 클러스터나 매우 많은 파일이 있을 경우에 말이다. 데이터노드/태스크트래커는 16GB 메모리가 보통 사양이겠지만, 네임노드는 보통 64GB 이상의 메모리를 장착한다. 만일 네임노드의 물리적 메모리가 꽉 차서 스왑 공간을 쓰게 되면, 전체 클러스터의 성능에 심각한 영향을 준다.

64GB는 물리적 메모리로는 꽤 큰 용량이지만, 요즘의 스토리지 장비 용량으로 보자면 매우 작은 편이다. 그리고 네임노드는 파일시스템 이미지만 저장하기 때문에 다른 데이터노드 호스트들이 장착하는 대용량 스토리지 장치는 필요 없다. 네임노드는 안정성이 매우 중요하기 때문에, 대개 스토리지는 여러 개의 디스크를 이중화해서 구성한다. 그래서 네임노드 호스트는 큰 드라이브가 아니라 여러 개의 작은 드라이브들(이중화 구성을 위해)을 사용하는 방법이 좋다.

이야기했던 이유들로 해서 네임노드는 클러스터의 다른 호스트들과 꽤 다른 사양을 가진다. 이렇게 하드웨어의 요구사항이 독특하기 때문에 앞에서 우리가 예산/공간이 허락되는 대로 네임노드를 전용 호스트로 옮기라고 추천했다.

 세컨드리 네임노드(하둡 2.0에서는 체크포인트 네임노드와 백업 네임노드)는 네임노드와 똑 같은 하드웨어 사양을 요구한다. 세컨드리 네임노드를 좀 더 일반적인 호스트에서 구동할 수도 있지만, 만일 주 네임노드 하드웨어 장애로 인해 세컨드리 네임노드를 주 네임노드로 써야 될 상황이 되면, 문제가 생길 수 있다.

스토리지 유형

앞서 살펴본 프로세서, 메모리, 스토리지 용량, I/O 같은 요소의 상대적인 중요성에 대해 이야기하다 보면 강경한 주장들도 나올 수 있다. 하지만 이런 경우 논쟁은 대개 애플리케이션의 요구사항과 하드웨어의 특성, 지표 같은 것에 근거를 두고 전개된다. 그러나 스토리지 유형에 관해 논의하기 시작하면, 엄청나게 굳건한 주장들끼리 부딪쳐서 치열한 논쟁이 벌어지기 쉽다.

저가와 기업용 스토리지의 비교

제일 처음으로 저가/개인 사용자용 하드 드라이브와 기업용 스토리지 중 어느 유형의 디스크를 사용할 것인가 결정해야 한다.

저가/개인 사용자용 디스크(주로 SATA 디스크)는 크고, 싸고, 느리고, 평균 무 장애 시간MTBF, mean time between failures 측정치가 낮다. 기업용 디스크는 SAS나 파이버 채널 같은 기술을 사용하고, 작고, 비싸며, 빠르고, MTBF 측정치가 높다.

단일 디스크 대 RAID

다음 결정해야 할 사항은 디스크를 구성하는 방법이다.

기업 급 시스템에서는 여러 개의 디스크를 하나의 논리적인 스토리지 장치로 묶어서 디스크 장애에도 견딜 수 있도록 RAIDRedundant Arrays of Inexpensive Disks로 구성한다. 이 방법의 단점은 전체 용량을 모두 활용하지 못 한다는 점과 읽기/쓰기 속도에 영향을 준다는 점이다.

다른 접근 방식은 각 디스크를 독립적으로 취급해서 전체 스토리지 용량과 I/O를 최대로 활용하는 방법인데, 하나의 디스크 장애도 전체 호스트의 다운타임을 유발할 수 있다.

균형점 찾기

하둡의 아키텍처는 하드웨어의 장애를 염두에 두고 만들었다. 이런 관점에서 보면, 전통적인 기업용 스토리지 기능을 전혀 사용할 필요가 없다고 주장할 수 있다. 대신에, 수 많은 대용량, 저가형 디스크를 사용해서 총 스토리지 활용을 극대화하고 병렬 입출력을 통해 I/O 처리율을 높인다. 디스크 한 개의 장애가 호스트의 장애를 일으킬 수도 있지만, 클러스터 전체는 이 장애를 우회해서 계속 운영할 수 있다.

옳은 말이고, 많은 경우에 꽤 합리적인 주장이다. 그러나 이 주장은 장애가 났던 호스트를 다시 서비스에 추가할 때 비용이 든다는 사실을 간과했다. 클러스터가 바로 운영자의 옆에 위치하고, 항상 여분의 디스크를 준비해 두고 있는 환경이라면은 호스트 장애 처리는 빠르고, 쉽고, 별로 비용이 들지 않는 작업이다. 하지만, 호스트가 상업용/공용 기관에 위치해 있다면 유지보수 비용은 훨씬 더 많이 든다. 만일 관리 업체가 따로 있어서 유지보수 작업에 비용을 지불하는 서버들을 사용한다면, 이 비용은 더 늘어날 수 있다.

이런 상황에서는 비록 비용이 더 들고 전체 용량과 입출력 성능에서 손해를 보더라도 차라리 RAID 구성을 사용하는 방법이 합리적일 수 있다.

네트워크 스토리지

한 가지 거의 항상 하지 말아야 되는 일을 꼽는다면, 바로 클러스터의 주 스토리지로 네트워크 스토리지를 사용하는 일이다. SAN을 통한 블록 스토리지, 또는 NFS를 이용한 파일 기반, 기타 유사한 프로토콜을 이용해서 네트워크 스토리지를 이용할 경우, 하둡의 입장에서는 불필요한 병목과 장애 시에 심각한 영향을 미칠 수 있는 공용장비를 더하는 셈이 된다.

그러나 때로는 기술 외적인 이유로 이런 류의 구성을 사용해야 할 때가 있다. 전혀 쓸 수 없다는 말은 아니지만, 속도와 결함 허용측면에서 어떤 영향을 끼칠 지 인지해야만 한다.

하둡 네트워킹 설정

하둡은 스토리지 장비처럼 정교한 네트워크 구성을 지원하지는 않는다. 따라서 네트워크 장비를 선택할 땐 CPU, 메모리, 스토리지 장비보다 상대적으로 선택의 여지가 적다. 요점만 말하면, 현재 하둡은 하나의 네트워크 장비만 사용할 수 있다. 예를 들어 호스트에 있는 기가비트 이더넷 포트를 모두 하나로 묶어서 4기가비트로 처리율을 올리거나 할 수 없다. 만일 기가비트 포트 하나보다 더 높은 처리율을 얻고 싶은데 하드웨어나 운영체제가 여러 개의 포트를 묶어서 하나의 디바이스처럼 제공하는 기능이 없다면, 10기가비트 이더넷 장비를 쓰는 수 밖에 없다.

블록의 위치를 결정하는 방법

여지까지 HDFS가 데이터 이중화를 위해서 복제를 사용한다는 이야기는 많이 했지만, 어떻게 하둡이 블록의 복제본 위치를 결정하는지는 설명하지 않았다.

대부분 전통적인 서버 팜에서는 다양한 호스트들을(네트워크나 다른 장비들도 마찬가지로) 표준화된 크기의 랙에 쌓아둔다. 각각의 랙은 공통 전원 공급장치를 써서 장비들에 전기를 공급하고, 스위치를 두어 바깥의 네트워크와 랙의 모든 호스트들간의 인터페이스를 제공한다.

이런 구성에서는 크게 세 가지 유형의 장애가 발생한다.

- 하나의 호스트에 발생하는 장애(예를 들면, CPU/메모리/디스크/마더보드 장애)
- 하나의 랙에 발생하는 장애(예를 들어, 전원 장치나 스위치 장애)
- 클러스터 전체에 영향을 주는 장애(예를 들면, 대량의 전원 장치/네트워크 장애, 냉각 장치/기타 환경적인 이상)

 현재 하둡은 여러 개의 데이터센터에 걸친 클러스터를 지원하지 않기 때문에, 세 번째 유형의 장애는 전체 클러스터를 다운시킨다는 사실을 기억하자.

기본 설정으로, 하둡은 각 노드가 같은 물리적 랙에 위치한다고 생각하고 처리한다. 즉, 각 호스트간의 네트워크 비용이 거의 같고 랙에 장애가 발생했을 시 각 노드는 같은 영향을 받으리라 가정한다는 의미다.

랙 인식

하지만, 만일 여러 개의 랙을 사용하거나 다른 특별한 구성을 사용한다면 각 노드 별로 속한 랙의 ID를 하둡에 알려서 하둡이 복제본의 위치를 결정할 때 이 정보를 고려하도록 할 수 있다.

랙을 인식할 경우, 하둡은 데이터의 첫 번째 복제본을 데이터가 원래 위치한 호스트에, 두 번째 복제본은 같은 랙 안의 호스트에, 세 번째 복제본은 다른 랙 안의 호스트에 저장하려고 시도한다.

이 전략은 성능과 가용성간에 꽤 괜찮은 균형점을 제공한다. 랙 내부에 스위치가 있다면, 랙 내부 호스트간의 통신은 랙 외부 호스트와의 통신보다 빠르다. 위의 전략은 두 개의 복제본을 하나의 랙 안에 두어서 쓰기 속도를 극대화하고, 나머지 하나의 복제본은 랙에 장애가 발생할 경우를 대비해서 다른 랙에 둠으로 써 데이터 이중화 기능을 제공한다.

랙인식 스크립트

스크립트 파일(실행 권한을 줘야 한다)의 위치를 `topology.script.file.name` 속성에 지정하면, 네임노드가 각 호스트의 랙을 판단할 때 이 스크립트를 사용한다.

이 스크립트는 네임노드 호스트에만 있으면 된다.

네임노드가 각 노드의 IP 주소를 스크립트에 전달하면, 스크립트가 IP 주소와 랙 이름을 매핑 한다.

만일 스크립트를 지정하지 않으면 모든 노드가 하나의 랙에 위치한다고 판단한다.

실습 예제 │ 기본 랙 설정 검토

클러스터의 기본 랙 설정이 어떻게 되었는지 살펴보자.

1. 다음 명령을 실행한다.

```
$ Hadoop fsck -rack
```

2. 결과는 아래와 비슷한 내용을 포함해야 한다.

```
Default replication factor: 3
Average block replication: 3.3045976
Corrupt blocks: 0
Missing replicas: 18 (0.5217391 %)
Number of data-nodes: 4
Number of racks: 1

The filesystem under path '/' is HEALTHY
```

보충 설명

사용한 툴과 출력내용 자체는 여기서 다루고 싶은 내용은 아니다. hadoop fsck라는 툴을 썼는데, 이 툴은 파일시스템에 문제가 있는지 검사하고 문제를 해결할 때 쓴다. 우리에게 익숙한 툴인 hadoop dfsadmin은 각 노드 상태정보를 집중적으로 보여주지만, hadoop fsck는 파일시스템 내부의 정보를 세부적으로 보여준다.

Hadoop fsck가 보여주는 정보 중 하나가 바로 클러스터 안의 랙 개수인데 앞의 결과물에서 보았듯이 예상한 대로 값은 1로 나왔다.

 HDFS의 장애회복 테스트에서도 이 커맨드를 쓴다. 그래서, 이 커맨드는 블록의 평균 복제 수치나 복제 계수 미만 상태(under-replicated) 블록의 개수 등의 정보를 보여준다.

호스트가 일시적인 장애로 인해 서비스에서 빠졌다가 다시 돌아오면, 필요보다 더 많은 복제본이 생긴다. 하둡은 복제 계수를 맞추기 위해 블록을 더하기도 하지만, 복제 계수 이상으로 존재하는 복제본을 삭제하기도 한다.

실습 예제 │ 랙 인식 추가

1. 하둡 네임노드를 실행하는 호스트의 하둡 사용자 홈 디렉터리에 다음과 같은 rack-script.sh라는 스크립트를 만든다. IP 주소는 각자의 HDFS 노드 IP 주소로 바꿔야 한다는 사실을 잊지 말자.

```
#!/bin/bash

if [ $1 = "10.0.0.101" ]; then
    echo -n "/rack1 "
else
    echo -n "/default-rack "
fi
```

2. 스크립트에 실행권한을 준다.

```
$ chmod +x rack-script.sh
```

3. 네임노드 호스트의 core-site.xml 파일에 다음과 같은 속성을 더한다.

```
<property>
<name>topology.script.file.name</name>
<value>/home/Hadoop/rack-script.sh</value>
</property>
```

4. HDFS를 재시작한다.

```
$ start-dfs.sh
```

5. Fsck로 파일시스템을 확인한다.

```
$ Hadoop fsck -rack
```

결과는 다음 화면과 같다.

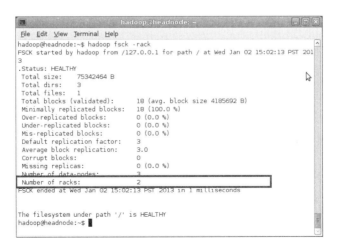

제일 처음에 '10.0.0.101'을 입력받으면 특정 랙의 값을 리턴하고 다른 노드를 입력으로 받으면 기본 값을 리턴하는 스크립트를 만들었다. 그리고 이 스크립트를 네임노드 호스트에 넣고 네임노드의 core-site.xml 파일에 필요한 설정 값을 추가했다.

HDFS를 시작하고 나서 파일시스템 정보를 보기 위해 hadoop fsck를 써서 클러스터에 두 개의 랙이 있다는 사실을 확인했다. 이 정보를 이용해서, 하둡은 앞서 설명했던 것처럼 좀 더 정교한 블록 위치 선택 전략을 사용한다.

 외부 호스트 파일 사용하기
일반적으로는 매핑 정보를 별도의 파일에 저장하는 방법으로 Unix의 /etc/hosts 파일에 IP/랙 매핑 정보를 기록한다. 이 파일은 독립적으로 수정 가능하고, 랙인식 스크립트가 이 파일을 읽으면 된다.

저가 하드웨어가 정확히 뭐지?

클러스터용 하드웨어로 저가 서버를 쓸 것인가 아니면 기업용으로 특수 제작된 고사양 장비를 쓸 것인가 하는 논의로 되돌아가 보자.

'저가'라는 용어의 정의가 모호하다는 점이 문제다. 어떤 회사 입장에서는 싸고 가볍게 쓸만한 장비가 다른 회사입장에서는 고급 고 사양 장비로 보일 수 있다. 앞으로의 결정 과정에서 다음과 같은 사항을 고려하라고 제안하고 싶다.

- 하둡의 결함 허용 기능과 일부 중복되는 안정성을 위해서 하드웨어에 돈을 투자하지는 않는가?
- 필요 이상의 기능이나 위험 관리를 위해 비싼 하드웨어를 구입하지는 않는가?
- 싸고 덜 안정적인 하드웨어보다 비싼 고 사양 하드웨어가 정말 필요한지 검증해 보았는가?

Q1. 새 하둡 클러스터용 하드웨어를 선택할 때 가장 중요한 사항은?

  1. CPU 코어 개수와 속도

  2. 물리적 메모리 용량

  3. 스토리지 용량

  4. 스토리지 속도

  5. 작업 부하에 따라 다름

Q2. 클러스터에 네트워크 스토리지 장비를 쓰지 말아야 하는 이유는?

  1. 새로운 단일 장애 지점single point of failure을 만들기 때문에

  2. 하둡의 결함 허용 기능과 중복되어서 필요 없는 이중화와 결함 허용기능을
  제공하기 때문에

  3. 하둡이 여러 개의 로컬 디스크를 동시에 사용하는 방식보다 성능이 떨어지
  기 때문에

  4. 위 내용 전부

Q3. 클러스터에서 10TB 데이터를 처리할 예정이다. 맵 리듀스 잡은 주로 회계 기
  록을 처리해서 통계 모델을 만들고 미래 예측을 할 계획이다. 클러스터용 하
  드웨어로 어떤 사양을 골라야 할까?

  1. 듀얼코어 프로세서와 4GB 메모리, 500GB 디스크를 장착한 호스트 20대

  2. 듀얼코어 프로세서와 8GB 메모리, 500GB 디스크 두 개를 장착한 호스트
  30대

  3. 쿼드코어 프로세서와 8GB 메모리, 8TB 디스크를 장착한 호스트 30대

  4. 쿼드코어 프로세서와 16GB 메모리, 4TB 디스크를 네 개 장착한 호스트 40대

클러스터 접근 제어

새 클러스터를 도입해서 운영하기 시작하면 접근과 보안에 관한 고민을 해야 한다. 누가 클러스터의 데이터에 접근할 수 있을 것인가? 사용자 전체에게 공개하면 안 될 민감한 데이터가 있는가?

하둡 보안 모델

최근 까지도 하둡은 최고로 잘 봐줘야 '권한 표시만 해놓는' 보안 모델을 가지고 있었다. 각 파일의 소유자와 그룹관리를 하기는 하지만, 각 클라이언트 접속에 대해서는 정말 적은 체크만 수행한다. 강한 보안 시스템이라면 각 파일의 권한 표시뿐만 아니라 모든 접근한 사용자의 식별도 관리해야 한다.

실습 예제 | 기본 보안 확인

앞서 파일 리스트를 볼 때 파일마다 유저와 그룹이름이 있다는 사실을 보았다. 하지만, 정확히 무슨 의미인지에 대해서는 이야기하지 않았다. 이제 알아보자.

1 하둡 사용자 홈 디렉터리에 텍스트 파일을 만들자.

```
$ echo "I can read this!" > security-test.txt
$ hadoop fs -put security-test.txt security-test.txt
```

2. 소유자만 접근할 수 있게 권한을 수정하자.

```
$ hadoop fs -chmod 700 security-test.txt
$ hadoop fs -ls
```

이 명령의 결과는 다음 화면과 같다.

```
                                                    hadoop@headnode: ~
File  Edit  View  Terminal  Help
hadoop@headnode:~$ hadoop fs -ls
Found 2 items
-rw-------    3 hadoop supergroup          16 2013-01-02 15:14 /user/hadoop/security-test.txt
-rw-r--r--    3 hadoop supergroup    75342464 2013-01-02 14:56 /user/hadoop/ufo.tsv
hadoop@headnode:~$
```

3. 파일을 읽을 수 있는지 확인하자.

```
$ hadoop fs -cat security-test.txt
```

화면에 다음과 같은 출력이 나온다.

```
I can read this!
```

4. 클러스터의 다른 노드에 접속해서 파일을 읽어보자.

```
$ ssh node2
$ hadoop fs -cat security-test.txt
```

다음과 같은 출력이 나온다.

```
I can read this!
```

5. 다른 노드에서 로그아웃한다.

```
$ exit
```

6. 다른 사용자용 홈 디렉터리를 만들고 권한을 준다.

```
$ hadoop fs -mkdir /user/garry
$ hadoop fs -chown garry /user/garry
$ hadoop fs -ls /user
```

다음 화면과 같은 출력이 나온다.

```
                                                    hadoop@headnode: ~
File  Edit  View  Terminal  Help
hadoop@headnode:~$ hadoop fs -ls /user
Found 2 items
drwxr-xr-x   - garry  supergroup        0 2013-01-02 15:18 /user/garry
drwxr-xr-x   - hadoop supergroup        0 2013-01-02 15:14 /user/hadoop
hadoop@headnode:~$ ▮
```

7. 권한을 부여한 사용자로 계정을 전환하자.

```
$ su garry
```

8. hadoop 사용자의 홈 디렉터리에 있는 파일을 읽어보자.

```
$ hadoop/bin/hadoop fs -cat /user/hadoop/security-test.txt
cat: org.apache.hadoop.security.AccessControlException: Permission
denied: user=garry, access=READ, inode="security-test.txt":hadoop:
supergroup:rw-------
```

9. 그 파일을 지금 사용자의 홈 디렉터리에 복사하고 파일 소유자만 접근 가능
하게 수정하자.

```
$ Hadoop/bin/Hadoop fs -put security-test.txt security-test.txt
$ Hadoop/bin/Hadoop fs -chmod 700 security-test.txt
$ hadoop/bin/hadoop fs -ls
```

결과물은 다음 화면과 같다.

```
                                                    garry@headnode: ~
File  Edit  View  Terminal  Help
garry@headnode:~$ hadoop fs -ls
Found 1 items
-rw-------   3 garry supergroup       17 2013-01-02 15:40 /user/garry/security-test.txt
garry@headnode:~$ ▮
```

10. 사용자가 파일에 접근 가능한지 확인하자.

```
$ hadoop/bin/hadoop fs -cat security-test.txt
```

다음과 같은 결과물을 볼 수 있다.

```
I can read this!
```

11. hadoop 사용자로 다시 돌아가자.

```
$ exit
```

12. 다른 사용자의 홈 디렉터리에 있는 파일을 읽어보자.

```
$ hadoop fs -cat /user/garry/security-test.txt
```

다음과 같은 출력이 나온다.

I can read this!

보충 설명

처음에 hadoop 사용자로 HDFS상의 홈 디렉터리에 파일을 만들었다. 이 예제에서 `hadoop fs` 명령에 처음으로 `-chmod`라는 옵션을 사용했다. 이 옵션은 유닉스 표준 chmod 툴처럼 파일에 읽기/쓰기/실행 권한을 소유자, 그룹 멤버, 모든 유저들 레벨로 부여한다.

그런 다음 hadoop 사용자로 다른 호스트로 가서 아까 생성한 파일을 읽어 보았다. 일견 당연하게도 파일을 읽을 수 있었다. 하지만, 이게 당연한 걸까? 하둡은 hadoop 사용자가 파일에 접근권한이 있는지 무엇을 보고 알았을까?

좀 더 알아보기 위해 HDFS상에 다른 사용자(접속한 호스트의 어느 사용자 계정이든 가능하다)의 홈 디렉터리를 만들고 `hadoop fs`의 `-chown` 옵션을 이용해서 그 사용자에게 소유권을 주었다. 이 옵션 역시 유닉스의 표준 chown과 비슷하다. 그다음 해당 사용자로 전환하고 나서 hadoop 사용자의 홈 디렉터리에 있는 파일을 읽으려고 해보았다. 예상했던 대로 읽을 수가 없었다. 그리고 다시 한번, 이 파일을 사용자의 홈 디렉터리로 복사하고 소유자만 접근 가능하도록 만들었다.

하지만, hadoop 사용자로 다시 전환하고 그 사용자의 홈 디렉터리에 있는 파일을 읽으려고 해보니, 놀랍게도 읽을 수 있었다.

사용자 식별

첫 의문점에 대한 답은 하둡이 HDFS 명령을 실행하는 사용자의 유닉스 ID를 HDFS의 ID로 사용한다는 사실이다. 그래서alice라는 사용자가 실행하는 명령은 alice라는 이름을 소유자로 한 파일을 만들고, 이 사용자가 권한이 있는 파일만 읽거나 쓰거나 할 수 있다.

보안 측면에서 생각해 보면, HDFS 클러스터에 접근할 수 있는 어느 호스트에서든 같은 ID를 가진 사용자만 생성할 수 있으면 HDFS상의 파일에 접근할 수 있다는 의미다. 앞서의 예를 보면 네임노드에 접속할 수 있는 어떤 호스트에서든 hadoop이라는 사용자를 생성해서 HDFS상에 있는 hadoop 사용자의 파일을 읽을 수 있다는 이야기로써, 생각보다 훨씬 더 좋지 않은 방식이다.

슈퍼 유저

앞서 Hadoop 사용자가 다른 사용자의 파일에 접근 가능하다는 사실을 보았다. 하둡은 클러스터를 시작한 사용자 ID를 슈퍼 유저로 사용해서 HDFS상의 모든 파일을 읽고, 쓰고, 수정할 수 있는 권한을 부여한다. 보안 관점에서 보자면, 임의의 호스트에서 hadoop이라는 사용자를 생성해서 하둡 관리자의 통제를 벗어난 행동을 할 수 있다는 사실을 알 수 있다.

더 세밀한 접근 제어

이런 구멍 때문에 하둡의 가장 큰 약점은 보안이었다. 하지만 커뮤니티는 거기에서 머물러 있지 않고, 추가적인 작업을 통해 최신 하둡 버전은 더 세밀하고 강력한 보안 모델을 지원하다.

사용자 식별 시 단순히 사용자 ID에만 의존하지 않기 위해 개발자들은 다른 솔루션들을 찾아 보았고, 케베로스Kerberos 시스템을 통합하기로 결정했다. 케베로스 서비스 설정과 유지보수 작업은 이 책의 범위를 벗어나지만, 만일 보안이 중요하다면 하둡 문서를 참고하기 바란다. 마이크로 소프트 액티브 디렉터리Microsoft Active Directory 같은 서드파티 시스템도 통합할 수 있기 때문에 강력한 보안 기능을 제공한다.

물리적 접근 제어로 보안 모델 보완

케베로스를 도입하기가 부담스럽거나 보안이 필수적이라기 보다는 있으면 좋은 정도라면, 위험을 낮출만한 다른 방법들이 있다. 나는 전체 클러스터를 강력한 접근 관리용 방화벽 뒤에 전체 클러스터를 놓는 방법을 선호한다. 특히, 하나의 호스트만 클러스터의 대표 노드로 정해 모든 사용자는 그 노드로만 접속하게 한다. 그리고 해당 노드에서만 네임노드와 잡트래커 서비스로 접근 가능하도록 만든다.

클러스터 밖의 호스트에서 하둡 접근하기

HDFS에 접근하려고 명령행 도구를 사용하거나 맵리듀스 잡을 돌리기 위해 꼭 호스트에서 하둡 데몬을 실행할 필요는 없다. 호스트에 하둡을 설치하고, 설정 파일에 네임노드와 잡트래커의 위치만 제대로 설정해 놓으면은 hadoop fs와 hadoop jar 같은 명령을 실행할 수 있다.

이 방식은 오직 하나의 호스트만 하둡에 접근할 수 있게 하고, 이 대표 호스트는 클러스터 운영자가 관리한다. 이 방법으로 일반 사용자는 사용자 계정을 만들거나 다른 사용자 계정에 접근하지 못하게 만들어서 보안을 강화한다.

이런 방법은 진정한 보안을 제공하지는 않는다는 점을 기억하기 바란다. 단순히 약한 시스템 바깥에 좀 더 강력한 껍데기를 씌워서 하둡 보안 모델을 뚫을 가능성을 줄일 뿐이다.

네임노드 관리

위험요소 관리에 대해 더 알아보자. 6장에서 네임노드를 구동하는 호스트에 장애가 발생하면 생길 수 있는 결과에 대해 이야기했을 때에, 아마 오싹한 기분이 들었을 것이다. 만일 그 절을 읽을 때 아무렇지 않았다면, 다시 한번 읽어보라. 오싹한 기분을 느껴야 한다. 요약하면 네임노드를 잃는다는 말은 클러스터의 모든 데이터 손실을 유발할 수 있다는 말이다. 왜냐하면 네임노드가 파일시스템의 모든 메타데이터와, 어떤 블록이 파일의 내용을 가지고 있는지에 대한 정보를 fsimage라는 파일에 기록하기 때문이다. 네임노드 호스트를 잃으면 fsimage를 복구할 수가 없고, HDFS의 모든 데이터를 잃게 된다.

여러 위치에 fsimage를 저장하도록 설정

네임노드가 fsimage를 동시에 여러 위치에 저장하도록 설정할 수 있다. 이 설정은 단순히 데이터 이중화를 위해서이고, 다중 스토리지 장치를 이용해서 성능을 향상시키거나 하려는 의도는 전혀 없다. 대신, fsimage 손실을 막기 위해 여러 개의 복제본을 만드는 게 원칙이다.

실습 예제 | fsimage 저장위치 추가

이제 데이터 복구 기능을 위해서 네임노드가 fsimage를 여러 복사본에 한꺼번에 저장하도록 설정해보자. 이 작업을 하기 위해 NFS 디렉터리가 필요하다.

1. 클러스터를 중지한다.

   ```
   $ stop-all.sh
   ```

2. /conf/core-site.xml 파일에 네임노드의 데이터 사본을 NFS에 마운트한 위치에 쓰도록 수정한다.

   ```
   <property>
   <name>dfs.name.dir</name>
   <value>${hadoop.tmp.dir}/dfs/name,/share/backup/namenode</value>
   </property>
   ```

3. 새로 추가한 디렉터리에 이미 존재하던 내용은 모두 지운다.

   ```
   $ rm -f /share/backup/namenode
   ```

4. 클러스터를 구동한다.

   ```
   $ start-all.sh
   ```

5. 앞에서 명시한 두 디렉터리의 파일을 대상으로 md5sum 명령을 실행해서
fsimage가 두 위치에 제대로 쓰여지는지 확인하자(다음 코드에서 각자 설정한
디렉터리를 가리키도록 수정하자).

```
$ md5sum /var/hadoop/dfs/name/image/fsimage
a25432981b0ecd6b70da647e9b94304a /var/hadoop/dfs/name/image/fsimage
$ md5sum /share/backup/namenode/image/fsimage
a25432981b0ecd6b70da647e9b94304a /share/backup/namenode/image/fsimage
```

보충 설명

제일 처음, 클러스터를 중지시켰다. 클러스터는 구동 중에 core 설정파일을 읽
지 않지만, 중간에 읽는 기능이 하둡에 구현될 때를 대비해서 꼭 중지시키는 습
관을 들이는 편이 좋다. 그리고 data.name.dir 속성에 값을 지정했다. 이 속성
에는 fsimage를 저장할 위치들을 쉼표로 구분된 값으로 준다. 이전에 이야기한
hadoop.tmp.dir 속성을 가지고 유닉스 변수를 쓸 때처럼 역 참조한 부분을 주의
해보자. 이 문법을 쓰면 상위 속성을 변경했을 때 하위 속성들도 그 변화를 적용하
도록 만들 수 있다.

 필요한 디렉터리 값들을 빼먹지 말고 모두 지정하자

이 속성의 기본값은 ${hadoop.tmp.dir}/dfs/name이다. 값을 추가할 때는 앞에서처럼 명
시적으로 기본값도 적어주어야 한다. 그렇지 않으면, 이 속성에는 새로 적어준 값만 적용
된다.

클러스터를 시작하기 전에, 새로운 디렉터리가 존재하고 비어 있는지 확인했다.
디렉터리가 존재하지 않으면, 예상할 수 있듯이 네임노드는 시작 과정에서 실패한
다. 그러나 만약 그 디렉터리가 이전에 네임노드 데이터를 저장하고 있었다면, 하
둡은 각 디렉터리가 서로 다른 네임노드 데이터를 가지고 있고 어느 데이터가 맞
는지 알 수 없기 때문에 역시 시작하다가 실패하게 된다.

이 작업을 할 때에는 주의하자! 특히 여러 디렉터리들을 가지고 실험하는 중이거

나 여러 노드들 사이에서 왔다 갔다 할 때는 실수로 잘못된 디렉터리의 내용을 지우지 않도록 주의해야 한다.

HDFS 클러스터를 시작한 이후에는 잠시 기다렸다가 MD5 체크섬MD5 checksum으로 양 위치 모두 동일한 fsimage를 가지고 있는지 확인했다.

어디에 fsimage 사본을 쓸까

앞의 예제처럼 최소한 두 군데 이상의 위치에 fsimage를 쓰고, 하나는 꼭 원격 파일시스템(NFS 같은)에 저장하는 방식을 추천한다. fsimage는 주기적으로 한번씩 갱신하기 때문에, 꼭 성능 좋은 파일시스템을 쓸 필요는 없다. 앞에서 하드웨어 선택에 관해 이야기할 때, 네임노드 호스트를 위해 고려해야 할 다른 사항을 이야기했었다. fsimage는 정말 중요하기 때문에, 이 파일을 여러 개의 디스크에 써야 하고, 안정성이 높은 디스크를 쓰거나 RAID 장비에 쓰는 방법도 좋은 생각이다. 네임노드에 장애가 발생할 시 원격 파일시스템에 있는 복사본을 쓰면 쉽게 복구할 수 있다. 하지만 그 방법도 여의치 않을 경우를 대비해서 장애가 난 네임노드 호스트에서 복제본을 저장한 다른 디스크를 꺼내 데이터를 복구할 수 있는 여지를 남겨두는 게 좋다.

다른 네임노드 호스트로 전환

우리는 fsimage 파일을 여러 곳에 중복해서 쓰도록 해 놓았다. 이 작업이 다른 네임노드로 전환하기 위해서 가장 중요한 사전 작업이다. 이제 실제로 전환하는 작업을 해보자.

사실 이 작업은 운영 클러스터에서는 하면 안 되는 일이다. 특히 처음 시도해 보는 사람은 절대 운영 클러스터에서는 시도해 보면 안 되며, 그렇지 않은 사람도 위험한 작업이라는 사실을 알아야 한다. 하지만, 장애가 발생했을 때 어떻게 해야 할지 운영용이 아닌 다른 클러스터에서 연습해 놓아야 한다.

장애가 발생하기 전에 준비해 놓아야 할 사항들

운영 서버에 장애가 발생하기 전에 지금 이야기할 내용에 대해서 미리 알아놓아야 한다. 장애에 대비해 몇 가지 사항을 미리 준비해 두면 복구를 가능하게 하고 복구 절차 역시 편해진다.

- 네임노드가 `fsimage`를 여러 곳에 쓰는지 확인하자.

- 어느 호스트에서 새로운 네임노드를 구동할지 결정한다. 만일 현재 데이터 노드와 태스크트래커를 실행 중인 호스트라면, 네임노드를 실행할 만한 하드웨어를 갖추고 있는지 확인하고 이 호스트가 작업 노드에서 빠지는 일이 전체 클러스터의 성능에 큰 영향을 주지는 않는지 확인한다.

- core-site.xml과 hdfs-site.xml 파일의 사본을 만들어서 NFS(가능하다면)에 복사해 놓고, 새로운 호스트를 가리키도록 내용을 수정한다. 설정 파일을 수정할 때마다 잊지 말고 이 복사본의 내용도 수정해야 한다.

- 네임노드의 slaves 파일을 새로운 호스트나 공유 NFS 스토리지에 복사한다. 수정사항이 있을 때는 이 복사본도 잊지 말고 갱신해야 한다.

- 새로운 호스트에서 장애가 발생했을 때 어떻게 할지 생각해 놓아야 한다. 장애가 발생한 원래의 호스트를 얼마나 빨리 수리 또는 교체할 수 있을까? 그 사이에 장애가 또 발생하면 어떤 호스트를 새로운 네임노드(그리고 세컨드리 네임노드)로 쓸까?

준비됐는가? 시작해보자!

실습 예제 | 새 네임노드 호스트로 전환

실습하면서 우리는 NFS의 /share/backup 디렉터리에 새로운 설정파일을 저장해 놓고 이 새로운 설정파일을 가리키도록 경로를 수정할 예정이다. 그리고 새 네임노드와 다른 일반 호스트를 구분하기 위해서, 이들의 IP 주소 중 겹치지 않는 패턴을 찾을 때 grep 유틸리티를 사용하겠다.

1. 현재의 네임노드 호스트에 로그인해서 클러스터를 중지한다.

```
$ stop-all.sh
```

2. 네임노드 호스트를 중지한다.

```
$ sudo poweroff
```

3. 새로운 네임노드 호스트에 접속해서 새 설정파일에 제대로 된 네임노드 위치를 저장했는지 확인한다.

```
$ grep 110 /share/backup/*.xml
```

4. 새 호스트에 가서 slaves 파일을 복사한다.

```
$ cp /share/backup/slaves Hadoop/conf
```

5. 이제 수정된 설정 파일들을 복사한다.

```
$ cp /share/backup/*site.xml Hadoop/conf
```

6. 로컬 파일시스템에서 예전 네임노드 데이터를 삭제한다.

```
$ rm -f /var/Hadoop/dfs/name/*
```

7. 수정된 설정 파일들을 클러스터의 모든 노드에 복사한다.

```
$ slaves.sh cp /share/backup/*site.xml Hadoop/conf
```

8. 각 노드의 설정파일이 새로운 네임노드를 가리키고 있는지 확인해본다.

```
$ slaves.sh grep 110 hadoop/conf/*site.xml
```

9. 클러스터를 시작한다.

```
$ start-all.sh
```

10. 명령행에서 HDFS 상태가 정상인지 확인한다.

```
$ hadoop fs -ls
```

11. 웹 UI에서 HDFS에 접근 가능한지 확인한다.

제일 처음, 하둡 클러스터를 중지했다. 보통은 네임노드 장애 시 이렇게 우아하게 프로세스가 내려가지는 않는다. 하지만, 아직 8장의 뒷부분에 가기 전까지는 파일 시스템 훼손을 방지하려고 한다.

그다음에는 원래의 네임노드 호스트를 중지했다. 꼭 필요한 작업은 아니지만 원래의 호스트에 접근하지 못하게 해서 새로운 호스트로 이전이 얼마나 잘 이뤄지는 중인지 쉽게 확인하려고 한 일이다.

파일을 복사하기 전에 core-site.xml과 hdfs-site.xml을 보았고, core-site.xml 안에 `fs.default.dir` 속성의 값이 제대로 되어있는지 확인했다.

그리고 slaves 설정파일과 클러스터 설정파일들을 복사하고 로컬 디렉터리에서 예전 네임노드의 데이터를 지우는 작업으로 새로운 네임노드 호스트로 옮겨갈 준비를 했다. 이 단계 작업은 조심해서 하기 바란다.

그다음에 slaves.sh 스크립트를 써서 클러스터의 각 호스트에 새로운 설정 파일들을 복사했다. 오직 새로운 네임노드 호스트만 IP 주소에 110이라는 숫자를 포함하기 grep을 이용해서 각 파일을 제대로 수정했는지 확인했다(당연히, 독자의 시스템에서는 독자의 시스템에 해당하는 IP 패턴을 써야 한다).

이제, 모든 게 다시 제대로 동작해야만 한다. 클러스터를 다시 시작했고, 명령행 툴과 웹 UI를 통해 접근해서 제대로 작동하는지 확인했다.

아직 기뻐할 때가 아니다!

새로운 네임노드로 전환했다고 하더라도, 아직 할 일이 남았다는 사실을 잊지 말자. 세컨드리 네임노드를 어떻게 할지 결정해야 하고, 새로운 네임노드에 장애가 발생했을 때 어떤 호스트로 옮길지도 미리 생각해 놓아야 한다. 앞에서 이야기했던 '준비 사항' 리스트를 체크해서 만반의 준비를 하자.

연쇄적으로 일어나는 장애도 대비해야 한다. 네임노드의 장애 원인을 잘 분석해서 더 큰
문제의 시발점이 되지 않도록 해야 한다.

맵리듀스는 어떡하지?

잡트래커의 전환은 설명하지 않았는데, 6장에서 봤던 것처럼 훨씬 쉽기 때문이다.
만일 네임노드와 잡트래커를 같은 호스트에서 구동시키는 상태라면, 네임노드를
처리할 때 처람 mapred-site.xml의 `mapred.job.tracker` 속성에 새로운 잡트래
커 호스트의 위치를 주고 복사본을 만들어야 한다.

도전 과제 | **새로운 네임노드 호스트로 전환**

네임노드와 잡트래커 모두 다른 호스트로 옮겨 보자.

HDFS 관리

6장에서 노드를 죽이고 재시작할 때 보았던 바대로, 하둡은 전통적인 파일시스템
이라면 힘들게 직접 해야 할 많은 일들을 자동으로 관리한다. 하지만 여전히 주의
해야 할 사항들이 있다.

데이터를 어디에 쓸까

네임노드가 `dfs.name.dir` 속성을 이용해서 fsimage를 여러 곳에 저장할 수 있는
것처럼 비슷한 방법으로 `dfs.data.dir` 속성을 이용해서 HDFS가 데이터를 호스
트의 여러 곳에 저장하게 지정할 수 있다.

이 속성은 네임노드의 그 속성과는 매우 다른 방식으로 동작한다. `dfs.data.dir`
속성에 여러 개의 디렉터리 값이 있으면, 하둡은 이 디렉터리들을 병렬로 쓸 수 있
는 독립적인 위치들로 인식한다. 여러 개의 물리적 디스크를 쓰거나 여러 개의 스

토리지 장치를 마운트 하거나 한 경우에 유용하게 쓸 수 있다. 하둡은 이 여러 개의 디바이스들을 똑똑하게 활용한다. 전체 스토리지 용량만 최대로 활용하는 것이 아니라, 처리율을 극대화하기 위해 읽기와 쓰기 작업을 분배하기도 한다. 스토리지 유형 절에서 언급했듯이, 이 접근 방식은 효율은 극대화 하지만 디스크 하나만 장애가 발생해도 호스트 전체의 데이터가 이상해지는 위험이 있다.

밸런서 사용

하둡은 최대한 성능과 이중화 모두를 극대화하는 방향으로 데이터 블록의 위치를 결정한다. 그러나 특정한 상황에서는 몇몇 노드만 다른 노드들과 균형이 맞지 않는 상황이 있을 수 있다. 새로운 노드를 클러스터에 추가했을 때가 대표적인 예이다. 기본적으로 하둡은 새 노드도 기존 노드들과 똑같이 취급해서 블록을 할당하기 때문에, 새로 추가된 노드는 한참 동안 다른 노드들 보다 데이터를 적게 가지게 된다. 문제가 있거나 서비스에서 빠졌던 노드들도 다른 노드들에 비해서 적은 데이터를 가질 수 있다.

이런 상황을 대비해서 하둡에는 밸런서라는 툴이 있는데, start-balancer.sh와 stop-balancer.sh 스크립트를 쓰면 된다.

언제 리밸런스해야 하나

파일시스템의 불균형을 하둡이 운영자에게 자동으로 알려주거나 하는 기능은 없다. 대신에 항상 hadoop fsck와 hadoop fsadmin 결과 데이터를 주시하며 노드 간의 불균형이 있는지 감시해야 한다.

사실, 하둡이 블록 분배를 굉장히 잘 하기 때문에 새로운 하드웨어를 추가하거나 장애가 났던 노드를 다시 서비스에 추가할 때 밸런서를 실행해주는 정도만 하면 된다. 그러나 클러스터를 최상의 상태로 유지하기 위해서 흔히 주기적으로(예를 들어, 밤에) 특정 임계치의 균형을 유지하도록 밸런서를 실행시키기도 한다.

맵리듀스 관리

6장에서 보았듯이, 맵리듀스 프레임워크가 HDFS보다 문제상황과 장애처리 능력이 더 뛰어나다. 잡트래커와 태스크트래커는 영속적으로 관리해야 할 데이터가 없기 때문에 맵리듀스 관리 작업은 프레임워크 서비스 자체보다는 실행되는 잡을 처리하는 작업이 더 많다.

명령행 잡 관리

다른 도구들처럼, help로 간략한 사용방법 정보를 알아보자.

```
$ hadoop job --help
```

옵션과 명령들은 대부분 이름 그 자체로 이해 가능하다. 이 툴로 잡을 시작하고, 중단하고, 잡의 리스트를 얻고, 실행되는 중인 잡을 수정할 수도 있으며, 잡 히스토리에서 정보도 얻어올 수 있다.

각 명령을 따로 알아보지는 않고, 다음절에서 몇 가지 서브 명령어들을 함께 알아보겠다.

도전 과제 | 명령행 잡 관리

맵리듀스 UI도 관리기능 일부를 제공한다. 웹 UI를 둘러보고 웹에서 할 수 없는 작업이 무엇인지 알아보라.

잡 우선순위와 스케줄링

우리는 주로 클러스터 안에서 하나의 잡만 실행시키고 끝나기를 기다렸다. 이 과정에서 알아차리지는 못했겠지만, 하둡은 잡이 들어오는 대로 선입선출FIFO 큐에 집어넣는다. 하둡은 단순하게 하나의 잡이 끝나면 큐 안의 다음 잡을 실행한다. 이후에 설명할 대체 스케줄러를 쓰지 않는다면, FIFO 스케줄러는 전체 클러스터의 자원을 현재 실행 중인 잡에게 모두 할당한다.

작은 클러스터에서 잡이 가끔 올라오고, 큐에서 잡이 대기하는 상황이 거의 없는 경우는 FIFO 스케줄러도 좋다. 하지만, 잡이 큐에서 대기하는 일이 잦다면 문제가 생긴다. 특히, FIFO 모델은 잡의 우선순위나 리소스할당에 관해 전혀 고려하지 않는다. 그래서 오래 걸리고 우선순위는 낮은 잡이 끝난 뒤에야, 빨리 끝나고 우선순위는 높은 잡을 실행하는 경우도 발생한다.

이런 상황에 대비해서 하둡은 VERT_HIGH, HIGH, NORMAL, LOW, VERY_LOW 이렇게 5단계의 잡 우선순위를 제공한다. 기본 우선순위는 NORMAL이지만, hadoop job -set-priority 명령으로 우선순위를 수정할 수 있다.

실습 예제 | 잡 우선순위 바꾸고 잡 죽이기

잡 우선순위를 동적으로 바꿔가며 실험해 보고 잡을 죽였을 때의 결과를 살펴보자.

1. 비교적 오래 걸리는 잡을 시작하자.

```
$ hadoop jar hadoop-examples-1.0.4.jar pi 100 1000
```

2. 다른 창을 열어서 두 번째 잡을 올린다..

```
$ hadoop jar hadoop-examples-1.0.4.jar wordcount test.txt out1
```

3. 다른 창을 열어서 세 번째 잡을 올린다.

```
$ hadoop jar hadoop-examples-1.0.4.jar wordcount test.txt out2
```

4. 실행 중인 잡 목록을 보자.

```
$ Hadoop job -list
```

다음과 같은 결과물이 나와야 한다.

```
3 jobs currently running
JobId State StartTime UserName Priority SchedulingInfo
job_201201111540_0005 1 1326325810671 hadoop NORMAL NA
job_201201111540_0006 1 1326325938781 hadoop NORMAL NA
job_201201111540_0007 1 1326325961700 hadoop NORMAL NA
```

5. 실행 중인 잡의 상태를 확인하자.

```
$ Hadoop job -status job_201201111540_0005
```

다음과 같은 결과물이 나와야 한다.

```
Job: job_201201111540_0005
file: hdfs://head:9000/var/hadoop/mapred/system/
job_201201111540_0005/job.xml
tracking URL: http://head:50030/jobdetails.
jsp?jobid=job_201201111540_000
map() completion: 1.0
reduce() completion: 0.32666665
Counters: 18
```

6. 제일 마지막에 올린 잡의 우선순위를 VERY_HIGH로 높인다.

```
$ Hadoop job -set-priority job_201201111540_0007 VERY_HIGH
```

7. 현재 실행 중인 잡을 죽인다.

```
$ Hadoop job -kill job_201201111540_0005
```

8. 어떤 잡이 처리를 시작하는지 보자.

보충 설명

클러스터에서 잡을 시작하고, 두 개의 잡을 더해서 `hadoop job -list` 명령으로 우리가 예상한 대로 잡들이 대기 중인지 확인했다. `hadoop job -list all` 명령으로 완료된 잡과 현재 실행 중인 잡 모두를 볼 수 있고, `hadoop job -history` 명령으로 잡과 태스크의 상세한 사항을 검토할 수 있다. 올린 잡이 실행되는 중인지 확인하기 위해서 `hadoop job -status` 명령으로 현재 맵과 리듀스 완료 상태와 잡 카운터 등의 정보들을 조회했다.

그리고 `hadoop job -set-priority` 명령으로 큐의 제일 마지막에 있는 잡의 우선순위를 높였다.

`hadoop job -kill` 명령으로 현재 실행 중인 잡을 중단시키고 나서 아까 우선순위를 높인 잡이 먼저 큐에 들어왔던 잡들을 제치고 수행되는지 확인하였다.

대체 스케줄러

FIFO 큐에 있는 잡의 우선순위를 수동으로 설정하는 방법도 틀린 방법은 아니지만, 항상 잡 큐의 상태를 살피고 관리해야 한다는 단점이 있다. 문제를 더 파고 들어가 보면, 하둡이 전체 클러스터자원을 현재 실행 중인 잡에게 모두 할당한다는 점이 원인이라는 사실을 알 수 있다.

하둡은 또 다른 스케줄링 방식과 여러 잡들이 동시에 클러스터의 자원을 공유하도록 하는 스케줄러를 두 가지 더 제공한다. 다른 새로운 스케줄러를 플러그-인 형식으로 추가할 수도 있다. 이렇게 자원을 공유하는 형태의 스케줄링은 개념적으로는 간단하지만 사실 매우 복잡해서 학계 연구 주제 중 하나다. 목표는 어느 한 시점의 자원 활용을 극대화할 뿐 아니라, 긴 시간 동안 작업들의 상대적인 우선순위를 지켜가면서 자원 활용을 극대화하는 일이다.

캐퍼시티 스케줄러

캐퍼시티Capacity 스케줄러는 여러 개의 잡 큐를 사용하고(사용자별로 접근 제어도 가능하다), 클러스터 자원의 일부분을 각각 할당할 수 있다. 예를 들어, 오래 걸리는 잡들이 들어오는 큐에 90퍼센트의 클러스터 자원을 할당하고, 작지만 우선순위가 높은 잡의 큐에 10퍼센트의 자원을 할당 가능하다. 만일 두 큐 모두에 실행할 잡이 있으면, 클러스터의 자원을 이 비율대로 할당해준다.

하지만, 둘 중 하나의 큐에만 실행할 잡이 있으면 캐퍼시티 스케줄러는 비어 있는 큐에 할당한 자원도 임시로 모두 다른 큐에게 할당한다. 비어 있는 큐에 잡이 들어오면, 현재 실행 중인 태스크가 끝난 후 다시 원래의 자원을 재할당한다. 이 방법으로 원하는 만큼의 리소스 할당과 오랜 시간 유휴자원 발생을 막는 두 가지 목표 간의 균형을 맞출 수 있다.

기본적으로 비활성화되어 있지만, 캐퍼시티 스케줄러는 큐 안에서 잡의 우선순위를 지정할 수도 있다. 낮은 우선순위 잡 뒤에 높은 우선순위 잡이 들어오면, 자원을 확보하는 대로 이 높은 우선순위 잡을 실행한다.

페어 스케줄러

페어fair 스케줄러는 클러스터를 나눠서 잡을 올릴 풀pool로 관리한다. 주로 사용자별로 사용하는 풀을 나눈다. 기본 설정은 각 풀이 클러스터의 자원을 동일하게 나눠 가지지만, 이 설정을 수정할 수도 있다.

기본적으로 각 풀 안의 잡 들은 풀에 할당된 자원을 나눠 쓴다. 따라서, 예를 들어 클러스터가 alice와 bob이라는 사용자를 위한 풀을 나눴고, 각 사용자가 세 개의 잡을 올렸다면 클러스터는 6개의 잡을 병렬로 수행한다. 한 번에 너무 많은 잡이 돌면 임시 데이터를 너무 많이 생성해서 전체 작업의 효율이 떨어질 수 있기 때문에 풀별로 병렬로 실행할 수 있는 잡의 개수를 제한할 수 있다.

캐퍼시티 스케줄러처럼 페어 스케줄러도 풀 하나가 비었을 경우에는 자원을 다른 풀에 잠깐 할당했다가 잡이 들어오면 다시 원래 풀에 재할당한다. 또한, 풀 안에서 잡별로 우선순위를 줄 수도 있다.

대체 스케줄러 활성화

각 스케줄러는 하둡 인스톨 경로의 contrib 디렉터리 밑에 capacityScheduler라는 디렉터리와 fairScheduler라는 디렉터리 밑에 JAR 파일로 제공된다. 스케줄러를 활성화 하려면 JAR 파일을 hadoop/lib 디렉터리에 넣거나 classpath에 명시적으로 넣어야 한다. 각 스케줄러는 사용 용도에 따라서 속성을 지정해야 한다는 점을 주의하자. 자세한 사항은 문서를 참조하기 바란다.

대체 스케줄러는 어떤 경우에 써야 하나

대체 스케줄러는 매우 효과적이지만, 작은 클러스터를 쓰거나, 잡 병렬수행이 꼭 필요하지 않거나 우선순위가 높은 잡을 먼저 실행해야 하거나 하지 않은 경우에는 사실 꼭 필요하지는 않다. 스케줄러마다 여러 가지 설정 파라메터들을 가지고 클러스터 활용도를 극대화하기 위해 튜닝 작업을 추가로 해야 한다. 그러나 큰 규모의 클러스터에서 여러 명의 사용자가 다양한 잡 우선순위를 가지고 작업하는 환경에서는 이 스케줄러들이 꼭 필요할 수 있다.

확장

데이터를 가지고 하둡 클러스터를 운영하는 중이라고 가정해보자. 그리고 데이터가 더 많아져서 더 큰 클러스터가 필요하다고 생각해보자. 우리는 여지까지 하둡은 쉽게 확장 가능한 시스템이라고 반복해서 이야기했다. 그러니, 이제 진짜 한번 증설 해보자.

로컬 하둡 클러스터 증설

여러분도 이제는 구동중인 클러스터에 노드를 더한다는 이야기에 막막해하거나 하지 말아야 한다. 6장에서 계속 노드를 죽였다가 다시 시작했다가 하는 작업을 반복했다. 새 노드를 더하는 일도 별로 다르지 않다. 아래처럼 하면 된다.

1. 호스트에 하둡을 설치한다.
2. 2장에서 봤던 대로 환경 변수 값을 준다.
3. 하둡 설치 디렉터리 밑의 conf 디렉터리에 설정파일들을 복사한다.
4. 호스트의 DNS 이름이나 IP 주소를 slaves.sh 파일 또는 클러스터 시작/중단 스크립트를 실행하는 호스트의 slaves 파일에 추가한다.

이게 전부다!

도전 과제 | 노드 추가하고 밸런서 실행

새 노드 추가 과정을 직접 해보고, 그 이후의 HDFS 상태를 살펴보라. 밸런스가 맞지 않으면 밸런서를 돌려서 전체 균형을 맞추라. 밸런서 구동 효과를 극대화하기 위해, 노드를 더하기 전에 HDFS에 데이터 양이 충분한지 확인하자.

EMR 잡플로우에 용량 증설

일래스틱 맵리듀스에서 비영속적 클러스터를 쓰는 사람에게, 확장성은 그렇게 직접적으로 와 닿는 개념은 아니다. 매번 잡플로우를 설정할 때마다 호스트의 유형과 개수를 정하기 때문에 잡을 실행할 때에 적절한 클러스터 크기를 결정하면 된다.

실행 중인 잡플로우 확장

그러나 가끔 오랫동안 실행 중인 잡을 빨리 끝내야 할 때가 있다. 그런 경우에는 실행 중인 잡플로우에 노드를 추가할 수 있다. EMR에는 네임노드와 잡트래커용 마스터 노드, HDFS용 코어 노드, 맵리듀스 워커를 위한 태스크 노드 이렇게 세 가지 노드 유형이 있다는 사실을 상기해보자. 이런 경우, 맵리듀스 잡 작업을 돕기 위해 태스크 노드를 추가할 수 있다.

다른 예로 하나의 맵리듀스 잡이 아닌 여러 개의 잡들을 엮어서 잡플로우를 정의했다고 생각해보자. 이제 EMR은 각 단계중간에 잡플로우를 수정할 수 있다. 각 잡마다 적절한 하드웨어 구성을 선택함으로써 더 나은 가격대 성능 비를 이룰 수 있다.

EMR 활용의 대표적인 모델은 S3에서 데이터를 끌고 오고, 임시 EMR 하둡 클러스터에서 처리하고, 결과를 다시 S3에 저장하는 방식이다. 하지만, 매우 큰 데이터셋을 가지고 자주 처리해야 한다면 데이터를 복사했다가 결과를 다시 저장하는데 너무 많은 시간을 소모할 수도 있다. 그런 경우를 위해 필요한 데이터를 충분히 저장할만한 코어 노드를 가지고 영속적 하둡 클러스터를 구성하는 모델도 있다. 데이터 처리 작업을 할 때는 앞에서 본 것처럼 태스크 노드를 더 할당해서 전체 처리 용량을 늘린다.

 현재 AWS 콘솔로는 실행 중인 잡플로우의 처리 용량을 조절할 수 없고, API나 명령행 도구를 써야 한다.

정리

7장에서는 어떻게 하둡 클러스터를 구성하고, 유지보수하고, 확장하는지 이야기 했다. 특히, 어디서 하둡 설정 속성의 기본값을 볼 수 있고 어떻게 프로그램상에서 각 잡별로 설정할 수 있는지 배웠다. 클러스터용 하드웨어를 선택하는 방법과 장비 구입 전에 작업의 부하가 어떤 성격일지 이해하는 게 중요하다는 점을 배웠다. 그리고 랙 인식 설정으로 하둡이 호스트의 물리적인 위치를 이용해서 최적화된 블록 위치 선택 전략을 짤 수 있다는 사실도 알았다.

그리고 하둡 보안 모델의 작동 방식과 약점, 어떻게 약점을 보완할지에 대해서 보았다. 그리고 6장에서 이야기했던 네임노드 장애 위험을 어떻게 경감시킬지, 그리고 장애가 발생했을 땐 어떻게 새 네임노드 호스트로 전환하는지 보았다.

그리고 블록 복제본 위치 선정에 대해서 더 알아봤고, 어떤 경우에 클러스터의 밸런스가 깨지는 지와 어떻게 하면 다시 밸런스를 맞출 수 있는지 배웠다.

또한 맵리듀스 잡 스케줄링 모델과 잡 우선순위가 스케줄링 순서를 변화시킬 수 있다는 사실을 배웠다. 캐퍼시티 스케줄러와 페어 스케줄러로 여러 개의 병렬 잡 처리와 정교한 클러스터 자원 관리가 가능하다는 점도 배웠다. 그리고 어떻게 클러스터를 증설하는지에 대해서도 살펴보았다.

이 책에서 하둡의 핵심 부분은 여기까지만 다루기로 한다.

남은 장들에서는 하둡을 기반으로 좀 더 데이터를 정교한 방법으로 보는 도구와 다른 시스템들과의 결합에 대해 살펴보겠다.

이제 하이브Hive를 써서 HDFS에 있는 데이터를 관계형 관점으로 보는 방법에 대해서 배우겠다.

8

하이브를 써서 관계형 관점으로 데이터 바라보기

맵리듀스는 복잡한 데이터를 처리해서 가치 있는 통찰을 찾아낼 수 있게 도와주는 강력한 패러다임이다. 하지만, 맵리듀스를 쓰려면 이제까지와는 다른 사고방식을 요구하고 분석 작업을 맵과 리듀스 단계로 쪼개는 훈련과 경험이 필요하다. 하둡을 기반으로 좀 더 추상화된 관점이나 더 친숙한 관점으로 HDFS에 있는 데이터를 다룰 수 있게 해 주는 제품들이 있다. 8장에서는 이런 툴 중 가장 유명한 하이브(hive)를 이야기한다.

8장에서 다루는 내용은 다음과 같다.

- 하이브가 무엇이고 왜 사용하는가

- 하이브 설치와 설정 방법

- UFO 데이터 셋을 가지고 하이브를 써서 SQL과 유사한 방법으로 데이터 분석하기

- 하이브로 어떻게 조인join이나 뷰view처럼 관계형 데이터베이스의 일반적인 기능과 유사한 효과를 내는가

- 어떻게 하이브를 가지고 효율적으로 초 대용량 데이터 셋을 처리하는가

- 사용자 정의 함수와 쿼리를 하이브에서 어떻게 함께 사용하는가

- 하이브는 피그Pig라는 또 다른 툴과 어떻게 상호보완 관계를 이루는가

하이브 개요

하이브는 HDFS에 저장한 데이터를 분석하기 위해서 맵리듀스를 사용하는 데이터 웨어하우스이다. 특히, 일반적으로 쓰는 구조적 질의 언어SQL와 비슷한 HiveQL 이라는 질의 언어를 제공한다.

왜 하이브를 쓰는가

4장에서 하둡 스트리밍에 대해 설명하면서 맵리듀스 잡을 빠르게 개발할 수 있는 게 스트리밍의 큰 장점 중 하나라고 이야기했다. 하이브는 여기서 한걸음 더 나아갔다. 좀 더 빨리 맵과 리듀스 태스크를 작성할 수 있는 방법 대신에, 업계 표준 SQL에 기반한 질의 언어를 제공한다. 하이브는 HiveQL 문장을 받아서 곧바로 맵리듀스 잡들로 변환한다. 그리고 맵리듀스 프로그램을 실행해서 결과를 사용자에게 보여준다. 하둡 스트리밍은 코딩/컴파일/서브밋 과정을 줄여주는 반면에, 하이브는 이 모든 과정을 없애버리고 HiveQL 문장만 조합하면 된다.

이런 방법을 통해 데이터 분석 결과물을 만드는 시간을 줄일 뿐 만 아니라, 하둡과 맵리듀스 이용자의 폭을 대단히 넓혔다. 소프트웨어 개발 기술대신에 SQL에 익숙한 사람이라면 누구나 하이브를 쓸 수 있다.

이런 특징들 때문에 경영 도구를 만들 때나, HDFS에 있는 데이터를 가지고 즉석 쿼리를 할 때 하이브를 자주 쓴다. 맵리듀스를 직접 쓰려면 잡을 실행하기 전에 일단 맵과 리듀스 태스크를 작성해야 하기 때문에 아이디어가 떠올라도 즉시 실행하지 못하고 맵리듀스 개발 시간이 필요하다. 하이브를 쓰면 데이터 분석가가 소프트웨어 개발자 없이 HiveQL 쿼리를 다듬기만 하면 된다. 물론 운영적 측면에서,

그리고 실제 활용할 때 무엇인가 한계를 만날 수도 있지만 (어떤 기술을 사용하든 잘 못 작성한 쿼리는 비효율적이다), 넓게 보았을 때 그 근본 원리와 가능성은 매우 매력적이다.

고마워요, 페이스북!

책의 앞부분에서 구글, 야후, 더그 커팅에게 하둡을 위한 공헌과 영감을 준 기술에 대해 감사했듯이, 이제 페이스북에게 감사할 차례이다.

하이브는 페이스북 데이터 팀이 내부적으로 사용하기 위해 개발했고, 이후 아파치 소프트웨어 제단에 오픈 소스 소프트웨어로 올라왔다. 홈페이지는 http://hive.apache.org이다.

하이브 셋업

이 절에서는 하이브를 다운로드하고, 설치하고, 설정하는 과정을 따라가 본다.

준비 사항

하둡과 달리 하이브에는 마스터, 슬레이브, 노드라는 개념이 없다. 하이브는 HiveQL 쿼리를 맵리듀스 잡으로 변환해서 하둡 클러스터에 올리는 클라이언트 애플리케이션으로 동작한다.

작은 작업을 돌릴 때나 개발할 때 쓰는 모드도 따로 있지만, 보통은 하이브를 쓰려면 제대로 동작하는 하둡클러스터가 필요하다.

다른 하둡 클라이언트 프로그램들을 꼭 실제 클러스터 노드에서 실행할 필요가 없듯이, 하이브도 아래 조건만 만족하면 어떤 호스트에서든 실행할 수 있다.

- 하둡을 호스트에 설치해야 한다(프로세스를 실행할 필요는 없다.)
- `HADOOP_HOME` 환경 변수가 하둡을 설치한 위치를 가리키게 설정한다.
- `${HADOOP_HOME}/bin` 디렉터리를 시스템과 사용자 패스에 추가한다.

하이브 다운로드

http://hive.apache.org/releases.html에서 최신 안정화 버전을 다운로드한다.

http://cwiki.apache.org/confluence/disaply/Hive/GettingStarted의 입문 가이드를 보면 버전 호환성에 관한 추천이 있지만 하이브, 하둡, 자바의 각각 최신 안정화 버전끼리는 잘 동작한다고 보면 된다.

실습 예제 | 하이브 설치

이제 하이브를 설치해보자.

1. 가장 최신 안정화 버전 하이브를 다운로드해서 설치하고 싶은 위치로 옮긴다.

```
$ mv hive-0.8.1.tar.gz /usr/local
```

2. 패키지 압축을 푼다.

```
$ tar -xzf hive-0.8.1.tar.gz
```

3. 하이브를 설치한 디렉터리를 가리키도록 HIVE_HOME 변수를 설정한다.

```
$ export HIVE_HOME=/usr/local/hive
```

4. Path 변수에 하이브 홈 디렉터리를 추가한다.

```
$ export PATH=${HIVE_HOME}/bin:${PATH}
```

5. 하이브를 쓸 때 필요한 디렉터리를 HDFS에 만든다.

```
$ hadoop fs -mkdir /tmp
$ hadoop fs -mkdir /user/hive/warehouse
```

6. 생성한 디렉터리에 그룹 쓰기 권한을 준다.

```
$ hadoop fs -chmod g+w /tmp
$ hadoop fs -chmod g+w /user/hive/warehouse
```

7. 하이브를 시작한다.

```
$ hive
```

다음과 같은 응답을 볼 수 있다.

```
Logging initialized using configuration in jar:file:/opt/hive-
0.8.1/lib/hive-common-0.8.1.jar!/hive-log4j.properties
Hive history file=/tmp/hadoop/hive_job_log_
hadoop_201203031500_480385673.txt
hive>
```

8. 하이브 셸을 빠져 나온다.

```
$ hive> quit;
```

보충 설명

하이브 최신 안정화 버전을 다운받은 후, 원하는 위치로 복사해서 묶인 파일을 풀었다. 이렇게 하면 hive-<다운받은_버전> 형태의 디렉터리를 생성한다.

앞에서 하둡을 설치할 때 설치한 디렉터리를 기준으로 HADOOP_HOME 변수를 정의하고 bin 디렉터리를 path 변수에 추가했듯이, HIVE_HOME과 bin 디렉터리를 추가했다.

 로그인할 때마다 이 변수들을 설정할 필요가 없도록 셸 로그인 스크립트에 추가하거나 별도의 하이브용 설정 스크립트를 작성해 놓자.

그런 후 하이브가 쓰는 디렉터리 두 개를 HDFS에 만들고 디렉터리 속성에 그룹 쓰기 권한을 줬다. /tmp 디렉터리는 하이브가 쿼리를 실행하는 동안 생기는 중간 데이터와 결과물 데이터를 쓰도록 기본값으로 설정된 디렉터리이다. /usr/hive/warehouse 디렉터리는 하이브가 테이블로 데이터를 올릴 때 쓴다.

모든 셋업을 마친 후, hive라는 명령을 실행했는데 성공적으로 설치했으면 위에서 이야기한 출력과 비슷한 출력을 볼 수 있다. 다른 매개 변수 없이 hive 명령을 실행하면 대화형 셸로 들어간다. 아까 본 hive> 프롬프트는 sql>이나 mysql> 프롬프트처럼 다른 관계형 데이터베이스들의 대화형 셸 프롬프트와 같다고 보면 된다.

그 후에 quit;를 쳐서 대화형 셸을 빠져 나왔다. 끝에 붙은 세미콜론에 주의하기 바란다. HiveQL은 SQL과 아주 유사하므로, 모든 명령은 꼭 세미콜론으로 끝난다는 관행을 따른다. 세미콜론 없이 엔터 키를 치면 뒤이은 라인에서 명령이 계속 이어지는 걸로 받아들인다.

하이브 사용

하이브를 설치했으니, 이제 4장에서 소개한 UFO 데이터 셋을 불러와서 분석하겠다. 새로운 데이터를 하이브에 불러올 때는 일반적으로 세 단계의 과정을 거친다.

1. 데이터를 올릴 테이블의 명세를 만든다.

2. 생성한 테이블에 데이터를 올린다.

3. HiveQL을 실행한다.

이 과정은 관계형 데이터베이스를 쓸 때와 매우 비슷하다. 하이브로 구조화된 쿼리를 쓰기 위해서는 쿼리를 실행하기 전에 테이블의 칼럼 명세를 정의하고 데이터를 테이블로 올려야 한다.

 독자들이 일반적인 수준의 SQL 지식을 가지고 있다고 가정한다. 앞으로SQL 구조 자체를 자세하게 설명하는 대신에, 하이브로 어떻게 데이터를 분석하는가에 초점을 맞추겠다. SQL에 익숙하지 않은 독자들은 SQL 참고 자료를 준비하는 편이 좋다. 앞으로 각 쿼리 문이 무엇을 하는 문장인지는 다 설명하고 넘어가겠다. 상세한 부분까지 알려면 깊은 SQL 지식이 필요한 경우도 있겠지만 말이다.

UFO 데이터용 테이블을 만들어보자.

1. 하이브 대화형 셸을 시작한다.

```
$ hive
```

2. UFO 데이터용 테이블을 만드는데, 읽기 편하게 각 문장을 여러 줄로 나누자.

```
hive> CREATE TABLE ufodata(sighted STRING, reported STRING,
sighting_location STRING,  shape STRING, duration STRING,
description STRING COMMENT 'Free text description')
COMMENT 'The UFO data set.';
```

실행하면 다음과 같은 출력을 볼 수 있다.

```
OK
Time taken: 0.238 seconds
```

3. 존재하는 모든 테이블의 리스트를 출력한다.

```
hive> show tables;
```

다음과 같은 출력을 볼 수 있다.

```
OK
ufodata
Time taken: 0.065 seconds
```

4. 정규식에 매칭되는 테이블들을 본다.

```
hive> show tables '.*data';
```

다음과 같은 결과를 볼 수 있다.

```
OK
ufodata
Time taken: 0.065 secon
```

5. 테이블 명세를 확인한다.

```
hive> describe ufodata;
```

다음과 같은 결과물이 나온다.

```
OK
sighted string
reported string
sighting_location string
shape string
duration string
description string Free text description
Time taken: 0.086 seconds
```

6. 좀 더 상세한 테이블 설명을 출력한다.

```
hive> describe extended ufodata;
```

출력은 다음과 같다.

```
OK
sighted string
reported string
...
Detailed Table Information Table(tableName:ufodata,
dbName:default, owner:hadoop, createTime:1330818664,
lastAccessTime:0, retention:0,
...
...location:hdfs://head:9000/user/hive/warehouse/
ufodata, inputFormat:org.apache.hadoop.mapred.
TextInputFormat, outputFormat:org.apache.hadoop.hive.ql.io.
HiveIgnoreKeyTextOutputFormat, compressed:false, numBuckets:-1,
```

보충 설명

대화형 하이브 인터프리터를 실행하고, CREATE TABLE 명령으로 UFO 데이터 테이블의 구조를 정의했다. 표준 SQL처럼 테이블에 속한 각 칼럼의 이름과 데이터 타입이 필요하다. HiveQL을 쓰면 필요한 경우 주석을 달 수 있는데, 앞에서는 칼럼에 대한 주석 하나와 테이블에 대한 주석 하나를 넣었다.

UFO 데이터에서 STRING을 데이터 타입으로 썼다. SQL처럼 HiveQL도 여러 가지 자료형을 지원한다.

- **논리형**: BOOLEAN

- **정수형**: TINYINT, INT, BIGINT

- **부동 소수점**: FLOAT, DOUBLE

- **텍스트**: STRING

테이블을 생성한 후에, 테이블이 제대로 만들어졌는지 검증하기 위해서 SHOW TABLES 문을 사용했다. 이 명령은 모든 테이블의 목록을 보여주는데 이 경우에는 시스템에 UFO 테이블만 존재한다.

그다음에는 자바 정규 표현식을 써서 표현식에 일치하는 이름의 테이블만 출력했다. 이번 경우엔 앞의 명령과 결과가 같았지만, 많은 테이블이 있는 시스템에서는 (특히 정확한 테이블의 이름을 모르는 경우에는) 이 기법이 꽤 유용하다.

 여기까지는 테이블의 존재유무만 확인했고, 테이블을 정말 원하는 대로 생성했는지는 검증하지 않았다. 그 밑의 작업에서 DESCRIBE TABLE 명령으로 테이블의 명세를 출력해서 검증 작업을 했다. 명세대로 테이블을 생성했다는 사실을 확인했고(하지만 이 명령으로 주석은 보이지 않는다는 점을 주의하자) 그다음엔 DESCRIBE TABLE EXTEND 명령을 사용해서 테이블에 관한 좀 더 상세한 정보를 확인했다.

이 최종 출력에 관해 모든걸 설명하지는 않겠지만, 몇 가지 짚고 넘어갈 흥미로운 부분들이 있다. 입력 포맷으로 TextInputFormat이라고 설정된 부분을 보자. 따로 설정하지 않으면 하이브는 테이블에 들어가는 HDFS 파일이 텍스트 파일이라고

 대소문자에 관한 노트

SQL처럼 HiveQL도 키워드, 칼럼 이름, 테이블 이름 등에서 대소문자를 구분하지 않는다. SQL 문장은 관행적으로 SQL 언어 키워드는 대문자를 쓰기 때문에, 우리도 앞으로 파일에 HiveQL을 작성할 때는 이 관행을 따르겠다. 하지만, 대화형 셸에서 명령을 작성할 때는 그냥 편하게 소문자도 종종 쓰겠다.

테이블을 생성했으니 이제 UFO 데이터를 올려보자.

1. UFO 데이터 파일을 HDFS에 복사한다.

```
$ hadoop fs -put ufo.tsv /tmp/ufo.tsv
```

2. 파일이 복사됐는지 확인한다.

```
$ hadoop fs -ls /tmp
```

출력은 아래 같은 형식으로 나온다.

```
Found 2 items
drwxrwxr-x - hadoop supergroup 0 ... 14:52 /tmp/hivehadoop
-rw-r--r-- 3 hadoop supergroup 75342464 2012-03-03 16:01 /tmp/
ufo.tsv
```

3. 하이브 대화형 셸로 들어간다.

```
$ hive
```

4. 앞에서 복사한 파일을 ufodata 테이블로 올린다.

```
hive> LOAD DATA INPATH '/tmp/ufo.tsv' OVERWRITE INTO TABLE ufodata;
```

다음과 같은 응답을 볼 수 있다.

```
Loading data to table default.ufodata
Deleted hdfs://head:9000/user/hive/warehouse/ufodata
OK
Time taken: 5.494 seconds
```

5. Hive 셸에서 나간다.

```
hive> quit;
```

6. 데이터 파일을 카피한 디렉터리를 확인한다.

```
$ hadoop fs -ls /tmp
```

312

다음과 같은 응답을 볼 수 있다.

```
Found 1 items
drwxrwxr-x - hadoop supergroup 0 … 16:10 /tmp/hivehadoop
```

제일 처음에는 4장에서 사용했던 탭을 구분자로 쓰는 UFO 목격기록 파일을 HDFS에 복사했다. HDFS에 파일이 있는지 확인한 후, 하이브 대화형 셸을 시작해서 LOAD DATA 명령으로 ufotable에 데이터를 올렸다.

이미 HDFS에 존재하는 파일을 사용하기 때문에, INPATH로만 경로를 명시했다. LOCAL INPATH를 이용해서 로컬 파일시스템에 있는 파일을(앞에서 HDFS에 명시적으로 복사했던 작업을 생략하고) 직접 올릴 수도 있다.

새로운 데이터를 올리기 전에 테이블에 이미 존재하던 데이터를 지우도록 OVERWRITE 문을 썼다. 이 구문을 쓸 때는 물론 매우 주의해야 한다. 앞에서 명령 실행의 결과물을 보았듯이, OVERWRITE를 쓰면 테이블 데이터가 위치한 디렉터리를 삭제한다.

이 명령이 UFO 데이터 파일을 HDFS에 복사할 때보다 꽤 긴 5초를 약간 넘는 시간을 썼다는 사실을 눈여겨보자.

 이 예제에서는 하나의 파일을 명시했지만, INPATH에 디렉터리를 적어서 여러 파일을 한 번에 올릴 수도 있다. 디렉터리를 적으면 경우에는 디렉터리 안의 모든 파일이 테이블에 올라간다.

하이브 셸을 빠져 나온 후, 데이터 파일을 카피했던 디렉터리에 더 이상 파일이 없다는 사실을 확인했다. 만일 LOAD 문에 HDFS의 경로를 넣으면, 그 데이터를 /user/hive/datawarehouse에 복사하는 게 아니라 이동한다. 만일 HDFS에 있는 분석 대상 데이터를 다른 애플리케이션도 사용하는 경우에는, 복사본을 만들거나 뒤에서 설명할 EXTERNAL 방식을 사용하기 바란다.

데이터 검증

데이터를 테이블에 올렸으니 예상대로 올라왔는지 확인하는 간단한 검증 쿼리를
실행하는 게 좋은 습관이다. 가끔씩 이렇게 확인한 후에 처음 테이블 정의가 틀렸
다는 사실을 발견하기도 한다.

실습 예제 | 데이터 검증

간단하게 검증을 시작하려면 합계를 구하는 쿼리를 써서 데이터가 제대로 올라갔
는지 확인하면 된다. 4장에서 비슷한 형태의 작업을 했었다.

1. 하이브 셸을 사용하지 않고, hive 명령으로 테이블의 로우 개수를 세는
   HiveQL을 전달한다.

   ```
   $ hive -e "select count(*) from ufodata;"
   ```

   다음과 같은 응답을 볼 수 있다.

   ```
   Total MapReduce jobs = 1
   Launching Job 1 out of 1
   ...
   Hadoop job information for Stage-1: number of mappers: 1; number
   of reducers: 1
   2012-03-03 16:15:15,510 Stage-1 map = 0%, reduce = 0%
   2012-03-03 16:15:21,552 Stage-1 map = 100%, reduce = 0%
   2012-03-03 16:15:30,622 Stage-1 map = 100%, reduce = 100%
   Ended Job = job_201202281524_0006
   MapReduce Jobs Launched:
   Job 0: Map: 1 Reduce: 1 HDFS Read: 75416209 HDFS Write: 6
   SUCESS
   Total MapReduce CPU Time Spent: 0 msec
   OK 61393
   Time taken: 28.218 seconds
   ```

2. sighted 칼럼의 값 중 샘플로 다섯 개만 출력한다.

```
$ hive -e "select sighted from ufodata limit 5;"
```

다음과 같은 응답을 얻게 된다.

```
Total MapReduce jobs = 1
Launching Job 1 out of 1
...
OK
19951009 19951009 Iowa City, IA Man repts. witnessing
&quot;flash, followed by a classic UFO, w/ a tailfin at
back.&quot; Red color on top half of tailfin. Became triangular.
19951010 19951011 Milwaukee, WI 2 min. Man on Hwy 43 SW
of Milwaukee sees large, bright blue light streak by his car,
descend, turn, cross road ahead, strobe. Bizarre!
19950101 19950103 Shelton, WA Telephoned Report:CA
woman visiting daughter witness discs and triangular ships over
Squaxin Island in Puget Sound. Dramatic. Written report, with
illustrations, submitted to NUFORC.
19950510 19950510 Columbia, MO 2 min. Man repts. son&apos;s
bizarre sighting of small humanoid creature in back yard. Reptd.
in Acteon Journal, St. Louis UFO newsletter.
19950611 19950614 Seattle, WA Anonymous caller repts.
sighting 4 ufo&apos;s in NNE sky, 45 deg. above horizon. (No
other facts reptd. No return tel. #.)
Time taken: 11.693 seconds
```

보충 설명

이 예제에서는 대화형 셸을 쓰지 않고 hive -e 명령으로 HiveQL을 바로 하이브로 보냈다. 여러 개의 하이브 작업을 할 때에는 대화형 셸이 편리하다. 간단한 명령을 실행할 때는 이렇게 쿼리 문자열을 바로 명령행 툴로 전달하는 방법이 더 편할 때가 많다. 또한, 이 방법을 이용하면 다른 유닉스 툴처럼 스크립트에서 하이브 명령을 실행할 수도 있다.

hive —e 명령을 쓰면 HiveQL 문자열 끝에 세미콜론을 꼭 붙일 필요는 없지만 필자는 습관적으로 계속 세미콜론을 붙인다. 만약 하나의 문자열에 여러 개의 커맨드를 넣고 싶다면 반드시 각 문장마다 세미콜론으로 구분해 주어야 한다.

첫 쿼리의 결과는 앞에서 직접 맵리듀스로 UFO 데이터 셋을 분석했을 때의 레코드 개수와 같은 61393이다. 이 결과로 모든 데이터가 정말 테이블에 잘 올라갔다는 사실을 확인할 수 있다.

그리고 두 번째 쿼리에서는 테이블의 첫 칼럼 값을 5개 가져오도록 했는데 결과는 5개의 날짜 리스트여야만 한다. 그러나 결과물은 첫 칼럼에 레코드 전체가 올라간 걸로 나왔다.

문제는 하이브에게 데이터 파일을 텍스트 파일로 올리라고 시켰으면서 칼럼간의 구분자를 신경 쓰지 않았다는 점이다. 데이터 파일은 탭을 구분자로 사용하지만, 하이브는 기본값으로 입력파일의 구분자가 아스키 코드 00(control-A)이라고 생각한다.

실습 예제 | 제대로 된 칼럼 구분자로 테이블 다시 정의

테이블 명세를 수정하자.

1. commands.hql 파일을 만든다.

```
DROP TABLE ufodata;
CREATE TABLE ufodata(sighted string, reported string,
sighting_location string,
shape string, duration string, description string)
ROW FORMAT DELIMITED
FIELDS TERMINATED BY '\t';
LOAD DATA INPATH '/tmp/ufo.tsv' OVERWRITE INTO TABLE ufodata;
```

2. 데이터 파일을 HDFS에 복사한다.

```
$ hadoop fs -put ufo.tsv /tmp/ufo.tsv
```

3. HiveQL 스크립트를 실행한다.

```
$ hive -f commands.hql
```

다음과 같은 응답을 볼 수 있다.

```
OK
Time taken: 5.821 seconds
OK
Time taken: 0.248 seconds
Loading data to table default.ufodata
Deleted hdfs://head:9000/user/hive/warehouse/ufodata
OK
Time taken: 0.285 seconds
```

4. 테이블에 있는 로우의 개수를 검증한다.

```
$ hive -e "select count(*) from ufodata; "
```

다음과 같은 응답을 보게 된다.

```
OK
61393
Time taken: 28.077 seconds
```

5. 칼럼의 내용을 검증한다.

```
$ hive -e "select reported from ufodata limit 5"
```

다음과 같은 응답을 볼 수 있다.

```
OK
19951009
19951011
19950103
19950510
19950614
Time taken: 14.852 seconds
```

보충 설명

이 예제에서 HiveQL을 실행하는 세 번째 방법을 소개했다. 대화형 셸을 쓰거나 하이브 툴에 쿼리 문자열을 전달하는 방법 이외에, HiveQL 쿼리를 저장한 파일을 하이브가 읽고 실행하게 할 수 있다.

첫 작업으로 예전 테이블을 지우고, 새로운 테이블을 만든 후 데이터를 올리는 파일을 만들었다.

테이블 명세에서 크게 달라진 점은 ROW FORMAT과 FIELDS TERMINATED BY 문이다. 첫 문장은 하이브에게 각 열이 여러 개의 필드를 가지고 있다는 사실을 알려주고, 두 번째 문장은 실제 구분자를 알려주므로 둘 다 필요하다. 여기서 보았듯이 아스키 코드를 직접 쓸 수도 있고 탭을 의미하는 \t 같은 문자를 쓸 수도 있다.

 구분자를 명시 할 때에 항상 정확하게 해야 한다. 그리고 대소문자를 가린다는 사실에 주의하자. '\t' 대신 '\T'를 써서 몇 시간씩 낭비하거나 하지 말기 바란다.

스크립트를 실행하기 전에 다시 데이터 파일을 HDFS에 복사하고(이전의 복사본은 DELETE문으로 삭제했다) hive -f로 HiveQL 파일을 실행했다.

그런 다음 앞에서처럼 간단한 SELECT 문으로 처음에는 로우의 개수를 세어보고, 그다음에는 reported 칼의 값 중 몇 개만 가져왔다.

전체 로우의 개수는 예상대로 앞서 와 같은 값이 나왔고, 두 번째 문장은 이제 제대로 된 데이터 값을 가져왔다. 이로써 각 로우의 필드 값이 제대로 구분되어서 들어갔다는 사실을 알 수 있다.

하이브 테이블: 실체가 있나? 없나?

앞서의 예제들에서 수행 시간을 유심히 보았다면, 언뜻 보기에 이상한 패턴을 발견할 수 있었을 거다. 테이블에 데이터를 올리는 작업은 테이블 생성 정도의 시간밖에 걸리지 않지만, 모든 로우의 개수를 세는 단순한 작업이 데이터를 올리는 일에 비해 훨씬 더 오래 걸린다. 출력을 잘 보면 테이블 생성과 데이터 올리는 작업은 맵리듀스 잡을 실행하지 않으며, 그래서 이렇게 빨리 실행되었다는 사실을 알 수 있다.

하이브 테이블에 데이터를 올릴 때는 전통적인 관계형 데이터베이스에 데이터를 올릴 때처럼 동작하지 않는다. 하이브는 작업 디렉터리에 파일을 복사하기는 하지만, 각 데이터를 테이블에 레코드로 올리지는 않는다. 대신에 데이터에 관한 메타데이터를 생성하고, 이후의 HiveQL 쿼리가 이 메타데이터를 사용하도록 한다.

그러므로 CREATE TABLE과 LOAD DATA 문은 모두 실제 테이블을 만들거나 하지는 않고, 메타데이터를 만들어서 하이브가 이 개념상의 테이블에 올라간 데이터에 접근하는 맵리듀스 잡을 만들 때에 쓰게 한다.

실습 예제 | 존재하는 파일로 테이블 만들기

이제까지는 파일을 하이브가 직접 제어하는 하이브 디렉터리로 옮겨서 데이터를 하이브에 올렸다. 그러나 하이브 바깥에 있는 파일을 가지고 테이블을 생성할 수도 있다. 이 기능은 다른 애플리케이션이 만들고 관리하는 데이터를 하이브로 처리하고 싶을 때, 또는 하이브 웨어하우스 디렉터리 외부에 데이터를 저장할 필요가 있을 때 유용하다. 이런 파일들은 하이브 웨어하우스 디렉터리로 옮겨지지도 않고, 테이블을 지울 때 삭제되지도 않는다.

1. states.hql 파일을 만든다.

```
CREATE EXTERNAL TABLE states(abbreviation string, full_name string)
ROW FORMAT DELIMITED
FIELDS TERMINATED BY '\t'
LOCATION '/tmp/states';
```

2. 데이터 파일을 HDFS로 복사하고 제대로 복사되었는지 확인한다.

```
$ hadoop fs -put states.txt /tmp/states/states.txt
$ hadoop fs -ls /tmp/states
```

다음과 같은 응답을 볼 수 있다.

```
Found 1 items
-rw-r--r-- 3 hadoop supergroup 654 2012-03-03 16:54 /tmp/states/
states.txt
```

3. HiveQL 스크립트를 실행한다.

```
$ hive -f states.hql
```

다음과 같은 응답을 얻는다.

```
You will receive the following response:
Logging initialized using configuration in jar:file:/opt/hive-
0.8.1/lib/hive-common-0.8.1.jar!/hive-log4j.properties
Hive history file=/tmp/hadoop/hive_job_log_
hadoop_201203031655_1132553792.txt
OK
Time taken: 3.954 seconds
OK
Time taken: 0.594 seconds
```

4. 원본 데이터 파일을 확인한다.

```
$ hadoop fs -ls /tmp/states
```

다음과 같은 응답을 받는다.

```
Found 1 items
-rw-r--r-- 3 hadoop supergroup 654 … /tmp/states/states.txt
```

5. 샘플 쿼리를 새로 만든 테이블에 s실행한다.

```
$ hive -e "select full_name from states where abbreviation like 'CA'"
```

다음과 같은 응답을 보게 된다.

```
Logging initialized using configuration in jar:file:/opt/hive-
0.8.1/lib/hive-common-0.8.1.jar!/hive-log4j.properties
Hive history file=/tmp/hadoop/hive_job_log_
hadoop_201203031655_410945775.txt
Total MapReduce jobs = 1
...
OK
California
Time taken: 15.75 seconds
```

보충 설명

앞에서 썼던 쿼리와 비교하면 외부external 테이블을 만드는 HiveQL 문은 CREATE TABLE의 형태만 약간 다르다. EXTERNAL 키워드는 테이블의 데이터가 하이브 통제 밖의 위치에 존재한다는 사실을 명시하고, LOCATION 절에서는 원본 파일이나 디렉터리의 위치를 명시한다.

파일이 HDFS상의 위치에 정말 있는지 확인하고, 테이블을 생성하는 쿼리를 실행한 후 원본 파일을 다시 확인했다. 이전에 테이블을 생성할 땐 원본 파일을 /user/hive/warehouse 디렉터리에 옮겼지만, 이번 stats.txt 파일은 우리가 복사했던 HDFS 디렉터리에 그대로 있다.

마지막으로, 원본 데이터가 테이블 레코드로 들어갔는지 확인하는 쿼리를 실행해서 결과를 확인하였다. 앞서의 내부non-external 테이블 생성문은 실제로는 데이터를 테이블로 넣는 작업을 실행하지 않고 뒤이은 LOAD DATA 또는 INSERT 문이 실제 테이블 레코드 생성 작업을 한다. 테이블 정의에 LOCATION을 명시하면, 한 문장으로 테이블을 생성하고 데이터를 레코드로 테이블에 넣을 수 있다.

이제 하이브에 두 개의 테이블이 있다. 크기가 큰 UFO 목격 기록 테이블과 크기가 작은 미국의 주 이름을 축약어로 매핑하는 테이블이 그 테이블들이다. 두 번째 테이블을 첫 테이블과 함께 써서 첫 테이블의 위치 칼럼 값을 좀 더 보기 좋게 만들면 좋지 않을까?

실습 예제 | 조인

조인은 SQL에서 굉장히 자주 쓰이지만, 익숙하지 않은 사람들은 약간 두렵게 느낄 수 있다. 조인의 핵심은 여러 개의 테이블에 있는 로우 들을 조건문을 가지고 논리적으로 묶는 작업이다. 이제부터 볼 수 있겠지만 하이브는 조인을 꽤 잘 지원한다.

1. join.hql 파일을 만든다.

```
SELECT t1.sighted, t2.full_name
FROM ufodata t1 JOIN states t2
ON (LOWER(t2.abbreviation) = LOWER(SUBSTR( t1.sighting_location,
(LENGTH(t1.sighting_location)-1))))
LIMIT 5;
```

2. 쿼리를 실행한다.

```
$ hive -f join.hql
```

다음과 같은 응답을 받는다.

```
OK
20060930  Alaska
20051018 Alaska
20050707 Alaska
20100112 Alaska
20100625 Alaska
Time taken: 33.255 seconds
```

실제 join 쿼리 문 자체는 상대적으로 이해하기 쉽다. 레코드들에서 목격 날짜와 위치를 가져오되, 위치 필드에 있는 축약어 대신에 각 주의 실제 이름으로 매핑 해서 보고 싶다. 예제에서 만든 HiveQL 쿼리가 이런 작업을 한다. 조인 그 자체는 표준 JOIN 키워드를 썼고, 조인 조건은 ON 절에 넣었다.

하이브는 ON 절에 값의 동일성을 판단하는 동일 조인equijoins만 지원해서 쿼리가 복잡해졌다. 조인 조건에 >, ?, < 같은 연산자나 방금 본 예제에서 쓰고 싶었던 LIKE 키워드 같은 조건들을 쓸 수 없다.

그래서, 대신 하이브의 내장 함수들을 도입했다. 특히 이 예제에선 문자열을 소문자로 변환하는 함수(LOWER), 문자열에서 부분 문자열을 뽑아내는 함수(SUBSTR), 그리고 문자열의 문자 개수를 얻어오는 함수(LENGTH) 등을 썼다.

대부분의 위치 필드는 '도시, 축약된_주_이름' 형태로 되어 있다는 사실을 이미 안다. 그래서 문자열의 끝에서 두 번째와 세 번째 문자를 뽑아내기 위해 SUBSTR을 썼고, 인덱스를 계산하기 위해 length를 썼다. 목격 기록 테이블의 데이터가 모두 대문자 혹은 소문자로 통일됐다고 가정할 수 없기 때문에, 뽑아낸 부분 문자열과 축약된 주의 이름을 모두 LOWER 함수를 써서 소문자로 바꿨다.

 스크립트를 실행한 후 예상한 대로 목격 날짜와 각 주의 축약되지 않은 원래 이름을 포함한 결과물을 얻었다.

LIMIT 절을 써서 쿼리의 결과로 얻어올 로우의 개수를 제한한 부분을 눈 여겨 보자. 이런 용법을 보면 HiveQL이 MySQL 같은 오픈 소스 데이터베이스에서 쓰는 SQL 변형 문법과 비슷하다는 점을 알 수 있다.

이 예제에서는 내부 조인inner join을 수행했다. 하이브는 레프트left, 라이트right 외부 조인outer joins과 레프트 세미 조인semi joins도 지원한다. 하이브에서 조인을 사용할 때 여러 가지 미묘한 사항들(앞에서 이야기한 동일 조인만 지원한다든가 하는)이 있으니 매우 큰 테이블을 가지고 조인을 하려면 하이브 홈페이지의 문서를 꼭 읽어보아야 한다.

이런 미묘한 부분들을 조심해야 한다는 점은 꼭 하이브만의 단점이 아니다. 조인은 아주 강력한 기능이지만 잘못 작성한 조인이나 중요한 제약조건 등을 무시하고 작성한 조인은 관계형 데이터베이스에서도 다른 어떤 SQL 쿼리보다 성능에 크게 안 좋은 영향을 준다.

도전 과제 | 정규 표현식을 사용하도록 조인 개선

하이브는 앞에서 우리가 사용한 문자열 함수들 외에도 RLIKE나 REGEXP_EXTRACE 같은 자바와 유사한 정규 표현식 조작 함수를 제공한다. 앞의 조인 조건을 정규식을 이용해서 좀 더 명확하고 우아하게 개선해보라.

하이브와 SQL 뷰

하이브가 제공하는 또 다른 SQL의 유용한 기능은 바로 뷰이다. 이 기능은 정적인 테이블이 아니라 SELECT 문으로 생성한 논리적인 테이블을 가지고 후속 쿼리들을 실행하고 싶을 때 유용하다. 이렇게 동적으로 생성된 뷰(이름 그대로)에 있는 데이터를 가지고 다른 쿼리들을 실행할 수 있다.

실습 예제 | 뷰 이용

뷰를 쓰면 앞에서 본 조인 예제처럼 밑단에 있는 쿼리의 복잡함을 사용자에게 감출 수 있다. 직접 뷰를 만들어서 실습해보자.

1. view.hql 파일을 만든다.

```
CREATE VIEW IF NOT EXISTS usa_sightings (sighted, reported,
shape, state)
AS select t1.sighted, t1.reported, t1.shape, t2.full_name
FROM ufodata t1 JOIN states t2
ON (LOWER(t2.abbreviation) = LOWER(substr( t1.sighting_location,
(LENGTH(t1.sighting_location)-1)))) ;
```

2. 스크립트를 실행한다.

```
$ hive -f view.hql
```

다음과 같은 응답을 볼 수 있다.

```
Logging initialized using configuration in jar:file:/opt/hive-
0.8.1/lib/hive-common-0.8.1.jar!/hive-log4j.properties
Hive history file=/tmp/hadoop/hive_job_log_
hadoop_201203040557_1017700649.txt
OK
Time taken: 5.135 seconds
```

3. 스크립트를 다시 실행한다.

```
$ hive -f view.hql
```

다음과 같은 응답을 얻는다.

```
Logging initialized using configuration in jar:file:/opt/hive-
0.8.1/lib/hive-common-0.8.1.jar!/hive-log4j.properties
Hive history file=/tmp/hadoop/hive_job_log_
hadoop_201203040557_851275946.txt
OK
Time taken: 4.828 seconds
```

4. 뷰를 가지고 테스트 쿼리를 실행한다.

```
$ hive -e "select count(state) from usa_sightings where state =
'California'"
```

다음과 같은 응답을 얻는다.

```
Logging initialized using configuration in jar:file:/opt/hive-
0.8.1/lib/hive-common-0.8.1.jar!/hive-log4j.properties
Hive history file=/tmp/hadoop/hive_job_log_
hadoop_201203040558_1729315866.txt
Total MapReduce jobs = 2
Launching Job 1 out of 2
...
2012-03-04 05:58:12,991 Stage-1 map = 0%, reduce = 0%
2012-03-04 05:58:16,021 Stage-1 map = 50%, reduce = 0%
2012-03-04 05:58:18,046 Stage-1 map = 100%, reduce = 0%
2012-03-04 05:58:24,092 Stage-1 map = 100%, reduce = 100%
```

```
Ended Job = job_201203040432_0027
Launching Job 2 out of 2

...

2012-03-04 05:58:33,650 Stage-2 map = 0%, reduce = 0%
2012-03-04 05:58:36,673 Stage-2 map = 100%, reduce = 0%
2012-03-04 05:58:45,730 Stage-2 map = 100%, reduce = 100%
Ended Job = job_201203040432_0028
MapReduce Jobs Launched:
Job 0: Map: 2 Reduce: 1 HDFS Read: 75416863 HDFS Write: 116
SUCESS
Job 1: Map: 1 Reduce: 1 HDFS Read: 304 HDFS Write: 5 SUCESS
Total MapReduce CPU Time Spent: 0 msec.
OK
7599
Time taken: 47.03 seconds
```

5. 뷰를 삭제한다.

```
$ hive -e "drop view usa_sightings"
You will receive the following output on your screen:
OK
Time taken: 5.298 seconds
```

보충 설명

제일 처음에 CREATE VIEW 문으로 뷰를 생성했다. CREATE TABLE 문과 유사하지만 두 가지 큰 차이점이 있다.

- 칼럼 정의에는 자료형 대신 이름만 있고, 뒤이은 쿼리를 보고 자료형을 판단 한다.

- AS 절에서는 생성할 뷰에서 사용할 내용들을 SELECT 문에 명시한다.

뷰를 생성할 때 앞에서 사용한 조인 문을 사용한다. 따라서 결과적으로 사용자가 어떻게 데이터를 보기 좋게 만들까 고민할 필요 없이 위치 필드와 각 주의 축약되 지 않은 원래 이름으로 이뤄진 테이블을 만들었다.

IF NOT EXISTS 절은 선택사항으로(CREATE TABLE 절에도 사용할 수 있다), 이미 존재하는 뷰라면 다시 생성하려고 시도하지 않게 한다. 이 절이 없다면은 같은 뷰를 반복해서 생성하려고 할 경우 원하지 않는 에러를 일으킨다.

그다음, 뷰를 생성하는 스크립트를 두 번 실행해서 IF NOT EXISTS 절이 실제로 에러를 막아주는지를 확인했다.

생성한 뷰를 가지고 캘리포니아에서는 몇 건의 목격이 발생했나 횟수를 세는 간단한 쿼리를 실행했다. 여지까지 보았던 하이브 쿼리 문은 하나의 맵리듀스 잡만 생성했었다. 하지만, 이번에 뷰를 가지고 실행한 쿼리는 연쇄된 맵리듀스 잡들을 실행한다. 이유는 쿼리와 뷰의 내용을 잘 보면 쉽게 이해할 수 있다. 첫 번째 맵리듀스 잡은 뷰의 데이터를 생성하고, 이 결과물을 입력으로 해서 횟수를 세는 쿼리를 두 번째 맵리듀스 잡으로 실행하는 모습을 머리 속에 쉽게 그릴 수 있을 거다. 결론적으로, 이렇게 두 단계 잡으로 실행하려면 이번의 쿼리는 앞에서 봤던 어떤 쿼리보다 오래 걸릴 거라는 사실을 쉽게 짐작할 수 있다. 하이브는 사실 좀 더 영리하게 동작하기도 한다. 만일 바깥쪽의 쿼리를 뷰 생성 작업에 같이 넣을 수 있는 경우라면은 하이브는 하나의 맵리듀스 잡만 생성해서 실행한다. 방금 본 예제에서는 상호 엮여서 돌아야 하는 맵리듀스 잡들을 직접 개발하는 방법보다 하이브를 이용할 때의 장점이 두드러진다. 손으로 만든 맵리듀스 잡(또는 연속된 잡들)이 하이브보다 훨씬 효율적일 수 있지만, 하이브는 잡이 유용할지 아닐지 처음에 판단할 때 유용하게 쓸 수 있다. 느린 하이브 쿼리를 실행해보고, 생각보다 아이디어가 별로 유용하지 않다는 판단을 내리는 게 하루 종일 맵리듀스 잡을 개발하고 돌려본 후에 같은 결론에 도달하는 편보다는 낫다.

뷰는 밑단의 복잡함을 감출 수 있다고 이야기했다. 이 이야기는 뷰를 실행 할 때 오랜 시간이 걸릴 때가 많다는 의미다. 실제 운영 시 대규모 작업에선 SQL을 최적화하는 과정에 뷰를 아예 없애버릴 수도 있다.

쿼리를 실행한 다음 DROP VIEW 문으로 뷰를 삭제했는데, 이 부분에서 다시 한번 HiveQL(그리고 SQL도)이 테이블과 뷰를 비슷한 방법으로 다룬다는 사실을 볼 수 있다.

하이브로 지저분한 데이터 처리

쿼리로 받아온 캘리포니아의 목격 횟수가 4장에서 얻어온 결과와 다르다는 사실을 눈치챘을 수 있다. 왜 이런 현상이 발생했을까?

4장에서 하둡 스트리밍이나 맵리듀스 잡을 실행하기 전에 잘못된 형식의 입력을 무시하는 메커니즘을 넣었다는 사실을 기억해보라. 그리고 데이터를 처리하면서 로케이션 필드에서 두 글자로 축약된 주 이름을 추출할 때 좀 더 상세한 정규 표현식을 사용했다. 하지만, 하이브에서는 그런 전처리 단계도 없었고 축약된 주 이름을 추출할 때에도 더 단순한 방식을 사용했다.

축약된 주 이름을 뽑아내기 위해서는 앞서 이야기한 하이브의 정규표현식을 지원하는 함수를 사용할 수 있다. 하지만, 잘못된 형식의 입력을 처리하려면 쿼리의 WHERE 절에 복잡한 코드를 넣어야 한다.

많은 경우 데이터를 하이브로 올리기 전에 미리 전처리한다. 이 경우를 예로 들면, 입력 파일에 있는 잘못된 형식의 데이터를 모두 없애는 잡을 돌리고 미리 로케이션 필드의 값을 원하는 형태로 바꾸는 잡을 돌리는 방식이다.

도전 과제 | 직접 해보자!

이야기한 대로 입력 데이터를 전처리 하고 바로 하이브에 올려서 처리하기 적절하게 처리된 파일을 생성하는 잡(하나 또는 두 개의 잡이 될 거다)을 작성해보자. 그런 후 이 잡을 실행하고, 하이브 테이블을 만들고, 새로운 파일을 테이블로 올리는 스크립트를 작성하자. 이렇게 하면서 하둡과 하이브를 쉽게 엮어서 쓸 수 있다는 사실을 알 수 있다.

실습 예제 | 쿼리 결과물 내보내기

앞에서는 대량의 데이터를 하이브로 올리거나 쿼리 결과 중 소량의 결과만 뽑아 보았다. 대량의 결과물 셋을 하이브가 아닌 곳으로 내보낼 수도 있다. 예제를 보자.

1. 앞에서 사용했던 뷰를 다시 만든다.

```
$ hive -f view.hql
```

2. export.hql 파일을 만든다.

```
INSERT OVERWRITE DIRECTORY '/tmp/out'
SELECT reported, shape, state
FROM usa_sightings
WHERE state = 'California';
```

3. 스크립트를 실행한다.

```
$ hive -f export.hql
```

다음과 같은 응답을 볼 수 있다.

```
2012-03-04 06:20:44,571 Stage-1 map = 100%, reduce = 100%
Ended Job = job_201203040432_0029
Moving data to: /tmp/out
7599 Rows loaded to /tmp/out
MapReduce Jobs Launched:
Job 0: Map: 2 Reduce: 1 HDFS Read: 75416863 HDFS Write: 210901
SUCESS
Total MapReduce CPU Time Spent: 0 msec
OK
Time taken: 46.669 seconds
```

4. 출력 디렉터리를 확인하자.

```
$hadoop fs -ls /tmp/out
```

다음과 같은 응답을 얻는다.

```
Found 1 items
-rw-r--r-- 3 hadoop supergroup 210901 … /tmp/out/000000_1
```

5. 출력 파일을 검토해본다.

```
$ hadoop fs -cat /tmp/out/000000_1 | head
```

다음과 같은 응답을 볼 수 있다.

```
20021014_ light_California
20050224_ other_California
20021001_ egg_California
20030527_ sphere_California
20050813_ light_California
20040701_ other_California
20031007_ light_California
```

보충 설명

앞에서 사용한 뷰를 다시 사용하고, INSERT OVERWRITE DIRECTORY 명령을 쓰는
HiveQL 스크립트를 만들었다. 이름에서 알 수 있듯, 이 명령은 뒤이은 쿼리문의
결과를 명시한 위치에 저장한다. OVERWRITE(역시 선택사항이다)는 결과물을 쓸 디렉
터리에 이미 내용이 존재할 경우 삭제할지 아닐지 판단할 때 쓴다. SELECT 문 다
음에 나오는 INSERT 명령은 출력 위치에 쓸 데이터를 만든다. 이 예제에서는 조인
의 결과물로 만든 뷰를 가지고 쿼리를 실행하는데, 쿼리가 얼마든지 복잡해 질 수
있다는 사실을 잘 보여준다.

LOCAL(선택 사항이다)은 결과물을 HDFS 대신에 하이브 커맨드를 실행하는 호스트
의 로컬 파일시스템에 쓰도록 한다.

스크립트를 실행했을 때 맵리듀스의 출력은 우리가 예상했던 대로 나왔고, 거기에
더해 몇 개의 로우가 명시된 출력 위치로 제대로 보내졌는지도 출력해봤다.

스크립트에서 명시한 출력 디렉터리에 결과물 파일들은 제대로 있는지, 그리고 내
용은 우리가 예상한 대로인지 확인했다.

 앞서의 예제에서 보았듯이, 하이브의 텍스트 파일 기본 구분자는 아스키 코드 001(control
+ A)라서 출력 파일의 구분자도 기본값으로 이 값을 쓴다.

다음으로는 INSERT 명령으로 쿼리의 결과물을 다른 테이블에 넣는 방법을 보겠
다. 그 전에, 예제에서 같이 사용할 다른 개념을 설명하고 넘어가자.

테이블 파티셔닝

앞에서, 잘못 작성한 조인은 관계형 데이터베이스가 불필요한 작업에 엄청난 시간을 소모하게 만드는 악명 높은 작업이라고 이야기했다. 비슷한 악명 높은 예로는 필요한 로우에 바로 접근하기 위해 인덱스를 사용하지 않고 전체 테이블 스캔(테이블의 모든 로우를 가지고 오는 작업)을 하는 경우가 있다.

HDFS에 저장한 데이터를 하이브 테이블에 매핑하기 때문에 거의 대부분의 경우에 전체 테이블 스캔작업이 필요하다. 전체 데이터 중 필요한 일부 데이터만 처리할 수 있도록 좀 더 구조를 잘 구성하지 않으면, 하이브는 전체 데이터 셋을 처리해야만 한다. 우리가 사용하는 UFO 파일은 약 70MB로 전체를 처리해도 수십 초 정도밖에 걸리지 않기 때문에 큰 문제는 아니다. 하지만, 수천 배 큰 데이터를 처리할 경우에는 어떻게 될까?

전통적인 관계형 데이터베이스처럼, 하이브도 칼럼 값에 기반해서 테이블을 파티션으로 나눠서 이후에 쿼리 조건에서 쓰게 만들 수 있다.

특히, 테이블을 생성 할 때 여러 개의 파티션 칼럼을 만들고 데이터를 테이블로 올릴 때 이 파티션 칼럼의 값을 가지고 데이터를 어느 파티션에 쓸지 판단하게 할 수 있다.

제일 흔한 파티션 전략은 일별로 수집하는 대량의 데이터를 저장할 때, 날짜를 파티션 칼럼으로 만드는 방법이다. 이렇게 하면 쿼리가 특정 파티션의 데이터만 가지고 처리하도록 제한할 수 있다. 내부적으로 하이브는 각 파티션마다 디렉터리와 파일을 따로 만들고, 맵리듀스 잡을 수행할 때 필요한 데이터 디렉터리만 입력으로 사용한다. 여러 개의 파티션 칼럼을 사용할 수도 있고, 큰 테이블에서 아주 일부분의 데이터만 필요한 쿼리를 위해 좀 더 정교하고 계층적인 구조를 만들어서 최적의 파티셔닝 전략을 세워야 할 때도 있다.

UFO 데이터 셋에서는 목격 연도를 파티션 값으로 사용할 텐데, 이를 위해 좀 일반적이지 않은 기법을 이용해야 한다. 그러니, 이 내용들을 설명한 후에 직접 파티션을 만들어보자!

파티셔닝의 유용함을 보여주기 위해 새로운 UFO 데이터 테이블을 만들겠다.

1. createpartition.hql 파일을 만든다.

```
CREATE TABLE partufo(sighted string, reported string, sighting_
location string,
shape string, duration string, description string)
PARTITIONED BY (year string)
ROW FORMAT DELIMITED
FIELDS TERMINATED BY '\t';
```

2. insertpartition.hql 파일을 만든다.

```
SET hive.exec.dynamic.partition=true;
SET hive.exec.dynamic.partition.mode=nonstrict;

INSERT OVERWRITE TABLE partufo partition(year)
SELECT sighted, reported, sighting_location, shape, duration, description,
SUBSTR(TRIM(sighted), 1,4) FROM ufodata;
```

3. 파티션으로 나눈 테이블을 만든다.

```
$ hive -f createpartition.hql
```

다음과 같은 응답을 얻을 수 있다.

```
Logging initialized using configuration in jar:file:/opt/hive-
0.8.1/lib/hive-common-0.8.1.jar!/hive-log4j.properties
Hive history file=/tmp/hadoop/hive_job_log_
hadoop_201203101838_17331656.txt
OK
Time taken: 4.754 seconds
```

4. 만든 테이블을 검토한다.

```
$ hive -e 'describe partufo'
```

출력은 다음과 같다.

```
OK
sighted string
reported string
sighting_location string
shape string
duration string
description string
year string
Time taken: 4.704 seconds
```

5. 테이블의 데이터를 만든다.

```
$ hive -f insertpartition.hql
```

다음과 같은 결과물이 화면에 나온다.

```
Total MapReduce jobs = 2
…
…
Ended Job = job_201203040432_0041
Ended Job = 994255701, job is filtered out (removed at runtime).
Moving data to: hdfs://head:9000/tmp/hive-hadoop/hive_2012-03-
10_18-38-36_380_1188564613139061024/-ext-10000
Loading data to table default.partufo partition (year=null)
Loading partition {year=1977}
Loading partition {year=1880}
Loading partition {year=1975}
Loading partition {year=2007}
Loading partition {year=1957}
…
Table default.partufo stats: [num_partitions: 100, num_files: 100,
num_rows: 0, total_size: 74751215, raw_data_size: 0]
61393 Rows loaded to partufo
…
OK
Time taken: 46.285 seconds
```

6. 파티션에 count 명령을 실행한다.

```
$ hive -e "select count(*) from partufo where year = '1989'"
```

다음과 같은 응답을 보게 된다.

```
OK
249
Time taken: 26.56 seconds
```

7. 파티션 없는 테이블에 비슷한 쿼리를 실행한다.

```
$ hive -e "select count(*) from ufodata where sighted like '1989%'"
```

응답은 아래와 같다.

```
OK
249
Time taken: 28.61 seconds
```

8. 파티션한 테이블 데이터가 있는 하이브 디렉터리의 내용물을 출력해본다.

```
$ hadoop fs -ls /user/hive/warehouse/partufo
```

다음과 같은 응답을 얻을 수 있다.

```
Found 100 items
drwxr-xr-x - hadoop supergroup 0 2012-03-10 18:38 /
user/hive/warehouse/partufo/year=0000
drwxr-xr-x - hadoop supergroup 0 2012-03-10 18:38 /
user/hive/warehouse/partufo/year=1400
drwxr-xr-x - hadoop supergroup 0 2012-03-10 18:38 /
user/hive/warehouse/partufo/year=1762
drwxr-xr-x - hadoop supergroup 0 2012-03-10 18:38 /
user/hive/warehouse/partufo/year=1790
drwxr-xr-x - hadoop supergroup 0 2012-03-10 18:38 /
user/hive/warehouse/partufo/year=1860
drwxr-xr-x - hadoop supergroup 0 2012-03-10 18:38 /
user/hive/warehouse/partufo/year=1864
drwxr-xr-x - hadoop supergroup 0 2012-03-10 18:38 /
user/hive/warehouse/partufo/year=1865
```

이번 예제에서는 두 개의 HiveQL 스크립트를 만들었다. 첫 번째 스크립트는 파티션된 테이블을 만든다. 보다시피 앞서의 CREATE TABLE 문과 아주 유사하다. 차이점은 PARTITIONED BY 절을 추가했다는 점이다.

스크립트를 실행한 후에, 테이블의 상세 사항을 확인했다. 그리고 HiveQL 관점에서 볼 때는 이 테이블도 앞서의 ufodata와 대동소이한데, 연도를 위한 칼럼이 하나 더 있다는 점만 다르다는 걸 보았다. 그래서 비록 디스크의 파일에는 실제로는 칼럼 데이터가 없지만, 쿼리의 WHERE 절에 다른 칼럼들처럼 조건 값을 넣을 수 있다.

이후에 데이터를 실제로 파티션된 테이블에 올리는 두 번째 스크립트를 실행했다. 여기서 몇 가지 짚고 넘어가야 할 사항들이 있다.

첫 번째, 앞에서 데이터를 올릴 때처럼 각 디렉터리별로 INSERT 명령을 이용해서 데이터를 올릴 수 있다. INSERT 문은 데이터를 어디에 저장할지 명시하고 뒤이은 SELECT 문은 이미 존재하는 테이블이나 뷰에서 데이터를 가져온다.

여기서는 파티셔닝 메커니즘으로 비교적 새로운 기능인 동적 파티션dynamic partition을 사용했다. 대부분의 경우에는 파티션 절에 명시적으로 year 칼럼 값을 넣는다. 만일 일별로 데이터를 나누고 일별로 데이터를 올린다면 이 방법을 쓸 수도 있었겠지만, 우리가 쓰는 데이터처럼 여러 개의 로우를 여러 파티션으로 넣어야 하는 유형에는 적합하지 않다. 단순하게 칼럼 이름에 값을 넣지 않으면, SELECT 문에서 리턴된 year 칼럼의 값을 가지고 자동으로 파티션 이름을 생성한다.

이제 SELECT 문에 좀 이상하게 보이는 마지막 절을 이해할 수 있기 바란다. ufodata의 모든 칼럼을 명시한 후에 sighting 칼럼에서 첫 네 글자만 뽑아내라는 내용을 덧붙였다. 파티션된 테이블은 year 파티션 칼럼을 일반적인 7번째 칼럼으로 본다는 사실을 상기해 보면, 목격 기록 문자열에서 year 부분을 각 로우의 year 칼럼에 넣는 작업이라는 점을 알 수 있다. 결과적으로 각 로우는 목격 년도에 따라 적절한 파티션에 들어간다.

원하는 대로 잘 동작했는지 검증하기 위해서 두 개의 쿼리를 실행했다. 하나는 파티션된 테이블에서 1989년 파티션의 모든 레코드 개수를 세는 쿼리이다. 다른 쿼리는 앞에서 동적으로 생성한 파티션을 확인하기 위해 ufodata에서 '1989'라는 문자열로 시작하는 레코드의 개수를 세는 쿼리다.

보았듯이 두 개의 쿼리 모두 같은 결과를 리턴하므로 파티셔닝 전략이 의도한 대로 동작한다는 사실을 검증했다. 또한 큰 차이는 아니지만 파티션된 쿼리가 아닌 경우보다 빠르다는 점도 확인했다. 차이가 크지 않은 이유는 우리가 사용하는 작은 크기의 데이터 셋에서는 맵리듀스 잡 시작 시간이 전체 소요시간의 많은 부분을 차지하기 때문이다.

마지막으로, 하이브가 파티션된 테이블의 데이터를 저장하는 디렉터리를 보고 정말 거기에 100개의 동적으로 생성한 파티션 디렉터리가 존재하는지 확인했다. 이제 특정 파티션을 참조하는 HiveQL 구문을 실행할 때, 하이브는 해당 파티션 디렉터리의 데이터만을 처리함으로써 상당한 최적화를 할 수 있다.

버켓팅, 클러스터링, 정렬.. 아 머리 아파!

이 책에서 자세히 설명하지는 않겠지만, 하이브에는 계층적 파티션 칼럼 외에도 여러 가지 데이터 접근 최적화 기능이 있다. 파티션 내부에서 CLUSTER BY에 명시한 칼럼 값을 가지고 해시 함수를 이용해서 각각 다른 버킷bucket에 저장할 수 있는 메커니즘도 있다. 버킷안에서 SORT BY 칼럼을 이용해서 데이터를 순서대로 저장할 수도 있다. 예를 들어, UFO 모양에 따라 버킷에 나눠서 넣고 각 버킷은 목격날짜를 가지고 정렬해서 저장할 수 있다는 이야기다.

하이브 초보자들에게 필요한 기능은 아니지만, 점점 더 큰 데이터 셋을 사용함에 따라 이런 유형의 최적화는 쿼리 처리타임을 줄이는데 큰 도움이 된다.

사용자 정의 함수

하이브는 HiveQL을 실행할 때 사용자의 코드를 바로 실행하는 메커니즘을 제공한다. 새로운 라이브러리 함수를 추가하는 형식을 쓸 수도 있고, 하둡 스트리밍과 꽤 유사하게 동작하는 하이브 트랜스폼Hive transform을 쓸 수도 있다. 이 절에서는 직접 작성한 코드를 넣고 싶을 때 사용하는 수단으로 사용자 정의 함수를 설명할 예정이다.

하이브 트랜스폼은 하이브가 실행시점에 호출할 맵과 리듀스 클래스를 추가하는 좀 더 복잡한 메커니즘이다. 트랜스폼을 쓰고 싶다면 하이브 위키에 있는 문서를 보자.

실습 예제 | 사용자 정의 함수 추가

UDF를 써서 어떻게 자바 코드를 만들고 호출할 수 있는지 보여주겠다.

1. City.java 코드를 작성한다.

```
package com.kycorsystems ;
import java.util.regex.Matcher ;
import java.util.regex.Pattern ;
import org.apache.hadoop.hive.ql.exec.UDF ;
import org.apache.hadoop.io.Text ;

public class City extends UDF
{
    private static Pattern pattern = Pattern.compile(
        "[a-zA-z]+?[\\. ]*[a-zA-z]+?[\\, ][^a-zA-Z]") ;
    public Text evaluate( final Text str)
    {
        Text result ;
        String location = str.toString().trim() ;
        Matcher matcher = pattern.matcher(location) ;
        if (matcher.find())
        {
            result = new Text(location.substring(
                    matcher.start(), matcher.end()-2)) ;
```

```
            }
            else
            {
                result = new Text("Unknown") ;
            }
            return result ;
        }
    }
```

2. 컴파일한다.

```
$ javac -cp hive/lib/hive-exec-0.8.1.jar:hadoop/hadoop-1.0.4-core.
jar -d . City.java
```

3. 생성된 클래스 파일을 JAR 파일로 묶는다.

```
$ jar cvf city.jar  com
```

다음과 같은 응답을 얻게 된다.

```
added manifest
adding: com/(in = 0)  (out= 0)(stored 0%)
adding: com/kycorsystems/(in = 0)  (out= 0)(stored 0%)
adding: com/kycorsystems/City.class(in = 1101)  (out= 647)(deflated
41%)
```

4. 하이브 대화형 셸을 시작한다.

```
$ hive
```

5. 새로 만든 JAR 파일을 하이브 클래스패스에 추가한다.

```
hive> add jar city.jar;
```

다음과 같은 응답을 얻는다.

```
Added city.jar to class path
Added resource: city.jar
```

6. JAR 파일이 제대로 추가됐는지 확인한다.

```
hive> list jars;
```

다음과 같은 응답을 얻게 된다.

```
file:/opt/hive-0.8.1/lib/hive-builtins-0.8.1.jar
city.jar
```

7. 새로운 코드를 함수 이름으로 등록한다.

```
hive> create temporary function city as 'com.kycorsystems.City';
```

다음과 같은 응답을 얻게 된다.

```
OK
Time taken: 0.277 seconds
```

8. 새로 만든 함수를 사용하는 쿼리를 실행한다.

```
hive> select city(sighting_location), count(*) as total
    > from partufo
    > where year = '1999'
    > group by city(sighting_location)
    > having total > 15;
```

다음과 같은 응답을 얻는다.

```
Total MapReduce jobs = 1
Launching Job 1 out of 1
…
OK
Chicago 19
Las Vegas 19
Phoenix 19
Portland 17
San Diego 18
Seattle 26
Unknown 34
Time taken: 29.055 seconds
```

우리가 만든 자바 클래스는 `org.apache.hadoop.hive.exec.ql.UDF(User Defined Function)`을 상속한 클래스다. 이 클래스에 위치 문자열을 받아서 앞에서 봤던 패턴대로 도시 이름을 리턴하는 메소드를 정의했다.

UDF는 각 자료형별 `evaluate` 메소드를 정의하지 않는다. 그 대신, 마음대로 여러 가지 매개변수들과 리턴 형을 정의할 수 있다. 하이브는 적절한 메소드를 고르기 위해 자바 리플렉션을 사용하는데, 이 선택을 좀 더 정교하게 제어하고 싶다면 `UDFMethodResolver` 인터페이스를 구현하는 유틸리티 클래스를 만들 수도 있다.

여기서 사용한 정규 표현식은 약간 우아하지 않게 보일 수 있다. 그러나 도시 이름들이 정의된 방식이 제각각 이고 여러 개의 단어로 표현된 이름들을 처리하기 위해서 그런 정규 표현식을 사용했다. 이 정규 표현식만 제외하면 클래스의 나머지 부분은 꽤 이해하기 쉽다.

City.java 파일을 컴파일하고 하이브와 하둡에서 필요한 JAR 파일들을 가져다 추가했다.

 당연한 말이지만, 만일 우리와 다른 하둡과 하이브 버전을 사용하는 중이라면 JAR 파일 이름은 좀 다를 수 있다는 사실을 기억하자.

그리고 생성한 클래스 파일들을 jar 파일로 묶고 하이브 대화형 셸을 시작했다.

JAR 파일을 생성한 후에 하이브가 이 파일을 사용하도록 설정해야 한다. 이 설정은 두 단계의 과정을 거친다. 제일 처음, `add jar` 명령으로 하이브가 사용하는 클래스패스에 JAR 파일을 추가한다. 그다음, `list jar` 명령으로 JAR 파일이 시스템에 등록되었는가 확인했다.

JAR 파일을 추가하면 하이브에게 코드가 있다는 사실을 말할 뿐이지, HiveQL 구문 안에서 어떻게 함수를 참조하는가에 대해서는 알려주지 않는다. `CREATE FUNCTION` 명령이 바로 이런 작업을 수행한다. 함수 이름과(이 경우에는 city), 구현을 제공하는 자바 클래스 이름(이 경우에는 `com.kycorsystems.City`)을 연결 짓는다.

클래스패스에 JAR 파일을 추가하고 함수를 생성하고 나면 `city()` 함수를 HiveQL 구문 안에서 사용할 수 있다.

그다음 새 함수를 사용하는 방법을 보여주기 위해 예제 쿼리를 실행했다. 파티션된 UFO 목격 테이블을 이용해서, 모든 사람이 세기말 종말을 준비하던 시절(1999년)에 어디서 가장 많은 UFO 목격이 있었는지 조회해 보면 재미있겠다고 생각했다.

앞서의 HiveQL 구문에서 볼 수 있듯이, 새 함수도 다른 내장 함수들처럼 사용할 수 있고, 기본 내장 함수와 UDF의 차이는 익숙한 표준 하이브 함수 라이브러리이냐 아니냐 정도이다.

쿼리의 결과는 목격기록이 시카고를 제외하고는 미국의 북서부와 남서부에 집중되어 있었다는 사실을 보여준다. 그러나 몇 개의 `Unknown`이라는 결과를 얻었는데, 미국 밖 지역이라서 그랬는지 아니면 정규 표현식을 좀 더 다듬어야 할지 좀 더 분석해 보아야 한다.

전처리 해야 하나 말아야 하나...

앞에서 이야기했던 주제인 데이터를 하이브에 올리기 전에 전처리 해서 더 깔끔한 형태로 만들어야 하는 필요성에 대해서 다시 생각해보자. 앞의 예제에서 볼 수 있듯이, 비슷한 처리를 UDF들을 써서 쿼리 시점에 수행할 수 있다. 예를 들면, `state`와 `country`라는 함수를 추가해서 목격 위치 문자열에서 지역과 나라 이름을 뽑아낼 수 있다. 어느 방법이 최고라는 정해진 법칙은 없지만, 몇 가지 가이드라인은 있다.

이번 경우처럼 전체 위치 문자열을 다 사용하는 경우는 없고 단지 부분 문자열을 뽑아내는 용도가 대부분이라면 전처리가 적절하다. 칼럼에 접근할 때마다 오래 걸리는 텍스트 처리를 수행할 필요 없이, 좀 더 처리하기 쉬운 포맷으로 변환하거나 심지어 아예 도시/지역/나라 칼럼으로 쪼개서 넣는 방법도 있다.

하지만 만일 HiveQL이 주로 원래의 칼럼 값을 사용하고, 추가적인 처리 작업이 예외적인 경우라면 전체 데이터 셋을 가지고 전처리 작업을 해서 얻을 수 있는 이득이 거의 없다.

독자의 데이터와 작업에 적합한 전략을 사용하라. UDF는 이런 종류의 텍스트 처리보다 더 많은 일을 할 수 있고, 테이블의 데이터에 적용할 어떤 형태의 로직이든 포함할 수 있다는 사실을 기억하자.

하이브와 피그의 비교

하이브에 관한 글을 인터넷에서 검색하다 보면 금새 하이브와 또 다른 아파치 프로젝트인 피그Pig를 비교하는 수 많은 글을 찾을 수 있다. 이 비교에서 공통적으로 나오는 질문들은 왜 두 프로젝트가 따로 존재하느냐, 언제 어떤 프로젝트를 사용해야 하나, 어느 것이 나은가, 그리고 어떤 기술이 프로젝트를 좀 더 멋져 보이게 하나 등등의 내용이다.

두 프로젝트간의 겹치는 영역에서 하이브는 데이터를 다룰 때 친숙한 SQL 형식의 인터페이스를 제공하고, 피그는 데이터 흐름의 파이프라인을 명시하는 피그 라틴 (Pig Latin)이라는 언어를 제공한다. 하이브가 HiveQL을 맵리듀스로 변환해서 실행하듯이, 피그도 피그 라틴 스크립트를 가지고 맵리듀스 코드를 생성한다.

HiveQL과 피그 라틴의 가장 큰 차이점은 잡을 어떻게 실행할지 제어하는 정도이다. HiveQL은 SQL처럼 무엇을 해야 하는지 만 명시하고 실제 구현을 어떻게 구성할지에 대해서는 거의 이야기하지 않는다. HiveQL 쿼리 플래너query planner가 HiveQL 명령의 각 부분을 어떤 순서로 실행하고, 함수의 실행순서를 결정하는 등의 결정을 한다. 이런 사항들은 전통적인 관계형 데이터베이스 쿼리 플래너처럼 실행 시점에 하이브가 결정하고, 피그 라틴은 바로 이 수준까지 제어한다.

두 접근 방식 모두 맵리듀스 코드를 작성할 필요성을 줄여준다. 단지 제공하는 추상화 방법이 다르다.

하이브와 피그 중 어느 것을 선택하는 가는 무엇이 필요한가에 달려있다. 데이터를 접근할 때 친숙한 SQL을 제공해서 좀 더 많은 사용자가 하둡에 있는 데이터를 사용할 수 있도록 하는 게 중요하다면 하이브가 확실한 답이다. 만일 개인적으로 데이터 파이프라인 관점에서 생각하고, 잡을 어떻게 실행할지 좀 더 정교하게 제어하고 싶을 때는 피그가 다 나은 선택이다. 하이브와 피그 프로젝트는 좀 더 가깝게 결합하려고 하고 서로 경쟁한다는 잘못된 인식이 줄어들기를 원한다. 그리고 맵리듀스 잡을 실행할 때 하둡 지식이 필요 없도록 하는 목표로 가는 길에서 서로 상호보완관계로 인식하기를 바란다.

다루지 않은 내용

이번 하이브 개괄에서 설치와 셋업, 테이블 생성과 조작, 뷰, 조인을 다루었다. 어떻게 데이터를 하이브에 넣고 빼는가 보았으며 데이터 처리를 최적화하는 방법에 대해 다루고, 몇 가지 하이브 내장 함수를 살펴보았다.

사실, 우리가 다룬 내용은 수박 겉핥기에 불과하다. 앞에서 다룬 주제들과 연관된 다양한 주제들의 좀 더 깊은 내용도 설명하지 않았을 뿐 아니라, 하이브가 설정과 메타데이터를 저장하는 메타스토어MetaStore나 JSON처럼 복잡한 포맷의 파일을 읽을 수 있는 객체 SerDe(직렬화/비 직렬화) 등에 대해서는 언급도 하지 않았다.

하이브는 강력하고 복잡한 기능들을 가진 엄청나게 유용한 도구이다. 만일 하이브가 유용하다고 생각하면, 8장의 예제들을 실행시켜 본 후 하이브 웹사이트에 있는 문서들을 읽어보기를 추천한다. 웹사이트에서 정보와 도움을 얻을 수 있는 사용자 메일 리스트 링크도 찾을 수 있다.

아마존 웹 서비스상의 하이브

일래스틱 맵리듀스는 하이브와 다른 AWS 서비스들과의 통합을 도와주는 특별한 메커니즘을 제공해서 하이브를 매우 잘 지원한다.

EMR에서 UFO 분석 작업을 해보면서 EMR에서 하이브 사용하는 방법을 알아보자.

1. http://amazon.com/console에서 AWS 관리 콘솔에 로그인한다.

2. EMR에서 하이브 잡 흐름은 S3 버킷에서 시작되므로 어떤 버킷을 사용할지 선택해야 한다. S3을 선택하면 계정과 연관된 버킷 리스트가 나오고 예제를 돌릴 버킷을 고른다. 아래의 예제에서는 garryt1use라는 버킷을 골랐다.

3. 웹 화면에서 버킷안에 ufodata, ufoout, ufologs라는 디렉터리를 만든다. 작업을 마치면 버킷의 내용은 다음 화면처럼 보인다.

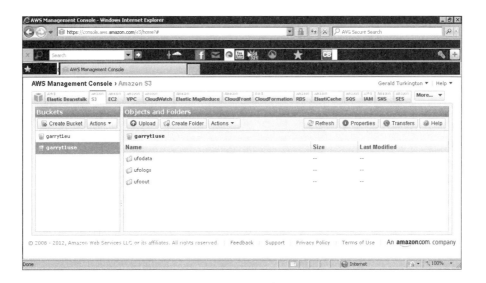

4. ufodata 디렉터리를 더블클릭해서 열고 그 밑에 ufo와 states라는 하위 디렉터리를 만든다.

5. s3test.hql이라는 파일을 만들고, ufodata 디렉터리에서 Upload 링크를 클릭해 파일을 올린다.

```
CREATE EXTERNAL TABLE IF NOT EXISTS ufodata(sighted string,
reported string, sighting_location string,
shape string, duration string, description string)
ROW FORMAT DELIMITED
FIELDS TERMINATED BY '\t'
LOCATION '${INPUT}/ufo' ;
CREATE EXTERNAL TABLE IF NOT EXISTS states(abbreviation string,
full_name string)
ROW FORMAT DELIMITED
FIELDS TERMINATED BY '\t'
LOCATION '${INPUT}/states' ;

CREATE VIEW IF NOT EXISTS usa_sightings (sighted, reported, shape,
state)
AS SELECT t1.sighted, t1.reported, t1.shape, t2.full_name
FROM ufodata t1 JOIN states t2
ON (LOWER(t2.abbreviation) = LOWER(SUBSTR( t1.sighting_location,
(LENGTH(t1.sighting_location)-1)))) ;
CREATE EXTERNAL TABLE IF NOT EXISTS state_results ( reported
string, shape string, state string)
ROW FORMAT DELIMITED
FFIELDS TERMINATED BY '\t' LINES TERMINATED BY '\n'
STORED AS TEXTFILE
LOCATION '${OUTPUT}/states' ;
INSERT OVERWRITE TABLE state_results
SELECT reported, shape, state
FROM usa_sightings
WHERE state = 'California' ;
```

ufodata 디렉터리의 내용은 다음 화면과 같아야 한다.

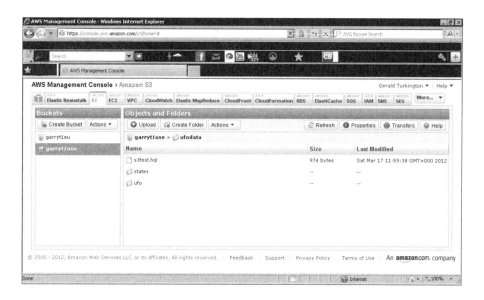

6. states 디렉터리를 더블클릭해 열어서 앞서 사용했던 states.txt 파일을 올린다. 이 디렉터리의 내용은 다음 화면처럼 나와야 한다.

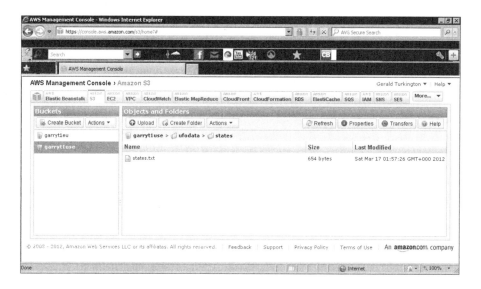

7. 파일 리스트 제일 위쪽의 ufodata를 클릭해서 상위 디렉터리로 이동한다.

8. ufo 디렉터리를 더블클릭해 열어서 앞에서 사용했던 ufo.tsv 파일을 올린다. 디렉터리의 내용은 다음 화면과 같아야 한다.

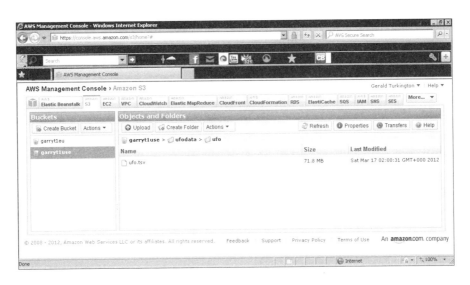

9. Elastic MapReduce를 선택해서 Create a New Job Flow를 클릭한다. 그런 후에 다음 화면처럼 Run your own application 옵션을 골라 Hive application을 선택한다.

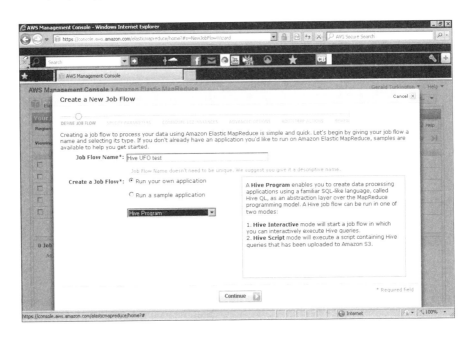

10. Continue를 클릭해서 나머지 하이브 잡플로우에 필요한 상세 사항을 적어 넣는다. 아래 화면을 가이드로 삼되, 버킷 이름(s3://URLs의 첫 부분)을 독자가 설정한 버킷 이름으로 바꿔야 한다는 사실을 잊지 말자.

11. Continue를 클릭해서 사용할 호스트의 수와 타입을 검토한 다음 Continue를 다시 한번 클릭한다. 그런 다음 아래 화면처럼 로그를 기록할 디렉터리 네임을 적는다.

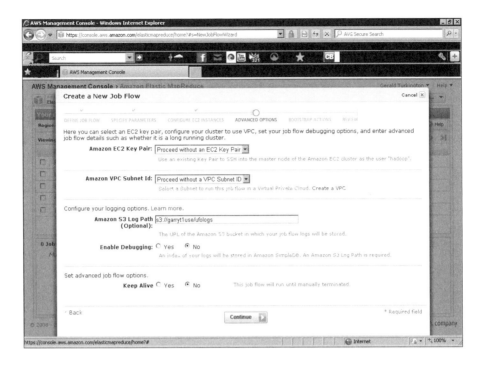

12. Continue를 클릭한다. 그리고 이 예제에서는 잡을 생성하면서 기본 옵션값을 바꿔야 할 필요가 없기 때문에 나머지 작업은 그대로 진행한다. 마지막으로 잡플로우를 실행하고 나서 관리 콘솔에서 진행상태를 지켜본다.

13. 잡이 성공적으로 끝나면, S3으로 되돌아가서 ufoout 디렉터리를 더블클릭한다. 그 디렉터리 밑으로 states라는 디렉터리가 있어야 하고, 그 디렉터리 안에는 0000000 같은 이름의 파일이 있어야 한다. 파일을 더블클릭해 다운로드해서 내용이 아래처럼 나오는지 확인하자.

```
20021014 light California
20050224 other California
20021001 egg California
20030527 sphere California
```

앞의 예제에서 EMR 잡플로우를 실행시키기 전에 약간의 셋업 작업을 해야 했다. 제일 처음, S3 웹 화면에서 잡이 이용할 디렉터리 구조를 만들었다. 입력 데이터를 저장할 디렉터리, 결과물을 쓸 디렉터리, 그리고 EMR이 잡을 돌리는 동안 생기는 로그를 저장할 디렉터리 이렇게 세 개의 주 디렉터리를 만들었다.

HiveQL 스크립트에는 8장에서 사용한 몇 가지 하이브 명령들을 약간 변형해서 저장했다. 뷰를 만들고 조인 작업할 UFO 목격 데이터 테이블과 주 이름 테이블을 만들었다. 그리고 원본 데이터 없이 새로운 테이블을 만들고 INSERT OVERWRITE TABLE로 쿼리의 결과를 테이블의 데이터로 넣었다.

각 테이블별로 LOCATION 절을 명시하는 방법이 스크립트의 독특한 부분이다. 입력 테이블에서는 INPUT이라는 변수를 기준으로 상대 경로를 썼고 결과물 테이블도 OUTPUT이라는 변수를 기준으로 상대 경로를 썼다.

EMR은 테이블 데이터의 위치가 파일이 아닌 디렉터리라고 생각한다는 점을 주의하자. 이런 이유로 앞에서 테이블 데이터의 경로를 데이터 파일로 바로 지정하지 않고, 각 테이블별로 하위 디렉터리를 생성한 다음 원본 파일을 업로드 했다.

필요한 파일과 디렉터리 구조를 S3 버킷에 설정한 다음, EMR 웹 콘솔로 가서 잡 생성 작업을 시작했다.

우리가 만든 하이브 애플리케이션을 실행하고 싶다고 설정한 후, 다음과 같은 잡 플로우에 필수적인 내용을 채워 넣었다.

- HiveQL 스크립트의 위치
- 입력 데이터의 디렉터리
- 결과물을 출력할 디렉터리

HiveQL의 경로를 설정하는 부분은 명확해서 따로 설명할 필요가 없다고 본다. 그러나 하이브 스크립트에서 다른 값들을 변수에 어떻게 매핑하는지는 이해해야 한다.

하이브 스크립트의 입력 데이터 경로는 INPUT 변수 값으로 전달한다. 앞에서 우리가 UFO 목격 데이터 디렉터리를 ${INPUT}/ufo로 명시했듯이 말이다. 비슷하게, 출력 디렉터리 값도 하이브 스크립트에 OUTPUT 변수를 써서 비슷한 형식을 명시했다.

호스트 설정에서는 기본 값을 바꾸지 않아서 하나의 스몰small 마스터와 두 개의 스몰 코어 노드를 쓴다. 그다음 화면에서 EMR이 잡플로우를 실행하는 중에 발생하는 로그를 쓸 위치를 추가했다.

선택사항이기는 하지만 이 로그를 저장하는 게 좋다. 비록 S3 스토리지 비용이 들긴 하지만, 특히 새로운 스크립트를 처음 실행할 때는 이 로그를 기록하는 게 좋다. 여기서 실행방법을 설명하지 않겠지만, EMR은 인덱스 된 로그 데이터를 SimpleDB(또 다른 AWS 서비스)에 저장할 수도 있다.

잡플로우 정의를 끝낸 후에 잡을 시작했고 성공적으로 끝난 후, S3 화면으로 가서 출력 위치의 내용을 살펴보고 다행히 예상했던 데이터가 있는걸 확인했다.

대화형 잡플로우로 개발

EMR에서 수행할 하이브 스크립트를 새로 개발할 때는, 앞에서처럼 배치 잡으로 실행하는 방법은 썩 적절하지는 않다. 잡플로우를 생성하고 생성하는 데에는 대부분 몇 분 정도 지연이 발생하고, 만약에 잡이 실패하기라도 하면 몇 시시간의 EC2 인스턴스 시간 비용을 내야 한다(한 시간 미만의 시간은 한 시간으로 올려서 계산한다).

앞서의 예제처럼 EMR 잡플로우를 선택해서 하이브 스크립트를 돌리는 대신에 대화형 모드에서 하이브 잡플로우를 시작할 수도 있다. 이렇게 하면 다른 스크립트 없이 하둡 클러스터를 올릴 수 있다. 시작한 후 SSH로 하이브가 설치되고 설정된 마스터 노드에 하둡 사용자로 접속하면 된다. 이 환경에서 개발하고, 필요하면 운영할 때는 배치 스크립트 잡플로우를 자동으로 실행하게 하면 된다.

EMR에서 대화형 하이브 잡플로우를 시작한다. 마스터 노드에 접속하려면 미리 등록한 EC2의 SSH 인증이 필요하다. 앞의 스크립트를 마스터 노드에서 바로 실행해 보되, 스크립트에 적절한 변수 값을 전달해야 한다는 사실을 잊지 말자.

다른 AWS 제품들과의 결합

로컬에 하둡/하이브를 설치해서 사용할 때는, 데이터는 주로 HDFS나 로컬 파일 시스템에 저장한다. 앞에서 보았듯이, EMR에서 하이브를 실행할 때에는 S3에 있는 데이터를 외부 테이블로 사용할 수도 있다.

AWS 서비스 중에 비슷한 기능을 제공하는 DynamoDB(http://aws.amazon.com/dynamodb)라는 서비스가 있다. NoSQL 데이터베이스를 클라우드에서 호스트하는 서비스이다. EMR상의 하이브 잡플로우에서는 DynameDB에 있는 테이블에서 데이터를 읽어올 수도 있고, 쿼리 결과를 저장할 수도 있다.

이런 식으로 하이브가 여러 곳의 데이터 원본을 읽어서 처리하고 결합할 수 있게 하고, 데이터가 어떻게 하이브 테이블로 옮겨지는가 하는 메커니즘은 사용자가 신경쓸 필요가 없게 하는 방식은 매우 유용한 모델이다.

또한 이런 방법으로 하이브를 한 시스템에서 다른 시스템으로 데이터를 옮기는 메커니즘으로 사용할 수도 있다. 이미 존재하는 데이터 저장소에서 다른 호스팅 서비스로 자주 데이터를 가져오는 작업은 시스템을 도입할 때 주된 장벽이다.

정리

8장에서 하이브에 대해서 살펴보고 하이브가 관계형 데이터베이스에 익숙한 사람들에게 여러 도구와 기능을 제공한다는 사실을 배웠다. 하이브를 쓰면 맵리듀스 애플리케이션을 개발할 필요 없이 더 많은 사용자들이 하둡을 이용할 수 있다.

특히, 하이브를 다운로드하고 인스톨 하면서 하이브는 HiveQL 언어를 맵리듀스

코드로 변환해서 하둡 클러스터에 올리는 클라이언트 애플리케이션이라는 점을 알았다. 테이블을 만들고 쿼리를 실행하면서 하이브의 메커니즘을 둘러 보았다. 하이브가 다양한 데이터 파일 포맷과 구조를 지원하고 어떻게 옵션을 설정하는지 보았다.

그리고 하이브 테이블은 거대한 논리적인 구조이고 밑단에서는 SQL 형식의 작업은 사실 HDFS 파일을 가지고 맵리듀스 잡 형태로 실행한다는 사실을 이해했다. 그런 후, 하이브가 조인과 뷰 같은 강력한 기능을 지원하며 쿼리를 효율적으로 실행하기 위해 어떻게 테이블을 파티션으로 나누는지 보았다.

하이브가 쿼리의 결과물을 HDFS 파일에 쓰게도 해 보았다. 그리고 일래스틱 맵리듀스가 하이브를 어떻게 지원하는지 보았다. 새로운 하이브 애플리케이션을 개발할 때는 대화형 잡플로우 환경을 사용하고, 배치 모드에서 자동으로 돌릴 수 있다는 사실을 알았다.

이 책에서 여러 번 언급했듯이, 하이브는 관계형 데이터베이스처럼 보이지만 정말 관계형 데이터베이스는 아니다. 그러나 많은 경우 관계형 데이터베이스는 독자가 통합해야 할 넓은 범위의 인프라 중 일부분을 차지한다. 어떻게 시스템을 통합하고 다양한 유형의 데이터 소스간에 데이터를 옮기는가 하는 내용이 9장의 주제이다.

9

관계형 데이터베이스와 연동

8장에서 보았듯이 하이브는 하둡에 저장된 데이터를 관계형 데이터베이스 시각으로 보여준다. 하지만 진정한 관계형이라 부를 수는 없다. SQL 문법을 전부 지원하지 않으며 성능과 확장성에서 더 좋고 나쁨을 떠나서 기존 관계형 데이터베이스와는 다른 모습을 가진다.

하둡 클러스터는 보통 관계형 데이터베이스를 대체하기보단 상호관계로 존재한다. 비지니스 흐름에서 하둡과 관계형 데이터베이스간 데이터 이동은 흔하게 볼 수 있는데 9장에서 이런 통합 기술을 알아보자.

9장에서 다루는 내용은 다음과 같다.

- 하둡과 RDBMS의 활용사례 소개
- RDBMS에서 HDFS와 하이브로의 데이터 전송
- 스쿱Sqoop의 활용
- 하둡에서 RDBMS로 데이터 전송
- AWS에 응용하기

주요 데이터 흐름

1장에서 하둡과 관계형 데이터베이스 사이의 선택 논쟁을 다뤘었다.

당시 설명됐듯이 상황에 주어진 태스크를 바탕으로 선택의 기준을 세우는 게 중요한데, 결국 하나 이상의 방식을 선택을 하는 경우가 대부분이다. 보충 설명을 위해 좋은 예를 소개하겠다.

하둡을 아카이브 저장소로 사용

RDBMS를 주 데이터 저장소로 사용하면 데이터 확장성 및 안전성 문제가 종종 발생한다. 최신 데이터의 크기가 커지면 오래되고 가치가 떨어지는 데이터는 어떻게 해야 할까?

재래식 해결 방안이 두 가지 있다.

- RDBMS의 파티션을 지정하여 최신 데이터는 고성능 스토리지에 보관하고 오래된 데이터는 비교적 저가의 스토리지에 보관한다.
- 테이프 장치 같은 오프라인 스토리지에 보관 데이터를 저장한다.

두 방식 모두 유효하고 오래된 데이터의 주기적 접근이 필요한지 여부에 따라 둘 중 하나를 선택하면 된다. 전자는 데이터 접근 성능은 높지만 설계와 인프라 비용이 크며, 후자는 비용 절감은 되지만 데이터 접근성이 떨어진다.

최근에는 최신 데이터는 관계형 데이터베이스에 보관하고 오래된 데이터는 하둡에 보관하는 방식으로 주로 사용하는데, HDFS에 구조화된 파일로 보관하거나 하이브에 저장하여 관계형 데이터베이스 인터페이스를 제공할 수 있다. 이 방식은 위 두 방식의 장점을 가진다. 적은 용량의 최신데이터는 빠른속도와 작은 지연속도의 SQL 환경을 제공하고, 큰 용량의 아카이브 데이터는 하둡에서 제공된다.

하둡의 확장성을 생각하면 이 방식은 미래설계적이다. 즉 저장되는 보관용 파일의 크기를 증가 시킬 수 있는 동시에 그 위에서 분석작업을 수행할 수 있다.

하둡을 전 처리용으로 사용

하이브를 살펴보면서 데이터를 변경하거나 정리하는 전 처리작업이 매우 유용함을 알았다. 아쉬운 점은 빅데이터의 다수의 소스에서 오는 대규모 데이터는 곧 지저분한 데이터를 의미한다. 대부분의 맵리듀스 잡에서 필요한 데이터는 전체 데이터의 일부분이지만 불량 데이터는 복병으로 나타나므로 주의해야 한다. 하이브가 하둡의 데이터 전처리 작업으로 부터 이득을 보는 것처럼 관계형 데이터베이스에서도 같은 이득을 볼 수 있다.

여기서 하둡은 큰 역할을 한다. 하둡이 다양한 소스에서 데이터를 불러와 병합한 후, 변환 작업과 정리 작업을 거쳐 최종적으로 관계형 데이터베이스에 입력할 수 있다.

하둡을 데이터 입력 도구로 사용

하둡은 데이터를 유용하면서 관계형 데이터베이스에 입력될 데이터를 준비하는 데만 유용한 건 아니다. 관계형 데이터베이스에서 제공될 수 있는 추가적인 데이터 셋 및 데이터 뷰를 생성할 수 있다.

흔한 예로는 계정의 기본정보와 함께 계정 이력으로부터 추가 정보를 보여주고자 할 때 사용된다. 지난달 지출 유형 별 거래 내역을 생각하면 되는데 실 데이터는 하둡에 존재하지만 요약된 지출 내역은 실시간 조회를 위해 데이터베이스로 전송하면 된다.

꼬리를 무는 뱀

실제 데이터 운영은 더욱 복잡하여 하둡과 관계형 데이터베이스 사이의 데이터 흐름은 단순한 직선보다는 곡선과 원형으로 표현될 때가 많다. 예를들어 하둡 클러스터에서 데이터의 전처리 작업을 하고 관계형 데이터베이스에 입력하며, 그다음엔 자주 발생하는 지출이력을 다시 하둡에서 받아 합계를 계산한 후 데이터베이스에 저장한다. 여기서 끝이 아니라 데이터베이스의 데이터가 특정 기간 이상 오래되면 하둡의 보관 파일로 이동하고 데이터베이스의 데이터는 삭제한다.

간추리자면 하둡과 데이터베이스간 자유로운 데이터 이동은 하둡을 IT 인프라에 접목시키는 데 매우 중요한 요소가 된다. 자세한 방식을 살펴보자.

MySQL 구성

관계형 데이터베이스에 데이터를 읽고 쓰기 작업을 하려면 작동 중인 관계형 데이터베이스가 필요하다. 9장에서는 일반적으로 개발자에게 익숙하고 무료로 제공되는 MySQL을 사용한다. 물론 여러분이 편한 관계형 데이터베이스를 사용해도 되지만(JDBC 드라이버가 제공된다면) 그런 경우 9장의 데이터베이스 작업과 실습은 별도로 진행되어야 한다.

실습 예제 | MySQL 설치와 구성

MySQL을 설치하고 기본 데이터베이스와 접근 권한으로 설정하자.

1. 우분투 호스트에서 apt-get을 이용해 MySQL을 설치한다.

```
$ apt-get update
$ apt-get install mysql-server
```

2. root 암호를 설정하는 등 따라오는 질문에 응답한다.

3. 설치가 완료되면 MySQL 서버에 접속한다.

```
$ mysql -h localhost -u root -p
```

4. root 암호를 입력한다.

```
Welcome to the MySQL monitor. Commands end with ; or \g.
Your MySQL connection id is 40
…
Mysql>
```

5. 실습에서 사용할 데이터베이스를 생성한다.

```
Mysql> create database hadooptest;
```

다음과 같은 응답을 볼 수 있다.

```
Query OK, 1 row affected (0.00 sec)
```

6. 모든 데이터베이스에 모든 권한을 가지는 사용자를 생성한다.

```
Mysql> grant all on hadooptest.* to 'hadoopuser'@'%' identified
by 'password';
```

다음과 같은 응답을 볼 수 있다.

```
Query OK, 0 rows affected (0.01 sec)
```

7. 사용자 권한 변경사항을 적용한다.

```
Mysql> flush privileges;
```

다음과 같은 응답을 볼 수 있다.

```
Query OK, 0 rows affected (0.01 sec)
```

8. 로그아웃한다.

```
mysql> quit;
```

다음과 같은 응답을 볼 수 있다.

```
4Bye
```

9. 새로 생성한 사용자로 로그인한다(암호 입력).

```
$ mysql -u hadoopuser -p
```

10. 새로 생성한 데이터베이스를 사용한다.

```
mysql> use hadooptest;
```

11. 테스트 테이블을 생성하고 삭제하여 사용자가 데이터베이스에 테이블 생성/삭제 권한이 있는지 확인한 후 로그아웃한다.

```
mysql> create table tabletest(id int);
mysql> drop table tabletest;
mysql> quit;
```

```
                                        garry@vm16: ~                              _ □ x

File  Edit  View  Terminal  Help
garry@vm16:~$ mysql -u hadoopuser -p
Enter password:
Welcome to the MySQL monitor.  Commands end with ; or \g.
Your MySQL connection id is 44
Server version: 5.1.66-rel14.1 (Percona Server (GPL), 14.1, Revision 495)

Copyright (c) 2000, 2012, Oracle and/or its affiliates. All rights reserved.

Oracle is a registered trademark of Oracle Corporation and/or its
affiliates. Other names may be trademarks of their respective
owners.

Type 'help;' or '\h' for help. Type '\c' to clear the current input statement.

mysql> use hadooptest
Reading table information for completion of table and column names
You can turn off this feature to get a quicker startup with -A

Database changed
mysql> create table  tabletest(id int) ;
Query OK, 0 rows affected (0.01 sec)

mysql> drop table tabletest;
Query OK, 0 rows affected (0.00 sec)

mysql> quit;
Bye
garry@vm16:~$ █
```

보충 설명

패키지 매니저apt 같은 도구 덕분에 MySQL 같이 복잡한 소프트웨어도 매우 간단
하게 설치할 수 있다. 우분투 뿐만 아니라 모든 리눅스 배포판에서 비슷한 절차로
패키지를 설치할 수 있고 MySQL 패키지를 요청하면 종속 패키지와 클라이언트
패키지까지 모두 자동으로 설치해준다.

설치중간에 root의 암호를 입력하는 단계가 있는데 테스트 용 데이터베이스이고
다른 사용자가 없다 하더라도 복잡하고 안전한 암호로 지정한다. 간단하고 짧은
root 암호를 지정하는 것은 잘못된 습관이며 권장하지 않는다.

MySQL이 설치되면 mysql 명령을 통해 데이터베이스에 접속한다. mysql 명령은
다양한 옵션을 제공하는 데 우리가 사용한 옵션은 다음과 같다.

- -h: 데이터 베이스의 호스트 이름 지정(기본 설정은 로컬 호스트네임)
- -u: 접속하는 사용자 이름 지정(기본 설정은 현재 로그인한 리눅스 사용자)
- -p: 암호를 묻도록 설정

MySQL은 다중 데이터베이스를 지원하는데 각 데이터베이스는 테이블의 묶음 단위이다. 각 테이블은 하나의 데이터베이스에 종속된다. MySQL은 여러 가지 기본 제공되는 데이터베이스가 있지만 우리는 실습을 위해 CREATE DATABASE 문법을 통해 hadooptest 데이터베이스를 새로 생성했다.

MySQL은 사용자가 특정 명령에 권한이 없으면 해당 명령의 요청 및 접속은 거절한다. 그렇다고 모든 작업을 root 사용자로 수행하면 모든 항목의 변경/삭제가 가능하므로 매우 위험하고 잘못된 습관이다. 결국 GRANT 문법으로 hadoopuser를 생성했는데 GRANT 문법은 다음과 같은 작업을 수행한다.

- hadoopuser 계정 생성
- hadoopuser 암호 설정. 실습에서는 password로 암호를 지정했는데 여러분은 같은 암호를 사용하지 말고 외우기 쉬운 암호를 사용한다.
- hadoopuser에게 hadooptest 데이터베이스와 하위 테이블의 모든 권한을 부여한다.

FLUSH PREVILEGES 명령을 통해 변경사항을 적용하고 root 계정으로부터 로그아웃 한 후, 새로 생성한 계정으로 로그인하여 모든 게 정상적으로 작동하는지 확인한다.

mysql 명령에 직접 데이터베이스 이름을 지정하면 접속 후 자동으로 해당 데이터베이스를 바라보게 되므로 실습에서 사용한 USE 문은 불필요하다.

신규 사용자로 접속에 성공하면 설치가 완료된 것이다. 추가 확인을 위해 hadooptest 데이터베이스에 테이블을 새로 생성하고 삭제했다. 추가 작업에 성공하면 hadoopuser가 해당 데이터베이스 변경 권한이 있다는 것이다.

설치 과정이 복잡한 이유는?

설치 과정을 매우 자세히 다뤘는데 경험에 의하면 단순한 SQL 문의 철자오류라도 발생하면(특히 GRANT 문법에서) 문제 파악이 매우 어려워진다. 여기서 끝이 아니다. 지금은 필요 없지만 나중의 편의를 위해 MySQL 설정을 변경하자.

운영환경에서 데이터베이스 작업 중 GRANT와 같은 보안 및 권한 관련 SQL을 사용할 경우는 매우 드물다. 사용자 권한 관련 내용은 여러분이 사용하는 데이터베이스 문서를 참고하자.

실습 예제 | 원격 접속을 위한 MySQL 설정

원격 접속을 허용하기 위해서는 MySQL의 기본 설정을 변경해야 한다.

1. 여러분이 선호하는 편집기를 사용해 /etc/mysql/my.cnf 파일을 연 후 다음 라인을 찾는다.

   ```
   bind-address = 127.0.0.1
   ```

2. 다음과 같이 변경한다.

   ```
   # bind-address = 127.0.0.1
   ```

3. MySQL을 다시 시작한다.

   ```
   $ restart mysql
   ```

보충 설명

MySQL의 기본설정은 MySQL 서버가 동작하는 호스트에서만 접근 가능하도록 되어있다. 보안을 위해서라면 당연한 설정이다.

하지만 맵리듀스 잡에서 해당 호스트의 데이터베이스에 접근하려면 문제가 생긴다. 슬레이브 노드에서 데이터베이스 접근이 가능한지 확인하기 위하여 각 노드에서 mysql 명령어로 접속해보고 간단한 JDBC 클라이언트를 생성하여 접속을 테스트한다. 데이터베이스 접속 테스트 없이 맵리듀스 잡을 실행하여 골치 아팠던 경험이 한두 번이 아니다.

MySQL 서버를 모든 네트워크 인터페이스에 연동하도록 설정하여 모든 원격 접속을 허용했다.

설정 변경 후 호스트를 재 시작해야 한다. 우분투 11.10에서 대부분의 MySQL 서비스 스크립트는 Upstart 프레임워크에 적용되어 restart 명령만 수행해도 된다.

우분투 이외의 배포판이나 다른 버전을 사용하면 최상위 MySQL 설정파일의 위치가 다를 수도 있다. 센트OS_CentOS_와 레드햇 엔터프라이즈_Red Hat Enterprise_ 리눅스의 경우 /etc/my.cnf이다.

운영 클러스터에서 실행 금지

적어도 운영 환경에서의 실행 결과를 생각해 보길 바란다. 위 실습에서 테스트용 사용자에 안전하지 않은 암호를 설정했는데 이는 잘못된 방식이고 특히 데이터베이스가 외부에서 접근 가능하면 매우 위험하다. 테스트 데이터베이스이고 중요한 정보는 없지만 테스트용 데이터가 오랜 시간 사용되면서 중요한 데이터로 변형되는 경우도 있다. 테스트용 사용자를 관리자 실수로 삭제하지 않는 일도 종종 발생한다.

잔소리는 그만하고 hadooptest 데이터베이스에 실습에서 사용할 테이블을 생성하자.

실습 예제 | employee 데이터베이스 설정

데이터베이스 교육을 들어본 사람은 employee 테이블이 익숙할 것이다. 우리도 그 전통을 이어가겠다.

1. 탭으로 분리된 파일(이하 TSV 파일)인 employees.tsv를 다음과 같이 생성한다.

```
Alice Engineering 50000 2009-03-12
Bob Sales 35000 2011-10-01
Camille Marketing 40000 2003-04-20
```

```
David Executive 75000 2001-03-20
Erica Support 34000 2011-07-07
```

2. MySQL 서버에 접속한다.

```
$ mysql -u hadoopuser -p hadooptest
```

3. 테이블을 생성한다.

```
Mysql> create table employees(
first_name varchar(10) primary key,
dept varchar(15),
salary int,
start_date date
) ;
```

4. 데이터를 파일에서 데이터베이스로 로드한다.

```
mysql> load data local infile '/home/garry/employees.tsv'
-> into table employees
-> fields terminated by '\t' lines terminated by '\n' ;
```

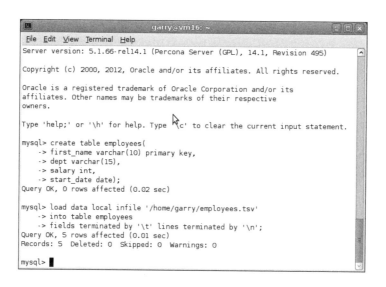

이번 실습은 관계형 데이터베이스 작업이다. 탭으로 구분된 데이터 파일을 작성하고 데이터베이스에 생성된 테이블에 LOAD DATA LOCAL INFILE 문으로 해당 데이터를 로드했다.

실습을 위해 데이터는 최소 크기로 구성했다.

데이터 파일 접근 권한에 주의하자

LOAD DATA 문에서 LOCAL 단어를 빠트리면 MySQL이 MySQL 사용자로 파일로드를 시도한다. 이런 경우 접근 권한 문제가 발생하기 쉽다.

하둡으로 데이터 불러오기

실습을 완료 했으면 MySQL에서 하둡으로 데이터를 불러오는 방식을 살펴보자.

MySQL 사용자 툴 방식과 수동 방식

가장 간단한 방식은 명령어로 수행하는 사용자 툴을 사용하는 것이다. 테이블이나 데이터베이스 전체를 내보내고 싶으면 MySQL의 mysqldump 도구를 사용하면 된다. 더 정교한 내보내기는 다음과 같이 SELECT 문을 사용하면 된다.

```
SELECT col1, col2 from table
INTO OUTFILE '/tmp/out.csv'
FIELDS TERMINATED by ',', LINES TERMINATED BY '\n';
```

위 SELECT 문의 결과로 파일이 생성되면 hadoop fs -put이나 8장에서 배운 하이브를 사용해 HDFS로 복사할 수 있다.

자세한 MySQL 및 `mysqldump` 사용법은 이 책의 범주가 아니므로 자세한 내용은 검색해 보길 바란다. `mysqldump`나 `SELECT ... INTO OUTFILE` 문을 사용해 employee 테이블을 TSV 파일로 내보낸 후 해당 파일을 HDFS로 복사해보자.

매퍼에서 데이터베이스 접근하기

실습에선 위 같은 방식도 나쁘진 않다. 하지만 대규모 데이터를 내보낼 때도 위의 방식이 통할까?

가장 먼저 생각나는 방식은 맵리듀스 잡에서 JDBC를 이용해 데이터베이스의 데이터를 HDFS로 쓰는 것이다. HDFS에 저장된 데이터는 다음 작업에서 사용될 수 있다.

타당한 방법이지만 가시적이지 않은 이슈가 몇 개 있다.

데이터베이스의 부하를 주의해야 한다. 대규모 클러스터에서 위와 같은 작업을 수행하면 수백 개의 매퍼가 하나의 테이블에 동시다발 접속을 시도하므로 데이터베이스가 순간적으로 먹통이 될 수 있다. 가장 간단한 접근 방식은 각 로우당 하나의 쿼리를 요청하는 것인데 이런 경우 대규모 데이터에 접근하는 고성능 SQL 문 활용을 못한다. 데이터베이스가 부하를 감당할 수 있어도 네트워크 병목이 길목을 차단할 것이다.

쿼리를 모든 매퍼에 효율적으로 병행처리 하려면 테이블을 매퍼가 전달받을 세그먼트로 적절히 분할하면 된다. 그리고 각 매퍼가 어떻게 세그먼트 매개변수를 전달 받을지 구성하면 된다.

만약 전달받은 세그먼트 크기가 크면 매퍼 처리시간이 지연될 수 있고 상태보고를 하지 않으면 하둡 프레임워크에 의해 강제종료 될 수 있다.

개념상으론 간단했던 작업이 상당히 복잡하게 됐다. 작업이 이 정도로 복잡해지면 한번쯤 더 나은 방법은 없는지, 작업을 도와주는 도구는 없는지 고민해봐야 한다.

실제로 이런 작업에 도움이 되는 도구가 존재하며 9장에서 주로 다루게 된다. 이름하여 스쿱이라 한다.

더 효과적인 방법: 스쿱 소개

스쿱Sqoop은 클라우데라(http://www.cloudera.com)에 의해 개발되었다. 클라우데라는 하둡과 관련된 다양한 서비스를 제공해주고 클라우데라 전용 하둡 배포판을 개발하는 데 클라우데라 하둡 배포판에 대한 설명은 11장에서 다룬다.

또한 하둡 커뮤니티에 다양한 도구를 제공하는데 그 중 하나가 스쿱이다. 스쿱의 주요 용도는 위에서 실습한 하둡과 관계형 데이터베이스 사이의 데이터 이동이다. 개발의 시작은 클라우데라였지만 지금은 아파치 소프트웨어 재단에 이관되어 스쿱 홈페이지 주소는 http://sqoop.apache.org이다.

실습 예제 | 스쿱 다운로드와 설정

스쿱을 다운받아 설치/설정하자.

1. 스쿱 홈페이지에 방문하여 1.4.1 이후의 최신 안정화 버전을 선택하고 여러분의 하둡 버전과 맞는지 확인하고 일치하면 다운받는다.

2. 다운받은 파일을 설치 위치에 복사하고 압축을 푼다.

```
$mv sqoop-1.4.1-incubating__hadoop-1.0.0.tar.gz_ /usr/local
$ cd /usr/local
$ tar -xzf sqoop-1.4.1-incubating__hadoop-1.0.0.tar.gz_
```

3. 심볼릭 링크를 생성한다.

```
$ ln -s sqoop-1.4.1-incubating__hadoop-1.0.0 sqoop
```

4. 환경 변수를 변경한다.

```
$ export SQOOP_HOME=/usr/local/sqoop
$ export PATH=${SQOOP_HOME}/bin:${PATH}
```

5. 사용하는 데이터베이스 JDBC 드라이버를 다운로드한다. MySQL은 http://dev.mysql.com/downloads/connector/j/5.0.html에서 내려받는다.

6. 다운로드한 JAR 파일을 스쿱 lib 폴더에 복사한다.

```
$ cp mysql-connector-java-5.0.8-bin.jar /opt/sqoop/lib
```

7. 스쿱을 테스트해본다.

```
$ sqoop help
```

다음과 같은 출력을 볼 수 있다.

```
usage: sqoop COMMAND [ARGS]
Available commands:
codegen Generate code to interact with database
records
...
version Display version information
See 'sqoop help COMMAND' for information on a specific command.
```

보충 설명

스쿱은 비교적 설치가 쉽다. 스쿱 홈페이지에서 필요로 하는 버전을 받고 (하둡과 맞는 버전) 원하는 위치로 복사하고 압축을 풀었다.

이번에도 환경 변수를 지정하고 스쿱 bin 디렉터리를 PATH 변수에 추가하는데 셸에 직접 추가하거나 별도의 설정파일에 저장 후 작업 시작 전에 리눅스 환경에 추가할 수 있다.

스쿱은 데이터베이스의 JDBC 드라이버가 필요하다. 실습에서는 MySQL Connector를 다운받았고 스쿱의 lib 디렉터리에 복사하였다. 대부분의 데이터베이스는 같은 방식으로 JDBC 드라이버를 설치할 수 있고, 특별한 데이터베이스일 경우 스쿱 문서를 참고해야 한다.

기본적인 설치가 완료되면 스쿱 커맨드라인 도구를 실행하여 설치가 정상적으로 완료되었는지 확인했다.

스쿱에서 "HBASE_HOME have not been defined"와 같은 경고 메시지를 볼 수도 있는 데 이 책에서는 HBase를 다루지 않으므로 별도의 HBase 설정은 필요 없고 경고 메시지 는 무시해도 된다. 다음부터 보여질 화면에서도 HBase 관련 메시지는 제외됐다.

스쿱과 하둡 버전

실습에서 다른 소프트웨어와는 달리 스쿱 버전에 대해 주의한 적이 있었다. 스쿱 1.4.1 이전 버전은 몇몇 하둡 코어 클래스의 메소드에 의존되었는데 이 메소드는 클라우데라 하둡 배포판과 하둡 0.21 이후 배포판에만 있다.

아쉽게도 하둡 1.0은 0.20 브랜치에서 계승되었으므로 스쿱 1.3은 하둡 0.21과 작동하고 0.20과 1.0에서는 작동하지 않는다. 이러한 버전 문제를 최대한 피하기 위해서는 스쿱 1.4.1이나 이후 배포판 사용을 권장한다.

추가적인 MySQL 설정은 없다. MySQL 서버에 외부 접근이 가능한지는 스쿱을 사용해보면 확인된다.

스쿱과 HDFS

데이터를 가장 간단하게 불러오는 방법은 데이터베이스 테이블을 구조화된 파일로 HDFS에 덤프하는 것이다.

실습 예제 | MySQL에서 HDFS로 데이터 내보내기

이번 실습에선 데이터를 하나의 MySQL 테이블에서 하나의 HDFS 파일로 저장하는 간단한 예제를 살펴보겠다.

1. MySQL에서 HDFS로 데이터를 내보내도록 스쿱을 실행한다.

```
$ sqoop import --connect jdbc:mysql://10.0.0.100/hadooptest
--username hadoopuser --password password --table employees
```

2. 결과 디렉터리를 확인한다.

```
$ hadoop fs -ls employees
Found 6 items
-rw-r--r-- 3 hadoop supergroup 0 2012-05-21 04:10 /user/hadoop/
employees/_SUCCESS
drwxr-xr-x - hadoop supergroup 0 2012-05-21 04:10 /user/hadoop/
employees/_logs
-rw-r--r-- 3 … /user/hadoop/employees/part-m-00000
-rw-r--r-- 3 … /user/hadoop/employees/part-m-00001
-rw-r--r-- 3 … /user/hadoop/employees/part-m-00002
-rw-r--r-- 3 … /user/hadoop/employees/part-m-00003
```

3. 결과 파일 중 하나의 내용을 확인한다.

```
$ hadoop fs -cat /user/hadoop/employees/part-m-00001
Bob,Sales,35000,2011-10-01
Camille,Marketing,40000,2003-04-20
```

하나의 스쿱 문으로도 충분했다. 보다시피 스쿱 명령은 여러 개의 옵션을 받는데 하나씩 살펴보자.

스쿱의 첫번째 옵션은 작업 종류를 지정한다. 실습에서는 데이터를 데이터베이스에서 하둡으로 불러오는 옵션을 명시했다. --connect 옵션은 데이터베이스의 JDBC URI를 표준 포맷인 jdbc:<driver>://<host>/<database> 형태로 명시하는데 여러분의 실습에선 당연히 IP 주소를 적절하게 변경해야 한다.

--username과 --password 옵션을 사용했고 --table 옵션으로 데이터를 보관하는 테이블 이름을 명시했다. 엔터를 누르면 나머지는 스쿱이 처리할 것이다.

스쿱 출력에 상당히 많은 정보가 담겨있는데 하나씩 읽어나가면 스쿱 작업 진행정보를 상세히 볼 수 있다.

 스쿱 명령을 반복하면 파일이 이미 존재한다는 에러를 출력하는데 지금은 무시해도 된다.

가장 먼저 스쿱은 --password 옵션은 위험성이 있으니 사용을 추천하지 않는다. 스쿱은 대신 작업시작과 동시에 암호를 물어보는 -P 옵션이 있으니 다음부턴 이 옵션을 사용하겠다.

추가로 문자열 형태의 기본 키 사용에 대한 경고를 주는데, 이는 되도록 피하도록 한다. 자세한 설명은 다음에 하겠다.

초기 설정과 경고에 대한 내용이 지나가면 스쿱은 맵리듀스 잡을 실행하고 성공적으로 끝마친다.

기본적으로 스쿱은 결과파일을 사용자 홈 폴더 아래 데이터베이스 테이블 이름의 디렉터리에 저장한다. hadoop fs -ls 명령을 이용해 디렉터리 내부를 살펴봤고 작은 크기의 테이블에 비교적 많은 수의 파일이 생성된걸 확인했다. 참고로 위의 스쿱 출력 일부는 생략된 내용이다.

그다음엔 결과 파일 중 하나를 살펴보아 파일 수가 많아진 이유를 확인했다. 테이블 크기가 작아도 다수의 매퍼로 전달되어 매퍼 수만큼의 결과 파일이 생성된 것이다. 스쿱은 기본으로 네 개의 매퍼를 사용하는데 운영환경에서는 보통 네 개 이상의 매퍼를 필요로 하는 데이터 이전 작업을 수행한다. 또한 데이터베이스의 데이터를 HDFS에 저장한 주 목적은 맵리듀스 작업의 소스로 사용하기 위함인데 이런 경우 다수의 파일로 분리하는 것이 맞다.

매퍼와 기본 키 칼럼

실습의 employee 데이터 셋에 의도적으로 문자열 형태의 기본 키 칼럼을 사용했는데 일반적으로 기본 키는 사원번호와 같이 자동증가 속성을 가진다. 문자열 기본 키를 사용한 이유는 스쿱이 어떻게 테이블을 처리하고 기본 키를 활용하는지 보여주는 용도였다.

스쿱에서 기본 키 칼럼은 원본 데이터를 매퍼에 어떻게 분산시키는지 결정하는데 사용된다. 하지만 이번 실습의 경우 경고 메시지의 내용대로 문자열 비교가 필요한데 대소문자 구분이 요구되는 환경에서는 결과가 잘못될 수 있다. 되도록이면 숫자 형태의 기본 키를 사용하자.

대안으로 -m 옵션을 통해 매퍼 수를 조절할 수 있다. -m 1 옵션으로 하나의 매퍼만 사용하면 기본 키로 분산시키지 않아도 된다. 실습과 같이 작은 데이터 셋의 경우 하나의 결과파일만 생성할 때 편리하다. 경우에 따라 -m 옵션은 필수항목이 된다. 기본 키가 없는 테이블을 불러오기 하면 스쿱은 해당 테이블을 불러오려면 단일 매퍼로 설정해야 한다는 에러 메시지와 함께 실패한다.

그밖의 옵션

스쿱은 데이터베이스에서 가져오는 데이터를 지정, 제한, 변경 등 여러 가지 옵션을 추가하여 데이터 이관에 유연성을 더했다. 자세한 내용은 다음에 하이브와 함께 설명 된다. 참고로 대부분의 옵션은 HDFS로 내보내기 할 때도 적용된다.

스쿱 아키텍처

지금까지 스쿱을 사용해봤으니 이제 스쿱 아키텍처와 작동 방식을 살펴보자. 스쿱은 만은 면에서 하이브와 같은 방식으로 하둡과 통신하며 하나의 클라이언트 프로그램으로 하나 이상의 맵리듀스 잡을 생성하여 작업을 수행한다.

스쿱 별도의 서버 프로세스는 없고 커맨드라인 클라이언트만 있다. 생성된 맵리듀스 코드를 주어진 업무에 맞게 변경하기 때문에 하둡을 효과적으로 활용한다.

예제와 같이 원본 RDBMS 테이블을 기본 키로 분리하는 것은 좋은 사례다. 스쿱은 이미 맵리듀스에 배정될 매퍼의 수(기본 네 개)를 알고 있어 원본 테이블을 효율적으로 분리할 수 있다.

테이블에 만약 백만 래코드가 존재하고, 네 개의 매퍼가 할당되면 각 매퍼는 250,000개의 레코드를 처리한다. 스쿱은 기본 키 칼럼 정보를 이용해 네 개의 SQL 문으로 원하는 기본 키 범위의 데이터만 가져온다. 가장 심플한 경우엔 첫 번째 SQL 문에 `WHERE id BETWEEN 1 and 250000`를 추가하고 나머지 SQL에 다른 id 값을 대입시킬 수 있다.

하둡에서 데이터를 내보낼 때는 반대로 작동하는 데 스쿱이 데이터 전달 작업을 여러 매퍼로 분산시켜 관계형 데이터베이스로의 삽입을 최적화시킨다. 이러한 작업은 하둡의 맵리듀스에서 이뤄지며 스쿱 커맨드라인 클라이언트의 역할은 최적화된 맵리듀스 코드를 생성하고 빠지는 것이다.

스쿱을 이용해 하이브로 데이터 불러오기

스쿱은 하이브와 매우 긴밀하게 작동되는데 관계형 데이터베이스의 존재하는 테이블이나 신규 테이블로 데이터를 불러오게 해준다. 수행 방식에는 여러 가지가 있는데 쉬운 것부터 시작하자.

이번 실습에서는 MySQL 테이블의 모든 데이터를 같은 이름이 하이브 테이블로 내보낼 것이다. 실습 전에 8장의 하이브 설치와 설정이 완료되어야 한다.

1. 이전 실습에서 생성한 출력 디렉터리를 삭제한다.

```
$ hadoop fs -rmr employees
Deleted hdfs://head:9000/user/hadoop/employees
```

2. 하이브가 employees 테이블을 내포하지 않는지 확인한다.

```
$ hive -e "show tables like 'employees'"
OK
Time taken: 2.318 seconds
```

3. 스쿱 불러오기를 수행한다.

```
$ sqoop import --connect jdbc:mysql://10.0.0.100/hadooptest
--username hadoopuser -P
--table employees --hive-import --hive-table employees
```

4. 하이브 테이블의 데이터를 확인한다.

```
$ hive -e "select * from employees"
OK
Alice Engineering 50000 2009-03-12
Camille Marketing 40000 2003-04-20
David Executive 75000 2001-03-20
Erica Support 34000 2011-07-07
Time taken: 2.739 seconds
```

5. 하이브의 테이블 정의를 조회한다.

```
$ hive -e "describe employees"
OK
first_name string
dept string
salary int
start_date string
Time taken: 2.553 seconds
```

보충 설명

두 가지 스쿱 옵션을 사용했다. --hive-import는 스쿱의 최종 목적지가 HDFS가 아닌 하이브 임을 명시하고 --hive-table은 데이터가 이관될 하이브 테이블의 이름을 명시한다.

하이브 테이블 이름이 --table 옵션의 원본 테이블과 이름이 같으면 명시하지 않아도 되지만, 실수를 방지하기 위해 하이브 테이블 이름까지 명시하는 게 좋다.

이전 실습과 같이 스쿱의 출력을 살펴보면 많은 정보를 볼 수 있는데 그 중 마지막 몇 줄은 하이브 테이블로 데이터 불러오기 작업이 성공함을 보여준다.

스쿱이 MySQL로부터 다섯 개의 로우를 가져오고 HDFS로 저장, 하이브로 불러오는 절차를 확인할 수 있다. 속성 재정의 관련 경고 메시지는 다음에 설명하겠다.

스쿱이 작업을 완료하면 하이브에 새로 생성된 테이블에서 데이터를 조회하여 이관 작업이 성공적인지 확인했다. 추가로 테이블 정의도 확인했다.

이쯤 되면 특이한 점을 발견할 수 있는데 start_date 칼럼이 MySQL의 SQL DATE 타입과는 다르게 문자열 타입으로 정의됐다.

앞서 본 경고 메시지의 원인이기도 하다.

```
12/05/23 13:06:33 WARN hive.TableDefWriter: Column start_date had to be
cast to a less precise type in Hive
```

하이브는 TIMESTAMP 이외의 시간 데이터 타입은 제공하지 않는다. 불러온 데이터의 타입이 날짜와 시간같이 제공되지 않으면 스쿱은 이를 문자열 형태로 변환한다. 이러한 현상을 해결하기 위한 방법은 다음에 설명하겠다.

이번 실습은 자주 응용되지만 항상 테이블 전체를 불러오는 건 아니다. 테이블의 일부 칼럼이나 로우를 제외해야 하는 경우도 있으며 스쿱에서 이 기능을 제공한다.

실습 예제 | 선택 불러오기

불러오는 데이터를 조건 절로 제한하는 작업을 수행해보자.

1. 존재하는 employee 디렉터리를 삭제한다.

```
$ hadoop fs -rmr employees
Deleted hdfs://head:9000/user/hadoop/employees
```

2. 필요한 칼럼만 선택한다.

```
sqoop import --connect jdbc:mysql://10.0.0.100/hadooptest
--username hadoopuser -P
--table employees --columns first_name,salary
--where "salary > 45000"
--hive-import --hive-table salary
```

다음 결과가 출력된다.

```
12/05/23 15:02:03 INFO hive.HiveImport: Hive import complete.
```

3. 생성된 테이블을 확인한다.

```
$ hive -e "describe salary"
OK
first_name string
salary int
Time taken: 2.57 seconds
```

4. 불러온 데이터를 조회한다.

```
$ hive -e "select * from salary"
OK
Alice 50000
David 75000
Time taken: 2.754 seconds
```

보충 설명

스쿱 명령에 --columns 옵션을 추가하여 불러올 테이블의 칼럼을 지정했다(쉼표로 분리). --where 옵션은 데이터 추출 SQL에 추가될 조건 문을 문자열로 지정했다.

두 가지 옵션을 스쿱 명령에 혼용하여 테이블에서 조건 문에 지정된 값보다 많은 급여를 받는 레코드의 이름과 급여 정보만 불러온다.

스쿱 명령을 실행하면 정상완료되며 생성된 하이브의 테이블을 확인했다. 실제 위에서 지정한 칼럼만 포함되었으며 테이블 데이터를 조회하여 조건 문이 정상 적용됐는지도 확인했다.

데이터 타입 문제

8장에서 하이브는 SQL의 모든 데이터 타입을 지원하지 않는다고 했다. DATE와 DATETIME 타입은 아직 개발 예정이고 하루빨리 개발되기 바란다. 이 같은 문제는 앞에서 발견되었다. MySQL의 start_date 칼럼의 타입은 DATE이지만 스쿱은 경고 메시지와 함께 해당 칼럼을 문자열 형태로 변환했다.

이런 경우 --map-column-hive 옵션을 사용할 수 있는데 이 옵션은 생성될 하이브 테이블의 칼럼을 정의한다.

데이터 불러오기 결과를 향상시키기 위해 타입 매핑 기능을 사용해보자.

1. 존재하는 결과 디렉터리를 삭제한다.

```
$ hadoop fs -rmr employees
```

2. 스쿱을 다음 매핑과 함께 실행한다.

```
sqoop import --connect jdbc:mysql://10.0.0.100/hadooptest
--username hadoopuser
-P --table employees
--hive-import --hive-table employees
--map-column-hive start_date=timestamp
```

다음 결과가 출력된다.

```
12/05/23 14:53:38 INFO hive.HiveImport: Hive import complete.
```

3. 생성된 테이블 정의를 확인한다.

```
$ hive -e "describe employees"
```

다음 결과가 출력된다.

```
OK
first_name string
dept string
salary int
start_date timestamp
Time taken: 2.547 seconds
```

4. 불러온 데이터를 조회한다.

```
$ hive -e "select * from employees";
OK
Failed with exception java.io.IOException:java.lang.
IllegalArgumentException: Timestamp format must be yyyy-mm-dd
hh:mm:ss[.fffffffff]
Time taken: 2.73 seconds
```

이번 스쿱 명령은 하이브 불러오기 명령과 비슷한데 칼럼 매핑 구문만 추가됐다. start_date 칼럼이 TIMESTAMP 타입임을 명시했고 다른 칼럼도 같은 방식으로 매핑할 수 있다. 이 옵션은 쉼표로 분리하여 매핑을 추가할 수 있다.

스쿱이 정상 수행되고 생성된 하이브 테이블의 정의를 조회하여 타입 매핑이 정상 적용됨을 start_date 칼럼이 TIMESTAMP로 지정된 것을 보고 알 수 있다.

그다음엔 테이블에서 데이터 조회를 요청했는데 타입관련 오류가 발생하였다.

어떻게 보면 타당한 오류이다. 칼럼을 원하는 타입(TIMESTAMP)으로 지정했지만 MySQL에서 불러온 데이터의 타입은 DATE이다(DATE는 시간 필드가 없음). 이를 통해 배운 점은 타입 매핑을 할 때 표면적인 칼럼의 타입뿐만 아니라 내부 데이터가 새로 정의된 타입과 일치하는지도 확인해야 한다.

실습 예제 | SQL 쿼리 문을 이용한 데이터 불러오기

SQL 쿼리 문을 이용해 데이터를 불러오는 사례를 살펴보자.

1. 존재하는 결과 디렉터리를 삭제한다.

```
$ hadoop fs -rmr employees
```

2. 존재하는 하이브의 employee 테이블을 삭제한다.

```
$ hive -e 'drop table employees'
```

3. SQL 쿼리문을 사용해 데이터를 불러온다.

```
sqoop import --connect jdbc:mysql://10.0.0.100/hadooptest
--username hadoopuser -P
--target-dir employees
--query 'select first_name, dept, salary, timestamp(start_date) as
start_date from employees where $CONDITIONS'
--hive-import --hive-table employees
--map-column-hive start_date=timestamp -m 1
```

4. 생성된 테이블 정의를 확인한다.

```
$ hive -e "describe employees"
OK
first_name string
dept string
salary int
start_date timestamp
Time taken: 2.591 seconds
```

5. 데이터를 확인한다.

```
$ hive -e "select * from employees"
OK
Alice Engineering 50000 2009-03-12 00:00:00
Bob Sales 35000 2011-10-01 00:00:00
Camille Marketing 40000 2003-04-20 00:00:00
David Executive 75000 2001-03-20 00:00:00
Erica Support 34000 2011-07-07 00:00:00
Time taken: 2.709 seconds
```

보충 설명

실습을 위해 스쿱 불러오기 다른 형태의 명령을 수행했는데 테이블명과 특정 칼럼과 로우를 명시하는 대신 --query 옵션을 사용해 SQL 문을 직접 정의하도록 했다.

원본 테이블에서 모든 칼럼을 선택하면서 timestamp() 메소드로 start_date를 원하는 형태로 변환했다. timestamp()는 date 타입에 00:00 시간 필드를 추가하는 간단한 메소드이다. 이 메소드의 결과에 별칭alias을 부여하여 타입 매핑 옵션에 사용했다.

--table 옵션이 없기 때문에 --target-dir 옵션으로 HDFS에 생성될 디렉터리의 이름을 명시했다.

SQL의 WHERE 조건 문은 실제 사용되지 않아도 스쿱에서 필요로 한다. --table 옵션을 제외하면 결과 디렉터리의 이름을 자동 생성하지 않고, 데이터의 출처를 모

380

르게 되어 데이터를 여러 개의 매퍼로 분리할 수 없게 된다. $CONDITIONS 변수가 --where 옵션과 함께 사용되는데 스쿱이 테이블을 어떻게 분리할지 정보를 제공한다.

여기서는 다른 방법으로 매퍼 수를 1로 지정하여 파티셔닝 구문을 입력하지 않아도 됐다.

스쿱을 실행하면 하이브의 테이블 정의를 조회하여 모든 칼럼의 데이터 타입이 정상임을 확인했다. 그리고 데이터를 성공적으로 조회하여 start_date 칼럼이 TIMESTAMP 형태로 변환된 것을 확인했다.

 "스쿱과 HDFS" 단원에서 스쿱은 데이터베이스에서 추출한 데이터를 제한하는 기능을 제공한다고 했었는데 이는 query, where, columns 옵션을 얘기한 것이다. 참고로 이 옵션은 목적 위치 상관없이 모든 스쿱 불러오기 명령에서 인식한다.

도전 과제

실습처럼 작은 데이터 셋에는 필요 없지만 $CONDITIONS 변수는 중요한 도구이다. 위 스쿱 문을 여러 개의 매퍼와 파티셔닝 문을 사용하도록 변경해보자.

스쿱과 하이브 파티션

8장에서 하이브 파티션을 자세히 연구하고 대규모 테이블에 대한 쿼리 최적화에 얼마나 중요한지 살펴보았다. 좋은 소식은 스쿱이 하이브 파티션을 지원한다는 것이고, 나쁜 소식은 지원이 아직 완벽하지 못하다는 것이다.

관계형 데이터베이스에서 파티션된 하이브 테이블에 데이터를 불려오려면 --hive-partition-key 옵션을 사용해 파티션 칼럼을 명시하고 --hive-partition-value 옵션으로 파티션의 값을 정의한다.

이는 매우 중요한 기능이지만 각 스쿱 구문은 하나의 하이브 파티션에 할당되어야 하고 하이브 자동-파티셔닝 기능은 지원하지 않는다. 데이터 셋을 다수의 테이블 파티션으로 이동하려면 각 파티션마다 별도의 스쿱 구문을 준비해야 한다.

필드와 라인 구분자

지금까지 스쿱을 사용할 땐 기본설정을 유지했지만 몇 가지 설정을 살펴보고 가자. 원본 텍스트 파일은 탭으로 구분된 파일이었지만 HDFS 내보내지는 데이터는 쉼표로 분리된 것을 볼 수 있었다. 하브가 소스파일을 저장하는 HDFS상의 기본 경로인 /user/hive/warehouse/employees를 살펴보면 각 레코드는 아스키 코드 001을 구분자로 사용한다. 왜 그랬을까?

일단 스쿱 설정을 기본으로 유지했기 때문이다(쉼표로 필드를 구분하고 레코드에 \n를 사용). 하지만 하이브로 불러오기했을 때는 하이브 기본 설정을 적용한다(001 코드 (^A)를 사용해 필드 구분).

구분자는 다음 스쿱 옵션을 통해 설정할 수 있다.

- fields-terminated-by: 필드 구분자
- lines-terminated-by: 라인 구분자
- escaped-by: 탈출 문자(예: \)
- enclosed-by: 필드를 둘러싸는 문자(예: ")
- optionally-enclosed-by: 위의 옵션과 같지만 선택적임
- mysql-delimiters: MySQL의 기본 구분자 사용

처음에는 익숙하지 않을 수 있는데 실제 사용해보면 비교적 쉽고 SQL 문과 개념이 비슷하여 익숙해질 것이다. 상위 몇 옵션은 이름만 봐도 기능을 알 수 있는데 enclosed-by와 optionally-enclosed-by는 쉽게 이해가 안 된다.

보통 필드에 특수한 문자가 포함되면 엔클로즈 옵션을 사용한다. 예를 들어 쉼표로 분리된 필드 안에 쉼표가 포함할 경우 각 필드를 큰따옴표로 둘러싸면 필드 안에 쉼표가 허용된다. 모든 필드에 엔클로즈 옵션이 적용되면 enclose-by 옵션을 사용

하고 일부 필드에만 적용되면 optionally-enclosed-by 옵션을 사용하면 된다.

하둡에서 데이터 내보내기

하둡과 관계형 데이터베이스간 데이터 이동은 단 방향이 아니다. 실제 하둡에서 데이터가 가공되고 관계형 데이터베이스로 전송하는 경우도 많다.

리듀서에서 데이터 쓰기

맵리듀스 잡의 결과를 관계형 데이터베이스로 복사하는 방식을 고려해보면 하둡으로 데이터를 내보내는 절차와 유사한 것을 볼 수 있다.

가장 쉬운 방법은 리듀서를 수정하여 각 키별로 매칭되는 값과 함께 결과를 생성하고 JDBC를 이용해 데이터베이스에 직접 입력하는 방식이다. 데이터를 불러올 때처럼 파티션된 칼럼은 걱정하지 않아도 되지만 데이터베이스가 가지는 부하는 고려해야 하고 오랜 시간 종료되지 않는 태스크의 시간제한도 설정해야 한다. 매퍼에서 발생한 문제처럼 데이터베이스에 수많은 쿼리를 요청하는데 이는 벌크작업 만큼 효율적이지 못하다.

리듀서에서 SQL 불러오기 파일 생성

방금 전 사례처럼 맵리듀스 결과 출력 방식을 변경하지 않고 출력된 결과를 활용하는 게 최선인 경우도 있다.

모든 관계형 데이터베이스는 사용자 툴이나 LOAD DATA 문으로 소스파일 데이터를 입력하는 방식을 제공한다. 즉 리듀서에서 관계형 데이터베이스에 쉽게 입력되도록 출력 데이터 형식을 변경할 수 있다. 이렇게 하면 리듀서가 데이터베이스에 부하를 주거나 태스크 수행시간이 너무 길어지는 문제를 해소할 수 있지만 결국 맵리듀스 잡이 끝난 후 추가 작업이 필요하다.

더 좋은 방법: 스쿱

스쿱의 도움말이나 온라인 문서를 이미 읽어봤다면 스쿱을 통해 하둡의 데이터를
내보낼 수 있다는 사실이 놀랍지 않을 것이다.

실습 예제 | 하둡에서 MySQL로 데이터 불러오기

HDFS 파일에서 MySQL 테이블로 데이터를 불러오는 작업을 수행해보자.

1. newemployees.tsv라는 TSV 파일을 다음과 같이 생성한다.

```
Frances Operations 34000 2012-03-01
Greg Engineering 60000 2003-11-18
Harry Intern 22000 2012-05-15
Iris Executive 80000 2001-04-08
Jan Support 28500 2009-03-30
```

2. HDFS에 새로운 디렉터리를 생성하고 그 안에 위의 파일을 복사한다.

```
$hadoop fs -mkdir edata
$ hadoop fs -put newemployees.tsv edata/newemployees.tsv
```

3. employee 테이블의 레코드 수를 확인한다.

```
$ echo "select count(*) from employees" | mysql -u hadoopuser -p
hadooptest
Enter password:
count(*)
5
```

4. 스쿱 내보내기를 수행한다.

```
$ sqoop export --connect jdbc:mysql://10.0.0.100/hadooptest
--username hadoopuser -P --table employees
--export-dir edata --input-fields-terminated-by '\t'
```

다음 출력을 볼 수 있다.

```
12/05/27 07:52:22 INFO mapreduce.ExportJobBase: Exported 5 records.
```

5. 내보내기 작업 이후 테이블의 레코드 수를 확인한다.

```
$ echo "select count(*) from employees" | mysql -u hadoopuser -p
hadooptest
Enter password:
count(*)
10
```

6. 데이터를 확인한다.

```
$ echo "select * from employees" | mysql -u hadoopuser -p hadooptest
Enter password:
first_name dept salary start_date
Alice Engineering 50000 2009-03-12
...
Frances Operations 34000 2012-03-01
Greg Engineering 60000 2003-11-18
Harry Intern 22000 2012-05-15
Iris Executive 80000 2001-04-08
Jan Support 28500 2009-03-30
```

보충 설명

데이터를 내보내기 전에 MySQL 테이블에 기존 다섯 명의 매퍼 정보만 있는지 확인했다.

스쿱 명령은 이전 실습과 비슷하지만 export 문구를 사용하도록 변경했다. 이름 그대로 스쿱은 데이터를 하둡에서 관계형 데이터베이스로 내보냈다.

이전 실습과 비슷한 옵션을 채택했는데 대부분 사용자 이름, 암호와 같이 데이터 베이스 연동 관련 옵션이고 데이터가 들어갈 테이블 이름을 지정했다.

HDFS에서 데이터를 내보내기 때문에 내보내질 파일의 경로를 지정해야 하며 이는 --export-dir 옵션을 통해서 한다. 지정된 디렉터리 안의 모든 파일이 내보내지며, 발견된 모든 파일을 맵리듀스 잡의 입력으로 이용하므로 단일 파일일 필요는 없다. 기본설정으로 4개의 매퍼를 가동하는데 데이터 파일 수가 많으면 매퍼

수를 늘려도 좋다. 테스트를 통해 최적의 성능으로 최소의 부하를 주는 매퍼 수를 찾아내야 한다.

스쿱에 전달된 마지막 옵션은 소스파일에 사용될 필드 종결자를 정의하는데 실습에서는 탭을 사용했다. 데이터 파일의 형식이 모두 같도록 하는 건 여러분의 몫이다. 스쿱은 각 레코드에 테이블의 칼럼 수만큼 항목이 존재하고(null 값 허용) 필드가 구분자로 구분됐다는 가정하에 수행된다.

스쿱 명령이 성공적으로 완료하면 다섯 개의 레코드가 내보내진 것을 볼 수 있고, mysql 툴을 사용해 데이터베이스의 로우 수를 확인하고 기존 직원과 신규 직원 정보가 정상 배치된 것을 확인했다.

스쿱 불러오기와 내보내기 차이점

개념과 명령 실행 방식은 비슷하지만 스쿱 불러오기와 내보내기에는 중요한 차이점이 있다.

먼저 스쿱 불러오기는 작업에는 처리되는 데이터에 대한 정보가 충분하다. 예를 들어 테이블 이름과 추가된 조건 절 등 데이터 구조와 타입에 대한 정보가 있다. 반면 내보내기 작업에는 소스파일의 위치와 구분자와 엔클로즈 문자 정보만 있다. 하이브로 스쿱 불러오기 작업을 수행할 경우 제공된 테이블 이름과 구조를 통해 신규 테이블을 생성할 수 있다. 스쿱 내보내기 작업에는 관계형 데이터베이스의 테이블이 미리 존재해야 한다.

9장의 앞부분에서 date와 timestamp 이용의 위험성을 설명했는데 스쿱 불러오기는 소스 데이터가 정의된 칼럼 타입에 정상 컴파일 되는지 결정할 수 있다. 이런 경우 내보내기 방식으로는 데이터베이스에 입력할 수 없다. 스쿱 내보내기는 데이터 정의는 모르는 상태에서 필드 접근만 가능하다. 소유한 데이터 정리가 잘되었고 규격에 맞는다면 고민할 필요가 없지만 그렇지 못한 경우 데이터 내보내기나 타입 변경을 고려해야 한다(특히 null 값과 기본값). 스쿱 문서를 참고하면 옵션에 대한 자세한 정보가 적혀있다.

데이터 삽입과 업데이트의 차이

이전 실습은 매우 간단했다. 새로운 데이터를 기존 데이터에 병합하여 같은 테이블에 저장했다. 스쿱 내보내기는 레코드를 테이블의 새로운 로우로 추가하는 연속적인 작업으로 이뤄진다.

직원 중 한 명의 봉급이 연말에 인상되도록 업데이트하려면 어떡해야 할까? first_name 필드가 기본 키로 지정되었기 때문에 같은 이름의 로우를 추가하면 기본 키 제약조건에 위배돼 실패한다.

이런 경우 --update-key 옵션에 기본 키 칼럼을 지정하면(하나 이상의 키를 쉼표로 구분하여 지정 가능) 스쿱은 INSERT 문 대신 지정된 키를 기반으로 UPDATE 문을 생성하게 된다.

 업데이트 방식은 기존 키의 값과 일치하지 않는 레코드는 조용히 제외하고, 하나 이상의 로우를 업데이트하는 경우에도 오류 메시지를 발생하지 않는다.

데이터가 존재하지 않는 경우 새로운 레코드를 추가하는 업데이트 옵션이 필요하면 --update-mode를 allowinsert로 설정한다.

도전 과제

새로운 데이터 파일에 세 명의 신규 직원을 추가하고 기존 직원 중 두 명의 봉급을 수정하는 내용을 입력한다. 그다음엔 스쿱 불러오기를 이용해 신규 직원 추가와 업데이트를 한꺼번에 수행한다.

스쿱과 하둡 내보내기

이전 실습을 통해 하이브 테이블을 관계형 데이터베이스에 내보내는 기능이 없음을 엿볼 수 있었다. --hive-export 같은 옵션은 존재하지 않는다.

대안이 있는데 하이브 테이블이 데이터를 문자열 형태로 보관하면 스쿱에 HDFS

의 하이브 테이블 데이터 파일 위치를 알려줄 수 있다. 테이블이 외부 데이터를 참조 한다면 쉽게 이해할 수 있지만 하이브 테이블이 복잡한 파티션으로 구성됐으면 디렉터리 구조도 복잡할 것이다.

하이브에서 데이터를 바이너리 형태의 `SequenceFile`로 보관할 수 있는데 아직 스쿱에서 시퀀스 파일을 투명하게 내보낼 수 없다.

실습 예제 | 하이브 데이터를 MySQL로 불러오기

몇 가지 기능 제한은 있지만 스쿱을 통해 하이브 데이터를 내보내는 적절한 사례를 연구해보자.

1. employee 테이블을 비운다.

```
$ echo "truncate employees" | mysql -u hadoopuser -p hadooptest
Query OK, 0 rows affected (0.01 sec)
```

2. employee 테이블의 하이브 웨어하우즈를 확인한다.

```
$ hadoop fs -ls /user/hive/warehouse/employees
Found 1 items
… /user/hive/warehouse/employees/part-m-00000
```

3. 스쿱 내보내기를 수행한다.

```
sqoop export --connect jdbc:mysql://10.0.0.100/hadooptest
--username hadoopuser -P --table employees \
--export-dir /user/hive/warehouse/employees
--input-fields-terminated-by '\001'
--input-lines-terminated-by '\n'
```

```
                            hadoop@vm16:/home/garry
File  Edit  View  Terminal  Help
        at javax.security.auth.Subject.doAs(Subject.java:415)
        at org.apache.hadoop.security.UserGroupInformation.doAs(UserGroupInformation.java:1121)
        at org.apache.hadoop.mapred.Child.main(Child.java:249)

13/01/05 23:32:16 INFO mapred.JobClient: Task Id : attempt_201301052139_0007_m_000000_1, Status : FAILED
java.lang.IllegalArgumentException
        at java.sql.Date.valueOf(Date.java:140)
        at employees.__loadFromFields(employees.java:260)
        at employees.parse(employees.java:197)
        at org.apache.sqoop.mapreduce.TextExportMapper.map(TextExportMapper.java:77)
        at org.apache.sqoop.mapreduce.TextExportMapper.map(TextExportMapper.java:36)
        at org.apache.hadoop.mapreduce.Mapper.run(Mapper.java:144)
        at org.apache.sqoop.mapreduce.AutoProgressMapper.run(AutoProgressMapper.java:182)
        at org.apache.hadoop.mapred.MapTask.runNewMapper(MapTask.java:764)
        at org.apache.hadoop.mapred.MapTask.run(MapTask.java:370)
        at org.apache.hadoop.mapred.Child$4.run(Child.java:255)
        at java.security.AccessController.doPrivileged(Native Method)
        at javax.security.auth.Subject.doAs(Subject.java:415)
        at org.apache.hadoop.security.UserGroupInformation.doAs(UserGroupInformation.java:1121)
        at org.apache.hadoop.mapred.Child.main(Child.java:249)

13/01/05 23:32:22 INFO mapred.JobClient: Task Id : attempt_201301052139_0007_m_000000_2, Status : FAILED
java.lang.IllegalArgumentException
        at java.sql.Date.valueOf(Date.java:140)
        at employees.__loadFromFields(employees.java:260)
        at employees.parse(employees.java:197)
        at org.apache.sqoop.mapreduce.TextExportMapper.map(TextExportMapper.java:77)
        at org.apache.sqoop.mapreduce.TextExportMapper.map(TextExportMapper.java:36)
        at org.apache.hadoop.mapreduce.Mapper.run(Mapper.java:144)
        at org.apache.sqoop.mapreduce.AutoProgressMapper.run(AutoProgressMapper.java:182)
        at org.apache.hadoop.mapred.MapTask.runNewMapper(MapTask.java:764)
        at org.apache.hadoop.mapred.MapTask.run(MapTask.java:370)
        at org.apache.hadoop.mapred.Child$4.run(Child.java:255)
        at java.security.AccessController.doPrivileged(Native Method)
        at javax.security.auth.Subject.doAs(Subject.java:415)
        at org.apache.hadoop.security.UserGroupInformation.doAs(UserGroupInformation.java:1121)
        at org.apache.hadoop.mapred.Child.main(Child.java:249)


13/01/05 23:32:34 INFO mapred.JobClient: Job complete: job_201301052139_0007
13/01/05 23:32:34 INFO mapred.JobClient: Counters: 7
13/01/05 23:32:34 INFO mapred.JobClient:   Job Counters
13/01/05 23:32:34 INFO mapred.JobClient:     SLOTS_MILLIS_MAPS=27906
13/01/05 23:32:34 INFO mapred.JobClient:     Total time spent by all reduces waiting after reserving slots (ms)=0
13/01/05 23:32:34 INFO mapred.JobClient:     Total time spent by all maps waiting after reserving slots (ms)=0
13/01/05 23:32:34 INFO mapred.JobClient:     Launched map tasks=4
13/01/05 23:32:34 INFO mapred.JobClient:     Data-local map tasks=4
13/01/05 23:32:34 INFO mapred.JobClient:     SLOTS_MILLIS_REDUCES=0
13/01/05 23:32:34 INFO mapred.JobClient:     Failed map tasks=1
13/01/05 23:32:34 INFO mapreduce.ExportJobBase: Transferred 0 bytes in 38.1447 seconds (0 bytes/sec)
13/01/05 23:32:34 INFO mapreduce.ExportJobBase: Exported 0 records.
13/01/05 23:32:34 ERROR tool.ExportTool: Error during export: Export job failed!
hadoop@vm16:/home/garry$
hadoop@vm16:/home/garry$
```

보충 설명

가장 먼저 MySQL의 employee 테이블을 비우고 HDFS 내부에 하이브 employee 테이블 데이터가 존재하는지 확인했다.

 스쿱 작업이 HDFS 하이브 테이블 디렉터리에 _SUCCESS 이름을 가지는 빈 파일을 생성하는데, 이 파일이 이미 존재하면 삭제하고 스쿱 내보내기 작업을 진행해야 한다.

스쿱 내보내기 명령은 이전과 같다. 특별히 다른 점은 데이터 소스 경로와 필드와 라인 구분자 지정이다. 하이브는 기본으로 아스키 코드 001과 \n을 필드와 라인 구분자로 사용했고 이전 실습에서 이미 하이브로 파일의 구분자를 변경하여 불러온 적이 있다. 구분자와 종결자는 스쿱 작업 수행 전 항상 확인해야 하는 항목이다.

스쿱 명령을 실행하였지만 `java.sql.Date` 인스턴스를 생성하면서 자바 `IllegalArgumentExceptions`을 발생시킨다.

이전에 맞닥은 문제의 반대를 바라보고 있다. 이전에 MySQL 테이블에서 사용된 데이터 타입이 하이브에서 지원하지 않아 데이터를 하이브에서 지원하는 TIMESTAMP 형식으로 변경한 적이 있었다. 이번에 MySQL로 데이터를 다시 내보내면서 TIMESTAMP 데이터를 DATE 타입으로 내보내려하니 타입 변경 없이는 불가능한 작업이다.

오류를 통해 배운 점은 이전에 데이터 타입 문제 해결을 위해 수행했던 데이터 타입 변경은 MySQL에서 하이브로 단반향 문제만 해결했고, 이제 쌍방향으로 이동을 하자니 데이터 타입관련 작업 구조가 복잡해졌고 타입 변경 절차가 추가되어야 한다.

실습 예제 | 데이터 타입 수정 후 내보내기 작업 재실행

이번에는 직관적인 방법으로 employee 테이블 정의를 수정하여 양쪽 데이터 소스에서 데이터 타입이 일치하자.

1. mysql 클라이언트에 접속한다.

   ```
   $ mysql -u hadoopuser -p hadooptest
   Enter password:
   ```

2. start_date 칼럼의 타입을 변경한다.

   ```
   mysql> alter table employees modify column start_date timestamp;
   Query OK, 0 rows affected (0.02 sec)
   Records: 0 Duplicates: 0 Warnings: 0
   ```

3. 테이블 정의를 조회한다.

   ```
   mysql> describe employees;
   ```

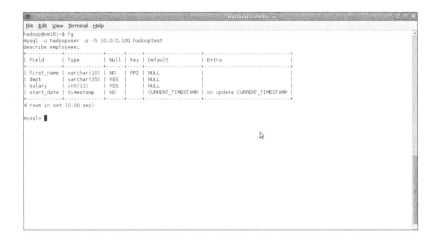

4. `mysql` 클라이언트를 종료한다.

```
mysql> quit;
```

5. 스쿱 내보내기를 실행한다.

```
$ sqoop export --connect jdbc:mysql://10.0.0.100/hadooptest
--username hadoopuser -P -table employees
--export-dir /user/hive/warehouse/employees
--input-fields-terminated-by '\001'
--input-lines-terminated-by '\n'
```

다음 결과를 볼 수 있다.

```
12/05/27 09:17:39 INFO mapreduce.ExportJobBase: Exported 10 records.
```

6. MySQL 데이터베이스의 레코드 수를 확인한다.

```
$ echo "select count(*) from employees" | mysql -u hadoopuser -p
hadooptest
Enter password:
count(*)
10
```

이전과 같은 스쿱 내보내기 명령을 수행하기 전에 mysql 툴을 이용해 start_date 칼럼의 타입을 변경했다. 물론 운영 시스템에서 이 같은 테이블 정의 변경이 자주 이뤄지면 안 된다. 여기서는 테이블이 비어 있으므로 큰 문제가 없었다.

테이블 변경 후 스쿱 내보내기 작업을 다시 수행하니 성공하였다.

기타 스쿱 기능들

스쿱은 이 책에서 자세히 다루지 않는 기능을 몇 가지 소개하겠다. 관심이 가는 기능은 스쿱 문서를 참조하기 바란다.

증분 병합

9장의 모든 예제는 지정한 모든 데이터를 불러오는 스쿱 작업을 수행했는데 빈 테이블에 불러올 경우에 적합했다. 데이터 추가작업도 가능하지만 스쿱의 지속적인 데이터 불러오기 작업 흐름을 고려해보면 추가 기능이 지원되어야 한다.

스쿱은 증분 병합/불러오기 기능을 제공하는데 각 불러오기 작업은 작업 날짜로 표식되고 작업날짜보다 최신 레코드만 처리하는 기능이다. 이로 인해 장기간 작업 흐름에도 스쿱을 포함할 수 있게 된다.

부분 내보내기 피하기

하둡에서 관계형 데이터베이스로 데이터를 내보낼 때 발생하는 오류를 경험했었다. 실습에선 해당 오류가 전체 작업을 실패시켜 큰 문제는 없었지만 내보내기 작업 일부만 실패하는 경우에는 부분 데이터만 데이터베이스에 반영된다.

문제 해결을 위해 스쿱은 중간 테이블을 제공한다. 모든 데이터를 중간 테이블에 입력시킨 후 작업이 정상 수행했을 때만 한번의 트랜잭션으로 중간 테이블의 데이터를 최종 테이블로 이동시킨다. 이 기능은 실패 확률이 높은 작업에 매우 유용하지만 업데이트 모드에는 지원하지 않는 등 몇 가지 제한이 있다. 대규모 데이터 작업 시 최종 테이블에 이동시키는 과정에서 장시간 트랜잭션이 수행되므로 성능과 RDBMS 부하 제한도 있다.

스쿱을 이용한 코드 생성

스쿱에서 생성된 코드가 이미 존재하여 발생하는 오류는 지금까지 무시해 왔다.

불러오기 작업을 할 때 스쿱은 필드와 레코드에 접근하는 자바 클래스 파일들을 생성한다. 생성된 클래스들을 내부적으로 사용되지만 스쿱 밖에서도 사용 가능하다. 실제 스쿱 codegen 명령을 이용하면 내보내기 작업 없이도 클래스 생성이 가능하다.

AWS

9장에서는 AWS 관련 내용은 빠졌는데 AWS에서 스쿱을 지원하거나 또는 제한하지 않기 때문이다. 스쿱을 로컬에서 실행하듯이 EC2 호스트에서도 쉽게 실행할 수 있는데 사용자 설치 되거나 EMR에 의해 자동 생성된 하둡 클러스터에(경우에 따라 하이브와 함께 동작) 접근할 수 있다. 스쿱을 AWS에서 사용하는데 한 가지 불편한 점은 보안 그룹 정책인데 EC2 기본설정이 대부분의 관계형 데이터베이스 포트(예를 들어 MySQL의 3306포트) 통신을 차단하기 때문이다. 만약 하둡과 MySQL 서버가 다른 위치에 존재하여 방화벽이나 보안 정책으로 막혀있다면 같은 문제이긴 하다.

RDS

지금까지 소개되지 않은 AWS 서비스 중 이 시점에 알아두면 좋은 서비스가 있는데 아마존 RDSRelational Database Service이다. RDS는 클라우드 환경에 호스트된 MySQL, 오라클Oracle, Microsoft SQL Server를 옵션으로 제공한다. 설치와 환경설정, 데이터베이스 엔진 관리 등의 걱정 없이 RDS는 웹 콘솔이나 커맨드라인 툴을 통해서 데이터베이스 인스턴스를 가동시켜 준다. 그다음엔 데이터베이스 클라이언트 툴을 생성된 데이터베이스 인스턴스를 바라보게 하여 테이블을 생성하고 데이터 작업을 수행할 수 있게 한다.

RDS와 EMR은 매우 강력한 콤비이다. 둘 다 고통스러운 수작업 없이 AWS에 호스트 된 서비스를 활용할 수 있게 한다. 관계형 데이터베이스가 필요하지만 관리에는 투자하고 싶지 않다면 RDS가 해답이다.

RDS와 EMR 콤비는 EC2 호스트를 사용해 S3에 데이터를 생성/보관할 때 큰 힘을 발휘한다. 아마존은 같은 리전region 서비스간 데이터 전송에 과금을 하지 않는다. 결과적으로 대량의 EC2 호스트 부대를 결성하여 쿼리 접근을 위해 RDS 데이터베이스에 전송될 대규모 데이터를 생성하고, EMR에 보관하면 장기간 분석에 활용할 수 있다. 스토리지와 계산처리 시스템에 데이터를 넣는 작업은 기술적으로 어려울 수 있으며 데이터가 상용 서비스나 네트워크를 통해 전달되면 비용도 만만치 않을 것이다. 연동이 잘되는 AWS 서비스 (EC2, RDS, EMR) 위에 구성된 아키텍처는 기술과 비용 문제 모두 해결해준다.

정리

9장에서는 하둡과 관계형 데이터베이스 연동을 살펴봤다. 특히 사례연구를 통해 하둡과 관계형 데이터베이스 호환이 잘되는 기술임을 볼 수 있었다. 관계형 데이터베이스에서 HDFS 파일로 데이터를 내보내는 다양한 방법을 살펴보았고 기본 키 칼럼 파티션과 장시간 수행되는 작업이 생각보다 일을 복잡하게 하는 것을 경험했다.

그다음엔 클라우데라에서 제공한 아파치 소프트웨어 제단의 스쿱을 소개했다. 주요 기능은 데이터 이동이다. 스쿱을 이용해 MySQL에서 HDFS와 Hive로 데이터를 불러왔고 양측의 데이터 타입 일관성이 중요함을 배웠다. 이어서 반전 작업인 HDFS에서 MySQL 데이터베이스로 데이터 복사를 수행했는데 이 경우 전 작업에 비해서 고려해야 할 항목이 많았다. 마지막으로 파일 포맷 이슈와 데이터 삽입과 업데이트 차이점, 코드 생성과 증감 병합과 같은 스쿱의 추가 기능을 살펴봤다.

관계형 데이터베이스는 IT 인프라에 매우 중요한 역할을 가진다. 하지만 데이터베이스만이 IT의 전부는 아니다. 중요한 역할을 하지만 비교적 관심도가 낮은 인프라 요소가 있는데 웹 서버 같은 애플리케이션에서 생성되는 대규모 로그 파일이다. 10장에서는 이러한 로그 데이터 처리에 하둡이 어떻게 적합한지 보여주겠다.

10

플룸을 이용한 데이터 수집

8장과 9장에서 하이브와 스쿱이 하둡과 관계형 데이터베이스간의 인터페이스를 제공하고, '실제' 데이터베이스와 하둡 사이에 데이터를 연동할 수 있다는 사실을 보았다.

대부분 이렇게 관계형 데이터베이스와 하둡을 연동하기는 하지만, 이외에 여러 가지 다른 형식의 데이터 소스와 하둡을 연동해야 할 경우도 물론 많다.

10장에서 다루는 내용은 다음과 같다.

- 하둡에서 흔히 처리하는 데이터
- 이 데이터를 하둡으로 끌어오는 단순한 방식
- 아파치 플룸Apache Flume을 이용해서 편하게 데이터를 끌고 오는 방법
- 단순하지만 어려운 플룸 셋업의 일반적인 패턴
- 어떤 기술을 쓰냐에 관계없이 고려해야 하는 공통 이슈(예를 들자면 데이터 생명 주기 같은 이슈)

AWS에 관한 노트

10장에서는 이 책의 다른 장들에 비해 AWS에 관한 이야기를 하지 않을 예정이다. 사실, 이제 AWS에 관해 언급도 하지 않겠다. 플룸을 위한 아마존 서비스가 없기 때문에, 따로 살펴볼만한 AWS 서비스도 없다. 한편으로는, 플룸을 로컬 호스트에서 구동하든 EC2 가상 인스턴스에서 구동하든 똑같이 동작한다. 그러므로 10장에서는 예제를 실행하는 환경에 대해서 이야기하지 않겠다. 이 예제들은 어떤 환경에서 실행하든 똑같이 동작해야 한다.

데이터, 데이터, 온 세상에 데이터.....

하둡과 다른 시스템을 통합할 때 1대1로 통합하는 패턴으로 생각하기 쉽다. 하나의 시스템에서 데이터가 오고, 하둡에서 처리하고, 다른 시스템으로 데이터를 보내는 방식 말이다.

처음에는 이렇게 단순하게 처리할 수 있지만 현실에서는 점점 연관되는 시스템들이 복잡해지고 그 시스템간에 데이터를 보내고 다시 받고 해야 하는 일들이 많아진다. 이런 복잡한 연관 관계를 어떻게 유지보수 가능한 방법으로 만드는가가 10장의 주 내용이다.

데이터 유형

앞으로의 이야기를 위해 데이터를 아래의 두 가지 넓은 유형으로 나누겠다.

- **네트워크 트래픽**: 네트워크 너머로 전송하는 데이터
- **파일 데이터**: 파일시스템의 파일에 저장하는 데이터

데이터를 가져오는 방식 이외에 다른 기준으로 데이터 유형을 나누는 방식은 고려하지 않았다.

네트워크 트래픽을 하둡으로 가져오기

네트워크 데이터라 하면은 보통 웹 서버에서 HTTP 연결로 가져온 데이터, 클라이언트 애플리케이션에서 끌어온 데이터베이스 데이터, 데이터 버스를 통해 보내는 메시지 등을 의미한다. 각 경우에 클라이언트 애플리케이션은 네트워크를 통해서 데이터를 끌어오거나 데이터를 누군가 보내기를 기다린다.

 이후의 예제에서 네트워크 데이터를 보내고 받기 위해 curl 유틸리티를 사용할 예정이다. 시스템에 curl을 설치했는지 확인하고, 만일 없다면 지금 설치하자.

실습 예제 | 웹 서버 데이터 하둡으로 가져오기

웹 서버의 데이터를 HDFS로 복사하는 단순한 방법을 살펴보자.

1. 네임노드의 웹 인터페이스 텍스트를 로컬 파일로 가져오자.

```
$ curl localhost:50070 > web.txt
```

2. 파일 크기를 확인한다.

```
$ ls -ldh web.txt
```

다음과 같은 응답을 볼 수 있다.

```
-rw-r--r-- 1 hadoop hadoop 246 Aug 19 08:53 web.txt
```

3. 파일을 HDFS에 복사한다.

```
$ hadoop fs -put web.txt web.txt
```

4. HDFS의 파일을 확인한다.

```
$ hadoop fs -ls
```

다음과 같은 응답을 볼 수 있다.

```
Found 1 items
-rw-r--r-- 1 hadoop supergroup 246 2012-08-19 08:53 /user/hadoop/
web.txt
```

보충 설명

이 예제는 쉽게 이해할 수 있으리라 믿는다. curl 유틸리티를 사용해 네임노드의 웹 인터페이스를 호스팅하는 내장 웹 서버에서 웹 페이지를 가져와 로컬 파일로 저장했다. 파일 크기를 확인하고, HDFS에 복사하고, 파일이 제대로 전송됐는지 확인했다.

여기서 짚고 넘어갈 사항은 작업들 그 자체가 아니라(작업 그 자체는 단순히 2장부터 사용했던 hadoop fs 명령일 뿐이다), 일련의 패턴을 이야기해야 한다.

우리가 원하는 데이터를 웹 서버에 HTTP 프로토콜로 접근해서 얻어오지만, 다른 장비에 위치한 하둡 툴은 파일을 기반으로 동작하며 기본적으로 이런 원격의 정보에 접근하지 못한다. 그런 이유로 네트워크 데이터를 HDFS에 올리기 전에 파일로 카피했다.

물론 3장에서 이야기했듯이 프로그램을 짜서 데이터를 HDFS에 바로 쓸 수도 있고, 이 방식도 실행하는데 문제는 없다. 하지만, 이 방법을 쓰려면 데이터를 가져올 네트워크 소스마다 일일이 따로 클라이언트 프로그램을 작성해야 한다.

도전 과제

프로그램을 짜서 데이터를 가져와 HDFS에 쓰는 방식은 매우 유용한 기능이기 때문에 한번 익혀볼 만하다. 자바 HTTP 라이브러리는 http://hc.apache.org/httpcomponents-client-ga/index.html에 있는 HTTP Components 프로젝트의 Apache HttpClient를 흔히 쓴다.

HttpClient와 자바 HDFS 인터페이스를 이용해서 앞에서처럼 웹 페이지를 가져와 HDFS에 써 보자.

하둡으로 파일 가져오기

여태까지의 예제에서는 파일 기반의 데이터를 하둡으로 가져오는 가장 단순한 방법으로 명령행 도구나 프로그래밍 API를 사용하는 방법을 보여주었다. 데이터를 하둡으로 가져오는 일은 이 책의 전체를 관통하는 주제인 만큼, 좀 다른 방법들을 더 이야기해보자.

숨겨진 문제들

앞서의 데이터 수집방법이 잘 돌아가기는 하지만 실제 운영 시스템에서 사용하기에는 부적합한 이유가 몇 가지 있다.

네트워크 데이터는 네트워크에 두자

네트워크에 접근해서 얻어오는 데이터를 HDFS에 넣기 전에 복사하는 방식은 성능에 안 좋은 영향을 준다. 이 방식을 쓰면 (전체 시스템에서 가장 느린 부분인) 디스크 접근시간이 든다. 만일 한번의 네트워크 접근으로 대량의 데이터를 얻어온다면 이 비용이 큰 문제가 아닐 수도 있지만(비록 잠재적으로 디스크 공간이 문제가 될 소지가 있긴 하지만), 빠른 네트워크로 소량의 데이터를 얻어오는 경우엔 디스크 접근시간이 문제가 된다.

하둡 의존성

파일을 기반으로 한 방법을 쓸 때에는 기본적으로 파일에 접근하기 전에 사용자가 하둡을 설치한 호스트에 접근가능 해야 하고, 이 하둡 클러스터의 위치를 알 수 있도록 설정해야 한다. 이 점은 시스템에 불필요한 의존성을 더한다. 하둡에 관해 정말 알 필요가 없는 호스트에도 하둡 의존성을 추가해야 할 경우도 생긴다. 이런 경우엔 하둡에 관한 정보를 가진 장비에서 SFTP 같은 방법으로 파일을 수집하고, HDFS로 복사하는 방식으로 의존성을 낮출 수 있다.

신뢰성

앞의 예제에서 본 방법은 에러처리 방법이 전혀 없다는 사실에 주의해야 한다. 앞서 예제의 툴들은 기본적으로 재시도 메커니즘이 없기 때문에 데이터를 수집할 때 어느 정도의 오류 탐지와 재시도 로직을 따로 넣어야 한다.

바퀴의 재발명

마지막에 지적한 점이 아마 이런 임시방편적인 데이터 수집방식의 가장 큰 문제가 될 수 있다. 문제를 해결하려다 결국은 비슷비슷한 작업을 하는 수많은 명령행 도구와 스크립트들 덩어리를 만들기 십상이다. 이런 중복작업에 드는 비용과 오류 추적의 어려움은 시간이 지남에 따라 심각해진다.

공용 프레임워크 접근 방식

기업용 컴퓨팅 시스템에 경험이 있는 사람이라면, 이 문제가 아마 공용 통합 프레임워크로 해결했던 문제랑 비슷하게 들린다고 생각했을 거다. 정확한 생각이며, 사실 이 업계에는 엔터프라이즈 애플리케이션 통합EAI 같은 유형의 범용 제품이 있다.

하지만 우리가 필요한 프레임워크는 하둡에 접근가능 해야 하고, 따로 어댑터 adaptor를 구현할 필요 없이 하둡과(그리고 연관된 다른 프로젝트들) 쉽게 통합이 가능해야 한다. 직접 만들 수도 있지만, 우리가 필요한 기능을 제공하는 아파치 플룸 프로젝트를 보자.

아파치 플룸 소개

하둡과 긴밀하게 통합 가능한 또 다른 아파치 프로젝트인 플룸(http://flume.apache.org)에 관해 이제부터 알아보겠다.

플룸이 뭘 할 수 있는지 설명하기 전에, 무엇을 할 수 없는지부터 명확하게 짚고 넘어가자. 플룸은 로그처럼 라인별로 기록된 텍스트 파일을 수집하고 배포하기 위한 시스템이라고 설명됐다. 플룸은 범용 데이터 배포 플랫폼이 아니기 때문에 바이너리 데이터를 수집하거나 전송하는 데에는 적절하지 않다.

그러나 하둡에서 처리하는 대부분의 데이터가 이 특성(라인별 텍스트)을 만족하기 때문에 플룸도 독자들이 필요한 대부분의 데이터를 수집하는데 사용할 수 있다.

 또한 플룸은 5장에서 사용했던 에이브로나 쓰리프트나 프로토콜 버퍼 류의 기술처럼 데이터 직렬화 플랫폼이 아니다. 플룸은 텍스트 포맷을 사용한다고 가정하며 이외의 포맷 데이터를 직렬화하거나 하는 방법을 제공하지 않는다.

플룸은 데이터를 다중 소스에서 수집하고, 원격 호스트에 전달하고(팬-아웃이나 파이프라인 방식을 이용해서 다중 원격 호스트로 보낼 수도 있다), 여러 최종 목적지에 쓰는 메커니즘을 제공한다. 특정한 데이터 소스나 목적지를 지정할 수 있도록 API도 제공하지만, 대부분의 용도에 적합한 기능들을 기본으로 제공한다. 설치해서 살펴보자.

버전에 관한 이야기

최근에 플룸에 굵직한 변화들이 있었다. 원래의 플룸(이제 Original Generation을 뜻하는 플룸 OG로 이름이 바뀜)은 플룸 NG_{Next Generation}에 밀리는 중이다. 기본적인 원리와 기능은 아주 비슷하지만 구현방식은 정말 다르다. 앞으로의 대세는 플룸 NG이기 때문에, 이 책에서도 플룸 NG를 이야기하겠다. 하지만 당분간은 플룸 NG가 성숙한 플룸 OG의 모든 기능을 구현하진 못할 것이기 때문에, 만일 플룸 NG에 독자가 필요한 특정 기능이 없다면 플룸 OG를 살펴보기 바란다.

실습 예제 | 플룸 설치와 설정

플룸을 다운로드해서 설치해보자.

1. http://flume.apache.org에서 최신 플룸 NG 바이너리를 찾아서 로컬 파일 시스템에 다운로드하자.

2. 파일을 원하는 위치로 옮기고 풀자.

```
$ mv apache-flume-1.2.0-bin.tar.gz /opt
$ tar -xzf /opt/apache-flume-1.2.0-bin.tar.gz
```

3. 인스톨한 위치에 심볼릭 링크를 생성한다.

```
$ ln -s /opt/apache-flume-1.2.0 /opt/flume
```

4. FLUME_HOME 환경 변수를 정의한다.

```
$export FLUME_HOME=/opt/flume
$export PATH=${FLUME_HOME}/bin:${PATH}
```

5. 플룸 bin 디렉터리를 패스에 추가한다.

```
$export PATH=${FLUME_HOME}/bin:${PATH}
```

6. JAVA_HOME을 설정했는지 확인한다.

```
$ echo ${JAVA_HOME}
```

7. 하둡 라이브러리를 패스에 추가했는지 확인한다.

```
$ echo ${CLASSPATH}
```

8. 플룸 conf로 쓸 디렉터리를 만든다.

```
$ mkdir -p /home/hadoop/flume/conf
```

9. 필요한 파일들을 conf 디렉터리에 복사한다.

```
$ cp /opt/flume/conf/log4j.properties /home/hadoop/flume/conf
$ cp /opt/flume/conf/flume-env.sh.sample /home/hadoop/flume/conf/
flume-env.sh
```

10. flume-env.sh 파일에 JAVA_HOME을 설정한다.

보충 설명

다른 툴들과 비슷한 준비를 마치면 쉽게 플룸을 설치할 수 있다.

처음에, 플룸 NG(1.2.x 이후의 버전)를 찾아서 로컬 파일시스템에 저장했다. 그 파일을 원하는 위치로 이동하고, 파일을 풀고, 편의를 위해 심볼릭 링크를 생성했다.

FLUME_HOME 환경 변수를 정의하고, 플룸을 설치한 디렉터리 밑의 bin 디렉터리를 클래스패스에 추가했다. 이 작업은 명령행에서 직접 해도 되고, 편의를 위해 스크립트를 이용해도 상관없다.

플룸을 쓰려면 JAVA_HOME이 정의되어 있어야 하기 때문에, 이 변수를 정의했는지 확인했다. 또한 하둡 라이브러리도 사용하기 때문에, 클래스패스에 하둡 클래스들을 포함했는지 확인했다.

마지막 단계는 데모에서 직접적으로 필요하지는 않지만, 실제 운영 환경에서는 필요한 내용이다. 플룸은 기본 로깅 속성이나 환경 설정 변수(JAVA_HOME 같은)들을 정의한 파일들이 있는 설정 디렉터리를 찾는다. 이 디렉터리만 제대로 설정해주면 플룸은 원하는 대로 동작하기 때문에, 나중에 다시 수정할 필요가 없도록 지금 설정했다.

우리는 /home/hadoop/flume를 플룸 설정과 다른 파일들을 저장할 작업 디렉터리로 설정했다. 독자의 시스템에 적합한 디렉터리로 변경해도 상관없다.

플룸을 사용해서 네트워크 데이터 수집

이제 플룸을 설치했으니, 네트워크 데이터를 수집해보자.

실습 예제 │ 네트워크 트래픽을 로그 파일에 저장

제일 처음으로, 네트워크 데이터를 가져와 플룸 로그파일에 저장하는 간단한 플룸 설정을 사용해보자.

1. 플룸 작업 디렉터리에 agent1.conf 파일을 만든다.

```
agent1.sources = netsource
agent1.sinks = logsink
agent1.channels = memorychannel
```

```
agent1.sources.netsource.type = netcat
agent1.sources.netsource.bind = localhost
agent1.sources.netsource.port = 3000
agent1.sinks.logsink.type = logger

agent1.channels.memorychannel.type = memory
agent1.channels.memorychannel.capacity = 1000
agent1.channels.memorychannel.transactionCapacity = 100

agent1.sources.netsource.channels = memorychannel
agent1.sinks.logsink.channel = memorychannel
```

2. 플룸 에이전트agent를 시작한다.

$flume-ng agent --conf conf --conf-file agent1.conf --name agent1

다음 화면과 같은 출력을 볼 수 있다.

3. 다른 창을 열어서, 로컬 호스트의 3000번 포트에 텔넷으로 접속해서 몇 가지 메시지를 고쳐 보자.

```
$curl telnet://localhost:3000
Hello
OK
FLUME!
OK
```

4. Ctrl + C로 curl 연결을 닫는다.

5. 플룸 로그파일을 본다.

```
$ tail flume.log
```

다음과 같은 응답을 얻을 수 있다.

```
2012-08-19 00:37:32,702 INFO sink.LoggerSink: Event: {headers:{}
body: 68 65 6C 6C 6F Hello }
2012-08-19 00:37:32,702 INFO sink.LoggerSink: Event: {headers:{}
body: 6D 65 Flume }
```

보충 설명

제일 처음, 플룸 작업디렉터리에 설정파일을 만들었다. 자세한 사항은 이후에 살펴볼 텐데, 지금은 플룸이 소스source라는 곳에서 데이터를 받아서 싱크sink라는 목적지에 쓴다고 생각하고 넘어가자.

이 예제에선 네트워크 연결을 감시하는 netcat을 소스로 만들었다. 설정을 보면 알 수 있듯이 로컬 장비의 3000번 포트에 바인드했다.

logger 타입을 싱크로 설정했는데, 이름을 보면 짐작할 수 있듯이 출력을 로그파일에 쓴다. 설정 파일의 나머지에선 이 소스와 싱크를 사용하는 에이전트인 agent1을 정의했다.

그다음 flume-ng 바이너리를 써서 플룸 에이전트를 시작했다. 앞으로 모든 플룸 프로세스를 시작할 땐 이 툴을 사용하겠다. 이 명령 뒤에 준 몇 가지 옵션을 주의해보자.

- agent 매개변수는 플룸에게 에이전트를 시작하라고 명령하는데, 에이전 트란 데이터 이동에 관여하는 플룸 프로세스를 부르는 이름이다.

- 앞에서 이야기한 conf 디렉터리

- 실행하려고 하는 프로세스에 필요한 설정 파일

- 설정 파일에 있는 에이전트의 이름

에이전트를 시작하면 화면에는 더 이상의 출력은 보이지 않는다(당연히 실제 운영 설정에서는 이 프로세스를 백그라운드로 실행할 것이다).

다른 창에서 curl 유틸리티를 사용하면서 텔넷으로 로컬 장비의 3000번 포트에 접속했다. 전통적인 방법은 텔넷 프로그램만 쓰는 방식이지만, 요즘은 많은 리눅스 배포판이 curl을 기본적으로 설치해서 나온다. 이제 텔넷 유틸리티만 쓰는 사람은 거의 없다.

각 줄마다 단어를 입력하고 Ctrl + C 명령으로 연결을 끊었다.

마지막으로 플룸 작업 디렉터리에 있는 flume.log 파일을 보고 우리가 타이핑한 단어들이 써졌는지 확인했다.

실습 예제 | 콘솔에 로깅

로그 파일을 본다는 게 항상 편하지는 않다. 이미 에이전트 화면을 열었을 때는 특히 그렇다. 이벤트를 스크린에 출력하게 에이전트를 수정해보자.

1. 추가적인 매개변수를 더 주고 플룸 에이전트를 재시작하자.

```
$flume-ng agent --conf conf --conf-file agent1.conf --name agent1 -
Dflume.root.logger=INFO.console
```

다음과 같은 응답을 볼 수 있다.

```
Info: Sourcing environment configuration script /home/hadoop/
flume/conf/flume-env.sh
...
org.apache.flume.node.Application --conf-file 10a.conf --name
```

agent1
2012-08-19 00:41:45,462 (main) [INFO - org.apache.flume.lifecycle.
LifecycleSupervisor.start(LifecycleSupervisor.java:67)] Starting
lifecycle supervisor 1

2. 다른 창에서 curl로 서버에 접속하자.

```
$ curl telnet://localhost:3000
```

3. Hello와 Flume을 각각 다른 줄에 입력하고, **Ctrl + C**를 누르고, 에이전트 창을
확인하자.

보충 설명

디버깅할 때나 새로운 플로우를 만들 때 굉장히 유용하게 쓸 수 있어서 이 예제를
추가했다.

앞서의 예제에서 보았듯이 플룸은 기본으로 파일시스템의 파일에 로그를 쓴다. 좀
더 정확히 이야기하면, 기본적으로 플룸은 conf 디렉터리의 log4j 속성 파일에 기
술한 대로 동작한다. 가끔 속성 파일을 수정하지 않고, 로그 파일을 계속 지켜볼
필요 없이 즉각적인 답을 얻고 싶을 때가 있다.

명령행에서 명시적으로 flume.root.logger 변수 값을 지정해서 기본 로거 설정을
재정의 해 결과물을 바로 에이전트의 화면으로 보낼 수 있다. 로거는 표준 log4j
이기 때문에 흔하게 쓰는 로그 레벨인 DEBUG나 INFO를 지원한다.

네트워크 데이터를 로그 파일에 쓰기

플룸은 데이터를 받아서 로그 파일에 저장하는 게 기본적인 로그 싱크 동작방식인
데, 이 방식은 좀 한계가 있다. 특히, 수집한 데이터를 다른 애플리케이션에서 사
용하고 싶을 때 한계가 더 두드러진다. 싱크를 다른 타입으로 설정함으로써 데이
터를 좀 더 사용하기 용이한 데이터 파일에 쓰도록 할 수 있다.

실습 예제 │ 명령의 결과를 일반 파일에 저장

직접 실습해 보면서, 새로운 종류의 소스도 사용해보자.

1. 플룸 작업 디렉터리에 agent2.conf 파일을 만든다.

```
agent2.sources = execsource
agent2.sinks = filesink
agent2.channels = filechannel

agent2.sources.execsource.type = exec
agent2.sources.execsource.command = cat /home/hadoop/message

agent2.sinks.filesink.type = FILE_ROLL
agent2.sinks.filesink.sink.directory = /home/hadoop/flume/files
agent2.sinks.filesink.sink.rollInterval = 0

agent2.channels.filechannel.type = file
agent2.channels.filechannel.checkpointDir = /home/hadoop/flume/fc/
```

```
checkpoint
agent2.channels.filechannel.dataDirs = /home/hadoop/flume/fc/data

agent2.sources.execsource.channels = filechannel
agent2.sinks.filesink.channel = filechannel
```

2. 홈 디렉터리에 간단한 테스트 파일을 만든다.

$ echo "Hello again Flume" > /home/hadoop/message

$ 아래처럼 에이전트를 시작하기 전에 디렉터리를 하나 만드는 명령을 추가해야 한다.

$ mkdir /home/hadoop/flume/files

3. 에이전트를 시작한다.

$ flume-ng agent --conf conf --conf-file agent2.conf --name agent2

4. 다른 창을 열어서 싱크 출력 디렉터리의 파일을 확인한다.

$ ls files
$ cat files/*

위 명령의 결과물은 다음 화면과 같다.

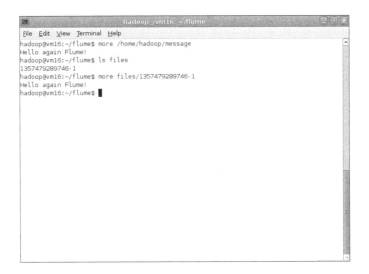

이 예제도 이전의 예제들과 비슷한 패턴으로 진행했다. 플룸 에이전트용 설정 파일을 만들고, 에이전트를 실행하고, 예상대로 데이터를 수집했는지 확인했다.

이번에는 exec 소스와 file_roll 싱크를 사용했다. exec 소스는 이름에서 알 수 있듯, 호스트에서 명령을 실행하고 출력을 플룸 에이전트의 입력으로 쓴다. 앞의 예제에서는 명령을 딱 한번만 실행했지만, 설명을 위해서 그랬을 뿐이다. 좀 더 일 반적인 경우는 계속해서 데이터 스트림을 발생하는 명령을 실행시킨다. exec 싱크는 명령이 끝나고 난 후 다시 시작하도록 설정할 수 있다는 사실을 눈여겨보자.

에이전트의 출력은 설정 파일에서 명시해놓은 파일에 써진다. 기본적으로 플룸은 30초마다 새로운 파일로 전환rolls한다. 하나의 파일에 모두 써서 좀 더 추적하기 쉽게 하려면 이 기능을 해제할 수도 있다.

출력파일을 보면 exec 명령의 출력이 저장된 걸 확인 가능하다.

로그와 파일 비교

왜 플룸이 로그와 파일 싱크를 따로 쓰는지 바로 이해하기 힘들 수 있다. 개념적으로는 둘 다 같은데, 도대체 차이가 무엇인가?

현실적으로 로거 싱크는 디버그 툴이다. 단순히 소스가 수집한 정보만 기록하는 게 아니라, 추가적인 메타데이터나 이벤트들을 기록한다. 그러나 파일 싱크는 입력 데이터를 받은 대로 수정 없이 그대로 기록한다(비록 필요하면 변경도 가능하지만 말이다.)

대부분의 경우에 입력 데이터를 수집할 때 파일 싱크를 사용하겠지만 필요에 따라 운영 환경이 아닌 상황에는 로그도 사용할 수 있다.

실습 예제 │ 원격지의 파일을 로컬 파일로 저장

데이터를 파일 싱크로 수집하는 또 다른 예제를 보자. 이번에는 플룸의 원격 클라이언트에서 데이터 수신기능을 보여주도록 하겠다.

1. 플룸 작업 디렉터리에 agent3.conf 파일을 만든다.

```
agent3.sources = avrosource
agent3.sinks = filesink
agent3.channels = jdbcchannel

agent3.sources.avrosource.type = avro
agent3.sources.avrosource.bind = localhost
agent3.sources.avrosource.port = 4000
agent3.sources.avrosource.threads = 5

agent3.sinks.filesink.type = FILE_ROLL
agent3.sinks.filesink.sink.directory = /home/hadoop/flume/files
agent3.sinks.filesink.sink.rollInterval = 0

agent3.channels.jdbcchannel.type = jdbc

agent3.sources.avrosource.channels = jdbcchannel
agent3.sinks.filesink.channel = jdbcchannel
```

2. /home/hadoop/message2라는 새로운 테스트 파일을 만든다.

```
$ echo "Hello from Avro!" > /home/hadoop/message2
```

3. 플룸 에이전트를 시작한다.

```
$ flume-ng agent --conf conf -conf-file agent3.conf -name agent3
```

4. 다른 창을 열어 플룸 에이브로 클라이언트로 에이전트에 파일을 보낸다.

```
$ flume-ng avro-client -H localhost -p 4000 -F /home/hadoop/message2
```

5. 앞에서처럼 출력 디렉터리의 파일을 확인하자.

```
$ cat files/*
```

다음 화면과 같은 출력을 볼 수 있다.

보충 설명

앞에서처럼 이번에도 설정 파일을 생성했는데, 이번에는 에이전트가 에이브로 소스를 사용하게 했다. 5장에서 이야기했듯이 에이브로는 데이터 직렬화 프레임워크이다. 다시 말해, 에이브로는 한 지점에서 네트워크 너머 다른 지점으로 데이터를 묶어서 보내는 작업을 책임진다. netcat 소스와 비슷하게 에이브로 소스도 네트워크에 관한 설정 매개변수를 읽는다. 이 예제에선 로컬 장비에의 4000번 포트를 감시한다. 다른 때처럼 에이전트는 파일 싱크를 사용하도록 설정한 다음 시작했다.

플룸은 에이브로 소스와 에이브로 클라이언트를 모두 사용할 수 있다. 에이브로 클라이언트는 파일을 읽어서 네트워크 너머의 에이브로 소스로 보낼 수 있다. 이번 예제에서는 비록 로컬 장비를 이용하긴 했지만, 에이브로 클라이언트에 명시적으로 파일을 전달할 에이브로 소스의 호스트 이름과 포트를 알려줘야 했다는 사실에 주의하자. 그러므로 소스의 위치가 로컬에 있어야 한다든가 하는 제약 사항은 없다. 에이브로 클라이언트는 네트워크 어디든지 플룸 에이브로 소스에 파일을 전송할 수 있다.

에이브로 클라이언트가 파일을 읽고, 에이전트에 보내고, 파일 싱크에 쓴다. 파일 싱크 위치의 파일 내용을 확인해서 우리가 예상한 대로 동작했는지 확인하였다.

소스, 싱크, 채널

앞의 예제들에서 일부러 여러 가지 소스, 싱크, 채널을 사용해서 이 요소들이 어떻게 서로 어우러져서 동작하는지 보여줬다. 그러나 아직 자세한 내용을(특히 채널에 관해선) 이야기하진 않았다. 조금 더 깊이 있게 들어가자.

소스

여지까지 netcat, exec, 에이브로 이렇게 세 가지의 소스를 보았다. 플룸 NG는 시 퀀스 생성 소스(주로 테스트 용이다)와 syslogd 데이터를 읽는 TCP와 UDP 소스들을 지원한다. 에이전트에 각 소스별로 설정을 해 주고, 각 소스에서 플룸 이벤트를 발생시킬 만큼 충분한 데이터를 받고 나면, 연결된 채널에 이벤트를 생성해서 보낸다. 소스는 데이터를 어떻게 읽고, 어떻게 이벤트를 변환하고, 어떻게 장애 상황을 처리할 지에 관한 로직을 구현할 수 있지만 이벤트를 어떻게 저장할까에 대해서는 관여하지 않는다. 소스는 이벤트를 채널에 전달하는 역할만 맡았을 뿐, 이벤트 처리에 관한 내용에 관해선 전혀 알 필요가 없다.

싱크

플룸은 로거와 파일-롤 싱크 이외에도 HDFS, HBase(두 종류), 에이브로(에이전트 체인을 위해), null(테스트 용), IRC(인터넷 릴레이 채팅 서비스) 싱크를 지원한다. 싱크는 흐름의 방향만 반대일 뿐 소스와 유사한 개념이다.

싱크는 채널에서 이벤트가 오기를 기다리지만 채널 내부에서 일어나는 일은 전혀 모른다. 이벤트를 수신하면 싱크는 목적지로 이벤트를 보내는데 그 와중에 일어나는 타임 아웃, 재시도, 로테이션 등의 모든 이슈를 처리한다.

채널

이렇게 소스와 싱크를 연결하는 신비로운 존재인 채널이란 과연 무엇일까? 이름을 보거나 앞서의 설정 항목을 보면 짐작할 수 있듯이 이벤트 전달을 관리하는 통신, 보관 메커니즘이다.

소스와 싱크를 정의할 때, 이들 간에 데이터를 읽고 쓰는 방식에 큰 차이가 있을 수 있다. 예를 들면 exec 소스는 파일 롤 싱크보다 굉장히 빨리 데이터를 읽고 쓰기 때문에 시간 여유(파일 롤 싱크가 새로운 파일로 롤링하거나 시스템 I/O가 많을 경우)를 주기 위해 쓰기를 잠시 중단해야 할 경우가 있다. 따라서, 에이전트가 최대한 효율적으로 소스에서 싱크로 데이터를 보내게 하기 위해 채널은 버퍼가 필요하다. 그래서 설정 파일에 채널 설정부분에서 가용량capacity 같은 내용을 설정한다.

메모리 채널은 소스에서 데이터를 메모리로 읽은 후 싱크에 메모리를 통해서 전달하는 방식인 가장 이해하기 쉬운 채널이다. 하지만 만일 처리 중에 에이전트 프로세스가 죽는다면(소프트웨어 또는 하드웨어 장애로 인해) 메모리 채널에 있던 모든 이벤트는 영원히 사라진다.

이벤트를 영속적으로 보관하거나 이런 유실을 막기 위해 파일이나 JDBC 채널을 사용한다. 파일 채널은 이벤트를 소스에서 받으면 내용을 파일시스템의 파일에 저장하고 싱크에 성공적으로 전달하고 나서야 이 파일을 지운다. 이와 비슷하게, JDBC 채널도 이벤트를 내장 더비Derby 데이터베이스에 저장해서 장애 복구기능을 제공한다.

사실 이건 전통적인 성능 VS 신뢰성 트레이드 오프trade-off이다. 메모리 채널은 제일 빠르지만 데이터 유실 위험이 있다. 파일과 JDBC 채널은 느리지만 싱크에 이벤트를 확실히 전달한다고 보장하는 방식이다. 애플리케이션의 성격과 이벤트의 중요성에 따라서 어떤 채널을 선택할지 결정하자.

이 트레이드 오프에 대해서 너무 심각하게 고민하지는 말자. 실제 상황에서는 대개 어떤 채널을 써야 할지 명확하게 알 수 있다. 그리고 소스와 싱크의 안정성에 대해서도 고려해 보자. 만일 소스나 싱크가 불안정하고 이벤트를 유실할 수 있다면, 영속적인 채널을 써서 무슨 이득을 얻겠는가?

아니면 직접 만들자

이미 존재하는 소스, 싱크, 채널에 한정해서 생각하지는 말자. 플룸은 사용자가 필요하면 직접 구현할 수 있도록 인터페이스를 제공한다. 또한, 플룸 OG에 있는 컴포넌트 중 아직 플룸 NG에서는 구현하지 않았지만 앞으로 구현 예정인 컴포넌트들도 있다.

플룸 설정 파일 이해

소스, 싱크, 채널을 쭉 훑어보았으니 앞에서 봤던 설정 파일 중 하나를 좀 더 깊이 살펴보자.

```
agent1.source = netsource
agent1.sinks = logsink
agent1.channels = memorychannel
```

소스, 싱크, 채널을 정의하고 에이전트 이름과 연결시킨다. 각 줄에는 공백을 구분자로 해서 여러 개의 값을 기술한다.

```
agent1.sources.netsource.type = netcat
agent1.sources.netsource.bind = localhost
agent1.sources.netsource.port = 3000
```

여기서는 소스에 관한 설정을 명시한다. 우리는 netcat 소스를 쓰기 때문에 설정 값으로는 네트워크에 어떻게 바인드할지 명시한다. 각 소스 유형마다 필요한 설정 변수가 다르다.

```
agent1.sinks.logsink.type = logger
```

위 줄은 로거 싱크를 싱크로 사용하고 로깅 설정은 명령행이나 log4j 속성 파일을
통해서 한다는 의미다.

```
agent1.channels.memorychannel.type = memory
agent1.channels.memorychannel.capacity = 1000
agent1.channels.memorychannel.trasnsactionCapacity = 100
```

위는 사용할 채널과 채널 유형에 따른 설정 값들을 기술한다. 이 경우에는 메모리
채널을 사용하고 가용량을 기술했지만(비 영속적 채널이기 때문에) 외부 스토리지 메
커니즘에 관한 내용은 없다.

```
agent1.source.netsource.channels = memorychannel
agent1.sinks.logsink.channel = memorychannel
```

마지막 부분에서는 소스와 싱크에서 사용할 채널들을 설정한다. 각 에이전트별로
다른 설정 파일을 사용하기는 했지만, 각 에이전트 이름으로 구분할 수 있기 때문
에 하나의 설정파일에 모든 내용을 다 넣을 수도 있다. 하지만, 이 방법은 플룸을
막 공부하는 사람이 보기에 부담스럽게 큰 설정파일을 만들 수 있다. 또한 하나의
에이전트에 여러 개의 플로우를 설정할 수 있기 때문에, 예들 들면 앞의 두 예제를
하나의 설정 파일과 하나의 에이전트에 통합할 수도 있다.

도전 과제

한번 위에서 이야기한 작업을 해보자! 앞의 두 예제에서 나온 agent1과 agent2의
역할을 한 개의 에이전트가 모두 하는 설정파일을 만들어 보라.

- netcat 소스와 연결된 로거 싱크
- exec 소스와 연결된 file 싱크
- 위 각각의 소스/싱크 쌍에서 쓸 두 개의 메모리 채널

시작을 쉽게 하기 위해, 다음과 같은 형태의 컴포넌트 정의를 참조하라.

```
agent.source = netsource execsource
agentx.sinks = logsink filesink
agentx.channels = memorychannel1 memorychannel2
```

결국 모두 이벤트 처리

다른 예제를 시작하기 전에 정의를 하나 더 살펴보자. 도대체 이벤트가 무엇일까?

기억하듯이 플룸은 로그 파일을 기반으로 하기 때문에 대부분의 경우 하나의 이벤트는 개행 문자로 끝나는 한 줄의 텍스트이다. 지금까지 보았던 소스와 싱크는 이런 유형의 이벤트를 사용했다.

그러나 항상 이벤트 유형이 이렇지는 않다. 예를 들면 UDP syslogd 소스는 수신한 각 데이터 패킷을 하나의 이벤트로 간주해서 나머지 시스템에 전달한다. 하지만 이런 유형의 싱크나 소스를 사용할 때도 이벤트 정의는 변경할 수 없기 때문에 (예를 들어 파일을 읽을 때는), 줄 기반 이벤트를 사용해야 한다.

실습 예제 | HDFS에 네트워크 트래픽 저장

하둡에 관한 책인데 여태까지 플룸에 관해 이야기하면서 하둡을 사용하지 않았다. 이제 플룸으로 데이터를 HDFS에 저장해보자.

1. 플룸 작업 디렉터리에 agent4.conf 파일을 만든다.

```
agent4.sources = netsource
agent4.sinks = hdfssink
agent4.channels = memorychannel

agent4.sources.netsource.type = netcat
agent4.sources.netsource.bind = localhost
agent4.sources.netsource.port = 3000

agent4.sinks.hdfssink.type = hdfs
agent4.sinks.hdfssink.hdfs.path = /flume
agent4.sinks.hdfssink.hdfs.filePrefix = -log
agent4.sinks.hdfssink.hdfs.rollInterval = 0
agent4.sinks.hdfssink.hdfs.rollCount = 3
agent4.sinks.hdfssink.hdfs.fileType = DataStream

agent4.channels.memorychannel.type = memory
agent4.channels.memorychannel.capacity = 1000
```

```
agent4.channels.memorychannel.transactionCapacity = 100

agent4.sources.netsource.channels = memorychannel
agent4.sinks.hdfssink.channel = memorychannel
```

2. 에이전트를 시작한다.

```
$ flume-ng agent --conf conf -conf-file agent4.conf -name agent4
```

3. 다른 창에서 텔넷 연결로 일곱 개의 이벤트를 플룸에 보낸다.

```
$ curl telnet://localhost:3000
Hello
OK
Hadoop
OK
how
OK
are
OK
you
OK
today?
OK
Bye!
OK
Ctrl + C
```

4. 플룸 설정파일에서 설정한 아웃풋 디렉터리와 파일 내용을 확인한다.

```
$ hadoop fs -ls /flume
$ hadoop fs -cat "/flume/*"
```

다음 화면과 같은 결과를 얻을 수 있다.

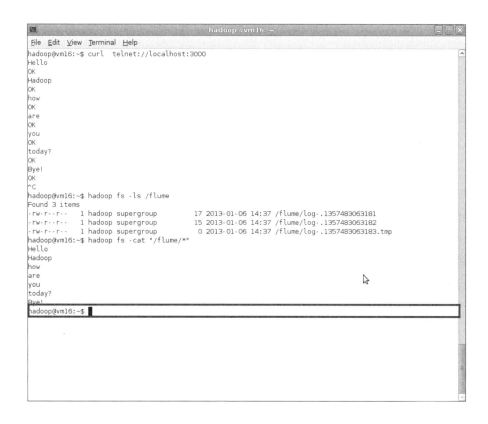

보충 설명

이번에는 netcat 소스를 HDFS 싱크와 짝지었다. 설정 파일에서 볼 수 있듯이 파일 위치, 파일 이름 접두어, 파일 롤링 정책 등을 기술해야만 한다. 이 예제에선 파일을 /flume 디렉터리 밑에 가도록 명시했고, log-로 파일이름을 시작하도록 했으며 각 파일별로 최대 세 개의 항목만 저장하도록 했다(당연히 테스트 목적으로 굉장히 낮은 값을 사용한 거다).

에이전트를 시작한 뒤, 다시 한번 curl로 플룸에 일곱 개의 단어를 이벤트로 보냈다. 그다음 입력데이터가 HDFS에 잘 써졌는지 하둡 명령행 유틸리티로 확인하였다.

세 번째 HDFS 파일의 확장자가 .tmp라는 점을 눈 여겨 보자. 하나의 파일에 세 개의 항목을 저장하도록 하고 일곱 개의 항목을 입력했다는 점을 상기하자. 따라서, 두 개의 파일은 꽉 채우고 세 번째 파일을 쓰기 시작했다. 플룸은 현재 작성중인 파일에는 .tmp 확장자를 붙임으로써 맵리듀스 잡이 파일을 처리할 때 완료된 파일과 현재 작성중인 파일을 구분하기 쉽게 만들었다.

실습 예제 | 타임스탬프 더하기

앞에서 데이터를 파일에 쓸 때 좀 더 정교한 방법이 있다고 잠시 언급했었다. 흔하게 써 먹을 수 있는 기법인 동적으로 타임스탬프를 붙여서 생성한 디렉터리에 파일 저장하기에 대해 알아보자.

1. agent5.conf 파일을 만든다.

```
agent5.sources = netsource
agent5.sinks = hdfssink
agent5.channels = memorychannel

agent5.sources.netsource.type = netcat
agent5.sources.netsource.bind = localhost
agent5.sources.netsource.port = 3000
agent5.sources.netsource.interceptors = ts

agent5.sources.netsource.interceptors.ts.type=org.apache.flume.
interceptor.TimestampInterceptor$Builder

agent5.sinks.hdfssink.type = hdfs
agent5.sinks.hdfssink.hdfs.path = /flume-%Y-%m-%d
agent5.sinks.hdfssink.hdfs.filePrefix = log-
agent5.sinks.hdfssink.hdfs.rollInterval = 0
agent5.sinks.hdfssink.hdfs.rollCount = 3
agent5.sinks.hdfssink.hdfs.fileType = DataStream

agent5.channels.memorychannel.type = memory
agent5.channels.memorychannel.capacity = 1000
```

```
agent5.channels.memorychannel.transactionCapacity = 100

agent5.sources.netsource.channels = memorychannel
agent5.sinks.hdfssink.channel = memorychannel
```

2. 에이전트를 시작한다.

```
$ flume-ng agent --conf conf -conf-file agent5.conf -name agent5
```

3. 다른 창을 열어서 텔넷 연결로 플룸에 일곱 개의 이벤트를 보낸다.

```
$ curl telnet://localhost:3000
Yet
OK
Another
OK
example
OK
of
OK
data
OK
Onto
OK
HDFS
OK
Ctrl + C
```

4. HDFS 디렉터리와 파일을 확인하자.

```
$ hadoop fs -ls /
```

출력은 다음 화면과 같다.

```
                                   hadoop@vm16: ~
File  Edit  View  Terminal  Help
hadoop@vm16:~$ curl telnet://localhost:3000
Yet
OK
another
OK
example
OK
of
OK
data
OK
onto
OK
HDFS
OK
^C
hadoop@vm16:~$ hadoop fs -ls /
Found 4 items
drwxr-xr-x   - hadoop supergroup          0 2013-01-06 14:52 /flume-2013-01-06
drwxr-xr-x   - hadoop supergroup          0 2013-01-05 23:30 /tmp
drwxr-xr-x   - garry  supergroup          0 2013-01-05 23:29 /user
drwxr-xr-x   - hadoop supergroup          0 2013-01-05 21:39 /var
hadoop@vm16:~$ hadoop fs -ls /flume-2013-01-06
Found 3 items
-rw-r--r--   1 hadoop supergroup         20 2013-01-06 14:52 /flume-2013-01-06/log-.1357483958978
-rw-r--r--   1 hadoop supergroup         13 2013-01-06 14:52 /flume-2013-01-06/log-.1357483958979
-rw-r--r--   1 hadoop supergroup          0 2013-01-06 14:52 /flume-2013-01-06/log-.1357483958980.tmp
hadoop@vm16:~$
```

보충 설명

앞서의 설정 파일을 약간 수정했다. netcat 소스에 interceptor를 추가했고 구현 클래스로 TimestampInterceptor를 지정했다.

플룸 인터셉터는 이벤트를 소스에서 채널로 전달하기 전에 조작하고 수정할 수 있는 플러그인이다. 대부분의 인터셉터는 이벤트에 메타데이터를 붙이거나(이번 경우처럼) 특정 조건에 따라 이벤트를 폐기시키기도 한다. 몇 가지 기본 제공하는 인터셉터도 있고, 사용자가 정의한 인터셉터를 붙일 수도 있다.

예제에서는 이벤트를 읽을 때 유닉스 타임스탬프를 이벤트 메타데이터에 덧붙이는 timestamp 인터셉터를 사용했다. 이 방법으로 이벤트를 저장할 HDFS 경로를 확장할 수 있다.

이전 예제에서는 모든 이벤트를 그냥 /flume 디렉터리에 기록했지만 이제 /flume-%Y-%m-%d라는 경로에 기록하게 했다. 에이전트를 실행하고 플룸에 데이터를 보낸 다음, HDFS안에 디렉터리 뒤에 년/월/일 접미사가 붙어 있는지 보았다.

HDFS 싱크는 또 소스의 호스트 명 이나 다른 임시 변수들을 붙여서 좀 더 세세한 파티셔닝을 할 수 있게 지원하다.

이런 기법의 활용 방법은 명확하다. 모든 이벤트를 하나의 디렉터리에 모두 출력해서 거대하게 만드는 대신, 자동으로 파티셔닝을 할 수 있는 수단을 제공함으로써 데이터 관리는 편하게 하고 맵리듀스 잡은 더 간명한 방법으로 데이터에 접근할 수 있다. 예를 들어 맵리듀스 잡이 대부분 시간 별 데이터를 처리한다면, 시간별로 디렉터리를 파티션 해서 플룸 이벤트를 받아오면 훨씬 작업이 편해진다.

좀 더 정확히 이야기하면, 플룸을 통해 전달되는 이벤트 틀은 초 단위까지 정확한 유닉스 타임스탬프 값을 가진다. 앞선 예제에서는 디렉터리를 만들 때 날짜와 관계된 값들만 썼지만, 좀 더 작은 단위의 디렉터리 파티셔닝이 필요하면 관련된 변수들을 가져다 쓰면 된다.

 여기서는 데이터 처리 시점의 타임스탬프만 보면 충분하다고 가정했다. 만일 일괄처리 작업한 파일을 플룸에 전달한다면, 파일의 내용물은 처리될 시점보다 앞 선 시간에 만들어졌을 수 있다. 그런 경우엔 파일의 내용물을 기반으로 타임스탬프 헤더를 만드는 커스텀 인터셉터를 구현하면 된다.

스쿱이냐 플룸이냐

이 시점에서 관계형 데이터베이스의 데이터를 HDFS로 보내려고 할 때 스쿱과 플룸 중 어느 쪽이 더 적절한가 궁금증이 들 수도 있다. 스쿱으로 이런 작업을 어떻게 할 수 있는지 9장에서 배웠었는데, 플룸으로도 자신만의 소스를 구현하거나 mysql 명령을 쓰도록 exec 소스를 만들면 이런 일을 할 수 있다.

경험적으로 볼 때, 데이터의 유형이 단순한 로그 데이터인지 좀 더 복잡한 데이터인지 보고 판단하는 게 좋다.

플룸은 로드 데이터를 처리하기 위해 만들어졌고 이 분야에서 장점이 빛난다. 그러나 대부분 경우에, 플룸은 로그 데이터 그 자체를 다른 변환 없이 그냥 소스에서 싱크로 이벤트의 형태로 전달하는 일을 한다. 만일 로그 데이터를 여러 개의 관계형 데이터베이스에 저장한다면 플룸이 적절한 선택이다. 긴 관점에서 볼 때에 로그 레코드를 데이터베이스에 저장하면 확장성의 문제가 있지만 말이다.

로그가 아닌 데이터는 스쿱을 써야만 가능한 데이터 조작 작업이 필요할 수 있다. 9장에서 스쿱을 가지고 했던 데이터 변환 작업들(예를 들면 특정 칼럼의 값만 가져온다든가 하는 등)은 플룸을 가지고는 할 수 없다. 각 필드의 값을 가지고 구조화된 데이터를 만들 때에도 플룸은 쓸 순 있지만 적절한 툴은 아니다. 만일 하이브와의 통합이 필요하면 스쿱밖에 답이 없다.

물론, 좀 더 복잡한 작업을 할 때 이 툴들을 함께 사용할 수도 있다.

플룸으로 이벤트를 HDFS에 모은 후, 맵리듀스로 처리하고 스쿱을 써서 관계형 데이터베이스에 보낼 수 있다.

실습 예제 | 다중 레벨 플룸 네트워크

이야기했던 내용들을 가지고 플룸 에이전트가 다른 에이전트를 싱크로 사용하는 방법에 대해 알아보자.

1. agent6.conf 파일을 만든다.

```
agent6.sources = avrosource
agent6.sinks = avrosink
agent6.channels = memorychannel

agent6.sources.avrosource.type = avro
agent6.sources.avrosource.bind = localhost
agent6.sources.avrosource.port = 2000
```

```
agent6.sources.avrosource.threads = 5

agent6.sinks.avrosink.type = avro
agent6.sinks.avrosink.hostname = localhost
agent6.sinks.avrosink.port = 4000

agent6.channels.memorychannel.type = memory
agent6.channels.memorychannel.capacity = 1000
agent6.channels.memorychannel.transactionCapacity = 100

agent6.sources.avrosource.channels = memorychannel
agent6.sinks.avrosink.channel = memorychannel
```

2. 앞에서 만든 agent3.conf를 가지고(에이브로 소스와 파일 싱크를 사용하는) 에이 전트를 시작한다.

```
$flume-ng agent --conf conf -conf-file agent3.conf -name agent3
```

3. 두 번째 창을 띄워서 다른 에이전트를 시작한다. 이 에이전트는 1번에서 만 든 파일을 이용한다.

```
$flume-ng agent --conf conf -conf-file agent6.conf -name agent6
```

4. 세 번째 창을 띄워서 에이브로 클라이언트를 써서 각 에이전트에게 파일을 보낸다.

```
$ flume-ng avro-client -H localhost -p 4000 -F /home/hadoop/message
$ flume-ng avro-client -H localhost -p 2000 -F /home/hadoop/message2
```

5. 결과 디렉터리의 파일과 파일 내용을 확인한다.

보충 설명

제일 처음, 에이브로 소스와 에이브로 싱크를 사용하는 에이전트를 정의했다. 에이브로 싱크는 지금 처음 사용했다. 이벤트를 로컬이나 HDFS에 쓰지 않고, 이 싱크는 에이브로를 사용해서 원격의 소스에 이벤트를 보낸다.

새로운 에이전트를 시작하고, 앞에서 사용했던 agent3을 시작했다. 이 에이전트는 에이브로 소스와 파일 롤 싱크를 사용한다는 사실을 상기해보자. 첫 번째 에이전트의 에이브로 싱크가 두 번째 에이전트의 에이브로 싱크를 가리키도록 설정해서 데이터-라우팅 체인을 만들었다.

두 에이전트를 실행하고, 에이브로 클라이언트를 써서 두 에이전트에 파일을 보내고 agent3 싱크의 목적지로 설정한 위치에 파일이 있는지 확인했다.

이 기능을 응용해 더 많은 일을 할 수 있다. 플룸의 이 기능을 기본으로 해서 어떤 복잡한 분산 이벤트 수집 네트워크도 만들 수 있다. 각 에이전트 하나 하나를 따로 생각할 게 아니라, 여러 유형의 에이전트들이 각각 다른 유형의 이벤트들을 다음 링크에 전달하면, 이 지점에서 각 이벤트를 모으는 식의 그런 체인을 구성한다고 생각해보라.

실습 예제 | 여러 개의 싱크에 데이터 쓰기

이런 네트워크를 구성하기 위해서는 데이터를 여러 개의 싱크에 쓰는 에이전트가 필요하다. 만들어보자.

1. agent.conf 파일을 만든다.

```
agent7.sources = netsource
agent7.sinks = hdfssink filesink
agent7.channels = memorychannel1 memorychannel2

agent7.sources.netsource.type = netcat
agent7.sources.netsource.bind = localhost
agent7.sources.netsource.port = 3000
agent7.sources.netsource.interceptors = ts

agent7.sources.netsource.interceptors.ts.type = org.apache.flume.
interceptor.TimestampInterceptor$Builder

agent7.sinks.hdfssink.type = hdfs
agent7.sinks.hdfssink.hdfs.path = /flume-%Y-%m-%d
agent7.sinks.hdfssink.hdfs.filePrefix = log-
agent7.sinks.hdfssink.hdfs.rollInterval = 0
agent7.sinks.hdfssink.hdfs.rollCount = 3
agent7.sinks.hdfssink.hdfs.fileType = DataStream

agent7.sinks.filesink.type = FILE_ROLL
agent7.sinks.filesink.sink.directory = /home/hadoop/flume/files
agent7.sinks.filesink.sink.rollInterval = 0

agent7.channels.memorychannel1.type = memory
agent7.channels.memorychannel1.capacity = 1000
```

```
agent7.channels.memorychannel1.transactionCapacity = 100

agent7.channels.memorychannel2.type = memory
agent7.channels.memorychannel2.capacity = 1000
agent7.channels.memorychannel2.transactionCapacity = 100

agent7.sources.netsource.channels = memorychannel1 memorychannel2
agent7.sinks.hdfssink.channel = memorychannel1
agent7.sinks.filesink.channel = memorychannel2

agent7.sources.netsource.selector.type = replicating
agent7.sources.netsource.selector.header = state
agent7.source.netsource.selector.mapping.type1 = memorychannel1
#agent7.sources.netsource.selector.mapping.default = memorychannel2
```

2. 에이전트를 시작한다.

```
$ flume-ng agent --conf conf -conf-file agent7.conf -name agent7
```

3. 텔넷으로 연결해 플룸에 이벤트를 보낸다.

```
$ curl telnet://localhost:3000
```

다음과 같은 응답을 얻는다.

Replicating!

HDFS와 파일 싱크의 내용을 확인해보자.

```
$ cat files/*
$ hadoop fs -cat "/flume-*/*"
```

출력은 다음 화면과 같다.

```
File Edit View Terminal Help
hadoop@vm16:~/flume$ curl telnet://localhost:3000
Replicating!
OK
^C
hadoop@vm16:~/flume$ more files/1357486421382-1
Replicating!
hadoop@vm16:~/flume$ hadoop  fs -cat "/flume-2013-01-06/*"
Replicating!
hadoop@vm16:~/flume$
```

하나의 netcat 소스와 파일 싱크와 HDFS를 사용하는 설정 파일을 만들었다. 그이후에, 소스를 두 개의 싱크 각각에 연결하는 메모리 채널들을 만들었다.

그리고 소스 셀렉터 타입을 모든 채널에 이벤트를 전달하는 replicating으로 만들었다.

여느 때처럼 에이전트를 시작하고 소스에 이벤트를 보내고 나서 이벤트가 파일시스템과 HDFS 싱크 모두에 기록됐는지 확인하였다.

레플리케이팅과 멀티플렉싱 셀렉터

소스 셀렉터에는 방금 봤던 레플리케이팅replicating과 멀티플렉싱multiplexing 이렇게 두 가지 모드가 있다. 멀티플렉싱 소스 셀렉터는 헤더 필드의 값을 보고 이벤트를 어느 채널로 보낼지 판단한다.

싱크 오류 처리

출력 목적지의 성격에 따라, 싱크는 작업에 실패하거나 오랜 시간 동안 응답을 하지 않을 수 있다. 여느 입력/출력 장치들처럼 싱크도 열화되거나, 저장할 공간이 없거나, 연결이 끊어질 수도 있다.

플룸은 소스 셀렉터에 리플리케이션 이나 멀티플렉싱 방식을 지원하는 것처럼 싱크 프로세서에도 같은 기능을 지원한다.

종류로는 페일오버failover 싱크 프로세서와 로드 밸런싱load balancing 싱크 프로세서가 있다.

싱크 프로세서는 싱크들은 그룹으로 묶어서 보고, 이벤트가 도착했을 때 싱크의 유형 따라 다른 식으로 작동한다. 로드 밸런싱 싱크 프로세서는 이벤트가 도착할 때 라운드-로빈 이나 랜덤 알고리즘을 이용해서 다음에 어느 싱크로 이벤트를 보낼까 결정한다. 만일 싱크 작업이 실패하면 이벤트를 다른 싱크로 다시 보내지만, 장애가 발생한 싱크도 풀에 그냥 남겨둔다.

반면에 페일오버 싱크는 싱크들을 우선순위 리스트로 보고, 만일 높은 우선순위의 싱크에서 오류가 발생하면 우선순위가 낮은 싱크에서 다시 시도한다. 오류가 발생한 싱크는 리스트에서 일단 제거하고, 일정 시간이 지나면 다시 이 싱크에도 작업을 한다. 이 '일정 시간'은 작업 실패가 발생할 때마다 늘어난다.

도전 과제 | 싱크 오류 처리

세 개의 HDFS 싱크가 각각 다른 위치에 데이터를 쓰는 플룸 설정을 만들어보라. 로드 밸런서 싱크 프로세서로 이벤트가 각 싱크에 쓰여졌는지 확인하고, 페일오버 싱크 프로세서로 우선순위 처리를 하자.

에이전트가 우선순위가 가장 높은 프로세서가 아닌 다른 프로세서를 선택하도록 만들 수 있을까?

실 세계로 한 걸음 더

이제 플룸의 중요 기능은 대부분 다루었다. 앞에서 설명했듯이 플룸은 프레임워크이므로 주의해서 고려하고 사용해야 한다. 플룸은 이전까지 보았던 어떤 제품보다 더 유연한 배포 모델을 제공한다.

소스와 싱크를 채널로 연결하고 멀티 에이전트와 멀티 에이전트 구성을 사용한 변형등의 상대적으로 적은 기능 셋을 제공하기 때문에 오히려 더 유연하다. 그렇게 대단한 기능처럼 보이지 않을 수도 있지만, 이 기능을 기본으로 해서 여러 웹 서버 팜의 로그를 하둡 클러스터에 저장하는 등의 시스템을 만든다고 생각해보자.

- 서버 팜의 각 노드는 로컬의 로그 파일을 긁어 모으는 에이전트를 실행한다.

- 각 팜마다 고 가용성의 로그 파일이 다 모이는 지점이 있고, 이 곳에서는 이벤트를 가지고 약간의 처리를 거친 후 메타데이터를 추가하고 세 종류의 레코드로 분류한다.

- 첫 단계의 군집 지점은 하둡 클러스터에 접근하는 에이전트들 중 하나로 이벤트들을 보낸다. 이 군집 지점은 여러 곳으로 이벤트를 보낼 수 있기 때문에, 유형 1과 2인 이벤트는 첫 번째 에이전트로, 유형 3인 이벤트는 두 번째 에이전트로 이벤트를 보낸다.

- 최종 군집 지점에서는 유형 1과 2인 이벤트를 HDFS의 각각 다른 위치에 저장하고, 유형 2인 이벤트는 로컬 파일시스템에도 쓴다. 유형 3인 이벤트는 바로 HBase에 저장한다.

단순한 기본 기능을 이용해서 이렇게 복잡한 시스템을 구현할 수 있다는 사실이 놀랍지 않은가!

도전 과제 | 실 세계로 한 걸음 더

앞에서 이야기한 시나리오를 머리 속으로 하나하나씩 따라 가면서 각 단계에서 어떤 플룸 셋업을 해야 하는지 생각해보라.

더 큰 그림

한 지점의 데이터를 다른 지점으로 모으는 일처럼 '단순한' 일은 실제 데이터 수집작업에서는 잘 일어나지 않는다는 사실을 알아야 한다. 최근에 데이터 생명주기 관리data lifecycle management 같은 용어를 많이들 쓰는 데는 이유가 있다. 시스템 사이로 데이터가 흘러 넘치기 전에 고려해야 할 사항에 대해서 간단히 살펴보자.

데이터 생명주기

데이터 생명주기 관점에서 가장 중요한 질문은 스토리지 비용보다 더 높은 가치를 데이터에서 얻어낼 수 있는 기간이 얼마나 되느냐이다. 데이터를 영원히 보관하고 싶겠지만 데이터가 늘어남에 따라 저장 비용도 점점 더 늘어난다. 저장 비용은 단순히 장비 가격뿐만이 아니다. 많은 시스템들은 용량이 늘어남에 따라 성능도 비례해서 떨어진다.

이 질문에 대한 답은 기술적 요소만으로 결정해서는(가끔 그래야 할 때도 있지만) 안된다. 대신에, 비즈니스 관점에서 데이터의 가치와 비용을 판단해야 한다. 때로는 데이터가 금방 아무 쓸모 없어지기도 하고, 어떤 때는 경쟁력 재고나 법적 이유로 데이터를 지우지 못 할 때도 있다. 각 상황에 따라서 적절하게 판단하고 행동하라.

물론, 데이터를 보관하거나 또는 지우거나 이분법적인 결정이 아니라는 사실을 기억해야 한다. 오래된 데이터는 싸고 성능이 낮은 스토리지로 옮겨놓을 수 있다.

스테이징 데이터

데이터 처리의 한 측면으로 데이터를 어떻게 맵리듀스 같은 처리 플랫폼에 보낼 것인지 생각해야 한다. 여러 곳의 데이터 소스에서 온 데이터를 한 곳에 전부 다 저장하는 일은 웬만하면 피해야 한다.

앞에서 보았듯이, 이런 상황에서 플룸이 데이터를 HDFS의 어떤 위치에 저장할지 변수로 지정할 수 있는 기능은 굉장히 유용하다. 하지만, 가끔은 데이터를 한 곳에 모두 모아놓고 이 위치를 처리 전 스테이징staging 영역으로 보는 방법도 유용하다.

처리를 마친 후에, 이 스테이징 영역에 있던 데이터는 장기 보관을 위해 잘 구조화된 디렉터리로 옮길 수 있다.

스케줄링

처리 흐름 중간중간에 무언가 다른 처리를 해야 하는 부분들이 많다. 앞에서 맵리듀스가 파일을 처리하기 전에 플룸이 HDFS에 데이터를 써야 한다고 했는데, 어떻게 이 작업들을 스케줄링 할까? 반대로 어떻게 처리를 마친 오래된 데이터를 처리할까?(지울까 아니면 다른 곳으로 모을까) 하다 못해 소스 호스트의 로그 파일들은 어떻게 지울까?

로그 파일 처리 같은 작업들은 리눅스의 logrotate 같은 시스템들로 처리할 수 있지만, 다른 작업은 직접 처리 시스템을 만들어야 할 수도 있다. 아마 cron 같은 툴로도 충분할 수 있지만 시스템이 점점 복잡해짐에 따라서 좀 더 정교한 스케줄링 시스템을 만들어야 할 수도 있다. 11장에서 이런 용도의 시스템 중 하둡과 잘 결합된 시스템을 간단히 이야기하겠다.

정리

10장에서는 네트워크 너머의 데이터를 가져와서 하둡이 처리할 수 있게 하는 방법에 대해 이야기했다. 하둡에 특화된 플룸 같은 툴을 사용할 수 있지만, 문제 자체는 매우 일반적인 문제이고, 문제 해결의 원칙은 하둡에만 한정된 건 아니다. 특히, 하둡에 쓸 데이터 타입을 네트워크와 파일 데이터로 분류해서 이야기했다. 이미 만들어진 명령행 툴을 이용해서 데이터를 가져오는 방법에 대해서 조금 이야기했다. 비록 쓸 수 있기는 하지만, 이 방법은 복잡한 상황에 사용하기 위해서 더 정교하게 확장하기가 힘들다.

데이터(특히 로그 파일)를 네트워크 너머로 전달하는 방식을 정의하고 관리하는 유연한 프레임워크인 플룸을 살펴봤다. 그리고 소스에 도착한 데이터를 채널을 통해 처리하고 싱크에 쓰는 플룸 아키텍처에 관해 배웠다.

그리고 여러 유형의 소스, 싱크, 채널 같은 여러 플룸의 기능에 대해 배웠다. 단순한 프레임워크로 어떻게 복잡한 시스템을 만들어 내는지 배우고 데이터 관리에 관한 좀 더 일반적인 이야기를 하며 10장을 마쳤다.

여기까지가 이 책의 주요 내용이다. 11장에서는 흥미로운 다른 프로젝트 몇 가지를 간단하게 이야기하고 커뮤니티에 참여하는 방법과 지원 받는 방법에 대해 이야기하겠다.

11

다음 선행지

이 책은 책 제목에서처럼 하둡 입문자에게 상세한 기술과 응용 지식을 제공한다. 지금까지 살펴본 바로는 하둡 제품보다 하둡 에코시스템에 더욱 큰 가치가 있다. 11장에서는 앞으로 화두가 될만한 하둡 영역을 살펴보겠다.

11장에서 다루는 내용은 다음과 같다.

- 이 책에서 다룬 내용
- 이 책에서 다루지 않은 내용
- 다가오는 하둡의 변화
- 아파치 외의 하둡 배포판
- 하둡 외에 중요한 아파치 프로젝트
- 다양한 하둡 프로그래밍 방식
- 하둡 정보와 도움을 받을 장소

책에서 다룬 내용과 다루지 않은 내용

이 책은 하둡 입문자를 위해 작성되었으며 하둡의 주요 개념과 툴에 대한 튼튼한 기반을 잡아주는 역할을 목표로 하고 있다.

하둡은 초기에 작은 코어 프로젝트로 시작했는데 최근 몇 년 동안 하둡 에코시스템은 놀랍게 성장했다. 아파치 이외의 하둡 배포판도 존재하며 이 중 확장 기능이 내장된 상용 버전도 있다. 하둡을 기반으로 개발된 프로젝트는 상상할 수 없을 만큼 많으며 각각 고유한 분야의 기능이나 기존 프로젝트의 대안을 제공한다. 오늘날은 하둡 관련 프로젝트를 시작하기 매우 적절하고 흥미진진한 순간이다. 어떤 프로젝트가 하둡 세상에서 성장하고 있는지 알아보자.

 물론 하둡 에코시스템에 대한 의견은 저자의 독자적인 생각과 관심으로 선입견이 있을 수 있으며, 시간의 흐름에 따라 하둡 커뮤니티의 관심분야는 크게 바뀔 수 있다. 바꿔 말하면 11장의 내용이 전부는 아니며 패밀리 레스토랑의 애피타이저 정도로 생각하면 된다.

다가오는 하둡의 변화

다양한 하둡 배포판을 살펴보기 전에 앞으로 다가올 하둡의 변화를 미리 알아보자. 하둡 2.0의 HDFS의 백업 네임노드와 체크포인트 네임노드를 통한 네임노드 HA 등의 변화는 이미 살펴봤다. 이는 HDFS에 가용성을 더해줄 매우 중요한 기능인데, 특히 기업정보 보호와 클러스터의 작업 절차를 크게 발전시킬 것이다. 네임노드 HA는 단순한 트렌드 변화의 과정이 아니다. 일이 년 내로 지금까지 하나의 네임노드로 운영을 해왔다는 사실이 믿겨지지 않을 정도로 하둡 구성의 필수 항목이 될 것이다.

하둡이 빠르게 변하는 동안 맵리듀스도 제자리일 수는 없다. 맵리듀스에 가해지는 업데이트는 주로 가시적이기보단 내부적인 변화가 많다.

맵리듀스의 추가 개발은 MapReduce 2.0 또는 MRv2 이름 하에 이뤄지고 있다. 하지만 최근에는 얀YARN: Yet Another Resource Negotiator으로 불리는데, 추가 개발은 주로 맵리듀스보다 플랫폼으로 제공되는 하둡을 초점으로 이뤄지고 있기 때문이다. 얀의 목표는 다양한 애플리케이션에 클러스터 리소스를 분배하는 하둡 프레임워크로 성장하는 것이다(맵리듀스는 다양한 애플리케이션 중 하나가 된다).

잡트래커는 두 가지 작업을 수행한다. 하나는 맵리듀스 잡의 진행률을 관리하면서 가용 가능한 클러스터 자원을 모니터링하는 것이고, 둘째는 자원을 잡의 각 단계별로 제공하는 것이다. 얀은 이 역할을 각 호스트의 노드매니저NodeManager를 이용해 클러스터의 자원을 관리하는 리소스매니저ResourceManager와, 리소스매니저에 통신하여 잡에 필요한 자원을 결정하는 애플리케이션마스터ApplicationMaster로 분리한다.

얀에 내포된 맵리듀스 인터페이스는 그대로 유지되므로 클라이언트에서 변경할 건 없다. 이미 작성된 코드는 수정 없이 정상 수행된다. 다만 앞으로는 새로운 애플리케이션마스터가 개발되면서 하둡이 처리할 수 있는 작업 유형이 늘어나면서 일반화 될 것이다. 얀에 선행 적용된 예로는 공학계산에 주로 사용되는 스트림 처리 방식인 MPIMessage Passing Interface가 있다.

다양한 하둡 배포판

2장에서 하둡 홈페이지에 접속하여 설치 패키지를 받았는데 하둡을 제공하는 곳은 아파치뿐이 아니다. 재미있는 사실은 아파치 배포판을 사용하는 운영 환경은 실제로 드물다.

다른 배포판을 사용하는 이유

하둡은 오픈소스 소프트웨어다. 누구나 아파치 라이선스에 동의하면 하둡 릴리즈를 생성할 수 있다. 지금까지 별도의 하둡 배포판이 생성된 배경에는 두 가지 이유가 있다.

소프트웨어 번들

일부 제공자는 하이브와 HBase, 피그 등의 프로젝트를 하둡과 함께 빌드하여 번들로 배포하고 싶어한다. 수동 설치가 까다롭기로 악명 높은 HBase를 제외하면 대부분 프로젝트의 설치는 쉬운 편인데, 실 데이터가 운영 클러스터에 입력되기 전까지는 버전 호환성을 가늠하기 힘들다. 번들된 배포판은 호환성이 입증된 버전의 프로젝트로 구성된다. 번들된 배포판은 타르볼tarball 파일로 제공될 뿐 아니라 RPM, YUM, APT과 같은 패키지매니저를 통해 손쉽게 설치할 수 있다.

무료와 상용 확장판

하둡이 비교적 심의가 강하지 않은 배포판 라이선스의 오픈소스 프로젝트인 관계로 개발자는 하둡에 기능을 추가하여 기업용 확장판으로 배포하고 상용 또는 무료로 제공할 수 있다.

성공한 오픈소스 프로젝트를 상용화하는 행위는 오프소스 커뮤니티에서 꽤나 민감한 부분인데 일부는 이를 오픈소스 커뮤니티의 노고를 큰 노력 없이 갈취하는 것으로 취급하고 일부는 기존 프로젝트는 무료로 제공되고 개인 또는 기업체에서 이를 상용 버전과 무료 버전으로 제공하는 것은 아파치 라이선스의 근본 개념으로 본다. 어느 관점이 옳은지는 여러분이 판단하면 되는데 이와 같은 논의는 언제 어디서나 발생한다.

별도의 배포판이 존재하는 이유를 설명했으니 몇 가지 예를 살펴보자.

클라우데라 하둡 배포판

가장 널리 사용되는 클라우데라 하둡 배포판CDH이 있다. 클라우데라는 스쿱을 개발하여 오픈소스로 등록했으며 현재 더그 커팅Doug Cutting이 종사하고 있는 회사이기도 하다. 클라우데라 배포판은 http://www.cloudera.com/hadoop에서 제공하며 하둡과 하이브, 피그, HBase부터 스쿱, 플룸 같은 툴까지 다양한 아파치 제품을 포함한다. 마하웃Mahout과 워Whirr처럼 덜 알려진 제품도 포함한다. 자세한 내용은 다음에 설명하겠다.

CDH는 다양한 패키지 형태로 제공되며 설치만으로 바로 사용할 수 있게 구성됐다. 하둡의 경우 네임노드, 태스크트래커 등과 같은 패키지로 분리되었으며 각 패키지는 리눅스의 서비스 기능과 병합된다.

CDH는 기존 아파치 하둡에서 갈라진 첫 번째 배포판이며 품질과 마감이 좋은 동시에 무료로 제공되어 큰 인기를 얻고 있다. 클라우데라는 추가로 하둡 관리 툴 같은 상용 제품도 제공하며, 교육, 기술 지원, 컨설팅 등 다양한 서비스를 제공한다. 자세한 내용은 클라우데라 홈페이지를 참고하기 바란다.

호튼웍스 데이터 플랫폼

2011년 야후의 하둡 개발팀은 호튼웍스Hortonworks 회사로 분리됐다. 호튼웍스는 자체적으로 호튼웍스 데이터 플랫폼HDP 하둡 배포판을 생성했고 http://hortonworks.com/products/hortonworksdataplatform/에서 받아볼 수 있다.

HDP는 전체적으로 CDH와 비슷하지만 주요 활용 또는 관심 분야는 다르다. 호튼웍스의 HDP는 관리툴을 포함하여 완전한 오픈소스로 진행 중이고 탈랜드 오픈 스튜디오Talend Open Studio와 같은 툴을 지원하면서 주요 통합 플랫폼으로 자리잡고 있다. 호튼웍스는 상용 소프트웨어를 제공하지 않는 대신 HDP를 대상으로 전문 서비스와 고객지원을 제공한다.

클라우데라와 호튼웍스는 충분한 벤처사의 투자와 전문 엔지니어들을 바탕으로 운영되고 있다. 특히 두 회사 모두 하둡 오픈소스에 상당한 기여도와 영향력이 있는 엔지니어로 구성됐다. 배포판 내부적으로는 아파치 제품과 유사하지만 차별 점으로 패키지 방식과 버전관리, 각 회사 특유의 서비스와 가치를 부여해 배포하고 있다.

맵알

세 번째 배포판은 맵알MapR Technologies에서 제공하는 데 배포판 이름 역시 맵알이라고 부른다. 배포판은 http://www.mapr.com에서 받을 수 있고 하둡 기반의 배포판이지만 수많은 변경 작업과 기능개선이 이뤄졌다.

맵알의 특징은 높은 성능과 가용성이며 특히 7장에서 배운 하둡 네임노드와 잡트 래커의 취약한 가용성을 보완하고자 고가용성HA을 지원한 첫 번째 배포판이다. 네트워크 파일시스템NFS과의 네이티브 연동을 지원하고 HDFS을 POSIX를 완전 지원하는 파일시스템으로 대체하여 원격 마운트가 간단해졌다. 전체적으로 기존 데이터의 활용이 더욱 손쉬워졌다.

맵알은 무료와 상용 배포판을 제공하고, 물론 무료 배포판이 상용버전의 모든 기능을 포함하진 않는다. 상용 배포판 구입시 기술지원과 교육, 컨설팅을 함께 제공한다.

IBM 인포스피어 빅인사이트

마지막으로 살펴볼 배포판은 IBM에서 제공한다. IBM 인포스피어 빅인사이트InfoSphere Big Insights 배포판은 http://www-01.ibm.com/software/data/infosphere/biginsights/에서 받을 수 있고 맵알과 마찬가지로 상용 배포판은 오픈소스 하둡 코어에 확장 기능을 포함한다.

빅인사이트는 두 버전으로 제공된다. 무료 'IBM 인포스피어 빅인사이트 베이직 에디션'과 상용 'IBM 인포스피어 빅인사이트 엔터프라이즈 에디션'이다. '빅인사이트' 이름과 같이 이름이 참 길다. 베이직 에디션은 아파치 하둡 제품의 기능 향상 제품이고 무료 관리/배포 툴을 제공하는 동시 다른 IBM 제품과의 연동도 가능하다.

엔터프라이즈 에디션은 베이직 에디션과 약간 다른데 아키텍처 상 하둡보다 한층 위의 소프트웨어이며 CDH와 HDP 같은 타사 배포판과 함께 사용할 수 있다. 엔터프라이즈 에디션은 다양한 데이터 시각화와 비지니스 분석 & 처리 툴을 제공한다. 인포스피어 스트림과 DB2, GPFS와 같은 다른 IBM 제품과의 원활한 연동도 가능하다.

배포판 선택

지금까지 살펴본 바와 같이 오픈소스 제품들을 통합하고 간편하게 패키지된 배포판부터 분석 계층을 포함하는 상용 배포판까지 다양한 제품이 있다. 이중 으뜸인 배포판은 없는 관계로 필요에 따라 잘 생각해보고 선택해야 한다. 위의 배포판 모두 무료 배포판을 제공하므로 최소한 한 번씩 무료 버전을 경험해보는 것도 선택에 큰 도움이 된다.

다른 아파치 프로젝트

번들 배포판이나 아파치 하둡을 사용해보면 하둡과 관련된 아파치 프로젝트를 접할 기회가 자주 있을 것이다. 이 책에서 이미 하이브, 스쿱, 플룸을 다뤘고 그 외 프로젝트를 짧게 소개하는데, 주요 기능만 소개하여 다양한 프로젝트를 경험하는 데 초점을 맞추겠다. 새로운 기술은 끊임없이 나타나므로 항상 신 기술을 익히는 습관을 들이자.

HBase

HBase는 이 책에서 설명하지 않았지만 가장 인기 있는 하둡 관련 프로젝트이다 (http://hbase.apache.org). 구글의 연구 논문인 빅테이블 데이터 저장소 모델을 따라 개발된 HBase는 HDFS 기반 비관계형 데이터 스토어이다.

맵리듀스와 하이브는 배치성 데이터 처리패턴에 초점을 맞추는 반면 HBase는 데이터 접근의 빠른 지연율을 위해 개발됐다. 결과적으로 HBase는 지금까지 배운 기술과는 달리 직접적인 사용자 서비스에 적합하다.

HBase 데이터 모델은 하이브와 RDBMS 같이 관계형 모델은 아니고, 스키마 없이 데이터의 칼럼기반 관점을 제공하는 키/값 솔루션이다. HBase에 입력되는 데이터에 따라 칼럼은 런타임에 추가될 수 있다. 로우키에서 칼럼으로 효과적인 키 벨류 매핑이 가능하므로 읽기 속도가 매우 빠르다. 추가로 데이터에 타임스템프를 찍어 데이터에 다차원 관점을 제공하므로 사용자가 특정 시점의 데이터를 읽을 수 있다.

이러한 데이터 모델은 매우 강력하지만 관계형 모델이 항상 옳은 선택이 아닌 것처럼 HBase도 모든 상황에 적합한 건 아니다. 하지만 하둡에 저장된 대규모 데이터에 구조화된 빠른 관점이 필요하다면 HBase를 가장 먼저 선택해야 할 것이다.

우지

하둡 클러스터만 있다고 모든 게 자동으로 처리되는 건 아니고 다른 시스템이나 워크플로우와 연동해야 한다. 우지Oozie(http://oozie.apache.org)는 하둡기반 워크플로우 스케줄러이다.

간단히 말해서 우지는 시간 설정(예: 매 시간)이나 데이터 설정(예: 데이터가 특정 위치에 전달됐을 때)을 사용해 맵리듀스 잡을 편성한다. 이렇게 하여 다 단계 작업의 흐름을 시작부터 끝까지 설계할 수 있다.

우지는 맵리듀스 잡 이외에 하이브나 피그 작업도 편성할 수 있고 하둡과 전혀 관련 없는 이메일 보내기와 셸 스크립트 실행, 원격 명령어 수행 등의 작업까지도 편성할 수 있다.

작업흐름을 구성하는 데는 여러 가지 방법이 있는데 가장 흔한 방법은 펜타호 캐틀(http://kettle.pentaho.com)이나 스프링 배치(http://static.springsource.org/spring-batch)와 같은 ETLExtract Transform and Load 툴이다. 이들은 하둡의 일부 기능과의 연동을 제공하지만 그렇지 않는 기존 워크플로우 엔진도 있다. 하둡과의 핵심적인 연동을 바탕으로 작업의 흐름을 구성하는 작업에서 기존 워크플로우 툴을 교체할 수 있다면 우지를 고려해보자.

워

아마존 AWS 서비스를 이용해 하둡을 활용할 계획이라면 EC2에 하둡을 설치하기보다는 한 단계 높은 개념인 EMR 서비스를 사용하는 게 훨씬 쉽다. 설치를 도와줄

스크립트가 있다 하더라도 클라우드 인프라 기반의 하둡 설치는 손이 많이 든다. 이런 환경에서 사용할 수 있는 프로젝트가 워Whirr(http://whir.apache.org)이다.

워는 하둡 기반이 아니다. 기반 시스템에 독립적인 클라우드 서비스 초기 구성 기술이며 하둡은 하나의 예이다. 워는 프로그램 코딩으로 클라우드 인프라에 하둡 기반 서비스 구축을 가능하게 하는데 기반 시스템에 독립적이므로 EC2에 생성한 코드는 전혀 다른 시스템인 렉스페이스Racksapce나 유칼립터스Eucalyptus에 사용할 수 있다. 워는 클라우드 제공 벤더사의 이동을 자유롭게 해준다.

아쉽게도 워를 이용해 생성할 수 있는 서비스는 아직 제한적이며 현재 AWS만 제공한다. 그래도 클라우드 환경 구축에 큰 도움을 주니 워 프로젝트 진행 상황을 주기적으로 확인하자.

마하웃

지금까지 소개해온 프로젝트는 특정 분야보다 일반 용도로 독립적으로 사용된다. 아파치 마하웃Mahout(http://mahout.apache.org)은 하둡과 맵리듀스 기반의 머신러닝 알고리즘을 포함한 라이브러리이다.

마하웃은 대규모 데이터 셋에서 의미 있는 값을 추출하는 머신러닝 애플리케이션에 매우 적합하다. 마하웃은 클러스터링과 추천 같은 머신러닝 기술 구현체를 제공한다. 데이터 크기가 크고 특정 데이터의 패턴과 관계, 또는 세부 데이터를 찾고자 하면 마하웃을 살펴보기 바란다.

MRUnit

마지막으로 소개될 아파치 하둡 프로젝트도 하둡 환경에서 사용할 수 있는 툴이다. 큰 그림에서 보면 맵리듀스 작업이 잠재적 원인으로 자주 실패할 경우 얼마나 많은 기술을 사용했는지 어떤 배포판을 사용했는지는 상관이 없다. 최근 아파치 프로젝트로 등록된 MRUnit이 해결해줄 것이다.

맵리듀스 잡 개발은 어려울 수 있고 (특히 개발 초기) 테스트와 디버깅은 거의 불가능 했다. MRUnit은 이름에서 알려주듯이 JUnit과 DBUnit의 테스트 모델을 적용하여 코드의 품질을 높여줄 테스트를 작성하고 수행하는데 필요한 프레임워크를 제공한다. 테스트 시험조를 생성하고 테스트 자동화와 빌드 툴에 연동하면 맵리듀스 개발에선 상상할 수 없었던 표준 테스트 작업이 맵리듀스에서도 가능해진다.

맵리듀스 잡을 개발해본 사람이면 MRUnit은 당연히 관심이 갈 것이다. 그만큼 중요한 프로젝트이므로 한번 살펴보기 바란다.

다양한 하둡 프로그래밍 방식

하둡은 기능면에서만 추가 개발되는 건 아니다. 가끔 180도 다른 코드 작성 방식으로 하둡의 데이터를 처리하게 해주는 툴도 있다.

피그

이미 8장에서 피그Pig(http://pig.apache.org)를 언급했었기 때문에 짧게 넘어가겠다. 한 가지 기억해야 할 점은 피그는 맵리듀스 코드나 하이브 쿼리 스크립트를 작성하는 것보다 하둡 프로세스의 데이터 흐름을 잘아는 개발자나 프로세스가 있는 경우에 유용할 것이다. 피그와 하이브의 가장 큰 차이점은 피그는 명령형 언어(수행 절차를 정의)이며 하이브는 선언형 언어(원하는 결과를 정의)이다.

캐스캐이딩

캐스캐이딩Cascading은 아파치 프로젝트가 아니지만 오픈소스이며 http://www.cascading.org에서 받을 수 있다. 하이브와 피그는 각각 데이터 처리에 사용하는 언어를 명백히 정의하지만 캐스캐이딩은 그보다 하이레벨 개념을 제공한다.

케스케이딩으로 하나 이상의 맵리듀스 잡이 어떻게 처리되는지와 맵리듀스 잡 간 데이터를 어떻게 공유하는지 고민하는 대신, 이 모델은 하나 이상의 pipe와 joiner, tap과 같은 구조로 나타내는 데이터 흐름이다. 프로그램 언어로 구성되며 캐스캐이딩이 클러스터의 워크플로우 변형과 배포, 수행을 관리 한다. 주요 API는 자바로 개발되었지만 다양한 언어와 연동된다.

맵리듀스와 선언형 언어인 피그와 하이브가 적합하지 않고 더 높은 개념의 인터페이스가 필요하다면 캐스캐이딩의 프로그래밍 모델이 유용할 수 있다.

AWS 자원

사용자 관리 방식의 AWS 클러스터에는 다양한 하둡 기술들이 접목될 수 있다. 여기에 추가로 아마존은 하둡을 서비스 형태로 제공하는 EMR처럼 몇 가지 기술을 서비스 형태로 제공한다.

EMR에서의 HBase

이번 기술은 사실상 독립적인 서비스는 아니지만 EMR이 내부적으로 하이브와 피그를 제공하는 것처럼 HBase도 최근 들어 제공하기 시작했다. 비교적 신규 서비스임에 불구하고 눈에 띄는 버그 없이 잘 작동하는 서비스 품질이 놀랍다. 실제로 HBase는 네트워크와 시스템 부하 최적화에 많은 공을 들인 프로젝트로 알려졌다.

SimpleDB

아마존의 SimpleDB(http://aws.amazon.com/simpledb)는 HBase 같은 데이터 모델을 지원하는 서비스이다. 내부적으로 하둡을 사용하진 않지만 SimpleDB는 HBase 같은 데이터 모델이 필요한 경우 사용할 수 있으므로 소개하겠다. 이 서비스는 출시된 지 긴 시간이 지나 서비스 성숙도가 높고 응용사례가 많다.

심플DB는 몇 가지 기능 제한을 두는데, 테이블 크기 제한과 대용량 데이터 셋의 수동 파티셔닝 등이 있다. 데이터 셋이 비교적 작다면 적합할 수 있다. 장점으로는 초기 구성이 쉽고 칼럼 기반 데이터 모델을 바로 테스트해 볼 수 있다.

DynamoDB

최근 출시된 AWS 서비스로 DynamoDB가 있다(http://aws.amazon.com/dynamodb). SimpleDB 및 HBase와 매우 비슷한 데이터 모델을 지원하지만 서비스에 사용할 수 있는 애플리케이션 용도가 다르다. SimpleDB는 다양한 검색 API를 제공하는 대신 크기 제한이 있지만, DynamoDB API는 제한된 기능만 제공하는 대신 무한에 가까운 확장성을 제공한다.

DynamoDB의 요금 제도가 약간 특이하다. 사용자가 요청한 서버 수당 요금을 부가하는 대신 사용자가 읽고/쓰기 사용량을 정하면 DynamoDB는 필요한 만큼 자원을 할당한다. 변형된 요금 제도는 사용자 요구에 적절한 요금을 청구할 수 있게 하며 내부적으로 자원과 성능을 제공하는 방식은 사용자로부터 가려진다. SimpleDB보다 훨씬 큰 규모의 데이터 저장소가 필요하면 DynamoDB를 사용하되 너무 큰 데이터를 송수신할 경우 요금이 늘어날 수 있으니 요금 제도를 잘 익혀두기 바란다.

정보의 원천

획기적인 신 기술과 툴을 사용한다고 막다른 길이 열리는 건 아니다. 많은 경험을 겸비한 기술 지원은 막힌 길을 열어줄 수 있다. 특히 하둡 커뮤니티는 많은 분야에서 큰 도움을 줄 수 있다.

소스코드

가끔 잊고 지낼 수 있는데 하둡과 아파치의 프로젝트는 모두 오픈소스이다. 실제 시스템이 어떻게 작동하는지는 모두 소스코드 안에 있다. 코드와 친숙해지고 기능과 메소드를 따라가다 보면 뜻밖의 유용한 정보를 찾아볼 수 있다.

메일링 리스트와 포럼

지금까지 살펴본 대부분의 프로젝트와 서비스는 메일링 리스트와 포럼을 제공한다. 주소는 홈페이지에서 참고하면 되는데 AWS를 사용할 경우 https://forums.aws.amazon.com AWS 개발자 포럼을 이용하면 된다.

각 커뮤니티의 글쓰기 가이드라인을 읽어 기본 매너를 이해해야 한다. 이곳에선 방대한 양의 정보를 얻을 수 있고 해당 프로젝트의 개발자도 자주 참여한다. 하둡 메일링 리스트에선 주요 하둡 개발자를, 하이브 메일링 리스트에선 하이브 개발자를, EMR 포럼에선 EMR 개발자를 볼 수 있다.

링크드인 그룹

링크드인LinkedIn 같은 전문분야 소셜 네트워킹 서비스에는 다수의 하둡 관련 그룹이 있다. 일단 대표적으로 링크드인 하둡 사용자 그룹(http://www.linkedin.com/groups/Hadoop-Users-988957)에 참여하고 관심있는 다른 그룹을 검색해보자.

HUG

조금 더 참여도가 높은 그룹을 원한다면 HUGHadoop User Group(지역별 하둡 사용자 그룹)를 찾아보자. 대부분의 그룹은 http://wiki.apache.org/hadoop/HadoopUserGroups에 적혀있다. HUG에서는 반주기적 정모를 주최해 수준 높은 발표, 비슷한 관심을 가진 사용자간 지식 공유와 논의, 그리고 빠질 수 없는 피자와 음료를 경험할 수 있다.

컨퍼런스

하둡은 비교적 최신 기술이지만 오픈소스와 학술, 사업과 관련된 주요 컨퍼런스가 있다. 하둡 서밋Hadoop Summit 같은 컨퍼런스는 규모가 제법 크다. 하둡 서밋과 주요 컨퍼런스는 http://wiki.apache.org/hadoop/Conferences에 나열되어 있다.

정리

11장에서는 넓은 관점의 하둡 에코시스템을 짧게 설명했다. HDFS 고가용성과 얀과 같이 다가오는 하둡의 변화와 다양한 하둡 배포판이 존재하는 이유와 각 배포판의 장단점, 하둡의 성능과 기능을 확장하는 아파치 프로젝트, 하둡을 보조하는 툴을 살펴봤다.

하둡 잡을 작성하는 다양한 방식과 지식과 정보를 찾을 장소, 다른 사용자와 공유하는 방법을 알아봤다.

이젠 여러분이 하둡을 즐기고 새로운 하둡을 창조할 차례다!

부록
깜짝 퀴즈 정답

3장. 맵리듀스의 이해

깜짝 퀴즈 | 키/값 쌍

Q1: 2

Q2: 3

깜짝 퀴즈 | 맵리듀스 구동 방식

Q1. 1

Q2. 3

Q3. 2

3번 해설: 리듀서 C는 사용할 수 없다. 왜냐하면 중간에 컴바인 단계에서 리듀싱 작업을 하면, 마지막에 리듀서가 컴바이너에서 일련의 평균값들을 받을 때 몇 개의 항목을 가지고 계산한 평균값인지 알 수 없고, 결국 전체의 평균을 계산할 수 없기 때문이다. 리듀서 D는 적합하다. 왜냐하면 각 태스크에서 최대값이나 최소값을 고르는 작업은 컴바인 단계에서 수행해도 최종 결과에 영향을 주지 않기 때문이다. 하지만 구하려는 답이 각 키별 최대값과 최소값의 전체 분산이라면, 리듀서 D를 컴바이너로 쓸 수 없다. 만일 컴바이너가 받은 최대 키/값의 분산 범위가 적다면, 정확한 전체 분산보다 작은 값을 도출할 수도 있다. 최소값의 경우에도 마찬가지이다. 이렇게 부분 집합을 따로 계산했을 때 작은 값이 나올 수 있는 경우에는 최종 리듀서가 틀린 답을 도출할 수도 있다. ''

7장. 클러스터 운영

깜짝 퀴즈 │ 클러스터 구성

Q1: 5

해설: 일반적인 가이드라인을 줄 수도 있고, 독자의 클러스터에서 다양한 종류의 잡을 구동할 때도 어느 정도 공통적인 특징을 찾을 필요는 있다. 하지만, 최고로 적합한 답은 작업부하를 예측해서 거기에 맞춰야 한다.

Q2: 4

해설: 여러 종류의 네트워크 스토리지 기술이 있다. 하지만, 대부분의 대형 하둡 클러스터는 수백 대의 호스트와 각 호스트별로 하나(또는 한 쌍)의 스토리지를 사용하는 구성을 한다. 네트워크 스토리지를 추가하면 매우 큰 장애 요인을 하나 더 넣는 셈이 된다. 스토리지 장치들은 장애의 영향을 경감시키기 위해서 디스크 레벨의 이중화를 사용한다. 이런 디스크 어레이 기술은 빠른 속도로 동작하게 할 수 있지만, 일반적으로 읽기나 쓰기 속도에서 약간의 손해를 감수한다. 하둡이 장애 처리를 하도록 맡기고 각 디스크별로 병렬 접근을 하게 하면 네트워크 스토리지를

사용할 때 보다 높은 성능을 얻을 수 있다.

Q3: 3

해설: 아마도(!) 3번이 가장 적절하리라고 본다. 첫 번째 구성은 비록 딱 부족하지는 않은 스토리지 용량을 사용하고 프로세서의 성능도 많이 낮지는 않지만, 이후에 사양을 높여야 할 가능성이 높기 때문에 피하라고 권하고 싶다. 데이터 용량이 늘어나면 바로 호스트를 추가해야 하고, 맵리듀스 잡이 복잡해지면 프로세서나 메모리를 추가해야 한다.

2번과 3번 구성은 둘 다 스토리지 용량도 충분해 보이고 비슷한 프로세서와 메모리 용량을 장착한다. 2번은 디스크 I/O 속도에서 3번보다 좋고, 3번은 2번보다 CPU 속도가 좋다.

주된 작업이 회계 모델링과 예측이기 때문에, 각 작업은 CPU와 메모리를 더 많이 사용하리라고 예측 가능하다. 2번 구성은 높은 I/O 속도를 보이지만, 프로세서 사용도가 100퍼센트까지 올라가면 빠른 디스크 처리속도를 활용할 일이 없어질 수도 있다. 그러니 더 나은 프로세서를 장착한 편이 더 적합해 보인다. 4번 구성은 우리가 처리할 작업보다 너무 사양이 높아서 부적절하다. 필요이상으로 너무 좋은 하드웨어를 구입할 이유는 없지 않나?

찾아보기

에이콘출판의 기틀을 마련하신 故 정완재 선생님 (1935-2004)

Hadoop 에코시스템
맵리듀스 프로그래밍과 하둡 클러스터 운영 실습

인 쇄 ǀ 2015년 8월 17일
발 행 ǀ 2015년 8월 25일

지은이 ǀ 게리 터킹튼
옮긴이 ǀ 송영탁 • 김현준

펴낸이 ǀ 권 성 준
엮은이 ǀ 김 희 정
　　　　 이 순 옥
　　　　 전 진 태
표지 디자인 ǀ 한국어판_이승미
본문 디자인 ǀ 이 순 옥

인 쇄 ǀ 한일미디어
용 지 ǀ 다올페이퍼

에이콘출판주식회사
경기도 의왕시 계원대학로 38 (내손동 757-3) (16039)
전화 02-2653-7600, 팩스 02-2653-0433
www.acornpub.co.kr / editor@acornpub.co.kr

한국어판 ⓒ 에이콘출판주식회사, 2015, Printed in Korea.
ISBN 978-89-6077-746-0
ISBN 978-89-6077-210-6 (세트)
http://www.acornpub.co.kr/book/hadoop-beginner

이 도서의 국립중앙도서관 출판시도서목록(CIP)은 서지정보유통지원시스템 홈페이지(http://seoji.nl.go.kr)와
국가자료공동목록시스템(http://www.nl.go.kr/kolisnet)에서 이용하실 수 있습니다.(CIP제어번호: CIP2015022115)

책값은 뒤표지에 있습니다.